Kräuter, Gewürze und Heilpflanzen

Kräuter, Gewürze und Heilpflanzen

KOMET

Hinweis

Dieses Buch ist weder eine Anleitung zur Selbstmedikation, noch sind die enthaltenen Informationen völlig umfassend bzw. verbindlich. Kräuter, Gewürze und Heilpflanzen können eine toxische Wirkung entfalten.
Autoren und Verlag übernehmen keine Verantwortung oder Haftung für die Folgen eines falschen Gebrauchs einer Pflanze.

Autoren: Hans W. Kothe, Iris Schmidt, Monika Zilliken
Gesamtherstellung: KOMET Verlag GmbH, Köln

ISBN 978-3-89836-697-7
www.komet-verlag.de

Inhalt

Einführung

Zwar weiß niemand ganz genau, was unsere Urahnen zu Beginn ihrer Entwicklungsgeschichte vor 5–7 Millionen gegessen haben, aber dass Pflanzen zu ihrer alltäglichen Nahrung gehörten, ist sicher. Notwendig war das schon allein deswegen, weil der menschliche Körper unbedingt Vitamine („vita“ = Leben) benötigt, diese Substanzen – im Gegensatz zu den Pflanzen – aber nicht selbst synthetisieren kann, sondern mit der Nahrung aufnehmen muss. Geschieht das nicht, kommt es zunächst zu Mangelerscheinungen und später zu ernsthaften gesundheitlichen Störungen.

Allerdings dienten Pflanzen unseren Vorfahren nicht nur als Quelle lebenswichtiger Vitamine, sondern die Urmenschen stillten mit den nährstoffreichen Samen bestimmter Arten auch ihren Hunger oder löschten ihren Durst mit saftigen Früchten. Außerdem entdeckten sie vermutlich auch schon sehr früh in ihrer Geschichte, dass einige Kräuter eine Reihe von Beschwerden lindern oder sogar beseitigen konnten, und sie erfuhren auch die geheimnisvollen, berauschenden oder psychoaktiven Wirkungen bestimmter Pflanzen, die sie für Göttergaben hielten – ihnen anvertraut, um mit den höheren Mächten in Verbindung zu treten.

Aus Grabfunden wissen wir in einigen Fällen sogar, welche Pflanzen bei unseren Vorfahren besonders beliebt waren. So hat man in mindestens 60 000 Jahre alten Gräbern im Zweistromland und in Ägypten, aber auch in Pfahlbauten am Bodensee, Überreste von Heilkräutern gefunden, darunter die Samen von Schafgarbe *(Achillea millefolium)* und Eibisch *(Althaea officinalis)*, die beide noch heute begehrte Naturarzneien sind.

Für welche Beschwerden oder Krankheiten die Kräuter benutzt wurden, ist allerdings nicht bekannt, denn schriftliche Belege über die genaue Anwendung der unterschiedlichen Heilpflanzen liegen erst aus sehr viel späterer Zeit vor.

Zu den umfangreichsten Aufzeichnungen auf diesem Gebiet gehört der „Papyrus Ebers“, eine ägyptischen Papyrusrolle aus der Zeit um 16. v. Chr., die nach dem deutschen Ägyptologen Georg Ebers (1837–1898) benannt wurde, der die aus einer Raubgrabung stammende Kostbarkeit 1873 für ein deutsches Museum erwarb. Die Schriftrolle ist über 18 m lang und enthält insgesamt 877 Einzeltexte, bei denen es sich hauptsächlich um Heilkräuterrezepturen aus der ägyptischen Heilkunde handelt, aber auch um die damals unverzichtbaren Zaubersprüche und Beschwörungen. Zu den Pflanzen, die im Papyrus Ebers erwähnt werden, gehören die Myrrhe *(Commiphora molmol)* und der Knoblauch *(Allium sativum)*.

In Indien wurden ungefähr um diese Zeit ebenfalls die ersten Aufzeichnungen über den Gebrauch von Naturarzneien angefertigt. So enthält die Weda, eine Hymnensammlung, deren Titel sich etwa mit „Heiliges Wissen“ übersetzen lässt, zahlreiche Angaben über das Heilpflanzenwissen jener Zeit, und in der „Charaka Samhita“, einer Zusammenstellung medizinischer Abhandlungen, die etwa um 700 v. Chr. von dem indischen Arzt Charaka niedergeschrieben wurden, deren Ursprünge aber vermutlich schon sehr viel älter sind, finden wir dann sogar schon 1500 Heilpflanzen aufgelistet. Aber auch in China wurden während dieser Epoche bereits recht umfassende Werke zur Heilkunde mit mehreren Hundert Kräutern und den entsprechenden Anwendungen verfasst.

Um diese Zeit versuchte sich die Heilkunde in den Hochkulturen Europas und Asiens außerdem immer mehr von der Magie und Geisterwelt zu lösen, die zuvor bei der Behandlung von Patienten eine sehr wichtige Rolle gespielt hatte. So trat auch der Grieche Hippokrates (460–377 v. Chr.) dafür ein, Krankheiten in Zukunft als natürliche und nicht als übernatürliche Phänomene zu betrachten und die Heilbehandlung ohne rituelles Beiwerk durchzuführen.

Diese revolutionäre Auffassung beeinflusste nicht nur die unmittelbaren Nachfolger von Hippokrates, etwa seinen Landsmann Dioskurides, der im 1. Jahrhundert n. Chr. lebte, und in dessen „Materia medica“ etwa 800 Heilkräuter aufgeführt sind oder auch Galen (um 129–199), einen römischen Arzt griechischer Herkunft, der Hunderte von medizinischen Abhandlungen verfasste, sondern fast alle abendländischen Mediziner der nächsten eineinhalb Jahrtausende.

Nach dem Zerfall des Römischen Reiches war es vor allem der arabischen Heilkunde zu verdanken, dass das Wissen der Antike erhalten blieb und weiterentwickelt wurde. Zu nennen ist in diesem Zusammenhang vor allem der Arzt Avicenna (980–1037), der Verfasser der berühmten Enzyklopädie „Canon medicinae“, die für die europäische Medizin bis ins 17. Jahrhundert ein unverzichtbares Lehrbuch blieb.

In Mitteleuropa waren es dagegen hauptsächlich die Klöster, die sich etwa mit Beginn des Mittelalters um die Bewahrung und Fortentwicklung des medizinischen Wissens bemühten. So kopierte man hinter den dicken Mauern nicht nur alte Handschriften, sondern es wurden vor allem spezielle Heilpflanzengärten angelegt, in denen man Kräuter für den Eigenbedarf der Nonnen und Mönche heranzog, aber auch zur Behandlung der Kranken aus der Umgebung. Daher besaßen viele Klöster nicht nur einen gut sortierten Klostergarten mit einheimischen und fremdländischen Pflanzen, sondern betrieben auch schon spezielle Hospitäler oder Siechenheime.

Waren die Heilpflanzenbücher zunächst noch in lateinischer Sprache verfasst und dann in mühsamer Handarbeit vervielfältigt worden, so tauchten mit Erfindung des Buchdrucks durch Johannes Gutenberg (1400–1468) vermehrt auch Kräuterbücher in deutscher Sprache und vor allem zu einem erschwinglichen Preis auf, so dass die Pflanzenheilkunde im 15. und 16. Jahrhundert auch bei der nichtklösterlichen Bevölkerung einen beträchtlichen Aufschwung erlebte. Bekannte Heilpflanzenbücher aus dieser Zeit sind das „Kreutterbuch" von Hieronymus Bock (1498–1554) und das „New Kreuterbuch" von Leonhard Fuchs (1501–1566), von denen einige Exemplare erhalten geblieben sind, so dass man sich noch heute von ihrem erstaunlichen Umfang und den sehr exakten Holzschnittabbildungen überzeugen kann.

Nachdem die Behandlung der unterschiedlichsten Krankheiten viele Jahrtausende fast ausschließlich mit Heilkräutern durchgeführt worden war, setzte im 19. und 20. Jahrhundert ein plötzlicher Wandel ein. Dies lag vor allem daran, dass es dank großer Fortschritte in der chemischen Forschung nun möglich war, einzelne Wirkstoffe, etwa das Morphium des Schlafmohns, aus den Pflanzen zu isolieren, um diese Substanzen dann ganz gezielt einzusetzen. Später gelang es sogar, einige Wirkstoffe synthetisch herzustellen oder sie so zu verändern, dass ihre Wirksamkeit verbessert wurde, mit dem Ergebnis, dass die pharmazeutische Industrie die Naturmedizin immer weiter in den Hintergrund drängte. Dieser Wandel lässt sich auch durch Zahlen belegen: Waren in den 30er Jahren des letzten Jahrhunderts noch etwa 90 Prozent der Arzneien pflanzlichen Ursprungs, veränderte sich dieses Verhältnis im Verlaufe nur weniger Jahrzehnte ganz dramatisch zugunsten der pharmazeutischen Produkte, bis es sich schließlich vollständig umkehrte.

In neuerer Zeit setzte dann allerdings ein erneuter Wandel ein. Hauptgrund dafür war eine Art Vertrauenskrise in pharmazeutische Medikamente, die vor allem auf unglückselige Fehlentwicklungen mit Arzneimitteln zurückzuführen sind. Das bekannteste Beispiel ist vermutlich jener Skandal, durch den das Beruhigungsmittel Contergan traurige Berühmtheit erlangte, weil die Einnahme dieser Arznei dafür verantwortlich war, dass in Deutschland und Großbritannien über 3000 missgebildete Babys geboren wurden. Aber auch das bekannt werden von zahlreichen unerwünschten Nebenwirkungen bei bestimmten pharmazeutischen Arzneien führte dazu, dass heute viele Menschen sehr viel vorsichtiger bei der Anwendung dieser Medikamente geworden sind, und bei kleineren Problemen inzwischen lieber wieder einmal auf die alten, pflanzlichen Hausmittel aus Urgroßmutters Zeiten zurückgreifen.

Umgang mit Heilkräutern

Es ist ein gefährlicher Irrglaube, anzunehmen, die Einnahme von Heilkräutern sei – im Gegensatz zu pharmazeutisch hergestellten Medikamenten – völlig gefahrlos.

Vielmehr müssen auch Kräuterarzneien ganz gezielt eingesetzt werden, und man darf zudem die vorgeschriebene Dosierung keinesfalls überschreiten, damit keine unerwünschten oder gar gesundheitsschädigenden Nebenwirkungen auftreten, denn die Fähigkeit einer Kräuterarznei, die Funktionen des Körpers zu beeinflussen, ist sowohl von der Art des jeweiligen Inhaltsstoffs abhängig als auch von der Menge der Substanz, die aufgenommen wird.

Verdeutlichen kann man das am Beispiel des auch in Mitteleuropa sehr häufigen Roten Fingerhuts *(Digitalis purpurea),* einer Pflanze mit herzwirksamen Glykosiden. Angewendet werden die Wirkstoffe des Fingerhuts bei Herzinsuffizienz, einer schweren Erkrankung des Herzmuskels. In die Schulmedizin eingeführt wurde diese Arznei durch den englischen Arzt und Botaniker William Withering (1741–1799), aber die eigentliche Entdeckerin war eine namentlich ungenannte Kräuterfrau, die an Herzinsuffizienz leidende Patienten schon seit längerer Zeit mit einem Extrakt aus über zwanzig verschiedenen Pflanzen behandelte und damit großen Erfolg hatte. Withering ging der Sache auf den Grund und entdeckte, dass der Rote Fingerhut für die lebensrettende Wirkung verantwortlich war. Allerdings darf dieses segensreiche Herzmedikament nur in sehr genauer Dosierung angewendet werden, denn schon eine überhöhte Einnahme um das eineinhalb- bis dreifache kann tödlich sein.

Neben dem Fingerhut gibt es aber noch zahlreiche andere Pflanzen, die ebenfalls stark gesundheitsschädigend wirken, wenn man sie in zu hoher Dosis einnimmt oder unsachgemäß einsetzt. Daher muss an dieser Stelle noch einmal ganz eindringlich vor einem leichtsinnigen Umgang mit Kräuterarzneien gewarnt werden. Um jedes Risiko zu vermeiden, sollten Sie – vor allem bei ernsthaften oder chronischen Beschwerden – keinesfalls eine Selbstdiagnose stellen und auch keine Selbstbehandlung durchführen, sondern stets den Rat eines Arztes einholen.

Bei der Behandlung mit Kräuterarzneien kann es aber nicht nur zu Fehlern bei der Selbstdiagnose und Selbstmedikation kommen, sondern auch das Sammeln und Zubereiten der Heilkräuter will gelernt sein. So darf man beispielsweise die in Mitteleuropa häufige Wilde Engelwurz *(Angelica sylvestris),* die gern als Hustenarznei verwendet wird, auf keinen Fall mit dem sehr ähnlichen, aber tödlich giftigen Gefleckten Schierling *(Conium maculatum)* verwechseln. Und auch bei der Zubereitung vieler Kräuterarzneien sind genaue Prozeduren zu beachten, weil sonst die erwünschte Wirkung nicht erzielt wird oder unerwünschte Nebenwirkungen auftreten.

Besondere Vorsicht ist auch bei der Behandlung von Kindern angebracht, bei denen die jeweilige Dosierung wegen des geringeren Körpergewichts sehr viel geringer sein muss. Ähnliches gilt für ältere Menschen, und während der Schwangerschaft sollten Sie bei der Einnahme von Kräuterarzneien immer ganz besonders vorsichtig sein und stets Ihren Arzt konsultieren. Außerdem gilt für Naturheilmittel, was für viele Menschen bei pharmazeutischen Produkten eine Selbstverständlichkeit ist: Sie dürfen nur über einen begrenzten Zeitraum eingenommen werden.

Inhaltsstoffe und Wirkung

Die Fähigkeit einer Kräuterarznei, die Funktionen des menschlichen Körpers zu beeinflussen, geht auf die jeweiligen Inhaltsstoffe zurück. Bei diesen handelt es sich zumeist um Produkte des pflanzlichen Stoffwechsel, die chemisch zu den unterschiedlichsten Stoffgruppen gehören können. Nachfolgend sind einige der wichtigsten Inhaltsstoffe aufgeführt.

Ätherische Öle

Bei den ätherischen Pflanzenölen handelt es sich um zumeist aromatisch duftende, flüchtige, ölartige Verbindungen mit zum Teil ganz unterschiedlicher Wirkung. So besitzen einige von ihnen entzündungshemmende Eigenschaften, während andere eine krampflösende, harntreibende oder schleimlösende Wirkung haben; außerdem gibt es ätherische Öle, die bei äußerlicher Anwendung die Haut reizen und so an den entsprechenden Stellen für eine bessere Durchblutung sorgen. Gewonnen werden ätherische Öle normalerweise durch Wasserdampfdestillation; eine typische Pflanze mit einem entzündungshemmenden ätherischen Öl ist die Echte Kamille *(Matricaria recutita).*

Bitterstoffe

Die pflanzlichen Bitterstoffe bilden keine einheitliche Gruppe, sondern es ist allein der bittere Geschmack, der diese zum Teil sehr unterschiedlichen Substanzen miteinander verbindet. Die therapeutische Wirkung der Bitterstoffe beruht darauf, dass sie die Magen- und Gallesaftsekretion steigern und so den Appetit anregen und die Verdauung fördern; außerdem sagt man einigen zusätzlich eine kräftigende Wirkung nach. Zu den Kräutern mit bitteren Inhaltsstoffen gehören der Wermut *(Artemisia absinthium)* und die Eberraute *(Artemisia abrotanum).*

Alkaloide

Alkaloide sind stickstoffhaltige, organische Verbindungen, denen die stets vorhandene Aminogruppe ihre pharmakologische Aktivität verleiht. Zu den Alkaloiden gehören viele gefährliche Gifte, etwa das Atropin aus der tödlich giftigen Tollkirsche *(Atropa belladonna),* das in geringer Dosis aber auch für medizinische Zwecke eingesetzt werden kann.

Gerbstoffe

Bei den Gerbstoffen, die auch Tannine oder Gerbsäuren genannt werden, handelt es sich um komplexe organische Verbindungen, die in unterschiedlicher Konzentration in fast allen Pflanzen vorkommen. Häufig sind sie in die Rinde oder Blätter eingelagert, die dadurch einen unangenehm scharfen Geschmack bekommen, so dass sie beispielsweise für Weidetiere ungenießbar werden. Gerbstoffe haben die Eigenschaft, mit bestimmten Körpergeweben, etwa der Haut, unlösliche Komplexe zu bilden und diese so zusammenzuziehen. Daher kann man diese Substanzen zum Gerben von Leder benutzen; sie lassen sich aber auch therapeutisch einsetzen, etwa bei der Behandlung von Durchfall oder gereizter Haut. Besonders reich an Tanninen ist beispielsweise die Stieleiche *(Quercus robur).*

Glykoside

Glykoside sind organische Verbindungen mit oft ganz unterschiedlicher Wirkung, so dass sie noch in weitere Untergruppen aufgeteilt werden. Die wichtigste Gruppe ist die der Herzglykoside, die man benutzt, um die Aktivität eines in seiner Leistung eingeschränkten Herzens zu steigern. Außerdem wirken sie normalerweise harntreibend, was zu einer Verringerung der Flüssigkeit im Gewebe führt und damit zu einer Blutdrucksenkung. Herzglykoside kommen in verschiedenen Heilpflanzen vor, von denen der weit verbreitete Rote Fingerhut *(Digitalis purpurea)* sicher der bekannteste ist.

Pflanzenschleime

Viele Pflanzen enthalten aus langkettigen Zuckermolekülen aufgebaute Schleime, die in Wasser stark quellen und dann zu einer klebrigen, zähflüssigen Masse werden. Therapeutisch kann man sie beispielsweise einsetzen, um die Schleimhäute des Verdauungstrakts einzuhüllen, so dass sie gut vor reizenden oder Entzündungen auslösenden Stoffen geschützt sind. Schleimstoffe können aber auch als sanfte Abführmittel dienen, da sie aufgrund ihrer hohen Wasseraufnahmekapazität für eine Volumenvermehrung im Darm sorgen. Und weil sie die Empfindlichkeit der Geschmacksnerven herabsetzen, mischt man sie außerdem gern streng schmeckenden Arzneimitteln bei. Eine Pflanze mit einem hohen Schleimgehalt ist die Rotulme *(Ulmus rubra)*.

Phenole

Zu den Phenolen gehört unter anderem die Salicylsäure, aus der das bekannte Aspirin entwickelt wurde. Salicylsäure ist beispielsweise in der Silberweide *(Salix alba)* enthalten; ein anderes Phenol ist das Thymol des Thymians *(Thymus vulgaris)*. Phenole wurden in der Vergangenheit oft zum Desinfizieren von Wunden eingesetzt, wobei es in zu hoher Konzentration allerdings zu starken Hautreizungen kommen kann.

Anthrachinone

Anthrachinone sind aromatische Verbindungen, die bei Einnahme Kontraktionen der Dickdarmwand verursachen und dadurch eine stark abführende Wirkung haben. Anthrachinone sind beispielsweise in der Sennakassie *(Cassia angustifolia)* und im Handlappigen Rhabarber *(Rheum palmatum)* enthalten.

Saponine

Saponine sind glykosidische Pflanzeninhaltsstoffe, die ihren Namen der Eigenschaft verdanken, dass sie bei Zugabe von

Wasser schäumen („sapo" = Seife). Es gibt zwei unterschiedliche Gruppen von Saponinen: die Triterpensapogenine und Steroidsapogenine. Letztere haben eine strukturelle Ähnlichkeit mit den Steroidhormonen des menschlichen Körpers, und zeigen daher bei einer Anwendung manchmal eine hormonelle Aktivität. Triterpensapogenine sind oft starke Expektoranzien, also Mittel, die das Entfernen von Sekreten aus der Luftröhre und den Bronchien erleichtern. Steroidsapogenine findet man beispielsweise im Spanischen Süßholz *(Glycyrrhiza glabra);* Triterpensapogenine u. a. in der Echten Schlüsselblume *(Primula veris).*

Vitamine

Vitamine sind lebenswichtige Substanzen für den menschlichen Stoffwechsel, die unser Körper aber nicht selbst synthetisieren kann, so dass sie mit der Nahrung aufgenommen werden müssen. Zumeist geschieht das durch Pflanzen, die oft beträchtliche Mengen an Vitaminen enthalten. Der Gehalt an verschiedenen Vitaminen ist bei den einzelnen Arten allerdings sehr unterschiedlich. So besitzt die Zitrone *(Citrus limon)* große Mengen an Vitamin C, während die Brunnenkresse *(Nasturtium officinale)* sehr viel Vitamin E aufweist.

Mineralstoffe

Einige Heilkräuter enthalten aber auch sehr viele Mineralstoffe, also anorganische Substanzen, die zum Aufbau von Stützgeweben, bei der Synthese von Enzymen und für die Funktion des Nervensystems benötigt werden. Beispiele für mineralstoffreiche Pflanzen sind die Krause Petersilie *(Petroselinum crispum var. crispum)* oder die Große Brennnessel *(Urtica dioica),* die sehr viel Eisen enthalten, während der Löwenzahn *(Taraxacum officinale)* größere Mengen an Kalium aufweist.

Sammeln von Heilkräutern

Alle, die ihre Kräuter selbst sammeln, tun in mehrfacher Hinsicht etwas für ihre Gesundheit: Sie bewegen sich an der frischen Luft, und sie sind zukünftig für die kleinen Unpässlichkeiten gewappnet, die immer wieder einmal auftreten. Allerdings gibt es beim Kräutersammeln einige Dinge zu beachten, da ansonsten die nutzbringenden Bemühungen schnell wieder zunichte gemacht werden.

Allgemeine Hinweise

Wer seine Kräuter am Morgen sammeln möchte, wartet mit dem Pflücken am besten so lange, bis die Sonne den Tau auf den Blüten und Blättern vollständig getrocknet hat. In der Regel sollte man nur einen Teil der Blätter und Blüten sammeln, damit die Pflanze nicht geschädigt wird und die verbleibenden Blüten noch ihre Samen bilden können. Außerdem gilt es zu beachten, dass einige Pflanzenteile zu bestimmten Jahreszeiten gesammelt werden müssen. So pflückt man die Samen normalerweise erst nach der Reife, während die Wurzel nur im zeitigen Frühjahr oder Herbst geerntet wird, weil sich viele Pflanzen dann in der Ruhephase befinden und daher den Großteil ihrer nutzbringenden Substanzen in den unterirdischen Organen eingelagert haben.

Verunreinigung durch Düngemittel und Pestizide

Beim Sammeln von Wildkräutern besteht heute immer die Gefahr, dass sie durch

Düngemittel, Insektizide oder auch Rückstände von Autoabgasen verunreinigt sind, besonders wenn sie in der Nähe von landwirtschaftlichen Nutzflächen oder an Straßenrändern wachsen. Daher kann es durchaus empfehlenswert sein, selbst solche Kräuter in den Garten zu pflanzen, die man auch in der Umgebung finden könnte. Für alle Pflanzen, die in der Natur gesammelt werden, gilt die Regel: Möglichst an unbelasteten Standorten sammeln und die Pflanze auf jeden Fall gründlich abspülen.

Gefährdung durch den Fuchsbandwurm

Aber auch wenn Kräuter oder Früchte im Wald gesammelt werden, also dort wo normalerweise nicht mit einer Belastung durch Pestizide oder Abgase zu rechnen ist, dürfen bestimmte Vorsichtsmaßnahmen nicht außer Acht gelassen werden. So besteht dort beispielsweise die Gefahr, sich mit dem Fuchsbandwurm zu infizieren, dessen Larven die menschliche Leber befallen und sie schwer schädigen können. Die Eier dieses Bandwurms, die mit bloßem Auge nicht zu erkennen sind, können sich beispielsweise auf Walderdbeeren *(Fragaria vesca)* befinden oder auch auf den Blättern der nah am Boden wachsenden Waldmeisterpflanzen *(Galium odoratum)*, die leicht mit dem Kot von Füchsen in Kontakt kommen. Daher sollten alle Pflanzen, die im Wald gesammelt wurden, vor dem Verzehr ebenfalls gründlich abgewaschen werden. Ein Trocknen oder Einfrieren beseitigt die Gefahr einer Infizierung übrigens nicht, sondern erst ein Erhitzen auf etwa 60 °C.

Naturschutz

Weiterhin ist beim Sammeln von Wildkräutern unbedingt zu beachten, dass einige der gern verwendeten Heil- und Gewürzkräuter unter Naturschutz stehen und daher nicht gesammelt werden dürfen. In solchen Fällen hilft nur eine Kultur im Garten oder in Töpfen auf der Fensterbank. In Naturschutzgebieten, die durch Hinweistafeln besonders gekennzeichnet sind, ist das Entfernen von Pflanzen oder Pflanzenteilen grundsätzlich verboten. Dort dürfen also auch keine Arten gesammelt werden, die eigentlich nicht unter Schutz stehen.

Trocknen und Aufbewahren

Viele Heilkräuter sollen naturgemäß nicht sofort verwendet werden, sondern man will sie aufbewahren, bis eine tatsächliche Krankheit auftritt. Die Lagerung ist in vielen Fällen allerdings nur möglich, wenn man das Sammelgut zuvor bestimmten Prozeduren unterzieht. Eines der dabei am häufigsten angewendeten Verfahren ist das Trocknen der Kräuter. Verarbeiten Sie die dafür vorgesehenen Pflanzen möglichst bald nach dem Sammeln, und wählen Sie zum Trocknen einen warmen, schattigen Platz aus, an dem aber auch ein ausreichender Luftaustausch gewährleistet ist, beispielsweise ein Dachboden.

Ganze Pflanzen hängt man bündelweise mit den Spitzen nach unten an einen Deckenbalken (nicht mehr als ungefähr zehn Pflanzen pro Strauß); geschnittene Blätter, Triebe und Wurzeln können auf Gaze oder Küchenpapier ausgelegt werden. Empfehlenswert ist es, die Gaze oder das Papier über einem Drahtgestell auszubreiten, damit die Luftzufuhr auch von unten möglich ist. Die Trocknungsdauer hängt vom unterschiedlichen Wassergehalt und von der Dicke der Pflanzenteile ab. Kontrollieren Sie die ausgelegten Kräuter möglichst regelmäßig und entfernen Sie verschimmelte Teile. Außerdem ist es ratsam, größere Stücke immer wieder einmal umzudrehen. Grundsätzlich ist auch Trocknen im Backofen bei etwa 50 °C möglich oder in der Mikrowelle, wobei das Aroma und die therapeutischen Eigenschaften allerdings nicht immer voll erhalten bleiben.

Eingelagert wird das getrocknete Pflanzenmaterial, wenn es sehr leicht ist und schon ein wenig zerbrechlich wirkt. Zur Aufbewahrung eignen sich Glas- oder Porzellangefäße, aber auch Papiertüten oder Stoffbeutel. In sehr vielen Fällen ist außerdem ein Einfrieren der Kräuter möglich, wobei in vielen Fällen die Nähr- und Wirkstoffe sowie das Aroma sehr gut erhalten bleiben.

Zubereitung von Arzneien

Es gibt ganz unterschiedliche Methoden, um Kräuterarzneien zuzubereiten. Einige der wichtigsten sollen hier kurz erläutert werden.

Aufguss (Infus)

Ein Aufguss oder Tee ist die einfachste Methode, um vor allem Blätter und Blüten aufzubereiten. Die Pflanzenteile werden mit kochendem Wasser übergossen (etwa 2 Esslöffel auf 500 ml Wasser); anschließend lässt man den Sud 5–10 Minuten zugedeckt ziehen, um ihn dann abzusieben. Danach kann er getrunken oder beispielsweise auch auf verletzte bzw. schmerzende Stellen aufgetragen werden.

Abkochung (Dekokt)

Um die Wirkstoffe aus vergleichsweise festen Rinden- oder Wurzelstücken zu extrahieren, muss dagegen oft ein etwas höherer Aufwand betrieben werden. Üblich ist es, solche Pflanzenteile in heißem Wasser einige Zeit bei schwacher Hitze zu kochen; anschließend lässt man sie noch ein paar Minuten ziehen, um sie dann abzusieben.

Kaltauszug (Mazerat)

Da Hitze die Wirkstoffe von Heilpflanzen zerstören kann, muss in manchen Fällen ein Kaltauszug hergestellt werden. Dazu übergießt man zwei Esslöffel der gewünschten Kräuter mit einem halben

Liter kaltem Wasser und lässt den Sud dann über Nacht ziehen. Nach dem Absieben wird die Flüssigkeit wie eine Abkochung angewendet.

Tinktur

Bei Tinkturen löst man die Wirkstoffe durch Extraktion mit Alkohol aus dem Pflanzenmaterial heraus. Tinkturen haben häufig eine stärkere und in einigen Fällen auch eine deutlich andere Wirkung als Aufgüsse oder Abkochungen, die ja beide nur die wasserlöslichen Wirkstoffe der Pflanze enthalten.

Kräuterbäder

Für ein Kräuterbad gibt man den Überstand eines 500-ml-Aufgusses ins einlaufende Badewasser; für ein Augenbad reicht eine deutlich geringe Menge. Augenbäder, die bis zu dreimal täglich wiederholt werden können, sollte man auf keinen Fall länger als 2–3 Wochen anwenden.

Inhalation

Inhalationen sind eine beliebte Methode zur Behandlung von Atemwegserkrankungen. Zur Vorbereitung einer solchen Prozedur wird in einer Schüssel zunächst ein Aufguss aus etwa 25 g einer geeigneten Pflanze, etwa der Echten Kamille *(Matricaria recutita)*, und 1 Liter kochendem Wasser zubereitet, den man dann 15 Minuten ziehen lässt. Anschließend breitet man ein Handtuch über Kopf und Schüssel und inhaliert die Dämpfe etwa 10 Minuten lang. Danach hält man sich noch einige Zeit in einem beheizten Raum auf, damit sich die Atemwege langsam wieder an die kühlere Luft gewöhnen und der gelöste Schleim abfließen kann.

Mundwasser

Flüssigkeiten zum Gurgeln oder zum Spülen des Mund- und Rachenraums enthalten zumeist adstringierende Wirkstoffe, die dafür sorgen, dass die Mund- und Rachenschleimhaut zusammengezogen wird und so besser heilt. Verwenden kann man Aufgüsse oder Abkochungen, von denen man nach dem Abseihen der Pflanzenteile und dem Abkühlen der Flüssigkeit etwa 100–150 ml zum Gurgeln nimmt.

Kräutersaft, Kräuterwein und Kräuterlikör

Frischsäfte werden vor allem dann verwendet, wenn dem Körper hitzeempfindliche Substanzen, etwa bestimmte Vitamine, unzerstört zuzuführen sind. Säfte aus nicht sehr wasserreichen Pflanzenteilen müssen zumeist verdünnt werden.

Um einen Kräuterwein herzustellen, übergießt man eine Hand voll frischer Kräuter mit einer Flasche trockenem Wein und lässt den Sud anschließend etwa eine Woche ziehen. Nach dem Abfiltern kann der Wein dann verwendet werden. Für Kräuterliköre wird statt des Weines hochprozentiger Alkohol benutzt, in dem die Pflanzenteile dann mehrere Wochen ziehen müssen, bevor sie abgefiltert werden.

Die genaue Zeitdauer, aber auch die Menge der Kräuter hängt vom persönlichen Geschmack ab.

Schafgarbe *Achillea millefolium*

Die Schafgarbe wurde schon in der Antike zur Behandlung blutender Kampfverletzungen verwendet und daher *herba militaris* (Soldatenkraut) genannt. So soll schon Achilles von der Wundheilungskraft dieser Pflanze gewusst haben. Vielfältig waren die traditionellen Anwendungsgebiete von Achillea millefolium. Sie reichten von Nasenbluten über Nierensteine bis hin zu Kopfschmerzen, Bauchschmerzen und Zahnweh. Schafgarbe wurde auch gegen Spulwürmer und sogar zum Bierbrauen verwendet.

Andere Namen
Achilleskraut, Bauchwehkraut, Gänsezungen, Grillenkraut, Judenkraut, Kachelkraut, Schafrippe, Schafzunge, Tausendblatt, Wiesenschafgarbe

Familie
Asteraceae (Korbblütler)

Herkunft/Vorkommen
Die Schafgarbe ist an Weges- und Feldrändern, auf Lichtungen, Wiesen und Schutthalden in ganz Europa und im gemäßigten Asien zu finden.

Standort
Die weit verbreitete Art wächst vorzugsweise an stickstoffreichen Standorten, etwa Wegrändern und Feldrainen sowie auf Brachflächen und trockenen Wiesen. Im Garten benötigt die anspruchslose Pflanze einen sonnigen Platz.

Blütezeit
Juni bis Oktober

Merkmale
Diese wuchernde und winterharte Pflanze ist sehr widerstandsfähig und gedeiht auch auf kargen Böden gut, was ihre große Verbreitung erklärt. Sie wird bis zu 60 cm hoch, und aus den zylindrischen Stängeln entspringen die fedrigen Blätter. Der Blütenstand ist eine flache, doldenartige Rispe mit gelben Röhrenblüten (innen) und weißen oder rosa Zungenblüten (außen).

Inhaltsstoffe und Eigenschaften
Die Schafgarbe besitzt anregende, beruhigende und krampflösende Eigenschaften. Das in der Pflanze enthaltene Achillein hilft Blutungen stillen. Bitterstoffe sorgen für den bitteren Geschmack und wirken sich unter anderem positiv bei Verdauungsbeschwerden und Appetitlosigkeit aus. Die ätherischen Öle können bei Verdauungsproblemen durch ihre krampflösenden Eigenschaften Linderung bringen, wirken entzündungshemmend und desinfizierend. Die Gerbstoffe bieten Krankheitserregern im Mund- und Rachenraum und im Verdauungstrakt Paroli. Die Mineralien, hier besonders Kalium, führen dem Körper wichtige Nährstoffe zu.

Verwendung
Die jungen Triebe werden ab Mai, das blühende Kraut von Juni bis September geerntet. Zum Trocknen werden die Pflanzen in Büscheln an einem luftigen, schattigen Platz aufgehängt. Blüten und Blätter werden für die Zubereitung von Tees, Voll- oder Teilbädern, Frischpflanzenpresssaft oder Umschlägen gesammelt.

Vorsicht
Bei Menschen mit empfindlicher Haut kann der Saft der Schafgarbe möglicherweise Allergien (Wiesendermatitis, Schafgarbendermatitis) verursachen.

Gesundheit
Auch heute noch wird die Schafgarbe bei vielfältigen krampfartigen Beschwerden, z. B. von Magen, Darm und Galle und Appetitlosigkeit, angewandt. Bestätigt ist die Wirkung bei krampfartigen und an verschiedenen Stellen auftretenden Unterleibsbeschwerden bei Frauen die verbunden sind mit Rückenschmerzen (sogenannte vegetative Dystonie des kleinen Beckens). Auch bei Bronchitis soll die Schafgarbe helfen. Bäder werden vor allem bei Gicht, Rheuma, Hämorrhoiden und zusätzlich zur Tee-Kur bei Menstruationsbeschwerden empfohlen.

Wellness
Die Blüten lassen sich für Dampfbäder zur Pflege der Gesichtshaut verwenden.

In der Küche
Wird Schafgarbe als Gewürz fetten Speisen beigefügt, kann sie diese leichter verdaulich machen. Als fein gehackter Kräuterzusatz können junge Blättchen Salaten, Suppen und Käse eine besondere Note verleihen.

Kalmus *Acorus calamus var. calamus*

Kalmus ist eine Heilpflanze deren Nutzung sich bis weit vor Christi Geburt zurückverfolgen lässt. Schon die alten Chinesen Ägypter, Inder, Persier und Griechen haben sie verwendet und die Klosterheilkunde hat sie genutzt. Die grasartige Pflanze ist eine der ältesten Heilpflanzen und wurde durch die Araber aus Südostasien, wo man sie bereits im Altertum als Magenheilmittel schätzte, nach Europa eingeführt. In Europa wird Kalmus seit dem 16. Jahrhundert kultiviert.

Andere Namen
Ackerwurz, Magenwurz, Deutscher Ingwer oder Deutscher Zitwer

Familie
Kalmusgewächse, früher *Araceae* (Aronstabgewächse)

Herkunft/Vorkommen
Ursprünglich stammt die Pflanze aus Asien, ist aber auch in unseren Breiten an Teichen, Gräben und Sümpfen zu finden, da sie nasse Böden liebt.

Blütezeit
Mai bis Juli

Merkmale
Mit einem starken und verzweigten Wurzelstock sitzt der Aronstab fest im Boden. Staude, horstartig mit fleischigem Rhizom, 60–120 cm hoch; dreikantiger Stängel; lange, straff aufrechte, riemenförmige Blätter, an den Spitzen oft leicht überhängend; kolbenartiger Blütenstand aus kleinen, grünlichen Einzelblüten, von langem Hüllblatt überragt. In Mitteleuropa bleiben die kleinen Blütchen steril, die Pflanze bildet daher keine Samen aus, die Vermehrung geschieht durch Rhizomteilung im Frühjahr oder Herbst.

Inhaltsstoffe und Eigenschaften
Ätherisches Öl mit Asaron (Kalmusöl), Eugenol, Kampfer; Bitterstoffe Acoretin und Acorin; Gerbstoffe. Die würzig-bitter, kampferähnlich schmeckende Wurzel wirkt krampflösend, appetitanregend, verdauungsfördernd, antiseptisch, allgemein stärkend und anregend.

Verwendung
Vom Kalmus benutzt man die Wurzel, dazu wird im Herbst der Wurzelstock ausgegraben, von Blättern und feinen Wurzeln befreit, gut gesäubert und dann in zwei Hälften geteilt an einem kühlen Ort getrocknet.

Vorsicht
Kalmusöl wirkt bei innerer Anwendung giftig, es kann Haut sowie Schleimhäute reizen. Einige Kalmus-Züchtungen können das krebserregende Asaron besitzen, aus diesem Grund sollte er nur vorsichtig genutzt werden. Kanadische und amerikanische Arten sind angeblich frei davon, trotzdem sollte in der Schwangerschaft ganz darauf verzichtet werden.

Gesundheit
Kalmus eignet sich der Volksmedizin nach bei Appetitlosigkeit und Verdauungsbeschwerden, die mit Blähungen, Aufstoßen und Völlegefühl einhergehen. Auch bei Gallebeschwerden, Muskelkrämpfen und Reizmagen soll der Tee Linderung bringen.

In der Küche
Die fleischige Wurzel wird zur Hauptsache in der Likörindustrie als Gewürz zur Herstellung von Magenbittern eingesetzt. Fein geschnitten gibt die Wurzel allerdings auch Birnen- oder Apfelkompott oder gekochtem Dörrobst seine typisch würzige Note. Kandiert wird er als Deutscher Ingwer gegessen.

Rosskastanie *Aesculus hippocastanum*

Bei der Bevölkerung ist die seit Mitte des 16. Jahrhunderts in Mitteleuropa beheimatete Rosskastanie schon lange eine beliebte Heilpflanze. Ende des 19. Jahrhunderts wurde von einem Arzt über Erfolge im Rahmen der Anwendung bei Hämorrhoiden berichtet. In der Volksmedizin fand sie zusätzlich bei Harnwegsbeschwerden, Husten und als Mittel zur sexuellen Stimulanz Verwendung.

Andere Namen
Drusenkesten, Gichtbaum, Pferdekastanie, Saukastanie, Wilde Kastanie

Familie
Hippocastanaceae (Rosskastaniengewächse)

Herkunft/Vorkommen
Heute ist die Rosskastanie weltweit verbreitet, sie hat ihren Ursprung jedoch in Nordgriechenland und im Grenzgebiet zu Albanien.

Blütezeit
Mai

Merkmale
Der imposante Baum kann bis zu 30 m hoch werden. Die dunkelgrünen, gesägten Blätter in Fingerform färben sich im Herbst gelbbraun um und werden dann abgeworfen. Die Blüten wachsen in Kerzenform, und die großen Samen sind von einer stacheligen Kapsel umgeben.

Inhaltsstoffe und Eigenschaften
Aesculus-Saponine, Gerbstoffe und Flavonglykoside lösen Krämpfe, lindern Schmerzen und fördern die Durchblutung.

Verwendung
Heute werden fast ausschließlich nur noch die Samen zu medizinischen Zwecken verwendet, früher nutzte die Volksmedizin aber auch vermehrt Blüten, Blätter und Rinde in Form von Tees, Umschlägen und Tinkturen. Inzwischen gibt es zahlreiche fertige Rosskastanienpräparate zum Einnehmen und Einreiben zu kaufen, die eine bequeme und effiziente Therapie erlauben.

Gesundheit
Bestätigt wird die Wirkung der Rosskastanie beispielsweise bei Schwellungen nach Verletzungen oder Operationen sowie Venenleiden, die sich z. B. in Ödemen, Wadenkrämpfen, schmerzenden oder „schweren“ Beinen äußern. Häufig wird die Rosskastanie noch heute bei Rheuma, Gicht und Durchfall verwendet, wo sie Besserung bringen soll.

Bei Hämorrhoidialleiden können regelmäßige Sitzbäder Besserung bringen. Zerstoßen Sie die Kastanien in einem Mörser und übergießen Sie 5 Esslöffel des Pulvers mit 2 Litern kochend heißem Wasser. Lassen Sie den Aufguss 10 Minuten lang ziehen und seihen Sie ihn dann ab. Wenn der Aufguss eine angenehme Temperatur erreicht hat, nehmen Sie ein etwa zehnminütiges Sitzbad.

Wellness
Nach einem langen Tag „auf den Beinen" kann eine Einreibung mit Rosskastanientinktur die müden Treter wieder auf Trab bringen. Geben Sie dazu 5 Esslöffel Kastanienpulver in eine Flasche und füllen Sie diese mit 70 %-igem Alkohol aus der Apotheke auf. Verschließen Sie die Flasche und stellen Sie diese 1 Woche lang an einen sonniges Fenster in Ihrer Wohnung. Seihen Sie das Kastanienmehl ab und füllen Sie die Tinktur in eine dunkle, saubere und verschließbare Flasche.

In der Küche
Die Rosskastanie darf nicht mit der Esskastanie verwechselt werden und findet in der Küche keine Verwendung, es sei denn, im Rahmen ihrer heilenden Wirkung. Allerdings lassen sich aus den braunglänzenden und auffälligen Samen hübsche herbstliche Tischdekorationen zaubern.

Duftnessel *Agastache foeniculum*

Diese Art, die schon die nordamerikanischen Indianer als Nahrungsmittel und Heilkraut verwendeten, wurde ursprünglich von Imkern nach Europa eingeführt, weil die Blüten eine gute Futterpflanze für Bienen sind.

Andere Namen
Anis-Ysop

Familie
Lamiaceae (Lippenblütler)

Herkunft/Vorkommen
Nordamerika

Standort
Die Art kann in Töpfen gezogen oder im Garten an einen sonnigen bis halbschattigen Platz mit gut durchlässigem Boden gepflanzt werden; Winterschutz ist in Mitteleuropa normalerweise nicht erforderlich.

Blütezeit
Juni bis September

Merkmale
Ausdauernde, bis zu 90 cm hohe, winterharte Staude mit großen, purpurfarbenen

Blütenständen; die bis zu 8 cm langen, silbergrünen Blätter schmecken süßlich und duften nach Anis.

Inhaltsstoffe und Eigenschaften
Die Pflanze hat vor allem verdauungsfördernde und entzündungshemmende Eigenschaften.

Die nah verwandte Moskitopflanze *(Agastache cana)* ist als Blumenstrauß nicht nur ein hübscher Blickfang für die Wohnung, sondern ihr starker Duft soll auch Mücken fernhalten.

Verwendung
Die Blätter werden vor der Blüte geerntet und frisch verwendet oder getrocknet.

Gesundheit
Aus den getrockneten Blättern und Blüten lässt sich ein Tee zur Magenberuhigung oder zur Linderung von Halsschmerzen und Erkältungen herstellen.

Wellness
Die dekorativen Blütenstände eignen sich als Schnittblumen für die Vase und zur Herstellung von Trockengestecken.

In der Küche
Frische Blätter eignen sich für die Zubereitung von Salaten, aber auch zur Herstellung von Likören; die Blüten sind eine dekorative Zutat für Salate und Desserts.

Quecke *Agropyron repens*

Die Quecke ist eine in Vergessenheit geratene Heilpflanze, die traditionell gegen viele Beschwerden eingesetzt wurde, von Bronchialleiden bis hin zu Menstruationsproblemen.

Andere Namen
Hundsgras, Spitzgras, Schnurgras, Flechtgras, Graswurzel

Familie
Poaceae (Süßgräser)

Herkunft/Vorkommen
Über Europa hinaus auch z. B. in Nordamerika und Nordafrika verbreitet. Das anspruchslose Gras findet sich auf Feldern, in Wiesen, an Wegrändern, in Gärten und auf Schuttplätzen.

Blütezeit
Juni bis August

Merkmale
Die Quecke kann mit ihren aufrechten, glatten und kahlen Stängeln eine Höhe von bis zu 1 m erreichen. Diesen entspringen die schmalen grünen oder blaugrünen Blätter und am Ende eine Ähre mit den Früchten. Durch ihre kriechenden Wurzelstöcke mit ihren vielen Ausläufern verbreitet sich dieses Gras sehr schnell und wird deswegen häufig als Unkraut betrachtet.

Inhaltsstoffe und Eigenschaften
Ätherische Öle, Saponine, Mineralsalze, Kieselsäure, Eisen, Vitamin A und B entwässern den Körper und treiben so Schlacken ab, führen aber gleichzeitig wichtige Nährstoffe zu.

Verwendung
Geerntet werden die Wurzelstöcke im Frühjahr, bevor sich die Halme bilden. Die Wurzeln müssen gut getrocknet werden.

Gesundheit
Die kurmäßige Anwendung über mehrere Wochen soll durch die Erhöhung der Harnmenge Giftstoffe aus dem Körper spülen, was sich besonders bei Stoffwechselerkrankungen, Gicht und Rheuma positiv auswirken soll. Dadurch kann sich der Allgemeinzustand verbessern und man fühlt sich insgesamt fitter. Besonders bei Katarrhen der ableitenden Harnwege und als Begleittherapie bei Katarrhen der oberen Luftwege hat sich Wirksamkeit der Quecke gezeigt. Doch auch im Rahmen einer Schönheitskur beweist die Quecke, was in ihr steckt, denn ihr „Cocktail" aus Vitaminen, Mineralsalzen und Kieselsäure wirkt sich positiv auf Bindegewebe, Haut, Haare und Nägel aus.

Wer unter lästigen Harnwegsinfektionen leidet, kann versuchen, dies mit einer Brennnessel-Quecke-Kur zu verbessern. Trinken Sie dazu zweimal täglich über mehrere Wochen lang eine Tasse Brennnessel-/Quecke-Tee. Mischen Sie dazu die getrocknete und zerstoßene Quecke-Wurzel mit frischem oder getrocknetem Brennnesselkraut. Geben Sie 1 Teelöffel des Gemischs in eine Tasse und gießen Sie es mit kochendem Wasser auf. Nachdem es 10 Minuten lang gezogen hat, wird es abgeseiht. Der Tee muss jedes Mal frisch zubereitet werden.

Wellness
Hartnäckigem Hautunreinheiten kann man häufig mit Umschlägen zu Leibe rücken. Bereiten Sie dazu einen Tee aus einem Gemisch aus Ackerschachtelhalm-

kraut, Feldstiefmütterchenkraut und -blüten sowie Queckewurzeln. Gießen Sie davon 2 Teelöffel mit 1 Tasse kochendem Wasser auf, lassen Sie es 10 Minuten ziehen, seihen Sie es ab und lassen Sie es etwas abkühlen. Tränken Sie nun ein Leinentuch darin und legen Sie es einige Minuten auf die betroffenen Hautstellen. Wenden Sie dies zweimal täglich über mehrere Wochen an.

Stockrose *Alcea rosea*

Andere Namen
Roseneibisch, Bauernrose

Familie
Malvaceae (Malvengewächse)

Herkunft/Vorkommen
Mittelmeergebiet

Standort
In Ihrer Heimat findet man die Pflanze auf steinigen Brachflächen und an Bahndämmen; im Garten benötigt die schon seit dem 16. Jahrhundert in Mitteleuropa kultivierte Stockrose einen sonnigen bis halbschattigen, windgeschützten Platz mit nährstoffreichem Boden.

Blütezeit
Juli bis September

Merkmale
Die Stockrose entwickelt im ersten Jahr nur eine bodennahe Blattrosette, bevor dann im nächsten Frühjahr die rau behaarten, bis 2,50 m hohen Stängel gebildet werden. Die handförmig gelappten, filzig behaarten Blätter haben einen herzförmigen Blattgrund und einen stark gezähnten Rand. Die bis zu 10 cm große Einzelblüten können – je nach Sorte – rot, rosa, weiß, gelb oder dunkelpurpurfarben sein.

Inhaltsstoffe und Eigenschaften
Die Stockrose hat vor allem auswurffördernde und harntreibende Eigenschaften.

Verwendung
Verwenden lassen sich Wurzel, Blätter und vor allem die Blüten. Diese werden kurz vor dem Öffnen gesammelt, wobei sich gelbe und weiße Blüten weniger gut zur Verwendung eignen als die der dunkleren Sorten. Anschließend kann sie frisch verwendet oder getrocknet und dann dunkel aufwahrt werden.

Gesundheit
Stockrosenblüten sind häufig Bestandteil von Teemischungen gegen Husten und Bronchitis; äußerlich lassen sie in Form von Infusionen zum Gurgeln bei Mund-, Rachen- und Halsentzündungen benutzen.

Wellness
Bei trockener und leicht reizbarer Haut empfiehlt sich ein Kräuterbad mit Stockrosenblüten, weil der Haut dadurch wieder Feuchtigkeit zugeführt wird

In der Küche
Die in den Blüten enthaltenen Farbstoffe lassen sich zum Färben von Likören und Lebensmitteln verwenden.

Frauenmantel *Alchemilla vulgaris*

Ihren umgangssprachlichen Namen erhielt diese Pflanze, weil ihre Blätter an den Umhängemantel Marias, der Mutter Jesu Christi, erinnern sollen. Der Name dieser Heilpflanze sagt schon viel über seine traditionelle Verwendung aus – besonders bei vielerlei Arten von „Frauenleiden" wurde der Frauenmantel schon seit Jahrhunderten eingesetzt, sollte aber auch bei Wunden Heilung bringen, fand Anwendung im Rahmen der Geburtsvorbereitung, bei Durchfall, Rheuma, Schlaflosigkeit und als Wundmittel.

Andere Namen
Frauenhilf, Frauenrock, Hasenmänteli, Taukraut, Jungfernkraut

Familie
Rosaceae (Rosengewächse)

Herkunft/Vorkommen
Dieses Rosengewächs ist hauptsächlich in Europa und Asien beheimatet und findet sich dort meist auf feuchten Wiesen und Weiden, an Waldrändern, Wegen und Gräben und in Gebüschen.

Standort
Bevorzugte Standorte der weit verbreiteten Pflanze sind Wiesen und Weiden, man findet sie aber auch an Waldrändern und Flussufern. Im Garten stellt die Art kaum Ansprüche.

Blütezeit
Mai bis September

Merkmale
Die üppige Staude wird etwa bis zu 40 cm hoch. Ihre Blätter sind sieben- bis elflappig, leicht gefaltet, rund, gezähnt und meist behaart. Nur wenige Millimeter groß sind die 3–5 mm großen grünen Blüten, die in einer rundlichen Rispe angeordnet sind.

Inhaltsstoffe und Eigenschaften
Gerbstoffe, Flavonoide und Bitterstoffe schränken das Wachstum bestimmter Bakterien ein, wirken krampflösend und regulierend auf die Verdauung. Der Frauenmantel besitzt adstringierende, entzündungshemmende und leicht antiseptische Eigenschaften.

Verwendung
Bei der Zubereitung von Heilmitteln werden die oberirdischen Teile des Frauenmantels gesammelt und können frisch oder getrocknet verwendet werden.

Gesundheit
Ob Menstruationsbeschwerden, Probleme in den Wechseljahren oder Scheidenausfluss, Frauenmantel soll bei all diesen Leiden helfen und Linderung bringen.
Gerade bei jungen Mädchen kann die Pflege der Scheide mit Frauenmanteltee ausflussregulierend wirken. Bestätigt wird diese Wirkung von wissenschaftlicher Seite nicht. Doch gerade nach der traditionellen

Verwendung werden Frauenmantelheilmittel auch heute noch häufig als Hausmittel bei „Frauenleiden" eingesetzt und dies, wie es heißt – erfolgreich. Auch bei durch Verspannungen verursachten Kopfschmerz und Migräne, Husten, fiebrigen Erkältungskrankheiten und Blutarmut soll diese Heilpflanze positiv wirken. Bestätigt wird die Wirksamkeit des Frauenmantels bei der begleitenden Therapie von leichten unspezifischen Durchfallerkrankungen und Magen- und Darmproblemen.

Bei unspezifischem Durchfall kann eine Therapie mit Frauenmanteltee Besserung bringen. Geben Sie 2 Teelöffel Frauenmantelkraut in einen Topf, übergießen Sie es mit 1 Tasse kaltem Wasser, lassen Sie es kurz aufkochen und 10–15 Minuten lang ziehen, bevor Sie das Kraut abseihen. Zwei- bis dreimal täglich wird 1 Tasse frisch zubereiteter Tee getrunken. Wichtig: Wie bei allen anderen Hausmitteln auch sollte ein Arzt aufgesucht werden, wenn sich innerhalb von 3 Tagen keine signifikante Besserung einstellt bzw. weitere Symptome hinzukommen. Auch wenn sich Verspannungskopfschmerzen oder Migräne einstellen, kann dieser Tee helfen.

Wellness

Um die Zeit der Menstruation schmerzfreier, ausgeglichener und insgesamt besser zu überstehen, können Frauen 2 Tage vorher und währenddessen Frauenmanteltee trinken.

Die Blätter lassen sich gut in einem Dampfbad oder als Gesichtswasser zur Behandlung von Gesichtsakne oder großporiger Haut verwenden; einige Blätter ins Badewasser gegeben haben eine rötungslindernde Wirkung.

In der Küche

Junge Blätter kann man in den Salat geben.

Knoblauchsrauke *Alliaria petiolata*

Familie
Brassicaceae (Kreuzblütler)

Herkunft/Vorkommen
Europa, Asien

Standort
Die auch in Mitteleuropa häufige Pflanze findet man in lichten Wäldern, an Waldrändern, Hecken und auf Brachflächen. Im Garten wird ein halbschattiger Platz mit gut durchlässigem Boden benötigt.

Blütezeit
April bis Mai

Merkmale
Bis 1 m hohe Pflanze mit kleinen, weißen Blüten. Die unteren Blätter sind lang gestielt, nierenförmig und grob gekerbt, die oberen kurz gestielt oder sitzend und herzförmig bis dreieckig. Sowohl Stängel als auch Blätter riechen beim Zerreiben stark nach Knoblauch; die kleinen, schwarzen Samen sitzen in bis zu 6 cm langen, abstehenden Schoten.

Inhaltsstoffe und Eigenschaften
Die Knoblauchsrauke hat auswurffördernde, leicht antiseptische und atmungsfördernde Eigenschaften.

Verwendung
Verwendet werden kann die gesamte Pflanze, die zwischen Mai und Juli gesammelt und ausschließlich frisch verwendet wird, denn zur längeren Aufbewahrung eignet sich die Knoblauchsrauke nicht.

Vorsicht
Für den Verzehr sind nur junge Triebe geeignet, weil bei älteren Pflanzenteilen der Geschmack der enthaltenden Senfölglykoside zu stark durchschlägt.

Gesundheit
Die Art wird in Pflanzenheilkunde hauptsächlich bei Atemwegserkrankungen eingesetzt. Früher wurde das Kraut wegen der antiseptischen Wirkung häufig auch als Mundwasser bei Zahnfleischentzündungen benutzt.

In der Küche
Kulinarisch vielseitig nutzbare Pflanze, deren junge Blätter sich wegen des zarten Knoblauchgeschmacks zum Verfeinern von Salaten, Quark, Kräuterbutter und Quiche eignen oder fein gehackt als Brotbelag; die Wurzel lässt sich wie Meerrettich verwenden, die Schoten können als Senfersatz dienen.

Zwiebel *Allium cepa*

Die Zwiebel, die in Afghanistan bereits zu prähistorischer Zeit genutzt wurde, zählt zu den ältesten Würz- bzw. Gemüsepflanzen. In Altägypten gehörte sie neben dem Knoblauch zur Volksnahrung, und auch bei den Römern war sie mehr als beliebt, obwohl „Zwiebelesser" in den höheren Kreisen einem Schimpfwort gleich kam. Die Römer brachten die „Jungfer mit den sieben Häuten" über die Alpen, von wo aus ihr Siegeszug nicht mehr aufzuhalten war. Wie seit frühester Zeit erfuhr sie auch im Mittelalter als Heilpflanze große Beachtung. Alte Kräuterbücher empfahlen die Zwiebel unter anderem bei Husten, Wassersucht und Brandblasen. Im Mittelalter hängte man Zwiebeln an die Haustür, um die Pest abzuwehren.

Andere Namen
Küchenzwiebel, Speisezwiebel, Bolle, Fölle, Zippe, Zwiewel

Familie
Liliaceae (Liliengewächse)

Herkunft/Vorkommen
Allium cepa ist wohl die Stammform der bei uns in vielen Züchtungen beliebten Kulturpflanze und wahrscheinlich ursprünglich im westlichen Asien beheimatet.

Standort
Die Zwiebel wird heute weltweit als Nutzpflanze angebaut. Sie benötigt einen sonnigen Standort und nicht zu schweren Boden.

Blütezeit
Juni bis August

Merkmale
Ein-, meist zweijährig kultiviertes Gemüse; braune, rote, violette oder weiße Zwiebeln unter der Erde; Speicherorgane sehr unterschiedlich geformt, von typisch zwiebel- über birnenförmig, schlank oder plattrund; dunkelgrüne, röhrenförmige Oberblätter; weißer, kugeliger Blütenstand.

Inhaltsstoffe und Eigenschaften
Ätherisches, schwefelhaltiges Öl vor allem Allicin und Alliin; Zucker, hoher Vitamin-C-Gehalt, Vitamin-B-Komplex, Eisen, Mineralstoffe. Bakterienhemmend, schützend vor Infektionen, krampflösend, schleimlösend und harntreibend; Geschmack variiert von scharf-würzig bis mild-würzig in rohem Zustand, wird in gekochter Form leicht süßlich. Auch eine Lagerung im Kühlschrank ist für längere Zeit möglich.

Verwendung
Von den schlanken Frühlingszwiebeln kann man Blätter wie auch Zwiebel nutzen. Bei allen anderen Formen werden die Zwiebeln, sobald das Laub umknickt und sich gelb verfärbt, ausgegraben und danach kurz zum Abtrocknen in die Sonne gelegt. Für die trockene, luftige Lagerung werden sie gebündelt oder zu

Zöpfen geflochten. Für Heilzwecke wird der Saft frischer Zwiebeln gewonnen.

Gesundheit

Zwiebelsaft gilt in der Volksheilkunde als probates Mittel gegen Husten, Bronchialkatarrh und andere grippale Infekte. Auch die Pharmazie setzt den Saft in Husten- und Grippemitteln ein. Speziell roh verzehrt stärkt die Zwiebel auf Grund des hohen Vitamin-C-Gehalts das Immunsystem. Daneben senkt sie – ähnlich wie Knoblauch – den Blutdruck und beugt der Arteriosklerose vor. Rohe Zwiebeln eignen sich zur Behandlung von Entzündungen der Atem- und Harnwege sowie bei Darminfektionen; außerdem sollen sie helfen, den Cholesterinspiegel niedrig zu halten. Die Zwiebel gilt außerdem als appetitanregend und verdauungsfördernd, und sie kann vorbeugend gegen Infektionen des Mundraumes verwendet werden, während man Breiumschläge aus Zwiebeln benutzen kann, um Eiter aus Wunden heraus zu ziehen. Ein altes Hausmittel ist auch die Behandlung von Insektenstichen, die mit Zwiebelsaft eingerieben werden. In der Naturkosmetik hat die Zwiebel ihren Platz als Mittel gegen unreine Haut (in Form einer verdünnten Tinktur) und als Haarwuchsmittel; außerdem hat sie den Ruf, ein Aphrodisiakum zu sein. Die nah verwandte Winterzwiebel *(Allium fistulosum)* gilt als schweißtreibendes Mittel und kann außerdem zur Linderung von Blähungen verwendet werden oder um Furunkel und Abszesse auszutrocknen.

Wer den Geschmack frischer Zwiebeln nicht mag, kann mit Zwiebelsirup einer sich ankündigenden Erkältung trotzen. Dazu 5 Zwiebeln fein hacken, mit 150 g Rohrzucker vermischen, 2 Tassen Wasser dazugeben und das Ganze bei mittlerer Hitze kochen, bis ein Sirup entstanden ist. Dann abseihen und den Sirup in eine Flasche füllen. Alle 1–2 Stunden 1 Teelöffel einnehmen

In der Küche

Der charakteristische Geschmack der Zwiebel passt zu allen herzhaften Gerichten, wie zu Fleisch, Gemüse, Suppen oder Eierspeisen. Roh und klein geschnitten würzt sie pikant Salate oder Quarkspeisen. Getrocknete Zwiebeln besitzen einen aromatischen Geschmack, sind etwas milder als frische und häufig Bestandteil von Gewürzmischungen. Von den schlanken Frühlings- oder Schalottenzwiebeln *(Allium cepa var. ascalonicum)* schneidet man das Grün – ähnlich wie beim Schnittlauch – und würzt damit Salate oder Frühlingssuppen. Obwohl die Küchenzwiebel als Würze gilt, eignet sich speziell die große mildsüßliche Gemüsezwiebel ganz hervorragend als Gemüsebeilage. Silberzwiebeln sind nichts anderes als jung geerntete, etwa haselnussgroße Küchenzwiebeln, die in Essig eingelegt werden. Eine Besonderheit ist die Echte Perlzwiebel *(Allium porrum var. sectivum)*, sie stammt aus dem Mittelmeerraum und ist eine direkte Verwandte des Porrees. Die kleinen, silbrig-weißen Brutzwiebeln kennt man als würzige Beilage bei sauer Eingelegtem wie beispielsweise Mixed-Pickles.

Saucen werden durch die Zwiebel übrigens nicht nur würziger, sondern auch sämig.

Gefüllte Zwiebeln

Zutaten für 4 Personen
4 große Gemüsezwiebeln
150 g Geflügelleber
50 g Speck
1 Eigelb
50 g Semmelbrösel
Salz, Pfeffer, Majoran
2 El Fettigkeit (Butter)
150 g geriebener Käse
1 ml Fleischbrühe

Zubereitung

1 Die Zwiebeln schälen, Kappen abschneiden und in kochendem Wasser 10 Minuten blanchieren.

2 Die abgekühlten Zwiebeln aushöhlen (einen Rand von drei Schichten stehen lassen).

3 Das ausgehölte Zwiebelfleisch fein hacken.

4 Die Geflügelleber und den Speck pürieren (am besten in einem Mixer). Die Masse mit den Zwiebeln, dem Eigelb und den Semmelbröseln vermischen, mit Salz, Pfeffer und klein gehacktem Majoran kräftig würzen und in die ausgehöhlten Zwiebeln füllen.

5 Den Boden einer feuerfesten Form einfetten, die Zwiebeln hineinsetzen, mit Käse bestreuen, mit kleinen Butterflöckchen besetzen und alles im vorgeheizten Backofen bei 200 Grad (Gas: Stufe 3) etwa 15 Minuten schmoren lassen.

6 Die Brühe in die Auflaufform gießen und die Zwiebeln fest verschlossen 30 Minuten weiter gar schmoren, dabei hin und wieder mit dem Schmorsaft übergießen.

7 Zwiebeln aus der Form nehmen und warm stellen. Den Schmorsaft zu einer Sauce eindicken lassen und, falls erforderlich, abschließend mit Salz und Pfeffer abschmecken.

8 Zwiebeln auf Teller anrichten, die Sauce darüber geben und mit Kartoffelpüree servieren.

Zubereitungszeit: 1 Stunde 10 Minuten

Knoblauch *Allium sativum*

Der Knoblauch gehört nicht nur zu den ältesten Heilpflanzen, die wir kennen, sondern er spielte vermutlich in einigen Kulturen auch eine wichtige Rolle für die Ernährung, denn der griechische Geschichtsschreiber Herodot berichtet, man habe die Arbeiter beim Bau der Cheopspyramide in Ägypten mit dieser Pflanze bei Kräften gehalten. Knoblauch hatte wie viele andere Heilpflanzen bereits in den mittelalterlichen Gärten der Klöster seinen festen Platz und wurde bei vielerlei Beschwerden eingesetzt, z. B. Verstopfung, Blähungen, Schlaflosigkeit, Wurmbefall, chronischem Husten und sogar der Pest. Auch gegen Läuse und Flöhe soll er Verwendung gefunden haben sowie gegen Zahn- und Ohrenschmerzen.

Andere Namen
Gruserich, Knofel, Knoflak, Look

Familie
Liliaceae (Liliengewächse)

Herkunft/Vorkommen
Die weit verbreitete Kulturpflanze stammt vermutlich aus dem mittleren Osten und dem Mittelmeergebiet.

Standort
Die Pflanze wird heute weltweit kultiviert. Im Garten benötigt sie einen sonnigen, geschützten Standort und gut durchlässigen Boden.

Blütezeit
Juli bis August

Merkmale
Die runden Stängel werden bis zu 1 m groß mit langen, zugespitzten Blättern. Die langgestielten, rotweißen Blüten zeigen eine Doldenform, daneben sind die eirunden Brutzwiebeln zu finden. Der von einem Hochblatt umhüllte Blütenstand fällt als Ganzes ab, so dass sich im Boden die Zwiebel entwickeln kann. Die Hauptzehe mit ihren Nebenzehen, den Knoblauchzehen, ist von weißen, häutigen Niederblättern umhüllt, dazu jede Zehe einzeln.

Inhaltsstoffe und Eigenschaften
Allicin, Vitamine und andere Inhaltsstoffe machen den Knoblauch zu einer Heilpflanze. Knoblauch werden antiseptische, schleimlösende, schweißtreibende und blutdrucksenkende Eigenschaften nachgesagt, er soll aber auch die Blutgerinnung verlangsamen und den Blutzuckerspiegel senken; außerdem enthält der Knoblauch größere Mengen der Vitamine A, B, C und E.

Verwendung
Die Zehen werden zerkleinert, zerrieben, frisch, getrocknet, gekocht oder als Fertigpräparat verwendet, wobei sicherlich der frische Knoblauch oder z. B. hochwertige Dragees den besseren Nutzen haben, da durch das Kochen oder Trocknen Inhaltsstoffe wohl an Wirkung verlieren. Geerntet werden die Zwiebeln nach dem Welken der Blätter; anschließend lässt man die Knollen noch einige Tage zum Trocknen in der Sonne liegen, bevor man das eingetrocknete Laub zu Zöpfen zusam-

menbindet und an einem schattigen, luftigen Platz aufgehängt. Man kann Knoblauch aber auch in Öl oder Essig eingelegt aufbewahren.

Gesundheit

Knoblauch wirkt antibakteriell und antimykotisch, ist als Cholesterinsenker bekannt und erweitert die Gefäße. Durch seine Wirkung auf die Thrombozyten verlängert er die Blutungs- und Gerinnungszeit und verbessert so die Fließeigenschaften des Blutes. Er reduziert Gärungsprozesse im Darm und kann dadurch Magen-Darm-Störungen lindern. Regelmäßig zu sich genommen, kann Knoblauch die Gefahr von Herzinfarkt verringern.

Wer auf Knoblauch nur wegen des durchdringenden Geruches verzichtet, der sollte nach einer Mahlzeit reichlich frische Petersilie essen, denn das schwächt die unausweichliche Ausdünstung der Pflanze ab.

In der Küche

Knoblauch sollte in jeder Küche fester Bestandteil des Speiseplans sein und möglichst täglich auf den Tisch kommen. Sehr gut lassen sich damit Salatsoßen verfeinern, doch auch beim Kochen sollte er nur selten fehlen. Besonders die Kombination mit Olivenöl ist sehr schmackhaft und gesund. Als Gewürz können zerkleinerte Knoblauchzehen in Soßen, Suppen sowie zum Verfeinern von Fleischgerichten und Kräuterbutter verwendet werden; bei Salaten genügt es normalerweise schon, wenn man die Schüssel mit einer Zehe ausreibt.

Tipp: Gegart verliert Knoblauch einen Teil von seiner Schärfe sowie seinem Geruch und wird dann auch besser vertragen.

Spinatsalat mit Knoblauch und Joghurt

Zutaten für 4 Personen

1 kg Blattspinat
4 Knoblauchzehen
6 El Olivenöl
Salz
schwarzer Pfeffer
200 g Vollmilchjoghurt
Saft von 1/2 Zitrone

Zubereitung

1 Den Spinat verlesen, putzen, waschen und abtropfen lassen. Den Knoblauch schälen und zerdrücken.

2 3 El Öl in einem großen Topf erhitzen und den Knoblauch darin andünsten. Den Spinat dazugeben und bei geringer Hitze zusammenfallen lassen. Spinat noch etwa 4 Minuten dünsten, dann mit Salz und Pfeffer würzen.

3 Den Joghurt mit Zitronensaft und dem restlichen Olivenöl verrühren. Spinat in eine Schüssel geben und mit dem Joghurt mischen. Dazu Fladenbrot reichen.

Zubereitungszeit: ca. 25 Minuten

Schnittlauch *Allium schoenoprasum*

Im Altertum war Schnittlauch in Europa noch unbekannt, europäische Kulturanfänge lassen sich erst um 1200 in Italien entdecken. Doch schnell entwickelte er sich ab dem Mittelalter zu einem geschätzten Würz- und Heilkraut, das angeblich auch gegen Zauberei wirkte.

Andere Namen
Graslauch, Prieslauch, Panekokenkraut

Familie
Liliaceae (Liliengewächse)

Herkunft/Vorkommen
Auf der gesamten Nordhalbkugel, auch wild wachsend; stammt wahrscheinlich aus China.

Standort
Der Schnittlauch wird schon sehr lange als Küchenpflanze kultiviert. In unseren Gärten benötigt er einen sonnigen bis halbschattigen Platz und nährstoffreichen, möglichst kalkhaltigen Boden. Schnittlauch lässt sich aber auch in Töpfen auf der Fensterbank ziehen, wo man ihn dann das ganze Jahr über frisch ernten kann. Manchmal findet man in der Natur auch verwilderte Schnittlauchpflanzen.

Blütezeit
Mai bis Juli

Merkmale
20–40 cm hohe Staude, dichte Horste bildend; feine, runde, röhrenförmige Blätter; an kräftigen Schäften halbkugelige bis kegelige Dolden aus dicht gedrängt stehenden, zart violetten Blüten; bildet nur sehr schwach unterirdische Zwiebelchen aus.

Inhaltsstoffe und Eigenschaften
Ätherisches, schwefelhaltiges Öl vorwiegend Alline, hoher Vitamin-C-Gehalt, Vitamin-B-Gruppe, Kalzium, Kalium. Appetitanregend, verdauungsfördernd, eisenbildend; mildes Zwiebelaroma.

Verwendung
Neben Petersilie zählt der Schnittlauch zu den gebräuchlichsten und beliebtesten Küchenkräutern. Schon im zeitigen Frühjahr treiben die röhrenförmigen Oberblätter, die man jederzeit ernten kann. Die Blätter lassen sich zwar trocknen, der Aromaverlust ist jedoch erheblich. Daher sollte in kleine Röllchen geschnittener Schnittlauch zur Vorratshaltung vorzugsweise eingefroren werden. Auch die Blüten können verzehrt werden.

Eier und Kartoffeln mit Schnittlauchquark

Zutaten für 4 Personen

1 kg Kartoffeln (mittelgroß, fest kochend)
500 g Speisequark (40% F.i.Tr.)
4 El saure Sahne
1 El Zitronensaft
1/2 Tl abgeriebene Zitronenschale
Salz, Pfeffer
8 Eier
6 El gehackte Kräuter (Petersilie, Schnittlauch, Dill)

Zubereitung

1 Die Kartoffeln schälen, waschen und etwa 20 Minuten in Salzwasser kochen.

2 Den Quark mit saurer Sahne verrühren. Den Hauptteil der Kräuter, Zitronensaft und Zitronenschale unter den Quark mischen. Mit Salz und Pfeffer abschmecken.

3 Die Eier in kochendem Wasser 8 Minuten hart kochen, kalt abschrecken, pellen und halbieren.

4 Die Kartoffeln mit Eierhälften und dem Rest der Kräuter auf Tellern anrichten.

Zubereitungszeit: 30 Minuten

Gesundheit

Medizinisch spielt der Schnittlauch eine eher geringe Rolle. Die in ihm enthaltenen Senföle wirken jedoch appetitanregend und verdauungsfördernd. Außerdem sagt man ihm eine leicht antiseptische Wirkung nach. 100 g Schnittlauch enthalten fast 50 mg Vitamin C. Um die gleiche Menge dieses Vitamins zu bekommen, müsste man mehr als 1 kg Äpfel essen.

In der Küche

Schnittlauch ist ein Allrounder: Klein gehackt würzt man mit den frischen Blättern Salate, Quark- und Eierspeisen, Suppen, Pilzgerichte, aber auch Fleisch und Fisch.

Bekannt ist Schnittlauch als Zutat in Saucen wie Remoulade oder Ravigote. Im Vergleich zur Zwiebel schmeckt Schnittlauch zarter und kann daher besonders in Rohkostgerichten die manches Mal zu dominante Zwiebel gut ersetzen.

Schnittlauch nie mitkochen! Einmal klein geschnitten, verliert er sehr schnell an Aroma.

Knoblauchschnittlauch

Allium tuberosum

Andere Namen
Chinesischer Schnittlauch, Chinalauch, Knolau

Familie
Liliaceae (Liliengewächse)

Herkunft/Vorkommen
Indien, Japan, Nepal, China

Standort
Diese ausdauernde Lauchart lässt sich gut im Garten anpflanzen, wo sie einen sonnigen bis halbschattigen Platz mit nährstoffreichem, gut durchlässigem Boden bevorzugt. Eine Kultur in Töpfen auf der Fensterbank ist ebenfalls möglich.

Blütezeit
August bis September

Merkmale
Bis 40 cm hohe Pflanze mit derben, flachen Blättern, die im Gegensatz zum herkömmlichen Schnittlauch nicht hohl sind, und weißen, sternförmigen Blütenständen, die gern von Bienen und Hummeln aufgesucht werden. Die gesamte Pflanze verbreitet ein leichtes Knoblaucharoma.

Inhaltsstoffe und Eigenschaften
Ätherisches Öl mit Allicin und Alliin; Vitamin C. Verbesserung der Nierenfunktion; leichtes, eher süßliches Knoblaucharoma, leicht nach Koriander schmeckend.

Verwendung
Bereits der Namen verrät, dass dieses Zwiebelgewächs über ähnliche Eigenschaften wie Knoblauch und Schnittlauch verfügt. Genutzt werden kann die gesamte Pflanze: Blätter und Blüten.

Gesundheit
Der regelmäßige Verzehr von Knoblauchschnittlauch unterstützt die Nierenfunktion und mildert Inkontinenz. Ein Absud der Samen soll auch bei Erbrechen auf Grund verkühlten Magens helfen.

In der Küche
Die Blätter des Knoblauchschnittlauch, die ein Aroma besitzen, das sowohl an Zwiebeln als auch an Knoblauch erinnert, aber weniger intensiv ist als das der genannten Pflanze, werden frisch geschnitten für Saucen, Salate, Rohkost- und Fischgerichte sowie für Kartoffel- und Eierspeisen verwendet, eignen sich feingehackt aber auch als Brotbelag, etwa zusammen mit Quark oder Käse. Mit Basilikum, Majoran und Petersilie lässt sich aus den getrockneten Blättern eine pikante Kräutermischung herstellen. Besonders in Asien ist der Schnitt-Knoblauch ein beliebtestes Küchengewürz. Frischen Knoblauchschnittlaucherkennt man an seinen geschlossenen Blütenknospen.

Meeresfrüchte-Hot-Pot

Zutaten für 4 Personen

6 Schalotten
3 Knoblauchzehen
Je 1 rote und grüne Chilischote
2–3 El Erdnussöl
250 g geschälte Tomaten (FP)
4 El Fischsauce
2–3 El gehacktes Zitronengras
500 ml Fischfond
250 ml Asiafond
125 ml helles Bier
2 Bund Dill
150 g Staudensellerie
1 kg gemischte Meeresfrüchte (TK)
Knoblauchschnittlauch in Röllchen

Zubereitung

1 Schalotten und Knoblauchzehen schälen und fein hacken. Die Chilischoten putzen, waschen und die Kerne entfernen. Die Chilischoten in Streifen schneiden.

2 Die Zutaten in heißem Öl unter Rühren ca. 3–5 Minuten braten. Die Tomaten mit der Flüssigkeit, der Fischsauce und dem Zitronengras dazugeben und alles weitere 2–3 Minuten schmoren. Die Fonds, das Bier und 1 Bund fein gehackten Dill dazugeben.

3 Den Sellerie putzen, waschen und in schmale Stücke schneiden. Ebenfalls dazugeben und das Ganze ca. 10–13 Minuten kochen lassen.

4 Den zweiten Bund Dill waschen, trocknen und grob hacken. Zusammen mit den angetauten Meeresfrüchten in den Sud geben. Ca. 5–7 Minuten gar ziehen lassen. Eventuell mit etwas Fischsauce nachwürzen.

5 Den Hot Pot mit gekochtem Reis anrichten und mit den Schnittknoblauchröllchen bestreut servieren.

Zubereitungszeit: ca. 35 Minuten

Bärlauch *Allium ursinum*

Der eher nur in der Regionalküche verarbeitete Bärlauch findet in den letzten Jahren immer mehr Freunde. Selbst in der Haute cuisine wird der feinaromatische Bärlauch mittlerweile geschätzt. Der Wert, den diese Pflanze für unsere Vorfahren hatte, wird an einem alten Reim deutlich, in dem es heißt: „Iss Porree im Frühling und Bärlauch im Mai, dann haben die Ärzte im nächsten Jahr frei!" Bärlauch ist mindestens schon seit dem Mittelalter eine beliebte Pflanze in der Heilkunde und der Küche. Vorwiegende Anwendungsgebiete waren Beschwerden des Magen- und Darmbereichs, die Förderung des Appetits und die allgemeine Stärkung.

Andere Namen
Bärenlauch, Hexenzwiebel, Waldknoblauch, Wilder Knoblauch, Wurmlauch

Familie
Liliaceae (Liliengewächse)

Herkunft/Vorkommen
Wild wachsend in den heimischen Laub- und Auenwäldern Mitteleuropas.

Standort
Der Bärlauch wächst hauptsächlich in schattigen, feuchten Wäldern, wo er oft bodendeckend vorkommt.

Blütezeit
April bis Juni

Merkmale
Bis 50 cm hohe, ausdauernde, kräftig nach Knoblauch riechende Pflanze mit dreieckigem Stängel und grundständigen, kurz gestielten, ovalen bis lanzettlichen Blättern mit dunkelgrüner Ober- und etwas hellerer Unterseite sowie stern- förmigen weißen Blüten, die eine endständige Scheindolde bilden.

Inhaltsstoffe und Eigenschaften
Ätherisches, schwefelhaltiges Öl, Vitamin C, Mineralstoffe. Gärungs- und fäulniswidrig im Darm, wurmabtreibend, schwach gefäßerweiternd, appetitanregend; im Geschmack süß-scharf und knoblauchähnlich.

Verwendung
Der Bärlauch ist ein wilder Verwandter von Zwiebel, Porree und Knoblauch. Leicht mit dem giftigen Maiglöckchen zu verwechseln, überzieht er im Frühjahr die Böden heimischer Auenwälder mit dichtem Blüten- und Blättermeer – typisch der dann im Wald hängende intensive Knoblauchgeruch. Genutzt werden können Blätter wie auch Zwiebeln. Die Blätter werden noch vor der Blüte geerntet, die kleinen Zwiebeln im Herbst ausgegraben.

Vorsicht
Nicht blühende Pflanzen können mit Maiglöckchen verwechselt werden, die sehr giftig sind. Daher sollte man stets eine Geruchsprobe machen (ein Blatt zwischen den Finger zerreiben).

Gesundheit
Das Wildkraut besitzt, wie seine kultivierte Verwandtschaft, blutreinigende und

blutdrucksenkende Wirkung und beugt Arteriosklerose vor. Bärlauchblätter fördern außerdem die Verdauung, wirken leicht antiseptisch und regen den Appetit an.

Wellness

Angeblich soll der Saft des Bärlauchs nützlich sein, wenn die Pfunde purzeln sollen. Für Saft die Blätter mit Buttermilch aufmixen.

In der Küche

Blätter und Zwiebeln lassen sich gut als knoblauchähnliche Würze nutzen und passen zu Salaten, Eintöpfen, Suppen oder Quarkspeisen. Roh sollten Blätter wie auch Zwiebeln auf Grund ihrer Intensität eher sparsam verwendet werden, gekocht schmecken sie deutlich milder. Da das Aroma, speziell das der Blätter, bei hoher Hitze jedoch leidet, gibt man sie erst kurz vor dem Servieren unter das Gericht. Bärlauchblätter immer frisch verwenden. Getrocknet verlieren sie stark an Aroma.

Gemüse-Bärlauch-Tempura

Zutaten für 4 Personen
75 g Butter
500 g fein gewürfeltes Gemüse, z. B. Möhren, Grünspargel
300 ml Gemüsebrühe
1 Prise Zucker
1 Tl Safranpulver
200 ml Sahne
1 Eigelb
200 g blanchierte Mangoldblätter
1 El Mehl
1 Bund glatte Petersilie
50 g Bärlauch
150 ml Crème double
Salz
Pfeffer
Muskatnuss
200 g Speisestärke
3 El Olivenöl
300 ml trockener Weißwein
Öl zum Frittieren

Zubereitung

1 Die Butter in einer Pfanne aufschäumen und das Gemüse darin andünsten. 200 ml Gemüsebrühe mit Zucker und Safran hinzufügen und zugedeckt ca. 4 Minuten bissfest garen.

2 Gemüse in ein Sieb geben, die Brühe auffangen und etwa 2/3 Brühe beiseite stellen. Anschließend die restliche Brühe mit der Sahne reduzieren lassen und mit Eigelb legieren. Gemüse unterheben und 2 Stunden kalt stellen. Die Mangoldblätter ausbreiten, mit der Gemüsemasse füllen, zu Bällchen formen und in Mehl wenden.

3 Restliche Brühe aufkochen, gewaschene Kräuter unterrühren und aufkochen. Mit Crème double pürieren, mit Salz, Pfeffer und Muskat abschmecken und warm halten.

4 Stärke mit Öl und Wein verrühren. Das Fett erhitzen. Bällchen nacheinander durch den Weinteig ziehen und goldbraun frittieren. Herausnehmen und auf Küchenpapier abtropfen lassen. Noch heiß mit der Sauce servieren.

Zubereitungszeit: ca. 50 Minuten (plus etwa 2 Stunden Kühlzeit)

Aloe *Aloe vera*

Die Aloe wird schon sehr lange als Hautlotion verwendet. Wie viele andere Frauen soll auch Kleopatra ihre außergewöhnliche Schönheit nicht zuletzt dieser Pflanze verdankt haben.

Familie
Liliaceae (Liliengewächse)

Herkunft/Vorkommen
Afrika

Standort
Ursprünglich in Ost- und Südafrika heimisch, wird die Aloe heute in vielen Tropenregionen für die kommerzielle Verarbeitung kultiviert. Bei uns ist die Aloe vor allem als anspruchslose Zimmer- und Kübelpflanze bekannt. Viele andere Aloe-Arten können ebenfalls medizinisch genutzt werden, etwa die Kap-Aloe *(Aloe ferox).*

Blütezeit
Mai bis Juni

Merkmale
Ausdauernde Pflanze mit bis zu 60 cm langen, stacheligen, grau-grünen, fleischigen Blättern und in einer Rispe angeordneten, gelben oder orangefarbenen Blüten.

Inhaltsstoffe und Eigenschaften
Die Aloe dient der Wundheilung, regt die Gallensekretion an und wirkt abführend; außerdem lassen sich ihre Inhaltsstoffe als Emollienzien (hautglättende und geschmeidigmachende Stoffe) verwenden.

Verwendung
Zur Gewinnung des Aloe-Gels schneidet man die Blatterspitze ab und lässt die Flüssigkeit austreten. Viele der bei uns verbreiteten Zimmer- und Kübelpflanzen haben allerdings zumeist nur einen geringen Wirkstoffgehalt.

Vorsicht
Schneidet man die Blätter der Aloe an der Blattbasis ab, tritt ein gelber Saft aus, der nicht an die Haut gelangen sollte, weil er Verfärbungen verursacht.

Gesundheit

Das aus einem Blatt austretende, klare Gel der Aloe wird hauptsächlich als erste Hilfe bei Verbrennungen, Abschürfungen, Verbrühungen und Sonnenbrand verwendet, indem man es zur Linderung der Schmerzen, aber auch zur Minderung eines Infektionsrisikos vorsichtig auf die betroffene Stelle reibt.

Wellness

In der Kosmetikindustrie wird die Pflanze für Gesichts- und Handcreme, aber auch in Shampoos und Sonnenschutzmitteln verwendet.

Kleiner Galgant *Alpinia officinarum*

Verwandt mit dem Ingwer spielt der Galgant schon früh, etwa um 500 n. Chr., in der indischen und chinesischen Heilkunde eine große Rolle. Über arabische Händler gelangte die scharfe Wurzel im Mittelalter nach Europa. Die Äbtissin Hildegard von Bingen empfahl Galgant ähnlich wie den Ingwer als Arznei bei Magen- und Darmerkrankungen und hielt ihn für das „Gewürz des Lebens".

Andere Namen

Siam-Ingwer

Familie

Zingiberaceae (Ingwergewächse)

Herkunft/Vorkommen

Südostasien, ursprünglich wahrscheinlich Südchina; die Pflanze wird heute in Indochina, Thailand, Malaysia und Indonesien angebaut.

Blütezeit

April bis November

Merkmale

Ausdauernde, schilfähnliche Staude, bis zu 1,5 m hoch; kriechendes, fleischiges, 1 m langes Rhizom; kräftig beblätterte Triebe mit großen Orchideen ähnlichen Blüten in Rispen.

Inhaltsstoffe und Eigenschaften
Ätherisches Öl, Scharfstoffe Galganol und Alpinol; Flavonoide. Verdauungsfördernd, blähungswidrig, krampflösend, beugt Übelkeit und Pilzbefall vor; das scharfwürzige Aroma erinnert an Ingwer.

Verwendung
Geerntet wird der Galgant nach etwa 4 bis 6 Jahren. Die innen orangeroten Wurzeln werden frisch oder in getrockneter, gemahlener Form genutzt, wobei getrockneter Galgant würziger schmeckt.

Gesundheit
Die rohe Wurzel, aber auch ein Sud von der rohen oder der getrockneten Wurzel, helfen bei Magenverstimmungen, Blähungen; selbst bei chronischer Gastritis soll Galgant Linderung verschaffen. Galgant wirkt außerdem fiebersenkend, weshalb er den Beinamen Fieberwurzel erhielt.

Äußerlich wirkt eine Tinktur oder das Öl antiseptisch bei Hautentzündungen.

In der Küche
Galgant ist Bestandteil des Currypulvers und wird in der indonesisch-thailändischen Küche zum Würzen von fast allen Speisen eingesetzt. Nasi goreng, das typische Gericht Indonesiens, ist ohne Galgant nicht vorstellbar. In der thailändischen Küche wird er vor allem frisch verwendet: in Scheiben geschnitten in Suppen mitgekocht oder gerieben als wichtiger Bestandteil der roten und grünen Currypasten, die in zahlreichen Abwandlungen mit Kokosmilch, Knoblauch und Zitronengras hergestellt werden. In der europäischen Küche findet die Wurzel Verwendung als Leberwurst- oder auch als Lebkuchengewürz oder viel häufiger als bittere anregende Likörzutat für Magenbitter.

Echter Eibisch *Althaea officinalis*

Wie der griechische Philosoph Theophrast berichtet, galt ein Gemisch aus Eibisch und Wein in der Antike als bewährtes Mittel gegen Husten und wurde auch in den Klostergärten des Mittelalters angebaut. Früher wurde bei Halsschmerzen die pure Wurzel gekaut.

Andere Namen
Alter Tee, Driantenwurzel, Flusskraut, Heilwurz, Heimischwurzel, Ibsche, Schleimwurzel, Weiße Malve, Weißwurzel

Familie
Malvaceae (Malvengewächse)

Herkunft/Vorkommen
Die ursprüngliche Verbreitung dieser Pflanze wird im Raum um das Kaspische, Schwarze und östliche Mittelmeer angegeben. Bei uns ist sie nur noch selten wild wachsend vorzufinden und wird hauptsächlich als Kulturpflanze gezogen.

Standort
Die Art bevorzugt feuchte, salzhaltige Standorte, sodass man sie wildwachsend vorzugsweise an küstennahen Standorten findet; außerdem wird sie – auch in Mitteleuropa – für die Herstellung von Arzneien in größerem Maßstab kultiviert. Im Garten benötigt die Pflanze einen sonnigen Platz und feuchten, schweren Boden.

Blütezeit
Juli bis September

Merkmale
Ausdauernde, bis 1,50 m hohe Pflanze mit einer dicken, weißen Wurzel und aufrechten, behaarten Stängeln. Die kurz gestielten, dreilappigen Blätter haben eine herzförmige Basis; die weißen oder blassrosa Blüten sind in end- oder achselständigen Trauben angeordnet.

Inhaltsstoffe und Eigenschaften
Der Eibisch hat reizmildernde, entzündungshemmende, auswurffördernde und leicht abführende Eigenschaften.

Verwendung
Geerntet wird vorwiegend die Wurzel, die getrocknet wird und den höchsten Anteil wirksamer Inhaltsstoffe besitzt. Doch auch die Blätter finden Verwendung, seltener die Blüten. Alle Teile können im Schatten langsam getrocknet werden.

Vorsicht
Eibisch hat einen hohen Stärkegehalt. Das müssen Diabetiker berücksichtigen.

Die Art steht in Deutschland, Österreich und der Schweiz unter Naturschutz, darf also nicht gesammelt werden.

Gesundheit
Die Eibischwurzel gilt als gutes Hustenmittel, besonders für Kleinkinder, man stellt daraus aber auch Salben gegen Furunkel und Abszesse sowie Mundwasser her. Bei Sonnenbrand hilft ein Aufguss aus Blättern oder Wurzelstücken. Der hohe Schleimgehalt macht den Eibisch zu einem wirksamen Mittel bei Atemwegserkrankungen, Entzündungen der Schleimhäute und des Verdauungstraktes. Der Schleim legt sich dabei über die betroffenen und gereizten Stellen, verschafft dadurch Linderung und kann so für einen schnelleren Heilungsverlauf sorgen. Besonders bei leichten Entzündungen der Magenschleimhaut wird Eibisch-Tee empfohlen, soll aber auch bei leichten Durchfällen und Darmreizungen helfen.

Bei der Zubereitung von Eibischtee wird 1 Teelöffel zerkleinerte Wurzel mit 1 Tasse kaltem Wasser übergossen und muss bei gelegentlichem Umrühren etwa 30 Minuten lang kalt ausziehen. Nach einem abschließendem Umrühren wird die Wurzel durch ein Leinen- oder Mulltuch abgeseiht. Den Tee anschließend erwärmen (nicht kochen!) und schluckweise trinken. Mit Honig gesüßt, erweist sich der Eibischtee sehr wirksam bei Husten. Gurgeln mit dem Tee kann bei Entzündungen im Mund- und Rachenraum helfen.

Umschläge mit Eibischtee sollen bei Furunkeln Linderung und schnellere Heilung bringen. Alternativ kann auch Tee aus Blättern zubereitet werden, der allerdings weniger Schleimstoffe enthält.

Dazu 1 Teelöffel Blätter mit 1 Tasse kochendem Wasser übergießen, 10 Minuten ziehen lassen und abseihen. Bei Magen- und Darmproblemen ungesüßt trinken.

In der Küche
Die frisch geernteten Wurzeln von zweijährigen Pflanzen lassen sich wie Kartoffeln zubereiten; die Samen können über Salat gestreut und junge Blätter als Gemüse verwendet werden.

Dill *Anethum graveolens*

Dill wurde schon von den Ägyptern der Pharaonenzeit verwendet. So empfiehlt ein altes Rezept, das man im Papyrus Ebers (ca. 1600 v. Chr.) niedergeschrieben fand, den Dill als eine der Zutaten für eine schmerzstillende Arznei, während man sich das Kraut im antiken Griechenland auf die Augen gelegt haben soll, um besser einschlafen zu können; im Mittelalter versuchte man dagegen, durch Verbrennen der Pflanze Gewitterwolken zu vertreiben. Der Name Dill leitet sich vermutlich vom altnordischen *dylla* ab, was soviel wie „lindern" bedeutet. Der Volksname Gurkenkümmel weist auf seinen Nutzen als Kümmelersatz hin. Schriften der Antike belegen, dass Dill schon seit uralten Zeiten als Würz- und Heilpflanze bekannt ist. In der römischen Arena nutzten Gladiatoren wohl die krampflösenden Eigenschaften des Dills, wenn sie ihren Körper vor den Kämpfen mit Dillöl einrieben.

Andere Namen
Gurkenkraut, Gurkenkümmel

Familie
Apiaceae (Doldenblütler)

Herkunft/Vorkommen
Die genaue Herkunft des Dill, der zu den ältesten Küchenkräutern gehört, ist nicht genau bekannt. Vermutlich stammt er aus Zentral- oder Südasien.

Standort
Diese uralte Kulturpflanze braucht im Garten einen sonnigen bis halbschattigen Platz mit nicht zu trockenem, aber gut durchlässigem Boden. In Mitteleuropa findet man manchmal auch verwilderte Dillpflanzen, etwa an Wegrändern, Feldrainen und auf Brachflächen.

Blütezeit
Juli bis September

Merkmale
Einjährige, bis 75 cm hohe Pflanze mit aufrechtem, hohlem Stängel und stark zerteilten Blättern, deren Stiel sich an der Basis zu einer stängelumfassenden Scheide verbreitert. Die zahlreichen gelben Blüten sind in bis zu 15 cm großen Dolden angeordnet; die sehr leichten Früchte haben einen scharfen Geschmack. Typisch ist auch der aromatische Geruch der Pflanze.

Inhaltsstoffe und Eigenschaften
Dill hat verdauungsfördernde, blähungs- und harntreibende sowie aromatische Eigenschaften. Für die Verarbeitung geeignet sind Sprossspitzen und Samen. Die krautigen Teile können bis in den Herbst geerntet und frisch verwendet oder eingefroren werden, aber auch eine getrocknete Aufbewahrung des Dill ist möglich. Allerdings geht dabei ein Teil des Aromas verloren. Problemlos ist dagegen die Aufbe-

wahrung der Samen, die man im Herbst sammelt, wenn sich die Dolden braun verfärben.

Verwendung
Die Blätter des rasch wachsenden Dills können das ganze Jahr fortlaufend bis zum ersten Frost geschnitten werden. Blütenstände sammelt man zum Blühbeginn, die Samen bei beginnender Bräunung im Herbst.

Gesundheit
Dill ist aber auch ein begehrtes Heilkraut. So gilt er als Mittel zur Bekämpfung von Blähungen, Darmkrämpfen oder Koliken, und er wird in Husten-, Erkältungs- und Grippemitteln verwendet; außerdem lässt sich durch Kauen der Samen schlechter Atem überdecken. Dill soll aber auch die Milchproduktion steigern und kann Koliken bei Babys verhindern, wenn stillende Mütter ihn regelmäßig zu sich nehmen. Äußerlich wird Dill zur Behandlung von Geschwüren und bei Augenentzündung angewendet. Zur Stärkung der Finger- und Zehennägel kann man die Hände oder Füße in einem Aufguss aus Dillsamen baden.

Wellness
Das Kauen von frischen Samen oder Blättchen hilft gegen Mundgeruch.

In der Küche
Vom aparten Dill lässt sich fast die gesamte Pflanze in der Küche verwenden. Die feinen Blättchen werden hauptsächlich zum Würzen genutzt, frisch sind sie reich an Vitamin C. Besonders gut passen sie zu Gemüse und Salaten, speziell aber zu Gurken aller Art, Rote Bete und Karotten. Dill verfeinert außerdem Suppen, Hackfleisch, Quark- und Eierspeisen und wird äußerst gern zu Fischmarinaden gegeben. Getrocknet verliert Dill schnell an Würzkraft. Ganze Dillzweige inklusive der Blütenstände, aber auch die Samen, werden zum Einlegen (Dill-Gurken) und zum Aromatisieren von Würzessig verwendet. Dillöl, aus den Samen gewonnen, wird zur Likörherstellung genutzt.

Gefüllter Karpfen

Zutaten für 4 Personen

200 g Vollkornreis
500–750 ml Fischfond
4 rote Zwiebeln
3 Knoblauchzehen
1 El Butterschmalz
Je 1/2 Tl Nelken-, Zimt- und Pimentpulver
Salz, Pfeffer
200 g Flusskrebsfleisch
200 g eingelegte Rote Bete
4 küchenfertige Karpfenfilets
Zitronensaft
40–50 g Butter
2 Bund Dill
4 EL Knoblauchbutter
4 cl Wodka
Rote-Bete-Scheiben und Gewürzgurken zum Servieren

Zubereitung

1 Den Reis im Fischfond halb gar kochen. Die Zwiebeln und die Knoblauchzehen schälen und fein hacken. Butterschmalz erhitzen und beides darin glasig anschwitzen. Mit Nelken-, Zimt- und Pimentpulver sowie Salz und Pfeffer würzen.

2 Das Flusskrebsfleisch und die Rote Bete in Würfel schneiden. Zu der Zwiebel-Knoblauch-Mischung geben und unter Rühren ca. 3 Minuten mitschmoren. Den Reis in ein Sieb geben, gut abtropfen lassen und unter die Gemüse-Krebsfleisch-Mischung heben.

3 Die Karpfenfilets waschen, trocknen, von innen und außen mit Zitronensaft beträufeln und mit Salz und Pfeffer würzen. Die Füllung auf die Fischfilets geben, aufrollen und mit Holzspießchen feststecken. Den Backofen auf 200°C vorheizen.

4 Die Butter schmelzen lassen. Die Karpfenfilets auf ein ausreichend großes Stück Alufolie legen, mit der Butter beträufeln und die Alufolie verschließen. Auf einem Backblech auf der mittleren Einschubleiste ca. 35–40 Minuten garen.

5 Den Dill waschen, trocknen und die Blättchen von den Stielen zupfen. Die Knoblauchbutter erhitzen, den Dill darin kurz anschwitzen und mit Wodka abschmecken. 5 Minuten vor Ende der Garzeit die Alufolie öffnen und den Fisch unter dem zugeschalteten Grill bräunen.

6 Die Filets auf vorgewärmte Teller anrichten. Mit eingelegter Roter Bete und Gewürzgurken garnieren und servieren. Die Dillbutter dazu reichen.

Zubereitungszeit: ca. 1 1/4 Stunden

Echte Engelwurz

Angelica archangelica ssp. Archangelica

Die Angelikawurzel ist seit Jahrhunderten ein beliebtes und vielseitiges Heilmittel, das vor allem bei Beschwerden des Verdauungstraktes, Husten, aber unter anderem auch bei Schlaflosigkeit, Epilepsie, Wahnvorstellungen, zur Förderung der Nachgeburt und Wurmbefall eingesetzt wurde. Seit dem 14. Jahrhundert wird diese ausgesprochen aromatische Würzpflanze in erster Linie als vielseitige Heilpflanze angebaut und verschafft seitdem bei Magen- und Verdauungsproblemen oder Erkältungen zuverlässig Linderung.

Andere Namen
Angelika, Brustwurz, Engelswurz, Giftwurz, Heiligenbitter, Lauskraut, Waldbrustwurz, Zahnwurzel

Familie
Apiaceae (Doldenblütler)

Herkunft/Vorkommen
Häufig vorkommende Pflanze an Flussufern und auf feuchten Wiesen in Nordeuropa und Nordasien.

Standort
In Gärten bevorzugt die Engelwurz sonnige bis halbschattige, nicht zu trockene Standorte; sie kommt in Mitteleuropa aber auch verwildert vor, vorzugsweise an feuchten Standorten, also etwa in der Nähe von Flüssen oder Bächen, aber auch in Schluchten und nicht zu trockenen Wäldern.

Blütezeit
Juni bis August

Merkmale
Der stattliche zweijährige Engelwurz kann eine Größe bis zu 2 m erreichen, wobei er sehr schnell wächst. Die bisweilen armdicken Stängel sind hohl, gerillt und zeigen im oberen Teil manchmal eine purpurrote bis rostrote Farbe. Die kahlen Blätter sind ein- bis dreifach fiederschnittig und können im unteren Bereich bis zu 60 cm groß werden. Die an den Enden von Stängeln und Ästen sitzenden Dolden sind 20- bis 40-strahlig und haben kleine, grünlichweiße Blüten.

Inhaltsstoffe und Eigenschaften
Der hohe Anteil an ätherischen Ölen sorgt für ein sehr starkes Aroma, sowohl beim Geschmack als auch beim Geruch. Weitere wirksame Inhaltsstoffe sind vor allem Bitterstoffe, Gerbstoffe und Cumarine. Krampflösend, entzündungshemmend, schweißtreibend, fiebersenkend, schleimlösend, harn- und blähungstreibend, regt Magensaft- und Gallesekretion an; mild aromatischer Geschmack, erst süß, dann leicht bitter werdend.

Verwendung
Geerntet werden im Frühjahr und Herbst die Wurzeln und Wurzelstöcke, die dann der Länge nach aufgeschnitten, zum Trocknen aufgehängt werden. Wichtig ist eine sorgfältige Reinigung der Wurzel und die Untersuchung auf Insektenbefall, der sehr häufig auftritt. Ebenfalls im Herbst können die Samen geerntet und z. B. für die Likörherstellung verwendet werden.

Vorsicht
Engelwurz enthält Furocumarine, die die Lichtempfindlichkeit der Haut erhöhen und bei direktem Sonnenkontakt zu Hautreizungen und Hautentzündungen führen können.

Auch durch den hohen Gehalt an ätherischen Ölen ist bei der Anwendung Vorsicht angesagt: Hoch dosiert können sie negativ auf das zentrale Nervensystem wirken, auch bei Magen-Darm-Geschwüren sollten sie nicht verwendet werden.

Schwangere und Menschen mit Bluthochdruck sollten auf Engelwurz verzichten, da große Mengen von ihr den Blutdruck erhöhen. Engelwurz wurde früher bei ungewollter Schwangerschaft zur Abtreibung benutzt.

Gesundheit
Zur Steigerung des Appetits, bei leichten Magen-Darm-Beschwerden, Blähungen und Völlegefühl kann Engelwurz sehr nützlich sein, da er krampflösende Eigenschaften besitzt.

Der Geschmack der Angelika ist nicht jedermanns Sache. Aus diesem Grund ist es dann sinnvoll, die klein geschnittene Wurzel mit anderen Pflanzen zu mischen, z. B. Melisse, Brombeer- oder Erdbeerblättern, Hagebutte oder getrocknetem Apfel. 1 gehäufter Teelöffel dieser Mischung wird mit 1 Tasse kochendem Wasser übergossen, muss 15 Minuten ziehen, wird dann abgeseiht und zweimal täglich nach dem Essen getrunken.

Wellness
Die Blätter der Engelwurz eignen sich nicht nur für ein entspannendes Bad, sondern man kann damit auch unerwünschte Wohnungsgerüche überdecken, wenn man die Samen in einer feuerfesten Schale verbrennt.

In der Küche
Während die Engelwurz heute kaum noch eine Rolle in der Küche spielt, waren die jungen Stängel früher ein beliebtes Gemüse. In der Likörzubereitung findet man Engelwurz in Kräuter- und Bitterlikören wie z. B. im Chartreuse oder im Benediktiner.

Kerbel *Anthriscus cerefolium*

Der Kerbel wurde schon im alten Ägypten geschätzt, denn man hat einen kleinen Behälter mit Kerbelsamen als Beigabe im Grab Tutenchamuns gefunden. Der etwas unscheinbare Kerbel soll Mitteleuropa mit den Römern erreicht haben, wo er im Mittelalter sogar noch häufiger angebaut wurde als heute. Schon Hildegard von Bingen schätzte Inhaltsstoffe und Heilwirkung des Krautes. Kerbel ist blutreinigend und entschlackt, verantwortlich hierfür sind zur Hauptsache die ätherischen Öle.

Andere Namen
Körfel, Karweil, Suppenkraut

Familie
Apiaceae (Doldenblütler)

Herkunft/Vorkommen
Ursprünglich aus West- und Südostasien, später über Europa weltweit; häufig auch wild wachsend.

Standort
In seiner Heimat findet man den Kerbel vor allem auf Brachflächen oder an Straßenrändern; im Garten benötigt die Pflanze einen sonnigen bis halbschattigen Platz mit lockerem, leicht feuchtem Boden.

Blütezeit
Mai bis August

Merkmale
Einjähriges Würzkraut, dicht buschig, 30–60 cm hoch; mehrfach gefiederte, hellgrüne Blätter, die an Petersilie erinnern; kleine, weiße Blüten in duftigen, schirmförmigen Dolden.

Inhaltsstoffe und Eigenschaften
Ätherisches Öl mit Hauptbestandteil Isoanethol; Cumarine, Vitamin C, Carotin, Eisen, Magnesium. Verdauungsfördernd, blutreinigend, antiseptisch, hautberuhigend; das würzig-süßliche Aroma ähnelt dem Anis.

Verwendung
Kerbel ist eine typische Gartenpflanze und wird eher selten auf dem Feld angebaut und daher nicht allzu häufig auf dem Markt angeboten. Bereits 6 bis 8 Wochen nach der Aussaat kann das Kraut geschnitten werden, danach sind noch mehrere Ernten bis zur Blüte möglich. Kerbel sollte immer sofort verwendet werden, da das Aroma sehr rasch verloren geht und zur Lagerung daher besser eingefroren als getrocknet werden.

Vorsicht
Der nah verwandte und ähnlich aussehende, in Mitteleuropa wildwachsend vor-

kommende Wiesenkerbel *(Anthriscus sylvestris)* ist für den menschlichen Verzehr ungeeignet.

Gesundheit
Das Kraut gilt als gutes Mittel zur Beruhigung der Verdauung und zur Senkung des Blutdrucks. Der Saft frischer Pflanzen wird bei Hautbeschwerden angewendet, etwa Ekzemen und Abszessen, aber auch zur Behandlung von Wunden. Ein Aufguss aus den Blüten kann für Gesichtsmasken und zur Hautreinigung benutzt werden.

Wellness
Eine Kerbelsuppe eignet sich gut für eine entschlackende Frühjahrskur. Mit Sahne und Weißwein abgeschmeckt, ist sie nicht nur gesund, sondern schmeckt auch köstlich.

In der Küche
Kerbel lässt sich ähnlich wie Petersilie einsetzen. Der hohe Vitamin-C-Gehalt der Blätter ist sehr gesundheitsfördernd. Als Würzpflanze nimmt man Kerbel deshalb gern frisch. Wurde Kerbel früher auch zu Backwaren aus Hefeteig empfohlen, bevorzugt man sein frisches Aroma heute lieber zu Salaten, Quarkspeisen und besonders zu Suppen – daher auch der Name Suppenkraut. Kerbel frisch, kurz vor dem Servieren über Geflügel, Fisch, Pilze, helle Saucen, Überbackenes und Suppen gestreut gibt den Speisen den letzten Pfiff. Traditionell und unverzichtbar ist Kerbel als Bestandteil der Fines herbes.

Sellerie *Apium graveolens*

Wie Aufzeichnungen belegen, wurde Sellerie schon vor mindestens 3000 Jahren im Ägypten der Pharaonenzeit kultiviert und seit dem 5. Jahrhundert v. Chr. auch in China. Im antiken Griechenland und Rom muss die Pflanze eine Rolle im Totenkult gespielt haben, denn man findet zahlreiche Grabmäler, die mit den Sellerieblättern geschmückt wurden. Nach Mitteleuropa ist er vermutlich erst im Mittelalter gekommen. Dabei wurde nicht immer nur die Knolle verwendet, sondern auch Kraut und Früchte kamen zu Ehren. Angefangen von Harnwegsproblemen über Rheuma und Gicht bis hin zu Hautflechten reichte sein Einsatz. Legendär ist die Verwendung von Sellerie bei Impotenz. Er mag durchaus eine Wirkung als Potenzmittel haben, die allerdings von Wissenschaftlern in dem ihm nachgesagten Maße aber nicht bestätigt wird. Zumindest sein Name Geilwurz verrät die ihm nachgesagte Wirkung auf das Liebesleben.

Andere Namen
Eppich, Geilwurz, Schoppenkraut, Suppenkraut, Zellerer

Familie
Apiaceae (Doldenblütler)

Herkunft/Vorkommen
Europa, Asien, Nordafrika

Standort
Der schon seit Jahrtausenden kultivierte Sellerie kommt in der Natur hauptsächlich an salzhaltigen Standorten vor; beim Anbau im Garten bevorzugt die Pflanze nährstoffreichen, feuchten Boden.

Blütezeit
Juli bis September

Merkmale

Wer Sellerie verwenden will, sollte sich auf den Gartensellerie beschränken. Die Wildform ist geschützt, hat einen für die meisten Menschen üblen Geschmack und besitzt zudem in hohem Maße nicht unbedenkliche Inhaltsstoffe. Der Gartensellerie kann bis zu 1 m hoch werden, aus der Knolle entspringen verzweigte, fiederschnittige Stängel. Die Dolden besitzen keine Hüllblätter, die kleinen Blüten haben eine weiße Farbe, die Früchte sind rund. Auffallend ist der aromatische Geruch der gesamten Pflanze.

Inhaltsstoffe und Eigenschaften

Sellerie besitzt einen typischen intensiven Geschmack und Geruch, der hauptsächlich auf die ätherischen Öle zurückzuführen ist. Diese und zusätzlich Flavonoide, Vitamine und Mineralien stärken die Abwehrkräfte und den Stoffwechsel, gelten aber auch als gutes Antiseptikum für den Urogenitaltrakt.

Verwendung

Die ganze Pflanze kann Verwendung finden, hauptsächlich sind es jedoch die Knolle, das Kraut und die Früchte, die zum Einsatz kommen. Frische Blätter können über das gesamte Jahr laufend nach Bedarf geerntet werden. Fein gehackt und getrocknet lassen sich die Blätter gut lagern, da sie ihr Aroma nicht verlieren. Im Herbst kann die ganze Pflanze ausgegraben werden. Die reifen Samen werden ebenfalls im Herbst gesammelt.

Vorsicht

Sellerie kann bei empfindlichen Personen in Verbindung mit Sonnenlicht Allergien (Wiesendermatitis) hervorrufen.

Gesundheit

Die wassertreibende Wirkung der ätherischen Öle bestimmt das Haupteinsatzgebiet des Sellerie, der dadurch bei Problemen beim Harnlassen und Steinen in Blase und Nieren helfen soll. Dabei reicht es, Sellerie bei der Zubereitung von Speisen einzusetzen oder den Presssaft aus Knolle und Kraut zu sich zu nehmen. Seltener findet Sellerie Anwendung bei Nervosität, Rheuma und Gicht, dann meist als Tee.

Wellness

Ein Tee aus Sellerieblättern belebt und stärkt die Lebensgeister besonders im Frühjahr nach der dunklen Winterzeit.

In der Küche

Es gibt von dieser Art mehrere Varietäten, darunter den Schnittsellerie *(A. graveolens var. secalinum)* mit einer normal dünnen Wurzel sowie besonders aromatischen Blättern, die gern als Suppengrün benutzt werden und getrocknet Bestandteil des Selleriesalzes sind, oder den Knollensellerie *(A. graveolens var. rapaceum),* der eine fleischige, rundliche Wurzel besitzt, die sich roh beispielsweise in Salaten verwenden, aber auch zu Essiggemüse verarbeiten lässt. Dagegen entwickelt der Staudensellerie oder Bleichsellerie *(Apium graveolens var. dulce)* verdickte Blattstiele, die als Gemüse zu kalten Platten, für Kräuterdips oder als „Knabberstangen“ zu Bier serviert werden können.

Chinesischer Feuertopf

Zutaten für 4 Personen

Je 250 g Rinder-, Schweine-, Lamm- und Putenfilet
1 l Shao Hsing (gelber Reiswein)
6–8 El helle Sojasauce
3 El gewürztes Sesamöl
1/2–1 El gemahlener brauner, chinesischer Pfeffer
150 g Glasnudeln
Je 250 g Porree, Staudensellerie, Pak Soy, Frühlingszwiebeln und Möhren
1 l Gemüsebrühe
2 l Rinderfond
Salz
2 El 5-Gewürz-Pulver
3 El frisch geriebener Ingwer
6 El Sesamsaat

Zubereitung

1 Das Fleisch waschen, trocknen und in hauchdünne Scheiben schneiden. Dafür das Fleisch am besten vorher leicht anfrieren lassen. Die Hälfte des Reisweins mit der Sojasauce, dem Sesamöl und dem Pfeffer verrühren. Die Fleischscheiben darin ca. 30–40 Minuten marinieren.

2 Die Glasnudeln in ausreichend heißem Wasser einweichen. Porree, Staudensellerie, Frühlingszwiebeln und Pak Soy putzen, waschen, trocknen und in mundgerechte Stücke schneiden. Die Möhren schälen und in kochendem Salzwasser ca. 3 Minuten blanchieren. Herausnehmen, gut abtropfen lassen und ebenfalls in mundgerechte Stücke schneiden.

3 In einem Mongolischen Feuertopf. Alternative: ein großer Fonduetopf) die Gemüsebrühe mit dem Rinderfond und dem restlichen Wein erhitzen. Salz, Gewürzpulver und Ingwer dazugeben. Das Fleisch aus der Marinade nehmen und auf Teller verteilen. Das Gemüse und die gut ausgedrückten Nudeln ebenfalls auf Teller verteilen.

4 Die Zutaten werden am Tisch in Garkörbchen (bekommt man im Asia-Laden) zubereitet. Dafür die Garkörbchen ca. 2–3 Minuten in den Mongolischen Feuertopf tauchen. Das Ganze wird mit Sesam bestreut und mit verschiedenen Saucen (Hoisin-, Pflaumen- oder süß-saure Sauce) serviert.

Zubereitungszeit: ca. 45 Minuten (plus Zeit zum Marinieren)

Klette *Arctium lappa*

Die große Klette ist ein altbekanntes Hausmittel zur Blutreinigung und bei der Behandlung von allerlei Hauterkrankungen.

Andere Namen
Bardane, Bolstern, Haarballe, Haarwuchswürze, Klebern, Pfaffenknöpfe, Rossklettenwurz, Wolfskraut

Familie
Asteraceae (Korbblütler)

Herkunft/Vorkommen
Die Verbreitung der Klette erstreckt sich über Europa und Nordafrika und angrenzende Regionen. Dort ist sie an Weg- und Wiesenrändern, an Mauern, auf Ödland und Schuttplätzen zu finden.

Blütezeit
Juni bis August

Merkmale
Die zweijährige Pflanze mit dem reich verzweigten, längsfurchigen und rötlichen Stängel kann bis zu 1,50 m hoch werden.

Sie besitzt eine fleischige, lange und verzweigte Wurzel. Die gestielten, herz- bis eiförmigen Blätter sind filzig behaart und unten größer als oben. Doldenartig sind die bläulichroten Blüten angeordnet, die Blütenhüllblätter besitzen gelbliche Widerhaken.

Inhaltsstoffe und Eigenschaften
Es sind vorwiegend Inulin, Schleime, Polyacetylenverbindungen, ätherische Öle, Gerbstoffe, Bitterstoffe und Sitosterin, die die Wirkung dieser Pflanze ausmachen. Sie soll antibakteriell und fungizid wirken.

Verwendung
Vorwiegend kommt die Wurzel zum Einsatz als Öl, Tee oder fertiges Präparat.

Gesundheit
Besonders das Klettenwurzelöl hat sich einen Namen bei der Behandlung von schuppender und juckender Kopfhaut gemacht. In diesem Zusammenhang soll es sich grundsätzlich positiv bei unreiner Haut und Hauterkrankungen zeigen. Doch auch bei Magen-Darmbeschwerden, Gicht und Rheuma soll die Klette wirken und der Blutreinigung dienen. Zudem soll sie sich bei Leber- und Gallebeschwerden als nützlich erweisen. Der Klette wird auch eine schweiß- und harntreibende Wirkung nachgesagt. Wissenschaftlich bestätigt sind diese Wirkungen jedoch nicht. Da bei der Verwendung von Klettenpräparaten aber auch keine Nebenwirkungen zu erwarten sind, kann der Einsatz als unbedenklich gelten.

Bei schuppiger Kopfhaut empfiehlt sich die tägliche Kopfhautmassage mit Kletten-

wurzelöl, das es als fertige Zubereitung in der Apotheke zu kaufen gibt. Selbst zubereiten können Sie es, wenn Sie etwa 6 Esslöffel sehr fein geschnittene Wurzel in eine dunkle Flasche geben, diese mit Sesamöl auffüllen und 3 Wochen lang am Fenster in der Sonne stehen lassen und täglich schütteln. Anschließend die Wurzel abseihen und das Öl dunkel aufbewahren. Angeblich soll dies auch ein Wachstum der Haare fördern. Zur Blutreinigungskur werden über mehrere Wochen lang täglich 3 Tassen Klettenwurzeltee getrunken

Wellness
Das Waschen mit Klettenwurzeltee kann unreine Haut verbessern. Dazu werden 2 Teelöffel getrocknete oder frische, klein geschnittene Klettenwurzel mit 400–500 ml kaltem Wasser übergossen und müssen 5–6 Stunden kalt ziehen. Danach wird es etwa 1 Minute lang zum Kochen gebracht und abgeseiht. Täglich zwei- bis dreimal die betroffenen Hautstellen damit waschen oder mit einem in dem Tee getränkten Wattebausch abwischen.

Meerrettich *Armoracia rusticana*

Mitteleuropa erreichte der Meerrettich erst im 12. Jahrhundert, wo er dann jedoch schnell viele Freunde fand. Alte Kräuterbücher empfehlen ihn frisch gerieben, mit Honig vermischt als Haarwuchsmittel. Schon früh verwendete man Meerrettich als Würze zu fettem Fleisch. Mit dem Rettich ist er verwandt, mit dem Meer hat er allerdings wenig zu tun – seinen Name erhielt der Meerrettich (engl. horse-radish) wahrscheinlich von Mähre, was Pferd (Stute) heißt, nach anderer Meinung von „Mehr-Rettich“, Bezug nehmend auf seine besondere Schärfe.

Andere Namen
Bauernsenf, Fleischkraut, Kren, Pfefferwurzel, Waldrettich

Familie
Brassicaceae (Kreuzblütengewächse)

Herkunft/Vorkommen
Stammt aus Südosteuropa, heute weltweite Kultur.

Standort
Meerrettich kommt in Mitteleuropa häufig verwildert auf Wiesen oder an Wegrändern vor. Im Garten wird die eigentlich ausdauernde Pflanze zumeist einjährig kultiviert. Der Meerrettich benötigt einen sonnigen bis halbschattigen Platz mit nahrhaftem, feuchtem Boden.

Blütezeit
Mai bis Juli

Merkmale
Ausdauernde Pflanze mit einer langen, fleischigen Pfahlwurzel und bis zu 1 m langen, kantigen, gefurchten Stängeln. Die großen, grundständigen Blätter sind länglich-oval mit gekerbtem Rand, die Stängelblätter fiederteilig mit linealischen Fiedern; die kleinen, weißen Blüten sind in Trauben angeordnet.

Inhaltsstoffe und Eigenschaften
Der Pflanze werden schweißtreibende, antirheumatische, harntreibende und verdauungsfördernde Eigenschaften nachgesagt. Die Wurzel wird im Herbst geerntet und kann, wenn man sie nicht gleich verwenden will, einige Zeit in feuchtem Sand im Keller aufbewahrt werden.

Verwendung
Im März werden Wurzelschnittlinge in den Boden gelegt, um im Oktober oder im darauf folgenden Frühjahr die begehrte weiße Wurzel ausgraben zu können. Die Stangen lagern über den Winter in Sand eingeschlagen z. B. im Keller. Die Blätter können ab dem Frühjahr geschnitten und frisch verwendet werden.

Vorsicht
Auf die Einnahme von Meerrettich sollte bei Kindern im Vorschulalter, Magen- und Darm-Geschwüren und Nierenentzündung verzichtet werden. In großen Mengen oder über einen längeren Zeitraum eingenommen, kann es zu Magen-Darm-Beschwerden kommen.

Gesundheit
Beim Zerreiben oder Schneiden der Wurzel entstehen durch Hilfe des Enzyms Myrosinase Senföle, die einerseits für die Schärfe verantwortlich sind, andererseits eine appetitanregende und verdauungsfördernde Wirkung besitzen und den Stoffwechsel auf Trab bringen. Klassisches Einsatzgebiet des Meerrettichs ist die Behandlung grippaler Infekte, Atemwegerkankungen, Gicht und Rheuma. Ein eingekochter Meerrettichsirup hilft z. B. bei allen – auch fiebrigen – Atem- und Harnweginfektionen. Ein Breiumschlag besänftigt schmerzende Glieder bei rheumatischen Beschwerden.

In der Küche
Das charakteristische Meerrettichöl wird durch Reiben der Wurzel frei gesetzt, verfliegt aber relativ rasch. Zum Kochen ist die pikante Wurzel daher nicht geeignet. Traditionell ist sie ein exzellenter, verdau-

ungsfördernder Begleiter zu fetten Speisen. In warmen oder kalten Saucen – oft in Sahne – eingerührt, wird Meerrettich daher gerne zu Braten und eher fetthaltigen Fischspeisen gereicht. Fein geschnitten oder geraspelt mischt man ihn unter Salate oder gibt ihn zu eingelegtem Gemüse und geräuchertem Fisch. Die jungen, frischen Blätter sind wesentlich milder im Geschmack und verleihen fein gewiegt Salaten oder Brotaufstrichen eine angenehme Schärfe.

Schwedische Pastete

Zutaten für 4 Personen

Je 150 g Weizen- und Hafermehl
Je 1 Tl Salz und Pimentpulver
3 El Schmand, 1 El brauner Zucker
150 g Margarine, 2 cl Aquavit
750 g frische Preiselbeeren
100 g Crème double
2–3 El geriebener Meerrettich
1–2 El Zitronensaft
2–3 El Himbeergelee
Frisch gemahlener Pfeffer
Orangenschalen-Aroma
2–3 El Ahornsirup
6 El brauner Rohrzucker
Mehl zum Ausrollen
Fett für die Form
1–2 Eigelb zum Bestreichen

Zubereitung

1 Das Mehl mit Salz, Pimentpulver, Schmand, Zucker, Margarine und Aquavit verkneten. Den Teig ca. 30 Minuten kühl stellen. Die Beeren putzen, waschen und abtropfen lassen.

2 Die Beeren mit der Hälfte der Crème double, Meerrettich, Zitronensaft, Himbeergelee, Pfeffer und Orangenschalen-Aroma mischen. Das Ganze mit Ahornsirup und Rohrzucker süßen. 2/3 des Teiges auf einer bemehlten Arbeitsfläche dünn ausrollen. Eine Springform (26 cm Ø) einfetten. Den Backofen auf 180 °C vorheizen.

3 Den Teig in die Springform legen und den Rand hochziehen. Den restlichen Teig ebenfalls dünn ausrollen und in Streifen schneiden. Die Füllung in die Form geben und die Teigstreifen gitterförmig obenauf legen. Mit Eigelb bestreichen und auf der mittleren Einschubleiste ca. 30–40 Minuten backen.

4 Die Pastete herausnehmen, etwas abkühlen lassen, in Stücke schneiden und mit dem Rest der Crème double anrichten und servieren. Dazu passt Roastbeef.

Zubereitungszeit: ca. 1 Stunde

Arnika *Arnica montana*

Arnika wird seit Jahrhunderten als wirksames Wundmittel gehandelt, das aber auch als harntreibend galt, gegen Blähungen helfen sollte, bei Wurmbefall und der Behandlung von Tierbissen eingesetzt wurde.

Andere Namen
Bergwohlverleih, Fallkraut, Gemsblume, Johannisblume, Konnesblume, Kraftwurz, Mitterwurz, Mutterwurz, Ochsenwurz, Wolfsblume, Wundkraut

Familie
Asteraceae (Korbblütler)

Herkunft/Vorkommen
Gebirgs- und Heideregionen und trockene Waldwiesen in Europa sind die ursprüngliche Heimat dieses heute als Kulturpflanze weit verbreiteten Korbblütlers.

Standort
Arnika kommt in Mitteleuropa wildwachsend auf Bergwiesen und in Bergwäldern vor. Da sie in Deutschland, Österreich und der Schweiz unter Naturschutz steht, darf sie allerdings nicht gesammelt werden. Für die Kultur im Garten ist ein sonniger Platz mit möglichst kalkfreiem oder zumindest kalkarmem Boden notwendig.

Blütezeit
Juni bis Juli

Merkmale
Der behaarte Stängel kann bis zu 50 cm hoch werden, die flache und bodennahe Blattrosette setzt sich aus 4–6 länglichen Blättern zusammen. Auffallend ist die intensive, hübsche gelbe Farbe der Blüten. Die Pflanze ist geschützt und darf nicht gepflückt werden.

Inhaltsstoffe und Eigenschaften
Die bemerkenswerten Heilungserfolge mit Arnika gehen auf ihre vielfältigen Inhaltsstoffe zurück. Die ätherischen Öle wirken z. B. desinfizierend, hemmen Entzündungen und fördern sogar die Heilung von Wunden. Flavonoide wirken sich gemeinsam mit anderen positiv auf das Herz-Kreislauf-System aus und vor allem die Bitterstoffe tun ihr Übriges dazu.

Verwendung
Es sind nur die Blüten, die in der Medizin zur Anwendung kommen, beispielsweise als Tee oder als Tinktur.

Vorsicht
Arnika enthält Giftstoffe, sodass sie nur äußerlich angewendet werden darf. Die Aufbewahrung sollte in Gefäßen mit der gut sichtbaren Aufschrift „Giftig!“ erfolgen.

Gesundheit
Arnika war früher eine der Heilpflanzen, die in keiner Hausapotheke fehlen durfte. Sie galt lange als anregend für den Kreislauf und als wertvolles Mittel zur Behandlung von Angina pectoris (schon Goethe hat im hohen Alter Arnikatee getrunken, um seine Angina zu lindern). Wegen ihres nicht unerheblichen Giftanteils wird die Arnika heute für solche Zwecke aber nicht mehr eingesetzt, sondern man wendet sie nur noch äußerlich an. Gerade bei allen Arten von Sportverletzungen zeigt die Arnika ihr Können. Ob ein verstauchter Fuß, eine Quetschung, Prellung, ein Muskelfaserriss oder eine Zerrung, die Versorgung mit Arnika-Tinktur oder -Tee kann die Heilung meist beschleunigen. Dies zeigt sich auch bei schlecht heilenden Wunden, die sich häufig dank einer

Behandlung mit Arnika bessern. Liegen Entzündungen im Mund- und Rachenraum vor, kann das Gurgeln mit Arnika Linderung und häufig auch Heilung bringen. Äußerlich sollte die Heilpflanze nicht über einen längeren Zeitraum angewandt werden, innerlich wird von einer Anwendung ganz abgeraten.

Zur Heilungsförderung von Quetschungen, Prellungen, Verstauchungen, Zerrungen und Faserrissen bieten sich Umschläge mit verdünnter Arnika-Tinktur an. Geben Sie dazu 5 Esslöffel Blüten in eine Flasche und füllen Sie diese mit 70 %-igem Alkohol aus der Apotheke auf. Verschließen Sie die Flasche und stellen Sie diese 2 Wochen lang an einen sonniges Fenster in Ihrer Wohnung. Seihen Sie die Blüten durch ein Leintuch ab und füllen Sie die Tinktur in eine dunkle, saubere und verschließbare Flasche.

Wellness
Nach schweren körperlichen Anstrengungen oder zur Linderung von Muskelkater haben sich Umschläge mit verdünnter Arnikatinktur (2 TL Tinktur auf 500 ml Wasser) als sehr hilfreich erwiesen. Doch auch ein Umschlag mit Arnika-Tee kann dann die Muskeln entspannen und so Linderung bringen. Übergießen Sie 1 Teelöffel der Blüten mit 1 Tasse kochendem Wasser. Lassen Sie den Aufguss 10 Minuten lang ziehen und seihen Sie die Blüten ab. Wenn der Tee etwas abgekühlt ist, können Sie ein Leinentuch damit tränken und auf die betroffene Hautpartie legen.

Eberraute *Artemisia abrotanum*

Bereits im alten China wurde die Eberraute als Heilkraut bei Entzündungen oder Verbrennungen der Haut genutzt. Die Gattung wurde nach der persischen Königin Artemisia benannt, die ein großes Interesse an Pflanzen gehabt haben soll. Nach Mitteleuropa kam Eberraute im 9. oder 10. Jahrhundert, wo sie zunächst in Klostergärten kultiviert wurde. Zur Zeit der Hexenprozesse hieß es in den Anklagen immer wieder, die Frauen hätten die Eberraute zu Zauberwasser verarbeitet. Unters Kissen gelegt, sollte das Zauberkraut den Schlafenden vor Behexung schützen.

Andere Namen
Aberganz, Albraute, Stabwurz, Zitronenkraut, Zitronelle

Familie
Asteraceae (Korbblütler)

Herkunft/Vorkommen
Ursprünglich aus Vorderasien und dem Mittelmeerraum, traditionelles Bauerngartenkraut, mittlerweile weltweite Verbreitung

Standort
Im Garten wird ein sonniger bis halbschattiger Platz mit möglichst kaklhaltigem, gut durchlässigem Boden benötigt.

Blütezeit
Juli bis Oktober

Merkmale
Ausdauernde, bis 1 m hohe, Pflanze mit fein gefiederten, graugrünen lanzettlichen Blättern und kleinen, gelblichen Blüten, die in rispenartigen Blütenständen angeordneten sind. Typisch für die Art ist der zitronenartige Duft der Blätter.

Inhaltsstoffe und Eigenschaften
Die Pflanze hat vor allem tonische Eigenschaften, soll aber auch Inhaltsstoffe besitzen, die Insekten abschrecken. Ätherische

Öle, Abrotanin, Bitterstoffe, Gerbstoffe. Verdauungsfördernd, reguliert die Menstruation, fiebersenkend, krampflösend, wurmabtreibend, antiseptisch; herb-zitroniger Duft mit leicht bitterem Aroma.

Verwendung
Frische Triebspitzen (Blätter und Stängel) können ab Frühsommer bis kurz vor der Blüte geschnitten werden. Zum Trocknen kurz vor der Blüte ganze Triebe schneiden.

Vorsicht
Auf keinen Fall dürfen Eberrauten-Zubereitungen während der Schwangerschaft eingenommen werden – grundsätzlich sollten sie nur Erwachsenen vorbehalten bleiben. Wichtig: Sich immer an die Dosierungsangabe halten!

Gesundheit
Die Pflanze gilt als gutes Bittertonikum, das durch vermehrte Magen- und Darmsaftsekretion die Verdauungsfunktionen unterstützt und stärkt. Ein Tee aus frischen oder getrockneten Blättern stärkt den Magen, verbessert die Leberfunktion und hilft bei chronischen Bronchialkatarrhen. Gern nutzen Frauen es bei Menstruationsbeschwerden, speziell bei verspäteter Blutung – aber Vorsicht in der Schwangerschaft, da die Gebärmutter durch das Kraut stimuliert wird. Äußerlich lindert die Eberraute Reizungen der Haut und bessert die Wundheilung. Zum Schutz gegen Motten kann das Kraut zwischen Kleidungsstücke gelegt werden, und wenn man die Eberraute in den Gemüsegarten pflanzt, soll sie Kohlweißlinge fernhalten.

In der Küche
Die Eberraute kann in kleineren Mengen als Küchengewürz verwendet werden. So nimmt man frische oder getrocknete Blattspitzen zum Verfeinern von Soßen oder zum Würzen fetter Speisen, etwa Gänsebraten.

Wermut *Artemisia absinthium*

In einem ägyptischen Papyrus aus der Zeit um 1600 v. Chr. entdeckte man die ersten Hinweise auf Wermut – er wurde zu kultischen Zwecken verräuchert, und in der Antike setzten ihn die Römer u. a. gegen die Seekrankheit ein. Auch im Mittelalter schätzte man die heilende Kraft der Wermut oder auch Magenkraut genannten Pflanze und gab ihr in jedem Klosterkräutergarten ihren Platz. Berühmt-berüchtigt wurde sie als Bestandteil des Verdauungslikörs Absinth. Der in ihm enthaltene Wirkstoff Thujon macht bei übermäßigem Zuspruch süchtig, verursacht Halluzinationen und schädigt das Nervensystem. Prominentes Opfer der „Grünen Fee" war Malergenie van Gogh. Reine Wermutschnäpse dürfen daher nicht mehr hergestellt werden.

Andere Namen
Absinth, Magenkraut, bitterer Beifuß

Familie
Asteraceae (Korbblütler)

Herkunft/Vorkommen
Asien, Ost- und Mitteleuropa

Standort
In Mitteleuropa kommt der Wermut verwildert an trockenen Standorten vor, etwa Wegrändern, Bahndämmen und auf Brachflächen. Für den Anbau im Garten wird ein sonniger bis halbschattiger Platz mit gut durchlässigem Boden benötigt.

Blütezeit
Juli bis September

Merkmale
Ausdauernder, anspruchsloser Halbstrauch, bis 1,50 m hoch; breit-eiförmige, tieffiederspaltige Blätter, Blätterunterseite von feinem, dicht anliegendem silbergrauen Filz überzogen; hellgelbe Blüten in vielköpfiger Rispe.

Inhaltsstoffe und Eigenschaften
Ätherisches Öl mit Hauptwirkstoffe Thujol und Thujon; Bitterstoffe Absinth, Artabsin, Anabsinthin; Flavonoide, Ascorbinsäure, Gerbstoffe. Appetitanregend, stärkend für das gesamte Verdauungssystem, blähungswidrig, wurmtreibend, entzündungshemmend, die Gebärmutter stimulierend; sehr bitterer Geschmack.

Verwendung
Geerntet werden die grauen Blätter, die vor der Blütezeit am aromatischsten sind – verwendet werden können allerdings auch die Blüten selbst. Frisch oder getrocknet, auch zu Pulver vermahlen, kommt der Wermut zum Einsatz.

Vorsicht
Wermut ist in größeren Mengen giftig. Während einer Schwangerschaft sollte man völlig auf ihn verzichten.

Gesundheit
Ein Aufguss des Wermuts ist appetitanregend und verdauungsfördernd, hilft bei Blähungen, Darmkoliken, Darmwürmern und lindert unangenehmes Völlegefühl. Wermut stimuliert die Gebärmutter und wird deshalb traditionell während der Geburtswehen verabreicht.

Wellness
Ein Sträußlein Wermut soll bei Liebeskummer helfen und unters Kissen gelegt die Leidenschaft erwecken.

In der Küche
Wermut wird wegen der verdauungsfördernden und magenfreundlichen Eigenschaften gern zu fettem Fleisch gegeben. Sein hoher Bitterstoffgehalt begrenzt jedoch seine Möglichkeiten als Speisewürze. Es genügen bereits winzige Mengen der stark aromatischen Blätter, die besonders gut zu Geflügel, Wild-, Schwein- und Schaffleisch passen. Auch Fisch- und Muschelgerichte lassen sich mit einem Hauch Wermut äußerst pikant abwandeln. Wermutweinen und vielen Kräuterlikören verleiht der Absinth das ihn kennzeichnende Aroma.

Estragon *Artemisia dracunculus*

Diese Pflanze wird erstmals in etwa 3000 Jahre alten Schriften aus China erwähnt. Wahrscheinlich brachten die Kreuzfahrer des Mittelalters die auch Schlangenkraut benannte Pflanze nach Europa, und gegen Ende des 16. Jahrhunderts war sie auch jenseits der Alpen weit verbreitet. Bereits in den Kräuterbüchern des Mittelalters empfahl man ihn u. a. als appetitanregendes, schweiß-, harn- und menstruationstreibendes Mittel. Seinen Volksnamen verdankt er seiner früheren Verwendung bei Schlangenbissen. Die Wurzel wurde früher bei Zahnschmerzen verwendet.

Andere Namen
Esdragon, Dragon, Kaiserkraut

Familie
Asteraceae (Korbblütler)

Herkunft/Vorkommen
Stammt aus Sibirien und Südasien, seit langem im Mittelmeerraum eingebürgert, von dort aus Verbreitung nach Mitteleuropa.

Standort
Estragon wird heute weltweit in Gärten angepflanzt. Für die Kultur ist lockerer, nährstoffreicher, feuchter Boden in einer warmen, windgeschützten Lage notwendig; im Winter ist ein Schutz gegen die Kälte erforderlich.

Blütezeit
Juli bis Oktober

Merkmale
Ausdauernde, bis 1 m hohe Pflanze mit sitzenden oder kurz gestielten, lanzettlichen Blättern und kleinen, unscheinbaren, grünlich weißen Blütenköpfchen. Typisch für den Estragon ist auch der würzige Duft.

Inhaltsstoffe und Eigenschaften
Ätherisches Öl mit Estragol; Gerb- und Bitterstoffe. Anregend, antiseptisch, harntreibend, reguliert die Menstruation; Russischer Estragon schmeckt angenehm bitter würzig, Französischer oder Deutscher Estragon mild würzig mit Anisaroma.

Verwendung

Frische Triebspitzen und Blätter können ab Mai bis zum Herbst geerntet werden, zum Trocknen und Einfrieren sammelt man ganze Zweige kurz vor der Blüte. Während der Deutsche Estragon über die ganze Vegetationszeit würzige Blätter liefert, erntet man beim Russischen Estragon die Triebspitzen stets erst kurz vor der Blüte.

Vorsicht

Estragon sollte nicht in der Schwangerschaft angewendet werden und man sollte sich an die auf der Packung angegebenen Dosierungen halten.

Gesundheit

Das bittere, wärmende Kraut regt den Appetit und das Verdauungssystem an, wirkt als Teeaufguss harntreibend und bessert Menstruationsstörungen, speziell wenn die Blutung ausbleibt. Achtung, daher nicht in der Schwangerschaft einsetzen! Äußerlich – als Tinktur – beweist sich der Estragon auf Grund seiner antiseptischen Wirkung bei Zahnschmerzen.

In der Küche

Estragon ist ein vielseitiges Würzkraut. Man unterscheidet den robusteren, herben Russischen Estragon sowie den etwas empfindlichen, mild-feinen aromatischeren Französischen oder Deutschen Estragon, bei dem der würzige Geschmack zusätzlich eine fenchel- oder anisartige Spielart aufweist. Manche Experten sehen den Französischen Estragon als gesonderte Form an, die noch feinere Nuancen bietet als der Deutsche und fast karamell- oder marzipanartig schmeckt. Das würzige Aroma des Estragons passt gut zu Salaten, Suppen, Saucen sowie Fisch und Geflügel. Er aromatisiert Kräuteressig, -wein und -butter, auch Senf und eingelegte Essiggurken. Der Französische Estragon eignet sich bestens für raffiniert abgeschmeckte Frischkäse, Quark- oder Eierspeisen.

Gefüllte Koteletts

Zutaten für 4 Personen

10 Schalotten
3 Knoblauchzehen
4 El Butterschmalz
300 g Champignons
Salz, Pfeffer
2–4 cl Weißwein
125 g Leberpastete
1/2 Bund Petersilie
4 Schweinekoteletts
Mehl zum Wenden
2–3 Eier
100–130 g Paniermehl
1/2 El schwarze Pfefferkörner
125–250 ml Kalbsfond
4 El Estragonessig
4–5 Eigelb
6 EL Butter
1 El frisch gehackter Kerbel
1 El frisch gehackte Petersilie
2 El frisch gehackter Estragon

Zubereitung

1 Schalotten und Knoblauchzehen schälen und fein hacken. Die Hälfte des Butterschmalz erhitzen und den Knoblauch und die Hälfte der Schalotten darin unter Rühren ca. 3–4 Minuten braten.

2 Die Pilze putzen, in Scheiben schneiden und dazugeben. Mit Salz und Pfeffer würzen und den Wein mit der Pastete dazugeben. Die Petersilie waschen, trocknen und fein hacken. Dazugeben und alles zusammen unter Rühren ca. 2–3 Minuten schmoren.

3 Herausnehmen und abkühlen lassen. Koteletts waschen, trocknen und je eine Tasche einschneiden. Von innen und außen mit Salz und Pfeffer würzen und die Füllung hineingeben. Das Ganze mit Holzspießen zustecken und in Mehl wenden. Die Eier verquirlen. Die Koteletts in den Eiern und anschließend in Paniermehl wenden.

4 Restliches Butterschmalz erhitzen und die Koteletts darin von jeder Seite ca. 6–8 Minuten braten. Die restlichen Schalotten zusammen mit Pfefferkörnern, Fond und Essig aufkochen lassen. Den Sud durchsieben und beiseite stellen.

5 Die Eigelb mit ca. 2–3 El des Suds im Wasserbad schaumig schlagen. Die Butter schmelzen und löffelweise unter Rühren dazugeben. Den durchgesiebten Sud ebenfalls unter Rühren dazugeben.

6 Die Sauce mit Salz und Pfeffer abschmecken und mit Kerbel, Petersilie und Estragon verfeinern. Anschließend zusammen mit den Kalbskoteletts anrichten und servieren.

Zubereitungszeit: ca. 50 Minuten

Beifuß *Artemisia vulgaris*

Wegen seiner Hilfe bei Frauenleiden soll sein Gattungsname auf die griechische Göttin Artemis zurückgehen. Im Altertum glaubte man außerdem, dass die Pflanze am Fuß getragen, vor Müdigkeit bewahrte. Das Kraut sollte auch vor bösen Geistern und Krankheiten schützen. Wahrscheinlich umwickelten Kelten und Germanen deshalb ihre Lenden zu Sonnenwendfeiern mit Beifußstängeln. Dem Teufel war Beifuß ein Dorn im Auge – er machte einen Bogen um jedes Haus, an dessen Eingang man Beifußwurzeln genagelt hatte.

Andere Namen
Buckele, Gänsekraut, Jungfernkraut, Mugwurz, Sonnenwendgürtel, Wilder Wermut

Familie
Asteraceae (Korbblütler)

Herkunft/Vorkommen
Stammt aus Russland, heute auf der gesamten Nordhalbkugel heimisch, auch wild wachsend.

Standort
Der in weiten Teilen Europas heimische Beifuß wächst vorzugsweise auf Brachflächen, an Bahndämmen, Wegrändern und unter Hecken. Im Garten stellt die Pflanze kaum Ansprüche, sieht man einmal von einem sonnigen Standort ab.

Blütezeit
Juli bis August

Merkmale
Ausdauernder, anspruchsloser Strauch, 1–2 m hoch; meist rötlich gefärbte Stängel, keilförmige, tieffiederspaltige, dunkelgrüne Blätter, an den Unterseiten weiß-filzig; rötlich überhauchte kleine Blüten an bräunlicher Rispe.

Inhaltsstoffe und Eigenschaften
Ätherische Öle mit 1,8-Cineol, Campher, Thujon; Bitterstoffe, Gerbstoffe, Saponine. Kräftigend, verdauungsanregend, anregendes Nervenmittel, reguliert die Menstruation, antirheumatisch; pikant-würziges Aroma, etwas bitter.

Verwendung
Von dem sehr anspruchslosen Kraut erntet man fortlaufend die Triebspitzen und frischen Blätter bis kurz vor der Blüte. Zur Konservierung werden diese getrocknet. Nach der Blüte entwickeln sich die Bitterstoffe. Als mildes Magenmittel bevorzugt man Beifuß daher blühend und schneidet ihn samt der Blütenstände von Juli bis August. Nach Absterben des Krauts werden im Spätherbst die Wurzeln ausgegraben, gereinigt und getrocknet.

Vorsicht
Verzichten Sie während der Schwangerschaft unbedingt auf alle Beifußarzneien, da diese Frühgeburten auslösen können. In überhöhter Dosierung angewendet hat das Kraut manchmal eine einschläfernde Wirkung.

Gesundheit
Beifuß wird ähnlich wie der ihm verwandte Wermut bei Magen-Darmstörungen eingesetzt. Ein Tee aus den Blättern hilft bei Wurmbefall, wirkt schweißtreibend, dient der Menstruationsregulierung, stillt Muskelschmerzen und wird bei Depressionen und Nervosität empfohlen. Außerdem soll er bei fiebrigen Infekten Erleichterung schaffen. In der Schwangerschaft sollte man Tees und Öle aus Beifuß wegen seines stimulierenden Einflusses auf die Gebärmutter meiden.

In der Küche
Im Europa des 18. Jahrhunderts war Beifuß in der Küche mindestens so beliebt wie heute die Petersilie. Dank seiner Inhaltsstoffe erlebt er eine Renaissance – frisch oder getrocknet können durch ihn auch fettreiche Gerichte wie Braten, Gänse- und Schaffleisch, selbst Aal und Makrele problemlos genossen und verdaut werden. Ebenso gut macht er sich in Eintöpfen, Suppen, zu Hülsenfrüchten oder Kohl.

Feiner Gänse-Bohnen-Topf

Zutaten für 4 Personen
1–2 Gänsekeulen
(ca. 1,2–1,5 kg)
3–4 Beifuß-Rispen
1–1 1/2 l Gänsefond
8 Schalotten
2 Knoblauchzehen
400 g dicke Bohnen (TK)
1/2–1 Tl gerebelter Majoran
1/2–1 Tl gerebeltes Bohnenkraut
1/2 Tl Kümmelkörner
Salz
Pfeffer
1 Bund Petersilie, fein gehackt

Zubereitung

1 Die Gänsekeulen waschen, trocknen, die Haut abziehen und zur Seite legen. Das Fleisch mit den Beifuß-Rispen im Fond ca. 35–40 Minuten kochen. Die Keulen herausnehmen, der Fond durchsieben und das Fleisch von den Knochen lösen. Anschließend in kleine Würfel schneiden.

2 Schalotten und Knoblauchzehen schälen und in Würfel schneiden. Zusammen mit den Bohnen und Kräutern in den durchgesiebten Fond geben und ca. 12–15 Minuten garen. Kräftig mit Kümmel, Salz und Pfeffer würzen. Das Gänsefleisch in die Suppe geben und erhitzen.

3 Die Haut der Gänsekeulen in Streifen schneiden und in einer Pfanne ohne Fett knusprig braten. Das Ganze auf Teller geben und mit Hautstreifen und Petersilie servieren.

Zubereitungszeit: ca. 1 Stunde

Spargel *Asparagus officinalis*

Im mittleren Europa ist der Spargel erst etwa seit dem 16. Jahrhundert bekannt und hatte dort dann seinen festen Platz in den Gärten der heilkundigen Mönche. Doch schon im alten China und Ägypten, weit vor Christi Geburt, galt der Spargel als heilkräftige Pflanze und Delikatesse.

Andere Namen
Aspars, Korallenkraut, Schwammwurz, Sparsich

Familie
Liliaceae (Liliengewächse)

Herkunft/Vorkommen
Ursprünglich beheimatet ist der Spargel vermutlich im Mittelmeerraum und in Westasien auf sandigen Böden, Schuttplätzen und Flussdämmen, als Kulturpflanze hat er aber die ganze Welt erobert.

Blütezeit
Juni bis August

Merkmale
Ein kräftiger und holziger Wurzelstock mit dicken Wurzelfasern hält den Spargel in der Erde fest. Im Frühjahr treiben fingerdicke Sprossen an die Oberfläche, die bis zu 1 m groß werden können. An den verzweigten Stängeln wachsen kleine Blättchen. Aus den grünlichweißen Blüten entwickeln sich die erbsengroßen, roten Früchte.

Inhaltsstoffe und Eigenschaften
Asparagin, Arginin, Asparagose, Saponine, Flavonoide, Vitamine und Mineralien sind die hautsächlichen Inhaltsstoffe, die die harntreibende Wirkung des Spargels ausmachen.

Verwendung
Während heute fast nur noch die Wurzel verwendet wird, war früher auch häufiger das Kraut ein beliebtes Heilmittel, z. B. als Tee.

Vorsicht
Spargel kann Überempfindlichkeitsreaktionen hervorrufen und sollte über einen längeren Zeitraum (8–10 Tage) nicht ohne Aufsicht in größeren Mengen als Tee oder Speise genossen werden. Bei entzündlichen Nierenerkrankungen oder Wasseransammlungen im Körper aufgrund von eingeschränkter Herz- oder Nierenfunktion sollte auf Spargel verzichtet werden.

Gesundheit
Es gibt sicherlich wirksamere Heilpflanzen als den Spargel, doch er hat entwässernde Wirkung und soll dadurch bei Blasen- und Nierenbeschwerden hilfreich sein. In diesem Zusammenhang wird er auch bei Blasen- und Nierensteinen, zur Blutreinigung und bei Rheuma und Gicht einge-

setzt. Zudem soll er Hautunreinheiten lindern.

In der Küche

Spargel ist ein Klassiker in der Küche, und die jährliche Spargelzeit wird von vielen Gourmets sehnsüchtig erwartet. Ob einfach angemacht mit Salzkartoffeln und Butter oder raffiniert mit Fisch, Geflügel, Fleisch, Schinken oder Kräuteromelette, als Cremesüppchen oder nur als Gemüse im Leipziger Allerlei, Spargel lässt viele Feinschmeckerherzen höher schlagen. Dabei ist der Geschmack von frischem Spargel dem von konserviertem vorzuziehen.

Grüner Spargel mit Zitronenkräutersauce

Zutaten für 4 Personen

1 kg grüner Spargel
Salz
1 großes Ei
1 El scharfer Senf
200 ml Nussöl
Pfeffer
Saft von 1/2 Zitrone
gemischte Kräuter (z. B. Schnittlauch, Kerbel, Estragon)

Zubereitung

1 Den Spargel waschen, das untere Drittel schälen und die Stangenenden abschneiden. In Salzwasser zugedeckt etwa 15 Minuten gar ziehen. Herausnehmen und warm halten.

2 Das Ei trennen, das Eiweiß zur Seite stellen. Das Eigelb mit dem Senf sehr schaumig schlagen. Das Öl unter ständigem Rühren langsam in dünnem Strahl hinzugießen. So lange weiterschlagen, bis eine dicke Mayonnaise entsteht. Salzen, pfeffern und mit dem Zitronensaft abschmecken.

3 Die Kräuter waschen und trockenschütteln. Die Blättchen von den Stielen abzupfen und klein hacken. Das Eiweiß zu Eischnee schlagen und mit dem Schneebesen unter die Mayonnaise ziehen. Den Spargel mit der Sauce anrichten und mit einigen frischen Blättern garniert servieren.

Zubereitungszeit: ca. 35 Minuten

Melde *Atriplex hortensis*

Bereits in der Antike wurde die Melde als Heilmittel genutzt, und im Mittelalter gebrauchte man sie z. B. bei der Behandlung von Geschwülsten.

Andere Namen
Gartenmelde, Wilder Spinat

Familie
Chenopodiaceae (Gänsefußgewächse)

Herkunft/Vorkommen
In Europa vorwiegend an Gärten, auf Brachland, an Straßenrändern und auf Schuttplätzen zu finden.

Blütezeit
Juli bis August

Merkmale
Die meist als Unkraut bezeichnete Pflanze wächst bis zu 1 m hoch und wechselt ihre Farbe mit zunehmendem Alter von blaugrün zu hellgrün. Die kleinen Blüten bilden in Rispen stehende Scheinähren.

Inhaltsstoffe und Eigenschaften
Einer der wichtigsten Inhaltsstoffe der Melde sind die Saponine, die sich bei Störungen des Stoffwechsels und Verschleimungen als wirksam erwiesen haben.

Verwendung
Am Anfang der Blüte wird das Kraut gesammelt und getrocknet.

Gesundheit
Melde ist ein wichtiger Bestandteil von Blutreinigungstee, der den Stoffwechsel des Körpers wieder auf Trab bringen und die Funktionen von Lunge, Blasen, Nieren und Drüsen anregen soll.

1–2 Tassen Meldetee können täglich im Rahmen einer Blutreinigungskur getrunken werden. Ein 1/2 Teelöffel wird mit 1 Tasse kochendem Wasser übergossen und muss vor dem Abseihen 10 Minuten ziehen.

In der Küche
Früher war die Melde ein beliebtes Gemüse und wurde wie Spinat zubereitet. Berichten zufolge sollen jedoch empfindliche Menschen darauf mit Hautausschlägen reagieren.

Barbarakraut *Barbarea vulgaris*

Das Barbarakraut verdankt seinen Namen der Tatsache, dass es zu den wenigen Pflanzen gehört, die ab dem 4. Dezember, dem Tag der Heiligen Barbara, grün sind und daher gegessen werden können.

Andere Namen
Winterkresse

Familie
Brassicaceae (Kreuzblütler)

Herkunft/Vorkommen
Europa, Asien, Nordafrika

Standort
Die Art kommt auf Wiesen, an Wegrändern, Ackerrainen sowie Fluss- und Bachufern vor; man kann sie aber auch im Garten an einem halbschattigen, nicht zu trockenen Platz kultivieren oder im ungeheizten Gewächshaus bzw. Frühbeet.

Blütezeit
April bis Juli

Merkmale
Zweijährige, bis 90 cm hohe Pflanze mit einem aufrechten, verzweigten Stängel. Die grundständigen Blätter sind eiförmig, die Stängelblätter gefiedert; die in Trauben angeordneten Blüten haben eine leuchtend gelbe Färbung.

Inhaltsstoffe und Eigenschaften
Das Barbarakraut ist vor allem ein entschlackendes und stoffwechselanregendes sowie vitamin- und mineralstoffreiches Gemüse, das auch in der kalten Jahreszeit zur Verfügung steht. Weil die Blätter der Pflanze jederzeit geerntet werden können, ist eine Lagerung überflüssig.

Gesundheit
Wegen seines hohen Gehaltes an Vitamin C wurde die Pflanze früher manchmal als Mittel gegen Skorbut eingesetzt, sie hat aber auch appetitanregende, blutreinigende, harntreibende und wundheilende Eigenschaften.

In der Küche
Die von Dezember bis März geernteten jungen Blätter der Grundrosette bereitet man als spinatähnliches Wintergemüse zu, die im Frühjahr gepflückten Stängelblätter lassen sich für Salate verwenden (mit anderen Salatblättern mischen, weil der Geschmack sonst etwas streng ist), man kann sie aber auch zum Verfeinern von Quark, Käse, Kräuterbutter und Bouillon benutzen.

Mischen Sie Ihren Blattspinat doch einmal mit einigen Barbarakrautblättern, und Sie werden erstaunt sein über den völlig neuartigen, pikanten Geschmack.

Birke *Betula pendula, Betula pubescens*

Schon die Germanen nutzten die Birke als Heilpflanze, auch später wurden ihr Heilungserfolge bei Nieren- und Blasensteinen, Wassersucht, Gicht, Rheuma, Hautunreinheiten und Mundfäule nachgesagt. Sogar bei Wurmbefall wurde sie eingesetzt.

Andere Namen
Besenbirke, Frühlingsbaum, Hängebirke, Maibaum, Moorbirke, Raubirke, Sandbirke, Saubirke, Warzenbirke, Weißbirke

Familie
Betulaceae (Birkengewächse)

Herkunft/Vorkommen
Die Birke ist im gemäßigten Europa zu Hause.

Blütezeit
April bis Mai

Merkmale
Kennzeichen ist die weiße, sich in Streifen abschälende, später borkig werdende Rinde. Die dreieckig-rhombischen und doppelt gesägten Blätter scheinen manchmal etwas klebrig. Die männlichen, schmaleren Kätzchen können eine Länge bis zu 10 cm erreichen. Die weiblichen Kätzchen sind kürzer, breiter und gestielt.

Inhaltsstoffe und Eigenschaften
Die Blätter enthalten Flavonoide mit harntreibenden Eigenschaften, aber auch ätherische Öle, Gerbstoffe, Saponine und Vitamin C, die bei der Wirkung zusammenspielen und sich als reinigend und krampflösend erweisen können.

Verwendung
Früher wurden Blätter, Rinde, Teer und Saft verarbeitet, heute sind es vorwiegend die Blätter, die zur Anwendung kommen, beispielsweise als Tee.

Vorsicht
Bei entzündlichen Nierenerkrankungen oder Wasseransammlungen im Körper aufgrund von eingeschränkter Herz- oder Nierenfunktion sollte auf eine Behandlung mit Birke verzichtet werden.

Gesundheit
Eine Entwässerungskur mit Birkentee kann in einigen Fällen Gelenkbeschwerden mindern und den Allgemeinzustand verbessern. Übergießen Sie dazu 1 Teelöffel der Blätter mit 1 Tasse kochendem Wasser. Lassen Sie den Aufguss 10 Minuten lang ziehen und seihen Sie die Blätter ab. Empfohlen wird das Trinken von 3 Tassen lauwarmem Tee täglich. Zur Geschmacksverbesserung können die Birkenblätter mit Melisse, Hagebutte oder getrocknetem Apfel gemischt werden. Beliebte Frühjahrskurmischungen enthalten zusätzlich z. B. Brennnessel, Ackerschachtelhalm und Löwenzahn.

Am bekanntesten ist die harntreibende und entwässernde Wirkung der Birke. In diesem Rahmen und wegen ihrer desinfizierenden Eigenschaften eignen sich Birkenblätter als Begleittherapie bei bakteriellen und entzündlichen Erkrankungen der ableitenden Harnwege und bei Nierengrieß. Auch zur Blutreinigungskur und Durchspülungstherapie im Frühjahr ist die Birke eine beliebte Heilpflanze. Gerade zur Unterstützung der Therapie von Stoffwechselerkrankungen wie Rheuma und Gicht kann sie sehr nützlich sein, da Schadstoffe aus dem Körper geschwemmt werden.

Wellness
Das regelmäßige Einmassieren der Kopfhaut mit Birkensaft soll das Haarwachstum stärken bzw. Haarausfall stoppen. Im Fachhandel werden dazu zahlreiche Präparate angeboten. Man(n) sollte dabei aber nicht auf Wunder hoffen. Allerdings soll diese Anwendung auch Kopfhaut und Haar entfetten und Schuppenbildung mindern.

In der Küche
Heute ist die Birke aus der Küche fast ganz verschwunden, dabei können junge Blättchen einem Salat eine besondere und schmackhafte Note verleihen.

Borretsch *Borago officinalis*

Seit dem Mittelalter wurde Borretsch auch in den mitteleuropäischen Gärten als Würz- und Heilpflanze angebaut. Im 16. und 17. Jahrhundert setzte man Borretsch als herzstärkendes Mittel ein. Man sagte ihm nach Melancholie zu vertreiben, Mut zu schenken und fröhlich zu machen. So behauptet schon der römische Gelehrte Plinius, Borretsch „bringe immer Freude“. Heute weiß man, dass die Pflanze die Adrenalinproduktion steigert und tatsächlich Depressionen, Kummer oder Angstzustände vertreiben hilft.

Andere Namen
Gurkenkraut, Wohlmutsblume, Himmelsstern

Familie
Boraginaceae (Raublattgewächse)

Herkunft/Vorkommen
Aus Kleinasien und Syrien, verbreitete sich der Borretsch im gesamten Mittelmeerraum, heute europaweit.

Standort
Die in Mitteleuropa nur verwildert vorkommende Art findet man auf Feldern, Wiesen aber auch Schuttplätzen und anderen Brachflächen. Im Garten angepflanzt wird ein sonniger bis halbschattiger Platz mit nährstoffreichem, möglichst kalkhaltigem, gut durchlässigem Boden benötigt.

Blütezeit
Mai bis August

Merkmale
Einjährige, bis 60 cm hohe Pflanze mit rau behaartem, verzweigtem Stängel. Die großen, grundständigen Blätter sind oval und ganzrandig oder gezähnt, die Stängelblätter lanzettlich und lang behaart; die attraktiven blauen Blüten bilden eine locker verzeigte Rispe.

Inhaltsstoffe und Eigenschaften
Blüten–Schleim, Mineralsalze vornehmlich Kalium; im Kraut–Gerbstoffe, Schleim, Kieselsäure, Pyrrolizidinalkaloide. Entzündungshemmend, harn- und schweißtreibend, mild antidepressiv, antirheumatisch, reguliert den Menstruationszyklus; gurkenartiger Geschmack.

Verwendung
Frische Blätter und Blüten können fortlaufend ab Mai geschnitten werden. Getrocknet oder gemahlen verliert Borretsch stark an Aroma. Die sehr ölhaltigen Samen werden im Herbst gesammelt.

Gesundheit
Auf Grund seines hohen Schleimstoffgehaltes (bis zu 30 Prozent) und der Saponine ist Borretsch als Teeaufguss bei Husten, Heiserkeit und Bronchialkatarrh eine große Hilfe. Auch Nervosität, Herzklopfen und Depressionen vermag er zu vertreiben. Frischer Borretschsaft regt den Stoffwechsel an und ist ein gutes Blutreinigungsmittel. Aus den Samen gewinnt man das Borretschöl, das bei Rheuma und Menstruationsbeschwerden verwendet wird.

Wellness
Da der Borretsch reich an Mineralsalzen ist, kann man ihn während einer salzarmen Diät essen, um Defizite auszugleichen.

Mit der gleichen Menge an Wasser verdünnter Borretschsaft eignet sich äußerlich zur Reinigung und Straffung der Haut – ebenfalls gut bei gereizter, trockener Haut.

In der Küche
Die attraktiven Blüten des Borretsch sind nicht nur eine ausgezeichnete Bienenweide, sondern auch eine hübsche, essbare Garnierung für Salate. Man kann aus ihnen jedoch auch Sirup kochen oder sie kandieren. Die rauen, stark behaarten Blätter schmecken zart nach Gurke und sollten stets möglichst fein geschnitten sein. Da Vitamin-C-haltig wird Borretsch mit Vorliebe zu Gemüsen, Salaten und Quarkspeisen gegeben. Direkt aufs Brot geschnitten, in Kombination mit Schnittlauch oder etwas Zitronenmelisse, ist er ein erfrischender Sommersnack. Zudem

harmoniert er mit Hülsengerichten, Kohl und Suppen. Borretsch gewiegt in Kräuterbutter verarbeitet bereichert jede Grillparty. Die Blätter eignen sich für Gurken- und andere Salate, aber auch für „Frankfurter Grüne Soße".

Schwarzer Senf *Brassica nigra*

Der Senf ist eine sehr alte Kulturpflanze, die schon in der Bibel erwähnt wird, und auch bei den Griechen und Römern der Antike wurde er als Heilkraut und Gewürzpflanze geschätzt. Schwarzer Senf steht wahrscheinlich mindestens seit der Antike auf dem Speisezettel. Bei Griechen und Römern äußerst populär bereitete man eine Art Tafelsenf aus ihm. Frankreich übernahm die Tradition und ist heute bekannt für hervorragende Senfe unterschiedlichster Geschmacksrichtungen.

Andere Namen
Französischer Senf

Familie
Brassicaceae (Kreuzblütengewächse)

Herkunft/Vorkommen
Stammt aus dem Mittelmeerraum und Westasien, heute weltweit kultiviert.

Standort
In Mitteleuropa kommt der Schwarze Senf nur verwildert vor, etwa an Feld- und Wegrändern sowie auf Brachflächen. Im Garten kann die anspruchslose Pflanze ab März ins Freiland gesät werden; ein leicht feuchter, humusreicher, kalkhaltiger Boden und ein sonniger Standort erhöht den Ertrag, denn je mehr Sonne, desto mehr Samen.

Blütezeit
Juni bis August

Merkmale
Bis 1 m hohe, einjährige Pflanze mit verzweigtem Stängel. Die grundständigen Blätter sind gestielt, fiederteilig und gezähnt, die oberen lanzettlich und ganzrandig; aus den gelbgrünen, in Doldentrauben angeordneten Blüten entwickeln sich Schoten mit bis zu zehn Samen. Der typische Senfgeruch entsteht erst beim Zerkleinern und Anrühren der Samen in Wasser.

Inhaltsstoffe und Eigenschaften
Senfölglykoside, die in Gegenwart von Wasser durch das Enzym Myrosinase zu den Senfölen umgewandelt werden, fettes Öl, Schleimstoffe, Flavonide. Kreislaufanregend, hautreizend, verdauungsfördernd, durchblutungsfördernd; beißend scharfer Geschmack.

Verwendung
Frische Senfblätter können fortlaufend geschnitten werden. Auch die Blüten lassen sich verwenden. Im Spätsommer, kurz vor dem Platzen der Schoten, werden die Senfkörner geerntet und im Handel als ganze Körner oder bereits vermahlen und verarbeitet angeboten.

Vorsicht
Durch das in den Samen enthaltene Senföl kann es besonders bei empfindlicher Haut, aber auch bei zu häufiger Anwendung oder Überdosierung zu Hautreizungen oder gar Blasenbildung kommen.

Gesundheit
Altbekannt sind Breiumschläge, Senfpflaster oder Senfbäder zu denen man zu Pulver vermahlenen Senf mit etwas Wasser anrührt. Sie helfen bei Rheuma, Muskelschmerzen, Entzündungen, Frostbeulen. Bei Erkältungen wird ein Senffußbad empfohlen. Bei Bronchitis oder Rippenfellentzündung greift man gern zu Senfwickeln greift. Bei Kindern sollte ein solches Pflaster nicht länger als 5 Minuten aufliegen.

In der Küche
Blätter wie Blüten dienen zur pikanten Würze von Salaten und verleihen ihnen eine angenehme Schärfe. Die Samenkörner werden vermahlen und finden sich als wichtige Zutat in den verschiedensten Senf- und Mostrichvariationen wieder – je nach Geschmack mit Essig, Zitronen, Zucker und Kräutern angesetzt. Schwarzer

Eier in Senfsauce

Zutaten für 4 Personen
- 8 Eier
- 2 Zwiebeln
- 5 El Butter
- 3 El Mehl
- 250 ml Gemüsebrühe
- 200 g Sahne
- 2 El kräftigen Senf
- Salz, Pfeffer
- 2 El gehackte Petersilie

Zubereitung

1 Die Eier hart kochen und abschrecken. Die Zwiebeln schälen und klein hacken. Die Butter in einem Topf erhitzen, die Zwiebeln darin andünsten. Das Mehl einrühren und anschwitzen. Den Topf mit Brühe und Sahne auffüllen.

2 Alles aufkochen lassen und unter Rühren zu einer Sauce andicken. Den Senf in die Sauce rühren, mit Salz und Pfeffer abschmecken.

3 Die Eier schälen und halbieren, in die Sauce geben und einige Minuten ziehen lassen. Eier in Senfsauce mit Petersilie bestreuen und mit Salzkartoffeln servieren. Gut passt ein grüner Salat dazu.

Zubereitungszeit: 35 Minuten

Senf ist schärfer als sein weißer Verwandter *(Sinapsis alba)* und eignet sich daher insbesondere gut zu deftigen Fleischgerichten oder zu Gegrilltem. Im Ganzen nimmt man die schwarzen Senfkörner gerne zu Currygerichten oder zu eingelegtem Gemüse.

Weißkohl *Brassica oleracea*

In der Antike wurde Weißkohl als Wundauflage bei Gichterkrankung, gegen Bauchschmerzen und Durchfall genutzt. Auch die Klosterheilkunde wusste den Kohlkopf zu nutzen.

Andere Namen
Kappes, Kohl, Weißkraut

Familie
Brassicaceae (Kreuzblütengewächse)

Herkunft/Vorkommen
Ursprünglich in den Küstenregionen Europas beheimatet.

Blütezeit
Unterschiedlich, Juli bis November

Merkmale
Die Blätter der Pflanze bilden einen festen Kopf mit zahlreichen Lagen.

Inhaltsstoffe und Eigenschaften
Weißkohl enthält z. B. Mineralien, Spurenelemente, Vitamine und Zellulose. Hervorzuheben ist der Anti-Ulkus-Faktor, der sich bei der Behandlung von Magengeschwüren bewährt hat.

Verwendung
Die Blätter finden meist Anwendung als Speise, Saft oder Auflage.

Gesundheit
Wie in wissenschaftlichen Untersuchungen festgestellt wurde, kann der Saft die Genesung bei Magen-Darm-Geschwüren sowie Magenleiden und Schleimhautentzündungen positiv beeinflussen und beschleunigen. Die äußerliche Anwendung der Blätter als Auflage bei Hautleiden steht heute nicht mehr im Vordergrund.

Neben einer Schonkost, können Menschen, die an Magengeschwüren leiden, unter ärztlicher Aufsicht über den Tag nach den Mahlzeiten verteilt 1 Liter möglichst frisch gepressten Weiskohlsaft trinken. Die Kur sollte etwa 4 Wochen dauern.

In der Küche
Schon die Kelten haben Kohl gegessen, und auch heute noch werden daraus viele schmackhafte Speisen zubereitet, von der Kohlroulade bis zum Sauerkraut.

Stschi

Zutaten für 4 Personen
500 g Suppenfleisch
200 g Wurzelwerk (Sellerie, Möhre, Lauch)
1 Zwiebel
500 g Weißkkohl
2 El Fettigkeit (Butter oder Margarine)
1 Lorbeerblatt
Salz
Pfeffer

Zubereitung

1 Das Fleisch mit 1–1 1/2 l heißem Wasser zum Kochen aufsetzen. Das Wurzelwerk putzen, waschen und würfeln. Die Zwiebel schälen und klein schneiden. Den Weißkohl putzen und hobeln. Das Wurzelwerk und die Zwiebel in heißem Fett anrösten.

2 Das Fleisch nach 1 1/2 Stunden aus der Brühe nehmen und warm stellen. Die Brühe in einen Suppentopf durchseihen. Das angeröstete Wurzelwerk mit der Zwiebel in die Brühe geben, das Weißkraut und das Lorbeerblatt zufügen und in der Brühe gar ziehen lassen. Die Brühe mit Salz und Pfeffer abschmecken.

3 Das Fleisch in mundgerechte Stücke schneiden und in die Brühe geben. Zum Servieren die Suppe noch einmal kurz aufkochen und heiß in Teller geben.

Zubereitungszeit: 1 Stunde 40 Minuten

Ringelblume *Calendula officinalis*

Calendula officinalis ist eine Heilpflanze mit langer Tradition, die nicht nur in den Klostergärten des Mittelalters ihren festen Platz hatte, sondern auch bei der Bevölkerung als Allrounder galt. Mit ihr wurden z. B. Zahnschmerzen, Magen-, Galle- und Leberleiden, Menstruationsbeschwerden sowie Pocken behandelt und sogar Haare gefärbt.

Andere Namen
Butterblume, Goldblume, Marienrose, Ringelrose, Sonnenwende

Familie
Asteraceae (Korbblütler)

Herkunft/Vorkommen
Ihren Ursprung hat die Ringelblume in Südeuropa. Da sie häufig als Kulturpflanze Verwendung fand, ist sie heute fast weltweit verbreitet.

Standort
Die Ringelblume ist eine beliebte Gartenpflanze, die nur geringe Ansprüche an die Bodenbeschaffenheit stellt, aber einen sonnigen Standort bevorzugt.

Blütezeit
Juni bis Oktober

Merkmale
Die Ringelblume ist eine einjährige, buschige Pflanze, die bis zu 70 cm groß wird. Auffällig sind ihre üppigen gelben oder orangefarbenen Blüten mit den länglichen, fein behaarten Blütenblättern, auch die Stängel sind filzig behaart.

Inhaltsstoffe und Eigenschaften
Ätherische Öle sorgen für ein kräftiges Aroma und hemmen die Vermehrung von Bakterien und Pilzen, und das Calendula-Sapogenin wirkt entzündundungshemmend. Zusätzlich enthält die Ringelblume unter anderem noch Carotinoide, Xanthophylle, Saponine und Glykoside, so dass sie das Immunsystem stärkt, krampflösend wirkt und die Galleausscheidung begünstigt.

Verwendung
Nur die Blüten oder Blütenblätter werden für Tees, Salben, Öle, Bäder oder Tinkturen verwendet.

Gesundheit
Innerlich wird die Ringelblume nur noch selten angewandt, obwohl sie bei Menstruationsschmerzen, Magenreizungen und Gallebeschwerden durchaus Linderung bringen kann. Ihr ganzes Können zeigt die Ringelblume bei Verletzungen der Haut und Schleimhaut. Umschläge mit Tee oder verdünnter Tinktur können selbst schlecht heilende Wunden, Nagelbettentzündungen, Brandwunden, Abszesse, Narben und Unterschenkelgeschwüre positiv beeinflussen, nicht selten bringen sie einen erstaunlichen Heilungserfolg. Bei Verstauchun-

gen, Verrenkungen oder Quetschungen bietet sich die Behandlung mit einer Salbe oder einem Öl an. Entzündungen der Mund- und Rachenschleimhaut werden durch das Spülen mit Tee gelindert.

Zur Wundbehandlung 1 Teelöffel Blütenblätter in ein Teesieb geben, mit 1 Tasse kochendem Wasser übergießen und 10 Minuten ziehen lassen. Eine Kompresse mit dem Tee tränken und etwas abkühlen lassen. Dann die abgekühlte Kompresse auf die Wunde legen und mit einem Handtuch umwickeln, mehrmals täglich wiederholen.

Wellness

Calendulasalbe ist wie ein Jungbrunnen für trockene und rissige Hände. Verwenden Sie dazu 300 g Vaseline oder Melkfett und geben Sie 4 Esslöffel Blütenblätter dazu. Erhitzen Sie die Mischung auf 60 °C, halten Sie diese 3 Stunden lang heiß und rühren Sie alle 5–10 Minuten um. Seihen Sie die Blüten ab, geben Sie die Salbe in ein dunkles Glas, verschließen Sie es und bewahren Sie sie kühl auf. Mehrmals täglich die Hände damit einreiben.

In der Küche

Ringelblume ist zwar nicht besonders aromatisch, ihre Blüten können jedoch einem Salat einen schönen Farbtupfer verleihen. Und als Bestandteil eines Tees sorgen sie für eine schöne, frische Farbe.

Hasenkeulen in Erdnuss-Sauce

Zutaten für 4 Personen

8 rote Zwiebeln
2 Knoblauchzehen
Je 2 rote und grüne Chilischoten
4–5 El Erdnussöl
4–6 Hasenkeulen
Salz, Pfeffer
Paprikapulver, mild und scharf
250 g Okraschoten
250 g geschälte Tomaten (FP)
1–2 El gerebelter Oregano
1–2 Tl Pimentpulver
1/2 Tl Kreuzkümmelpulver
200–300 g gemahlene Erdnüsse
300 g Quinoa
750 ml Gemüsefond
Ringelblumenblüten zum Garnieren

Zubereitung

1 Die Zwiebeln und die Knoblauchzehen schälen und fein hacken. Die Chilischoten putzen, waschen, entkernen und klein schneiden. Das Öl erhitzen und alles darin ca. 4–5 Minuten braten.

2 Die Hasenkeulen waschen, trocknen und kräftig mit Salz, Pfeffer und Paprikapulver würzen. Zu den Zwiebeln geben und von allen Seiten anbraten.

3 Die Okraschoten putzen, waschen, trocknen und zusammen mit Tomaten, Oregano, Pimentpulver und Kreuzkümmelpulver zu den Hasenkeulen geben. Alles bei milder Hitze ca. 30 Minuten schmoren lassen.

4 Die Erdnüsse unterrühren und weitere 10 Minuten schmoren lassen. Die Quinoa nach Packungsanweisung in dem Gemüsefond garen. Anschließend zusammen mit den Hasenkeulen anrichten.

5 Den Schmorfond darüber verteilen und alles mit Ringelblumenblüten garniert servieren.

Zubereitungszeit: ca. 1 Stunde, 20 Minuten

Echter Kapernstrauch

Capparis spinosa

Der Kapernstrauch wird als Pflanze bereits in alten ägyptischen Schriften erwähnt und dürfte demnach gut 2000 Jahre – zumindest im Mittelmeerraum – als Gewürz- und Heilpflanze bekannt sein. Die würzige Wurzelrinde diente im Altertum als Heilmittel insbesondere bei Erkrankungen der Milz und Menstruationsbeschwerden.

Familie
Capparaceae (Kaperngewächse)

Herkunft/Vorkommen
Ursprung in Kleinasien, von dort aus nach Südeuropa und ganz Asien, auch wild wachsend.

Blütezeit
Juni bis Oktober

Merkmale
Frostharter Strauch, etwa 1 m hoch; bis zu 4 m lange Rutenzweige mit eiförmigen, dicklichen Blättern, Nebenblättern zu Dornen gewandelt; blattachselständige, langestielte, weiße Blüten mit langen violetten Staubblättern.

Inhaltsstoffe und Eigenschaften
Rutin, Glucocapparin, wird beim Welken durch das Enzym Myrosinase in Zucker und Senföl gespalten Anregend, harntreibend, schleimlösend; würzig, herb-bitterer, säuerlich-salziger Geschmack.

Verwendung
Verwertet werden die Blütenknospen, die man nach dem Pflücken welken lässt und sie eingesalzen in Essig oder Öl einlegt. Die kleinste und beste, meist aus der Provençe stammende Ware heißt „Nonpareilles" – die Unvergleichlichen. Für medizinische Anwendungen wird auch die abgeschälte, getrocknete Wurzelrinde eingesetzt.

Gesundheit

Der Verzehr von Kapern wirkt sich positiv auf das Immunsystem aus, speziell bei Husten. Ein Absud der Wurzelrinde besänftigt Magen und Darm. Eine Tinktur aus Kapernblütenknospen soll bei Augeninfektionen helfen

In der Küche

Die recht eigenwilligen Kapern dienen als pikante Saucenbeigabe traditionell zu Königsberger Klopsen, Ragouts, Fisch, Lamm- aber auch kräftigen Geflügelgerichten und runden Salate oder Vorspeisenteller geschmacklich ab. Manchmal werden die eher teuren Kapern durch die Blütenknospen anderer Pflanzen ersetzt (Gänseblümchen, Kapuzinerkresse).

Filetsteak mit Kapern-Hollandaise

Zutaten für 4 Personen

3–4 Eigelb
2–4 cl Genever
160–180 g Butter
1/2–1 El Zitronensaft
Salz
Pfeffer
2 El Kapern
Je 1/2 Bund Pimpinelle und Estragon
4 Filetsteaks (à 150 g)
2–3 El Butterschmalz

Zubereitung

1 Eigelb und Genever im heißen Wasserbad schaumig schlagen. Die Butter schmelzen lassen und löffelweise unter ständigem Rühren dazugeben. Die Sauce mit Zitronensaft, Salz und Pfeffer abschmecken.

2 Die Kapern gut abtropfen lassen, die Kräuter waschen, trocknen und fein hacken. Anschließend beides in die Sauce geben.

3 Das Fleisch waschen und trocknen. Das Butterschmalz erhitzen und die Steaks darin von jeder Seite ca. 2–4 Minuten braten. Mit Salz und Pfeffer würzen, mit der Sauce anrichten und servieren. Dazu passt ein Kartoffelgratin.

Zubereitungszeit: ca. 20 Minuten

Paprika *Capsicum annuum*

Obwohl man den Paprika oft mit den ungarischen Steppen in Verbindung bringt, stammt er aus dem tropischen Amerika und wurde erst von spanischen Conquistadoren nach Europa gebracht. Die ursprüngliche Art war scharf wie Pfeffer („Spanischer Pfeffer") und wird noch heute als Gewürzpaprika oder Peperoni mit schmalen, länglichen, meist roten Früchten gepflanzt. Als Heilpflanze wurde der Spanische Pfeffer gegen Fieber und Magenerkrankungen verwendet. Eine größere Rolle spielte der Paprika allerdings als Würz- und Gemüsepflanze.

Andere Namen
Spanischer Pfeffer, Gewürzpaprika, Roter Piment

Familie
Solanaceae (Nachtschattengewächse)

Herkunft/Vorkommen
Stammt aus Mittel-/Südamerika, heute auch in USA, Spanien, Ungarn, Türkei kultiviert.

Standort
Der Paprika kommt bei uns nur als Gartenpflanze vor. Er ist nicht winterhart, sodass man die Jungpflanzen erst nach dem letzten Frost ins Freie verpflanzen darf. Dort benötigen sie einen warmen und geschützten Platz mit fruchtbarem Boden, der nicht austrocknen darf. Eine Kultur in Töpfen oder unter Glas ist ebenfalls möglich und in raueren Gegenden empfehlenswert.

Blütezeit
Juni bis Oktober

Merkmale
Bis zu 80 cm hoher Strauch mit lang gestielten, ovalen oder lanzettlichen Blättern, deren Rand leicht gewellt ist. Es gibt zahlreiche Sorten, die weißliche, gelbe, rote oder violette Blüten haben können und außerordentlich vielgestaltige Früchte in den unterschiedlichen Formen, Farben und Größen. Eine nah mit dem Paprika verwandet Art ist der Cayennepfeffer *(Capsicum frutescens)*, der ebenfalls ein beliebtes Küchengewürz ist, aber auch in der Naturheilkunde verwendet wird. Er stammt ebenfalls aus der Neuen Welt und unterscheidet sich vom Paprika vor allem durch die schärfer schmeckenden Früchte.

Inhaltsstoffe und Eigenschaften
Paprika hat vor allem anregende, stärkende und aromatische Eigenschaften, ist aber auch sehr vitaminreich. Dem Cayennepfeffer werden außerdem blähungstreibende, schmerzlindernde, schweißtreibende und antiseptische Eigenschaften nachgesagt. Die Ernte der Früchte erfolgt ab etwa Mitte August; sind sie mit Beginn des Frostes noch unreif sind, kann man im Hause nachreifen las-

sen. Zur Herstellung von Gewürzpulver können die Früchte (am besten auf Schnüre gezogen) getrocknet und dann gemahlen werden, außerdem lassen sie sich in Öl einlegen.

Verwendung

Vom Gemüsepaprika unterscheidet sich der Gewürzpaprika wesentlich im Aussehen. Die Früchte sind viel kleiner und haben eine längliche Form. Ab etwa Ende Juli werden die unteren Früchte grün gepflückt, damit die oberen besser ausreifen. Vollreife Früchte erntet man meist erst im Herbst. Für den Rosenpaprika wird getrockneter Gewürzpaprika samt Rippen und Kernen gemahlen – er ist gelblich-rot und sehr scharf. Der mit wenig Rippen und Samen verarbeitete Paprika nennt sich Edelsüß-Paprika, ist mild-scharf und von dunkelroter Farbe. Die scharfe Würzkraft von Paprika hält, trocken aufbewahrt, bis zu zwei Jahren vor.

Vorsicht

Achten Sie darauf, dass Sie beim Mahlen von getrockneten Cayennepfefferschoten kein Pulver in die Augen oder in eine offene Schnittwunde bekommen.

Gesundheit

Da Paprika die Magensaftproduktion anregt, hat er eine wohltuende und stärkende Wirkung auf das Verdauungssystem, er wird aber auch in Form von Zugpflastern bei Rheuma, neuralgischen Beschwerden und noch geschlossenen Frostbeulen eingesetzt. Cayennepfeffer wird nicht nur zur Linderung von Blähungen und Koliken verwendet, sondern er regt die Sekretion der Verdauungssäfte an und fördert so die Verdauung. Außerdem verhindert er, dass sich Infektionen im Verdauungstrakt einnisten oder ausbreiten können. Eine Prise Cayennepfeffer ist ein ausgezeichnetes Mittel zum Gurgeln bei Angina, wirkt aber äußerlich angewendet auch als sanftes Schmerzmittel. Der

Wildschwein-Pörkölt

Zutaten für 4 Personen

500 g Gemüsezwiebeln
4 EL Butterschmalz
2–3 El edelsüßes Paprikapulver
1–2 Tl rosenscharfes Paprikapulver
1 kg Frischlingsschulter ohne Knochen
Salz
Pfeffer
500 ml Wildfond
250 g geschälte Tomaten (FP)
Je 2 grüne und rote Paprikaschoten
250 ml Tokajer

Zubereitung

1 Die Zwiebeln schälen und in Würfel schneiden. Das Butterschmalz erhitzen und die Zwiebelwürfel darin anschwitzen. Die beiden Paprikapulver darüber streuen und alles ca. 2–3 Minuten schmoren.

2 Das Fleisch waschen, trocknen und in Würfel schneiden. Zu den Zwiebeln geben und unter Rühren ca. 10–12 Minuten mitbraten. Mit Salz und Pfeffer würzen, den Wildfond angießen und alles zugedeckt bei milder Hitze ca. 30–35 Minuten schmoren lassen.

3 Die Tomaten mit der Flüssigkeit dazugeben. Die Paprikaschoten putzen, waschen, halbieren und entkernen. Die Schoten in Würfel schneiden und zusammen mit dem Tokajer dazugeben.

4 Alles zusammen noch ca. 12–15 Minuten schmoren lassen. Das Wildpörkölt anrichten und servieren. Dazu passen Semmelknödel.

Zubereitungszeit: ca. 1 1/2 Stunden

Cayennepfeffer lässt sich ebenfalls zur Behandlung von noch geschlossenen Frostbeulen anwenden, und in die Socken gestreutes Pulver ist ein altes Hausmittel für Menschen, die ständig kalte Füße haben.

Wellness

Die „Paprikaschoten" sind im botanischen Sinn echte Beeren und enthalten frisch sehr viel Vitamin C. Kompressen und Aufgussöle (Pulver in Öl erwärmt) nicht zu lange auf der Haut belassen, da es zu Hautschäden kommen kann.

In der Küche

Paprika ist ein Multitalent und nicht nur in der lateinamerikanischen oder ungarischen Küche beliebt. Als kräftige Würze schärft er Gulasch, Braten und Geflügel, weiß aber ebenfalls bei Fisch und Gemüse zu überzeugen. Paprika passt außerdem gut zu

Brat- und Ofenkartoffeln, zu Suppen, Salaten oder zu Quark- und Eierspeisen. Paprika nicht zu heiß mitkochen bzw. mitbraten, er wird sonst bitter. Besser erst nach dem Anbraten beispielsweise von Fleisch würzen.

Cayennepfeffer *Capsicum frutescens*

Die Geschichte der ausnahmslos in den Tropen heimischen Art beginnt vor vielen Jahrtausenden zu präkolumbianischer Zeit in Südamerika. Nach und nach entstanden unter den Händen der Ureinwohner die verschiedensten Chilisorten. Erst die spanischen Eroberer führten den Cayennepfeffer nach Europa ein, wo er zunächst im Schatten des schwarzen Pfeffers stand. Von den Eingeborenen in den portugiesischen und spanischen Provinzen Asiens wurden die scharfen Schoten hingegen mit offenen Armen aufgenommen. Dort verbreiteten sie sich auf Grund ihrer Anspruchslosigkeit und dem günstigen Klima innerhalb kürzester Frist über ganz Süd- und Südostasien, wobei sie ein fester Bestandteil der asiatischen Küche wurden.

Andere Namen
Chili, Chilipfeffer

Familie
Solanaceae (Nachtschattengewächse)

Herkunft/Vorkommen
Süd- und Mittelamerika, Kultur auch in Südostasien.

Blütezeit
Mai bis September

Merkmale
Mehrjähriger Busch, elliptische grüne Blätter bis zu 10 cm lang; blassgrüne bis gelbliche Blüten, aus denen aufrecht stehende bis zu 3 cm lange, in der Reife leuchtend rote, glänzende, spitzkegelige Beeren entstehen.

Inhaltsstoffe und Eigenschaften
Capsaicinoide (doppelt so viel wie im Gewürzpaprika), Fettsäuren, Flavonoide, Vitamine A, B, C, ätherisches Öl, Carotinoide, Zucker. Stoffwechselanregend, verdauungsfördernd, antiseptisch, schweißtreibend, antibakteriell, blähungswidrig, durchblutungsfördernd; das Aroma reicht von scharf bis kaum erträglich brennend scharf.

Verwendung
Chilis kann man frisch oder getrocknet, reif oder unreif, gekocht oder roh verwenden. Als Cayennepfeffer wird das blassrote Pulver aus den getrockneten, gemahlenen Früchten bezeichnet.

Gesundheit

Allein schon der Verzehr von mit Cayennepfeffer bzw. Chilis gewürzten Speisen regt den Stoffwechsel des gesamten Körpers an. Kalten Händen, kalten Füßen, Erkältung oder auch Depressionen rückt ein aus Chilis zubereiteter Tee mit Erfolg zu Leibe.

In der Küche

Chili ist nicht gleich Chili! Es macht einen großen Unterschied, ob man sie grün oder rot, frisch oder getrocknet, gebraten oder gekocht verwendet. Frische Chilis schmecken stärker kratzend-beißend, besonders die grünen, während getrocknete Chilis würziger und harmonisch-scharf sind. Bei längerem Kochen verwischen sich diese Unterschiede, aber bei rohen Speisen sind sie essenziell. Chilis dienen als Einmachgewürz zu Gurken und Mixed Pickles und sind wichtiger Bestandteil von Chilipulver, Chilisauce, Curry sowie einer Unzahl von manchmal teuflisch scharfen Saucen und Beilagen wie Sambal Oelek, Tabasco oder diversen indischen Gewürzmischungen. Fleischgerichte, Gemüse, Eintöpfe, Pizza und natürlich viele Speisen aus Lateinamerika und Asien erhalten durch die scharfe Beere die notwendige Würze und Schärfe. Wer's nicht gewohnt ist, sollte stets vorsichtig dosieren.

Mit Cayennepfeffer immer erst am Ende der Garzeit würzen, da er mitgekocht oder mitgebraten bitter wird.

Die meisten der weltweit angebauten Chilis gehören botanisch tatsächlich zur Art *Capsicum annuum,* die restlichen Arten werden immer noch fast ausnahmslos in ihrer eigentlichen Heimat Südamerika kultiviert.

Heiße, saure oder kohlensäurehaltige Getränke sollte man als Begleiter von mit Cayennepfeffer gewürzten Speisen meiden, sie verstärken die Schärfe. Besser sind lauwarmer Tee oder Milchprodukte.

Hähnchen mit Gemüsereis

Zutaten für 4 Personen

150 g Basmati-Reis
150 g rote Linsen
750–1000 ml Asiafond
150 g Erbsen (TK)
2 Möhren
800 g Hähnchenbrustfilet
4–5 El Austernsauce
4 rote Zwiebeln
Je 2 rote und grüne Chilischoten
6 Knoblauchzehen
2 El Erdnussöl
2 El Chiliöl
125 ml Geflügelfond
4–6 El ungesüßte Kokosmilch
1–2 El gelbe Currypaste
2–3 El Sesamöl
3–4 El Sojasauce

Zubereitung

1 Den Reis in ein Sieb geben und so lange abspülen, bis das Wasser klar abläuft. Zusammen mit den Linsen in einen Topf geben und den Fond angießen. Einmal aufkochen und ca. 20 Minuten bei milder Hitze garen lassen.

2 5–7 Minuten vor Ende der Garzeit die Erbsen und die fein gewürfelten Möhren dazugeben.

3 In der Zwischenzeit das Fleisch zubereiten. Das Hähnchenbrustfilet waschen, trocknen und in dünne Scheiben schneiden. Mit der Austernsauce mischen und kurz durchziehen lassen. Die Zwiebeln schälen und fein würfeln. Die Chilischoten putzen, waschen, halbieren und die Kerne entfernen. Die Schoten in Würfel schneiden. Vier der Knoblauchzehen schälen und fein hacken.

4 Die beiden Öle in einem Wok oder in einer großen Pfanne erhitzen und das Fleisch darin unter Rühren 2–3 Minuten braten. Die zerkleinerten Zutaten dazugeben und weitere 2–3 Minuten braten. Den Fond und die Kokosmilch angießen und die Currypaste einrühren. Alles zusammen ca. 2–3 Minuten schmoren lassen.

5 Die restlichen Knoblauchzehen schälen, fein würfeln und in dem erhitzten Sesamöl kurz anschwitzen.

6 Den Gemüsereis dazugeben und unter Rühren ca. 2–3 Minuten erhitzen. Mit der Sojasauce abschmecken. Das Fleisch zusammen mit dem Gemüsereis anrichten und servieren.

Zubereitungszeit: ca. 45 Minuten

Mariendistel *Carduus marianus*

Schon lange wird die Mariendistel als Hausmittel genutzt, und früher fand sie z. B. Verwendung bei Leberleiden, Gelbsucht, Seitenstechen, als harn- und nierenreinigendes Mittel. Sogar bei Krämpfen, Fieber und Geschwüren wurde sie eingesetzt.

Andere Namen
Christi Krone, Fieberdistel, Frauendistel, Heilandsdistel, Marienkörner, Milchdistel, Stechkörner

Familie
Asteraceae (Korbblütler)

Herkunft/Vorkommen
Diese stattliche Pflanze stammt ursprünglich aus dem südlichen Europa und Russland, Kleinasien und dem nördlichen Afrika, ist heute aber auch in Amerika und Australien zu finden. In Mitteleuropa verwilderten Pflanzen aus Anbauten, die z. B. auf Ödland und an Bahngleisen wachsen.

Blütezeit
Juli bis August

Merkmale
Diese schöne Pflanze liebt warme Böden und Plätze und besitzt einen aufrechten, ästigen Stängel bräunlicher Farbe, der bis zu 1,50 m groß werden kann. Die Blätter sind auffallend grünweiß marmoriert, dornig gezähnt und bilden eine Rosette. Die Blütenstände der zweijährigen, frostempfindlichen Mariendistel bilden sich im Sommer des zweiten Jahres, dann zeigen sich die kugelförmigen und purpurrot gefärbten Körbchenblüten. Daraus entwickeln sich die Früchte mit ihrer harten schwarzen Schale und der glänzend weißen und seidigen Haarkrone, den Pappushaaren.

Inhaltsstoffe und Eigenschaften
Hauptsächlich sind es Flavonoide, die die Wirkung dieser Heilpflanze ausmachen. Aus drei von diesen wird eine Mischung verwendet, das Silymarin. Zusätzlich enthält die Mariendistel beispielsweise noch Bitterstoffe, ätherisches Öl und Harze.

Verwendung
Für medizinische Zwecke sind hauptsächlich die schwarzen Früchte dieser Distel interessant, die möglichst an der Luft getrocknet werden sollen. Davon werden Tees und Umschläge zubereitet, inzwischen kann man aber auch auf viele Fertigpräparate zurückgreifen.

Gesundheit
Neben der nachgewiesenen Wirksamkeit gegen leichte Verdauungsbeschwerden wird die Mariendistel hauptsächlich bei vielen Leberleiden eingesetzt, wobei erstaunliche Erfolge erzielt werden. Der

Inhaltsstoff Silymarin schützt die Leber und kann diese in einigen Fällen sogar wieder ganz oder in Teilen regenerieren, mindert die Wirkung von leberschädigenden Stoffen oder kann diese ganz aufheben. Leberentzündung und Leberverfettung sind hier die hautsächlichen Anwendungsgebiete. In diesen Fällen kann eine begleitende Therapie mit Mariendistel-Präparaten den Heilungsverlauf verbessern oder beschleunigen.

Bei leichten Leberproblemen kann eine Kur mit Mariendistel-Tee Besserung bringen. Gießen Sie 1 Teelöffel der Früchte mit 1 Tasse kochendem Wasser auf, lassen Sie den Aufguss 15 Minuten ziehen und seihen Sie dann ab. Dreimal täglich sollte 1 Tasse etwa 30 Minuten vor den Mahlzeiten getrunken werden. Zur Geschmacksverbesserung kann z. B. Pfefferminze hinzugegeben werden.

Wellness
Umschläge mit dem Tee und einem Leinentuch sollen bei Krampfadern Linderung bringen.

Kümmel *Carum carvi*

Kümmel könnte man durchaus als Methusalem unter den Würzpflanzen bezeichnen. Die ersten Funde stammen noch aus Pfahlbautenresten der Steinzeit. Doch auch in den Gräbern ägyptischer Pharaonen finden sich seine Spuren und der fast 4000 Jahre alte Papyrus Ebers beschreibt bereits Heilwirkung des Kümmels bei Magen-Darmstörungen. In der Antike wurde allerdings eher der Kreuzkümmel *(Cuminium cyminum)* angepflanzt und verwendet. Karl der Große liebte Kümmel so, dass er den Anbau gleich beider Arten in seinen Gewürzgärten befahl.

Andere Namen
Feldkümmel, Kämen, Karbei, Kümmich, Wiesenkümmel

Familie
Apiaceae Doldenblütler

Herkunft/Vorkommen
Nord- und Mitteleuropa sowie in Asien und Afrika auch wild wachsend

Standort
Kümmel kommt in Mitteleuropa wildwachsend auf mageren Wiesen, Weiden sowie an Weg- und Ackerrändern vor. Im Garten bevorzugt die Pflanze sonnige Standorte mit möglichst kalkhaltigem Boden.

Blütezeit
Mai bis August

Merkmale
Zweijähriges Kraut, straff aufrecht wachsend, reich verzweigt, 50–100 cm hoch; spindelförmige bis rübenartige Pfahlwurzel; fein gefiederte Blätter; im 2. Jahr weiße bis hellrosa Blütendolden; Früchte zerfallen bei Reife in je zwei Teilfrüchte, die Kümmelsamen.

Inhaltsstoffe und Eigenschaften
Die Art hat appetitanregende, verdauungsfördernde, krampflösende und antiseptische Eigenschaften. Die Blütendolden werden mit Beginn der Samenreife gesammelt (sie werden dann braun) und an einem luftigen Ort zum Trocknen über einem Tuch aufgehängt. Später schüttelt man die Samen heraus und bewahrt sie in Glas- oder Porzellangefäßen auf.

Verwendung
Im 1. Jahr können die jungen Blätter der Kümmelpflanze geerntet und zum Verfeinern von Suppen und Salaten dienen. Kümmelfrüchte erhält man erst im 2. Jahr ab etwa Ende Juni. Dazu schneidet man die Samenstände ab, sobald sie sich braun färben und lässt sie gebündelt, überkopf an einem luftigen Platz nachreifen – dann die Kümmelsamen herausschütteln. Kümmelsamen werden ganz oder frisch gemahlen genutzt.

Gesundheit
Kümmel ist eine der besten Heilpflanzen gegen Magen- und Darm-Beschwerden, z. B. bei Krämpfen, Blähungen und Völlegefühl. Auch für Kleinkinder und Säuglinge geeignet. Gerade bei rheumatischen Beschwerden wird die Einreibung mit Kümmel-Öl empfohlen.

Wer unter Krämpfen im Verdauungstrakt, Blähungen oder Völlegefühl leidet, tut gut daran, dann 1–3 Tassen Kümmel-Tee in kleinen Schlucken zu trinken. 1 gehäufter Teelöffel der Samen wird im Mörser zerstoßen und mit 1 Tasse kochendem Wasser übergossen. Vor dem Abseihen muss der Aufguss 10 Minuten lang ziehen.

Wellness

Geben Sie eine Hand voll Kümmelsamen ins Badewasser, und Sie erhalten ein erfrischendes und belebendes Bad. Benutzen Sie dazu einen verschließbaren Stoffbeutel, damit die Samen nicht den Abfluss verstopfen.

In der Küche

In der Küche bedient man sich in erster Linie der Kümmelsamen. Mit ihrem kennzeichnenden Aroma würzt man bevorzugt fette und schlecht verdauliche Speisen. Kümmel passt zu Fleisch, Eintöpfen und sehr gut zu allen Kohlgerichten. Leichtere Gemüsearten wie Rote Bete und Kartoffeln, aber auch Quarkspeisen, lassen sich mit Kümmelsamen oder seinen Blättern pikant abschmecken. Manche Käsesorten und auch frisches Brot werden mit Kümmel bekömmlicher. Da Kümmel stark vorschmeckt, sollte man ihn maßvoll dosieren. Seinen unverkennbaren Duft und Geschmack verdankt der Kümmel dem hohen Anteil ätherischer Öle, wovon der wichtigste geruchs- und geschmacksbestimmende Bestandteil das Carvon ist. Destilliertes Kümmelöl wird zur Likörherstellung eingesetzt, z. B. in Aquavit, Eiskümmel sowie in vielen Bitter- und Kräuterlikören.

Pikante Briks

Zutaten für 4 Personen

4 rote Zwiebeln
4 El Olivenöl
400–600 g Rinderhackfleisch
3 El Tomatenmark
1/2 Tl Harissa
200–300 g Weißkohl
Salz, Pfeffer
Paprikapulver
1 Tl Kümmelkörner
1 El getrockneter Thymian
24 Yufka-Teigblätter
2–4 El Butter
4 El Sesamsaat
Butter zum Einfetten und Einstreichen

Zubereitung

1 Die Zwiebeln schälen und fein hacken. Das Öl erhitzen und die Zwiebelwürfel darin unter Rühren ca. 2–3 Minuten braten. Das Hackfleisch, das Tomatenmark und das Harissa dazugeben.

2 Den Weißkohl putzen, waschen, trocknen und fein hobeln. Ebenfalls dazugeben und alles mit Salz, Pfeffer, Paprikapulver, Kümmel und Thymian würzen. Unter Rühren ca. 6–8 Minuten schmoren lassen.

3 Die Teigblätter auf einer Arbeitsplatte auslegen. Die Butter schmelzen lassen und die Blätter damit einstreichen. Anschließend je 6 Blätter übereinander legen, das macht den Teig schön luftig. Die Füllung portionsweise darauf geben und die Seiten einschlagen.

4 Den Backofen auf 160 °C vorheizen. Die Briks auf ein gefettetes Backblech legen und mit Butter einstreichen. Auf der mittleren Einschubleiste ca. 25–35 Minuten goldbraun backen. Warm servieren.

Zubereitungszeit: ca. 50 Minuten

Tausendgüldenkraut

Centaurium erythraea

Der Gattungsname dieser Pflanze geht auf den Centaur Chiron zurück, einen heilkundigen Naturgeist aus der klassischen griechischen Mythologie, der eine vergiftete Pfeilwunde mit dem Tausendgüldenkraut behandelt haben soll. Im deutschen Sprachraum nannte man die Art aufgrund einer fehlerhaften Übersetzung zunächst Hundertgüldenkraut (*centum* = Hundert, *aurum* = Gold). Seinem hohen Gehalt an Bitterstoffen verdankt das „Tausend-Gulden-werte-Kraut" seinen Namen Erdgalle. Die hohe Wertschätzung wurde ihm auf Grund der starken Heilkraft gegen Fieber gezollt. Pfarrer Kneipp empfahl es gegen Leber- und Nierenleiden, aber auch bei Magenbeschwerden.

Andere Namen
Erdgalle, Fieberkraut, Gottesgnadenkraut, Laurinkraut, Magenkraut

Familie
Gentianaceae (Enziangewächse)

Herkunft/Vorkommen
Dieses geschützte Enziangewächs ist in Europa, Nordafrika sowie in Nordamerika zu Hause, mag lichte Wälder und feuchte Wiesen und lässt sich gern auf lehmigem Boden nieder.

Standort
Die Pflanze kommt auf Wiesen, in lichten Wäldern sowie an Böschungen und Wegrändern vor. Im Garten wird ein sonniger bis halbschattiger, nicht zu trockener Platz benötigt.

Blütezeit
Juli bis September

Merkmale
Der vierkantige Stängel kann bis zu 50 cm hoch werden. Am Boden sitzt eine Blatt-

rosette. Die länglichen Blätter an den Stängeln zeigen sich lanzett- oder eiförmig. Die kleinen Blüten sind meist rosa, selten weiß und blühen nur in ihrer schönsten Sternform auf, wenn die Sonne scheint.

Inhaltsstoffe und Eigenschaften
Zubereitungen aus der Pflanze haben einen eher bitteren Geschmack, der vom hohen Gehalt der Bitterstoffe verursacht wird. Als Inhaltsstoffe kommen unter anderem noch Gerbstoffe, Flavonoide und Sterole hinzu. Die wichtigste Eigenschaft ist die Stimulierung der Magensäfte.

Verwendung
Die gesamte Pflanze, vor allem aber ihre Stängel, wird vorzugsweise medizinisch genutzt. Dazu sammelt man zur Blütezeit das Kraut und trocknet es gebündelt an einem luftigen Ort. Die geschützte Pflanze darf nicht selbst gesammelt werden, kann aber getrocknet aus Anbau über den Fachhandel bezogen werden.

Vorsicht
Zubereitungen aus Tausendgüldenkraut sollten nicht eingenommen werden bei Magen- und Darmgeschwüren. Ebenfalls ist davon abzuraten, wenn eine Übersäuerung des Magens besteht, da diese durch die verdauungssaftanregenden Eigenschaften der Heilpflanze noch verstärkt werden kann.

Gesundheit
Wissenschaftlich bestätigt ist die Wirkung der Tausendgüldenkraut-Zubereitungen bei Verdauungsbeschwerden, die ihre Ursache darin haben, dass zu wenige Verdauungssäfte im Magen gebildet werden, Blähungen und bei Appetitlosigkeit. Gerade in letzter Zeit macht sich dieses Kraut wieder einen Namen als Heilpflanze, die bei Erschöpfung und Stress den Körper stärkt und beruhigt. Auch bei

der Behandlung von Migräne wird immer häufiger auf das Tausendgüldenkraut zurückgegriffen. Ebenso bei der Vorbeugung gegen Gallensteine wird es als Hausmittel gerne genommen, seltener bei Menstruationsstörungen.

Bei den für das Tausendgüldenkraut spezifischen Beschwerden sollte dreimal täglich vor den Mahlzeiten ein Tee getrunken werden. Dazu wird 1 Teelöffel des Krauts mit 1 Tasse kaltem Wasser übergossen, sollte unter gelegentlichem Rühren etwa 8 Stunden ziehen und dann abgeseiht werden. Vor dem Trinken kurz erwärmen.

Wellness
In manchen Gegenden kocht man am Morgen nach einer durchzechten Nacht einen Tausendgüldenkrauttee als probates Mittel gegen den Kater.

In der Küche
Allein schon wegen seines bitteren Geschmacks spielt das Tausendgüldenkraut in der Küche keine Rolle. Allerdings wird sie aufgrund ihrer Bitterstoffe dem Magenbitter und dem Kräuterwein zugegeben.

Römische Kamille

Chamaemelum nobile

Die Römische Kamille ist eine uralte Heilpflanze, die besonders in Westeuropa eine lange Tradition hat. Nach Rom kam sie übrigens, auch wenn man wegen des umgangssprachlichen Namens anderes vermuten könnte, erst im 16. Jahrhundert.

Familie
Asteraceae (Korbblütler)

Herkunft/Vorkommen
Westeuropa

Standort
Die Art kommt in Mitteleuropa verwildert vor, etwa an Straßenrändern und auf feuchten Wiesen, außerdem wird sie häufig in Gärten kultviert. Dort benötigt sie einen sonnigen bis halbschattigen Standort, stellt sonst aber wenig Ansprüche.

Blütezeit
Juni bis September

Merkmale
Aromatisch duftende, bis 50 cm hohe, mehrjährige Pflanze mit kahlen Stängeln, die teilweise niederliegend wachsen. Die grünen Blätter sind doppelt bis dreifach

fiederteilig; der zunächst halbkugelförmige Blütenboden wächst während der Blüte konisch aus.

Inhaltsstoffe und Eigenschaften
Die Römische Kamille hat aromatische, verdauungsfördernde, krampflösende, schmerzlindernde, beruhigende und entzündungshemmende Eigenschaften. Gesammelt werden die geöffneten Blüten, die sofort verbraucht oder gleich getrocknet werden müssen.

Gesundheit
Die Römische Kamille kann in Form von Tee bei Verdauungsbeschwerden, Übelkeit und Appetitlosigkeit eingesetzt werden, aber auch als Mundwasser bei Entzündungen. Allerdings hat sie einen deutlich bittereren Geschmack als die Echte Kamille. Äußerlich ist sie wegen ihrer entzündungshemmenden und beruhigenden Eigenschaften gut zur Behandlung gereizter Haut geeignet. So kann ein Aufguss aus den Blüten für Gesichtsdampfbäder verwendet werden oder zur Pflege strapazierter Hände.

Wellness
Sowohl Blüten als auch Blätter eigenen sich für Potpourris, also Duftmischungen aus aromatisch riechenden und farbenfrohen Blüten und Blättern, die ein wenig vom Flair des sommerlichen Kräutergartens in die Wohnung bringen.

In der Küche
Frische Blüten kann man zum Aromatisieren von Aperitifs verwenden.

Guter Heinrich

Chenopodium bonus-henricus

Der Gute Heinrich ist eine alte Nutzpflanze, die man schon in Siedlungen aus der Eisenzeit gefunden hat. Neben dem „Guten Heinrich" gibt es auch einen „Bösen Heinrich" – das giftige Bingelkraut *(Mercurialis perennis)*.

Andere Namen
Dorf-Gänsefuß

Familie
Chenopodiaceae (Gänsefußgewächse)

Herkunft/Vorkommen
Europa

Standort
Der Gute Heinrich kommt auf gut gedüngten Äckern und Wiesen sowie in der Nähe von Komposthaufen vor (Stickstoffzeiger). Im Garten wird ein sonniger Platz mit fruchtbarem Boden benötigt.

Blütezeit
Mai bis August

Merkmale
Ausdauernde, bis 50 cm hohe Art mit dickfleischiger Wurzel und spießförmig-dreieckigen Blättern; die winzigen gelbgrünen Blüten sind in endständigen Ähren angeordnet. Die Pflanze wirkt oft mehlig bestäubt.

Inhaltsstoffe und Eigenschaften
Die Blätter enthalten wertvolle Vitamine, aber auch viel Eisen. Der in Amerika heimische, bei uns manchmal in Gärten aber

auch verwildert vorkommende Wohlriechende Gänsefuß *(Chenopodium ambrosioides)* gilt als verdauungsfördernd, krampflösend und muskelentspannend. Bei allen Gänsefuß-Arten werden die jungen Blätter und die Blüten verwendet.

Gesundheit
Ein Breiumschlag oder eine Salbe aus den Blättern kann zur Behandlung von kleinen Wunden verwendet werden; der Wohlriechende Gänsefuß lässt sich bei Magen- und Darmbeschwerden einsetzen, aber auch bei Husten und Asthma.

In der Küche
Der Gute Heinrich ist eine Pflanze für „etwas andere" Beilagen. Dünsten Sie die Blüten doch einmal wie Brokkoli oder bereiten Sie die geschälten Sprösslinge wie Spargel zu.

Die Blätter können für Frühlingssalate, „Frankfurter Grüne Soße" und Suppen verwendet werden, aber auch für Geflügelfüllungen und Eintöpfe.

Wegwarte *Cichorium intybus*

Die Wegwarte wird bereits in Aufzeichnungen aus der Pharaonenzeit Ägyptens erwähnt; bei den alten Römern wurde ihr Saft – gemischt mit Rosenöl und Essig – als Mittel gegen Kopfschmerzen eingenommen. Besonders im Mittelalter sagte man der Pflanze außerdem Zauberkräfte nach. So sollte sie Unverletzlichkeit gegen Pfeile und Stichwaffen garantieren, und wenn ein Mädchen ihren Auswählten mit einer Wegwarte berührte, konnte sie sich angeblich seiner ewigen Liebe sicher sein. In Deutschland wurde der Anbau der Wegwarte schon zu Zeiten Friedrichs des Großen durch staatliche Anreize gefördert.

Andere Namen
Zichorie

Familie
Asteraceae (Korbblütler)

Herkunft/Vorkommen
Europa, Asien

Standort
Weit verbreitet an Straßenrändern, Böschungen sowie auf Brachflächen und trockenen Äckern; im Garten wird ein sonniger Platz mit leichtem, gut durchlässigem Boden benötigt.

Blütezeit
Juli bis September

Merkmale
Ausdauernde, bis zu 1,50 m hohe Pflanze mit einem langen Wurzelstock und kantigen, hohlen, dicht behaarten Stängeln. Die Grundblätter sind fiederteilig, die kleinen Stängelblätter lanzettlich; die großen Blütenköpfe haben lange blaue Zungenblüten.

Inhaltsstoffe und Eigenschaften
Die Wegwarte besitzt bittere, verdauungsfördernde, reinigende, harntreibende, abführende und leicht sedative Eigenschaften. Die Blätter sammelt man erst im zweiten Jahr und dann direkt vor der Blüte; die Wurzel wird im Herbst oder Frühjahr ausgegraben.

Gesundheit
Die Wegwarte gilt als gutes Bittertonikum für den Verdauungstrakt, denn sie unterstützt die Magen-, Gallen- und Leberfunktion, außerdem reinigt sie die Harnwege. Man nimmt die Pflanze auch bei rheumatischen Beschwerden und Gicht oder als sanftes, auch für Kinder geeignetes Abführmittel. Ein Breiumschlag aus

den Blättern wirkt entzündungshemmend bei schmerzhaften Hautrötungen. Die Winter-Endivie *(Cichorium endivia)* ist in der Wirkung ähnlich, aber schwächer.

Wellness
4 Esslöffel getrocknete Wurzel oder getrocknete Kräuter der Wegwarte mit

250 ml kaltem Wasser übergießen, zum Kochen bringen und 2–3 Minuten köcheln lassen. Einen Wattebausch mit dem abgekühlten Sud tränken und entzündete Hautpartien damit abtupfen.

In der Küche
Die jungen Blätter lassen sich als Frühjahrsgemüse oder Salat verwenden, man kann sie aber auch klein gehackt als Brotbelag nutzen. Geröstete Wurzeln wurden vor allem in Notzeiten als Kaffeeersatz verwendet („Blümchenkaffee"); ungeröstete Wurzeln kann man gekocht als Gemüse essen. Die Blüten eignen sich zur Garnierung von Salaten, sie lassen sich aber auch in Marinade einlegen. Der in den Obst- und Gemüseabteilungen unserer Läden erhältliche Chicorée stammt von einer Kulturvarietät der Wegwarte. Genauer gesagt handelt es sich dabei um die bleichen, im Dunkeln ausgetriebenen Blätter der Pflanze; eine rot gefärbte Varietät ist als Radicchio im Handel. Chicorée kann beispielsweise mit Essig und Öl als Salat zubereitet werden, man kann ihn aber auch in Butter dünsten und als Gemüse servieren.

Zimtkassie

Cinnamomum aromaticum syn. C. cassia

Der die begehrte Rinde liefernde Chinesische Zimtbaum galt in der chinesischen Mythologie als Lebensbaum. Seine bei Eintritt ins Paradies verzehrten Früchte sollten Unsterblichkeit und ein glückliches Leben verleihen. Der chinesische Zimt blickt auf eine etwa 5000 Jahre alte Vergangenheit als Würz- wie auch Heilmittel zurück.

Andere Namen
Chinesischer Zimt, Kassiazimt

Familie
Lauraceae (Lorbeergewächse)

Herkunft/Vorkommen
China, Indien, Java, Japan.

Merkmale
Immergrüner bis zu 20 m hoher Baum;

dicke, ledrige um die 20 cm lange Blätter; gelbe Blüten an 10–18 cm langen Rispen; Beerenfrüchte

Inhaltsstoffe und Eigenschaften
Zimtaldehyd, im Unterschied zum Celyonzimt kein Eugenol, Zimtsäure, Terpene, Gerbstoff. Kreislaufanregend, verdauungsfördernd, krampflösend, fiebersenkend; süßlich aber im Vergleich zum Ceylonzimt mit schärferer Würze.

Verwendung
Vom Chinesischen Zimt nutzt man die Rinde von etwa 2-jährigen Schößlingen des Baumes. Die im Vergleich zum wertvolleren Ceylonzimt dickere Rinde rollt sich beim Trockenvorgang von einer Seite ein. Kassia ist im Handel als Pulver wie auch als „Zimtstange" erhältlich.

Gesundheit
In der westlichen Medizin nimmt man die Rinden als Tee oder verdünnte Tinktur vor allem bei Magenverstimmung, Durchfall oder Erkältungen. In der östlichen Heilkunde schwört man auf die stärkende Wirkung der Zimtkassie bei Nierenschwäche, Rheuma oder Kältegefühl.

Wellness
Aus den unreifen Früchten, den „Zimtblüten", Teilen von Zimtrinde und aus Blättern destilliert man reines Zimtöl, das in der Kosmetik als Duftstoff genutzt wird.

In der Küche
Chinesischer Zimt passt wegen seiner scharfen Würze hervorragend zu Curry- und würzigen Fleischgerichten wie etwa zu Hammel ausgesprochen gut. Für süße Gerichte ist der feinere Ceylonzimt vorzuziehen. Kassia ist Bestandteil der Fünf-Gewürz-Mischung.

Doraden mit Mandeln und Datteln

Zutaten für 4 Personen
60–100 g Couscous
100 g Mandeln
200 g Datteln, frisch oder getrocknet
50 g Korinthen
50 g getrocknete Aprikosen
Je 1/2 Tl Zimtpulver und Muskat
Kardamompulver
1/2 Bund Minze
4–5 El Grenadine
4 küchenfertige Doraden
2 El Zitronensaft
4 El Olivenöl
Salz, Pfeffer
2 Bund Lauchzwiebeln
Butter zum Einfetten

Zubereitung

1 Den Couscous nach Packungsanweisung zubereiten. Die Mandeln mit heißem Wasser überbrühen. Die Haut abziehen und anschließend fein hacken. Die Datteln entkernen und klein schneiden. Die Korinthen und die Aprikosen fein hacken.

2 Alles mit dem Couscous mischen. Mit den Gewürzen und der fein gehackten Minze würzen. Mit der Grenadine zu einer einheitlichen Masse verkneten.

3 Die Doraden waschen, trocknen und mit Zitronensaft beträufeln. Anschließend mit Öl, Salz und Pfeffer einreiben. Die Couscousmasse in die Fische füllen und fixieren. Die Lauchzwiebeln putzen, waschen, trocknen und in feine Ringe schneiden.

4 Die Fische einzeln auf ein leicht eingefettetes Stück Alufolie legen. Die Zwiebelringe darüber verteilen und die Folie über den Doraden locker zusammenschlagen. Im vorgeheizten Backofen bei 130 °C ca. 12–16 Minuten backen. Die Folie öffnen und das Ganze kurz bräunen.

5 Mit Kaffee-Oriental anrichten. Dazu 4 Tassen Wasser mit 4–5 El stark gebranntem Kaffee, 2–3 El braunem Rohrzucker und 1/2 El Kardamompulver aufkochen. Durchsieben und heiß in vorgewärmten Espresso-Tassen servieren.

Zubereitungszeit: ca. 40 Minuten

Ceylonzimt *Cinnamomum verum*

Die delikatere, süßlichere Verwandte des Cassiazimts ist ebenfalls seit Jahrtausenden als Würz- und Heilpflanze im Einsatz. In Europa war der Ceylonzimt bereits im Altertum bei Griechen und Römern populär, die ihn auf ihren Kriegs- und Handelswegen weiter verbreiteten. Wirtschaftlich ist Kaneel schon immer von großer Bedeutung gewesen, so dass wegen ihm sogar ein Krieg angezettelt wurde. Die Portugiesen eroberten Sri Lanka (ehemals Ceylon) im Jahr 1536, allein um das Monopol auf Anbau und dem lukrativen Handel mit ihm zu erlangen.

Andere Namen
Kaneel

Familie
Lauraceae (Lorbeergewächse)

Herkunft/Vorkommen
Sri Lanka, Sunda-Inseln, Westindien, Brasilien

Merkmale
Immergrüner bis zu 10 m hoher Baum mit glatter, papierdünner, brauner Rinde, in Kultur niedriger auf höchstens 3 m gehalten; 10–20 cm lange ledrige, breitovale, glänzend grüne Blätter, gegenständig an rutenförmigen Stockanschlägen; weißlichgelbe langgestielte Blüten in Rispen; kleine keulenförmige rotbraune Früchte. Die ganze Pflanze duftet nach Zimtöl.

Inhaltsstoffe und Eigenschaften
Ätherisches Öl mit Zimtaldehyd und Eugenol; Zimtsäure, Terpene, Gerbstoff. Wärmend, kreislaufanregend, fieber- und blutdrucksenkend, verdauungsfördernd, appetitanregend, krampflösend, entzündungshemmend, gemütsaufhellend; zart süßes, holziges Aroma.

Verwendung
Etwa 2-jährige Baumschößlinge werden abgeschlagen und mit einigen Längs- und Rundschnitten entrindet. Die Rinde lässt man über Nacht fermentieren, um am nächsten Tag die äußeren Rindenschichten bis auf die inneren, die den stärksten Geschmack liefern, abzuschaben. Kaneel rollt sich dabei zu zwei Seiten ein. Bis zu 10 Stücke werden zu sogenannten „Quills“ ineinander gesteckt und dann getrocknet, wobei sie ihre typische Farbe erhalten. Ceylonzimt ist meist nur als Stange im Handel. Aus Rindenresten oder Blättern gewinnt man per Dampfdestillation wertvolles Zimtöl für Gebäck und Cola-Getränke, Eis, Liköre sowie Kosmetik- und Hygieneartikel.

Vorsicht
Bei Überempfindlichkeit gegenüber Zimt oder während der Schwangerschaft sollte man vom Genuss der Kassia absehen.

Gesundheit
Einige Tropfen Zimtöl in kochendem Wasser ergeben ein wohltuendes Inhalationsbad bei Atemwegerkrankung. Tees aus Zimtrindenstücke helfen bei Durchfall, Übelkeit, Magendarmgrippe, Bluthochdruck und arthritischen Beschwerden

In der Küche
Den Ceylonzimt kennt man zur Hauptsache als Zutat für Süßspeisen, Obstkompotte, weihnachtliches Gebäck oder in wärmenden Getränken wie Punsch und Glühwein. Geradezu klassisch ist sein Einsatz in Apfelkompott, Milchreis, Vanillepudding, Zimtsternen, Gewürzkuchen oder als Bestandteil von Lebkuchengewürz. Die orientalische Küche setzt ihn hingegen gleichfalls virtuos in herzhaften Speisen ein – ganz typisch in raffinierten Fleischfüllungen.

Benediktenkraut *Cnicus benedictus*

Schon der Name verrät es, das Benediktenkraut ist typischer Gast im Klostergarten und wurde dort zur Hauptsache auf Grund seiner Heilwirkungen kultiviert. Doch bereits früher bei den Kelten galt das Kraut als Symbol für den Schutz vor Verhexung und Beschwörung von Geistern und war Heilmittel gegen Leberbeschwerden, Depression, Konzentrationsmangel und Migräne. Von den Druiden wurde Benediktenkraut bei rituellen Waschungen angewandt, um böse Geister zu vertreiben. Im 16. Jahrhundert glaubte man in ihm sogar ein Mittel gegen die Pest gefunden zu haben.

Andere Namen
Kardobenediktenkraut, Bitterdistel, Heildistel, Spinnendistel

Familie
Asteraceae (Korbblütler)

Herkunft/Vorkommen
Im Mittelmeerraum beheimatet wird es heute auch als Kulturpflanze angebaut.

Blütezeit
Juni bis September

Merkmale
Einjähriges distelartiges Kraut, 40–60 cm hoch; fünfkantiger unten borstiger, oben drüsig behaarter Stängel mit Grundrosette aus gezähnten, gespaltenen, dunkelgrünen Blättern; am Stängel engumfassend lanzettliche, fiedrig gelappte Blätter mit Stacheln am Rand; gelbe Blüten am Stängelende in stacheligem Hüllkelch umgeben, dessen Blättchen in einem gekrümmten Stachel auslaufen.

Inhaltsstoffe und Eigenschaften
Bitter- und Gerbstoffe insbesondere Cnicin; ätherisches Öl, Flavonoide, Schleim. Appetitanregend, steigert Magensaft- und Gallensekretion, schleimlösend, hautberuhigend, antibiotisch, heilungsfördernd; sehr bitterer Geschmack.

Verwendung
Blätter und blühende Zweige werden zur Blütezeit gesammelt. Gebündelt und überkopf aufgehangen, trocknet man sie im Schatten, um sie dann schließlich zu zerkleinern.

Vorsicht
Bei der Einnahme der Zubereitungen sind allergische Reaktionen möglich, beson-

ders, wenn bereits eine Allergie gegen Korbblütler bekannt ist.

Gesundheit

Benediktenkraut wird vor allem bei Verdauungsbeschwerden wie Blähungen, Völlegefühl und Appetitlosigkeit empfohlen. Es regt die Bildung von Magensäften und Galle an und unterstützt so die Verdauung. Kurmäßig über mehrere Wochen angewandt, wird zweimal täglich 1 Stunde vor den Mahlzeiten 1 Tasse Tee getrunken.

In der Küche

Obwohl Benediktenkraut vorzugsweise als Heilpflanze eingesetzt wird, sind speziell die in den distelartigen Blättern enthaltenen Bitterstoffe Cnicin und Benedictin wichtig für so manchen wohltuenden Kräuterlikör bzw. Aperitif.

Löffelkraut *Cochlearia officinalis*

Die Art wurde früher gegen Skorbut gegessen, also jene gefährliche Vitamin-C-Mangelkrankheit, deren äußeres Kennzeichen blutendes Zahnfleisch ist und die besonders bei längeren Schiffreisen häufig auftrat.

Andere Namen

Skorbutkraut

Familie

Brassicaceae (Kreuzblütler)

Herkunft/Vorkommen

Europa, Asien

Standort

Die Art kommt hauptsächlich in Küstenregionen vor, wo sie besonders auf salzhaltigen Feuchtwiesen zu finden ist im Binnenland ist das Löffelkraut äußerst selten. Bei der Kultur im Garten muss die Pflanze regelmäßig gegossen werden, ist ansonsten aber anspruchslos.

Blütezeit
Mai bis Juni

Merkmale
Ausdauernde, bis 30 cm hohe Pflanze mit einer dünnen Pfahlwurzel und auffällig fleischigen Blättern. Die weißen Blüten sind in kurzen Trauben angeordnet, die länglichen Samen sitzen in einer kugeligen bis eiförmigen Schote.

Inhaltsstoffe und Eigenschaften
Das Löffelkraut besitzt verdauungsfördernde, antiseptische, leicht abführende und harntreibende Eigenschaften; außerdem enthält es viel Vitamin C. Gesammelt werden die Blätter, die man nur frisch verwendet.

Vorsicht
Achten Sie bei Löffelkrautarzneien genau auf die angegebene Dosierung, weil es bei Überdosierung zu unerwünschten Nebenwirkungen kommen kann.

Gesundheit
Nachdem der Skorbut inzwischen keine ernsthafte gesundheitliche Gefahr mehr darstellt, wird das Löffelkraut heute hauptsächlich als appetitanregendes Kraut verwendet. In Form von Blattpresssaft kann man die Pflanze auch als antiseptisches Mundwasser und zum Gurgeln bei Halsbeschwerden einsetzen oder auf Pusteln und Pickel auftragen.

In der Küche
Die Blätter des Löffelkrautes eignen sich für Salate, zum Verfeinern von Kartoffeln oder als Brotbelag. Wem der Geschmack des Krautes zu scharf ist, kann die fein gehackten Blätter auch mit Schnittlauch „strecken".

Koriander *Coriandrum sativum*

Der Koriander war schon im Ägypten der Pharaonenzeit in Gebrauch, denn er wird im Papyrus Ebers (etwa 1600 v. Chr.) erwähnt. Aber auch in China und bei den Römern wurde er bereits um die Zeitenwende als Küchen- und Heilkraut eingesetzt; nach Mitteleuropa kam er vermutlich mit römischen Soldaten. Im 16. und 17. Jahrhundert hieß es, man könne Hexen daran erkennen, dass sie kein mit Koriander gewürztes Brot essen würden; außerdem wurden der Pflanze früher aphrodisierende Eigenschaften nachgesagt.

Andere Namen
Wanzendill

Familie
Apiaceae (Doldenblütler)

Herkunft/Vorkommen
Ostasien auch wild wachsend, Kultur im Mittelmeerraum und Mitteleuropa.

Standort
Der Koriander kommt im Mitteleuropa höchstens verwildert vor. Im Garten bevorzugt er einen sonnigen Standort mit lockerem, gut durchlässigem Boden, man kann die Pflanze aber auch in großen Töpfen am Küchenfenster oder auf dem Balkon ziehen.

Blütezeit
Juni bis Juli

Merkmale
Sehr aromatische, bis 60 cm hohe, einjährige Pflanze mit dünnem, im oberen Teil verzweigtem Stängel; die grundständigen Blätter sind dreilappig mit gekerbtem Rand, die oberen normalerweise fein gefiedert. Die kleinen weißen oder rosa Blüten sind in flachen Blütendolden angeordnet; die rundlichen, hellbraunen Samen haben einen Durchmesser von etwa 4 mm. Wegen des unangenehmen Geruchs der älteren Blätter und unreifen Früchte nennt man die Pflanze auch Wanzenkraut (griech. *koros* = Wanze).

Inhaltsstoffe und Eigenschaften
Die Pflanze besitzt aromatische, appetitanregende, verdauungsfördernde, krampflösende und entzündungshemmende Eigenschaften. Bei der Ernte werden Dolden mit noch nicht voll ausgereiften Samen abgeschnitten und an einem schattigen, luftigen Platz gebündelt zum Trocknen aufgehängt. Später schüttelt man die nachgereiften Samen über einer Zeitung oder einem Tuch aus; die Aufbewahrung erfolgt in gut verschließbaren Gefäßen im Dunkeln. Die Haltbarkeit der Samen beträgt etwa 1 Jahr, während Korianderpulver vergleichsweise schnell sein Aroma verliert.

Verwendung
Frische Blättchen können bis zu Beginn der Blüte fortlaufend geschnitten werden. Für die Korianderfrüchte werden die reifen Samenstände abgeschnitten und getrocknet bis sich die Körner herausschütteln lassen.

Gesundheit
Ein Aufguss aus Samen wirkt verdauungsfördernd und hilft bei Blähungen, Völlegefühl, Bauchgrimmen sowie Kopfschmerzen als Folge schlechter Verdauung; das Kauen der Samen nach Knoblauchgenuss soll den Mundgeruch verbessern. Bei rheumatischen Schmerzen trägt man äußerlich eine Korianderlotion auf. In der pharmazeutischen Industrie wird Koriander, dessen Samen einen würzig-pikanten, leicht süßlichen Geschmack besitzen, häufig auch zur Geschmacksverbesserung von Arzneien eingesetzt.

Wellness
Geben Sie nach einem heißen, anstrengenden Sommertag für ein anregendes und deodorierendes Bad eine Hand voll Koriandersamen ins abendliche Badewasser. Benutzen Sie dazu aber einen verschließbaren Stoffbeutel, damit die Samen nicht den Abfluss verstopfen.

In der Küche
Koriander erinnert geschmacklich an eine Mischung aus Salbei und Orangenschalen. Die aromatischen Früchte werden gern zu Kohl und Hülsenfrüchten gegeben. Auch frisches Brot verträgt sich mit seiner Hilfe besser. Grob gemahlen trägt er in Lebkuchen und anderem Gebäck zum würzigen Geschmack bei. Ebenso passt er zu Braten, Lamm, Rind und Wild, vermag jedoch gleichfalls zu Fisch zu überzeugen. Koriandersamen finden sich außerdem im Einlegesud von Gurken oder Roter Bete wieder. Die frischen Blätter des Korianders – hauptsächlich in der orientalisch-asiatischen Küche verwendet – verströmen zunächst einen unangenehmen Duft, der beim Kochen verschwindet. Mit den frisch gehackten Blättern werden in Indien viele Curryarten und Chutneys gewürzt. In der Würzmischung Curry ist Koriander ein Hauptbestandteil.

Ein bis zwei zerstoßene Korianderkörner verbessern den Geschmack des Kaffees. Koriander wird auch chinesische Petersilie genannt, denn seine Blätter ähneln sehr der glatten Blattpetersilie.

Lammhaxen vom Grill

Zutaten für 4 Personen
8 kleine Lammhaxen
1 1/2 l Lammfond
Für die Marinade:
500 ml Olivenöl
1–2 Tl Harissa
1 Tl Korianderpulver
3 Zwiebeln
2 El Zitronensaft
1 Tl Kümmelpulver
1–2 Tl getrockneter Majoran

Zubereitung

1 Die Haxen waschen, trocknen und in dem Fond ca. 10 Minuten bei milder Hitze ziehen lassen. Herausnehmen und gut abtropfen lassen.

2 Alle Zutaten für die Marinade verrühren und die Haxen damit einstreichen. Gut 2–3 Stunden durchziehen lassen. Anschließend unter dem Grill oder im Backofen bei 200°C von allen Seiten ca. 25 Minuten garen. Dabei mehrmals mit der herabtropfenden Marinade bestreichen.

3 Dazu passt ein frischer Tomatensalat und gebackene Kartoffeln mit Sauerrahm.

Zubereitungszeit: ca. 35 Minuten (plus Zeit zum Marinieren)

Weißdorn *Crataegus monogyna*

Die heute vorwiegende Anwendung des Weißdorns spielte in der Klosterheilkunde wohl kaum eine Bedeutung und wurde erst im 19. Jahrhundert erkannt. Allerdings galt diese Pflanze in der Antike als probates Mittel gegen Schlangenbisse, Durchfall und sollte sogar, auf die Haut aufgetragen, Splitter entfernen.

Andere Namen
Hagedorn, Heckendorn, Mehlbeere, Roter Hahn, Zaundorn

Familie
Rosaceae (Rosengewächse)

Herkunft/Vorkommen
Gedeiht in Europa vorwiegend in Hecken, Gebüschen, an Waldrändern und lichten Wäldern.

Blütezeit
Mai bis Juni

Merkmale
Obwohl meist als Heckenpflanze bekannt, können wild wachsende Exemplare 10 m groß werden. Sie besitzen hartes Holz mit glatter, grauer Rinde, die Zweige haben spitze Dornen. Die kurzgestielten und dunkelgrünen Blätter färben sich im Herbst gelbbraun und zeigen fünf- bis siebenzackige Lappen. An den Zweigenden hängen die weißen Blüten in Doldentrauben und später die dunkelroten Früchte.

Inhaltsstoffe und Eigenschaften
Die jungen Blätter schmecken ähnlich wie Wein, die Früchte dagegen eher mehlig. Für die Wirkung des Weißdorns sind hauptsächlich Flavonoide, Procyanidine und biogene Amine verantwortlich, die unter anderem für eine bessere Durchblutung des Herzmuskels sorgen und sich insgesamt stabilisierend auf das Herz-Kreislauf-System auswirken.

Verwendung
Es gibt verschiedene Weißdornarten, deren Blätter, Blüten und Früchte für die medizinische Anwendung in Frage kommen. Diese werden als Tee, aber auch in großem Maße als fertige Präparate genutzt.

Vorsicht
Weißdorn-Tee und fertige Präparate können in der Regel über einen längeren Zeitraum angewendet werden, ohne dass Nebenwirkungen zu erwarten sind. Trotzdem sollte diese Heilpflanze, wie andere auch, erst nach einer Abklärung der Beschwerden durch den Arzt und mit dessen Einverständnis angewendet werden – gerade bei Herz- und Kreislaufbeschwerden ist dies besonders wichtig.

Gesundheit

Gerade bei beginnender nachlassender Leistungsfähigkeit des Herzens im Alter, die noch nicht mit Digitalispräparaten behandelt werden muss, hat sich Weißdorn als wirksam gezeigt, kann aber auch gewisse Arten von leichten Herzrhythmusstörungen positiv beeinflussen und sich normalisierend auf den Blutdruck auswirken. Diese Heilpflanze wird sogar zur Nachbehandlung des Herzinfarkts eingesetzt. Gerade zur Vorbeugung von altersbedingten Herzproblemen hat sich der Weißdorn einen Namen gemacht.

Um die Herzleistung zu verbessern, muss Weißdorn-Tee über einen längeren Zeitraum eingenommen werden, da sich der positive Effekt nicht sofort einstellt. Die empfohlene Dosierung liegt bei 2–3 Tassen, die täglich getrunken werden sollten. 1 Teelöffel Blüten und Blätter oder nur die Blüten werden mit 1 Tasse kochendem Wasser übergossen, müssen 15–20 Minuten ziehen und werden dann abgeseiht. Zur Geschmacksverbesserung kann auch ein Gemisch, z. B. mit Pfefferminze oder Melisse, zubereitet werden.

Echter Safran *Crocus sativus*

Der Name dieser seit über 4000 Jahre geschätzten Würz- und Färberpflanze leitet sich vom Arabischen „za'fân" das Gelbsein bedeutet ab. Und gelb, das werden mit Safran gewürzte Speisen oder gefärbte Textilien in der Tat. Über die Handelswege der Araber gelangte das auch heute noch teuerste Gewürz der Welt nach Europa. Für etwa 1 Kilo getrockneter Safranfäden braucht man um die 150000 Blüten. Um 1400 entsprach der Gegenwert von 500 Gramm Safran z. B. dem eines Pferdes, heute ungefähr mit dem Wert eines Mittelklassewagens zu vergleichen. Kein Wunder, dass die Versuchung Safran mit minderwertigen Anteilen zu verlängern bzw. zu fälschen schon immer sehr groß war. So wurde in Nürnberg, neben Valencia und Saffron Waldon, Zentrum des mittelalterlichen Safranhandels, ein Händler samt seines gefälschten Safrans verbrannt. Außer für Backwaren, Butter und Käse war Safran außerdem eines der begehrtesten Textilfärbemittel. Als Heilpflanze wurde Safran gegen Haut- und Augenkrankheiten verabreicht. Gegen die Pest und zur Empfängnisverhütung sollte er ebenfalls Gutes tun. Und in einem alten Kochbuch steht: „Safran ist gut dem Miltz, bringt Begierde zur Unkeuschheit, macht wohl harnen, stärket das Hertz und macht ein frölich Geblüt."

Andere Namen

Herbstkrokus, Gelbe Würze, Suppengelb

Familie

Iridaceae (Schwertliliengewächse)

Herkunft/Vorkommen

Ursprünglich vorderer Orient, heute Spanien, Mittelmeerraum bis Indien

Standort

In Mitteleuropa kommt der Safran nur kultiviert vor. Soll er im Garten angepflanzt werden, wählt man einen sonnigen, warmen Platz mit nährstoffreichem, gut durchlässigen Boden, und man nimmt am besten im Handel erworbene Zwiebeln, denn aus Samen gezogene Pflanzen blühen erst nach drei Jahren. Safran wird

heute in großem Maßstab für die kommerzielle Nutzung angebaut, etwa in Spanien, aber auch im Iran und in Indien. Für 1 kg des Gewürzes werden 150 000 Blüten benötigt – dennoch beträgt die Jahresproduktion etwa 300 Tonnen.

Blütezeit
September bis November

Merkmale
Ausdauernde, bis 25 cm hohe Pflanze mit einer kleinen, unterirdischen Knolle und schmalen, bis 40 cm langen Blättern, die zusammen mit den violetten Blüten erst im Herbst erscheinen. Besonders auffällig sind die drei dunkelroten, fadenförmigen Narben, und dies sind auch die einzigen Teile der Pflanze, die verwendet werden.

Inhaltsstoffe und Eigenschaften
Ätherisches Öl mit Cineal und Pinen; gelbe Farbstoffe Crocetin und Crocin; Bitterstoff Picrocrocin, Safranal (Geruchsträger). Mild beruhigend, kreislaufanregend, herzstärkend, reguliert die Menstruation, aphrodisierend; bittersüß, rauchig erdiges Aroma.

Verwendung
Die Ernte der trompetenförmigen, dunkelroten Narben erfolgt im Herbst, wenn die leicht violetten Blüten voll geöffnet sind. Sie werden per Hand mit den Griffelenden herausgedreht und vorsichtig getrocknet. Erst durch das Trocknen entwickelt Safran seinen eigenwilligen Geruch. Die beste Qualität besteht nur aus den Narbenästen, die vom Griffel abgetrennt wurden. Dieser Safran besitzt die höchste Färbekraft. Sind die Blütennarben noch mit den Griffelenden verbunden, ist die Färbeeigenschaft zwar geringer, das Aroma hingegen etwas besser, da die Blütennarben derart intakt bleiben. Diese Qualität wird meist in Döschen abgepackt.

Gesundheit
Die medizinischen Eigenschaften des Safrans hat man weitgehend vergessen. Aus der Volksmedizin überliefert ist seine heilende Wirkung bei Wunden und Entzündungen und Magenproblemen. Bei Keuchhusten und Asthma soll er krampflösend und schmerzstillend sein. Seine

krampflösenden Fähigkeiten helfen auch bei Menstruationsproblemen, schon im Mittelalter gaben daher Hebammen Safran an Gebärende. In Überdosis genossen, hat Safran die Wirkung eines Rauschmittels. Im ersten Stadium kommt es zu Lachreiz, dann folgt Herzklopfen bis zu Lähmungen. Die tödliche Dosis des Safran-Rausches liegt bei 10 Gramm! Schon Dioskorides schrieb, der Safran bringe den Menschen lachender Gestalt um, „so man drei Quentle zusammen mit Wein einnehme …“.

In der Küche
In der mediterranen und orientalischen Küche wird Safran mit Vorliebe zum Aromatisieren und Färben von Reisgerichten, Meeresfrüchten, Suppen, Saucen und Süßspeisen sowie zum Backen eingesetzt. Safran ist zwar das teuerste Gewürz der Welt, dafür aber auch eines der ergiebigsten. Bereits eine kleine Messerspitze Safranpulvers oder ein einziger Faden reicht, um der berühmten spanischen Paella, der französischen Bouillabaisse oder dem Risotto Milanese den wundervollen, intensiven Gelbton und das charakteristische Aroma zu verleihen. Wer Wert auf das flüchtige Aroma legt, gibt Safran erst zum Ende der Kochzeit zum Gericht. Soll's dagegen kräftig Gelb werden, legt man die Fäden gleich am Anfang dazu. Aroma und Färbeeigenschaften des Safrans macht sich ferner die Likör- sowie die Kosmetikindustrie zunutze.

Echten Safran von guter Qualität erkennt man am typischen bitter-aromatischen Duft, an der dunkelroten Farbe und Form seiner Fäden (Länge zwischen 1–4 cm) sowie an seiner Färbekraft. Ein wenig Wasser auf einen Faden gegeben, sollte sofort den gelben Farbstoff lösen. Safranfäden behalten ihr Aroma länger als zu Pulver vermahlene und sind zudem schwerer zu fälschen. Echter Safran kostet auch in den Ursprungsländern mindestens 4 € pro Gramm.

Safran-Reis mit Lamm und Kürbis

Zutaten für 4 Personen
4 Scheiben Toast, 2 Knoblauchzehen
400 g Lammhack
2 Eier, Salz
1 El edelsüßes Paprikapulver
200 g Langkornreis
1/2 Tl gemahlener Safran
750 g Kürbisfleisch
250 g gelbe Paprikaschote
3 cm frischer Ingwer
8 El Pflanzenöl, 1 Tl Zucker
1/2 Tl Cayennepfeffer
2 El gehackter frischer Koriander

Zubereitung

1 Das Toastbrot in Wasser einweichen, dann ausdrücken. Die Knoblauchzehen schälen, eine Zehe zerdrücken. Hackfleisch mit Toast, Knoblauch, Eiern, Salz und Paprikapulver mischen und zu einem glatten Teig verarbeiten. 20 Minuten kalt stellen. Aus dem Teig Bällchen formen.

2 Den Reis in 1/2 l Wasser mit Salz und Safran geben und nach Packungsanweisung garen. Das Kürbisfleisch in Würfel schneiden. Paprika putzen, waschen, entkernen und in Streifen schneiden.

3 Den Ingwer schälen und mit der restlichen Knoblauchzehe fein hacken. 3 Esslöffel Öl in einem Topf erhitzen und Knoblauch und Ingwer darin andünsten. Kürbiswürfel zugeben und mit Salz, Zucker und Cayennepfeffer würzen.

4 6 Esslöffel Wasser hinzufügen und alles 10 Minuten abgedeckt garen. Paprika dazugeben und weitere 4 Minuten mitgaren. Das restliche Öl erhitzen und die Lammbällchen darin 8 Minuten rundherum braten.

5 Gegarten Reis mit Koriander mischen und unter die Gemüsemasse heben. 3 Minuten ziehen lassen, dann mit den Lammhackbällchen servieren.

Zubereitungszeit: ca. 1 Stunde

Kürbis *Cucurbita pepo*

Bereits im frühen Mittelalter spielte der Flaschenkürbis in der Heilkunde eine große Rolle und war sogar in den Klostergärten zu finden. Aber erst Kolumbus brachte den heute eher genutzten Verwandten mit nach Europa, der bald zur beliebten Kulturpflanze avancierte. Früher wurde der Kürbis neben der heute bekannten Verwendung auch als Mittel gegen Übelkeit, zur Wundbehandlung und bei Fieber eingesetzt.

Andere Namen
Gartenkürbis, Kerbs, Kerwes, Pepone, Rundgurke, Sommerkürbis

Familie
Cucurbitaceae (Kürbisgewächse)

Herkunft/Vorkommen
Diese Pflanze und deren zahlreiche bei uns genutzten Kulturpflanzen stammen aus dem Süden der USA und aus Mexiko.

Blütezeit
Juni bis September

Merkmale
Die einjährige rankende und kletternde Pflanze kann bis zu 10 m lang werden. Ihre großen gestielten Blätter sind in der Regel herzförmig und gelappt. Auffallend sind die eingeschlechtlichen leuchtend gelben Blüten. Die unterschiedlichen Kulturpflanzen zeigen variantenreiche Früchte von der Form einer Flasche bis hin zu großen, runden „Bällen“. Die flachen Kerne sind meist weiß und haben einen gut erkennbaren Rand. Der Steirische Ölkürbis, eine der vielen Kulturpflanzen des Gartenkürbisses, wird vorwiegend für medizinische Zwecke genutzt.

Inhaltsstoffe und Eigenschaften
Die fetten Öle der Kerne enthalten unter anderem wichtige Fettsäuren, ätherische Öle, Cucurbitin, Pflanzenhormone, Vitamine, in hohem Maße Vitamin E, Magnesium und Selen, die z. B. entzündungshemmende Wirkung haben, den Körper mit wichtigen Nährstoffen versorgen, den Hormonspiegel und die Harnentleerung regulieren.

Verwendung
Medizinisch werden vor allem die Kerne verwendet, entweder direkt oder als kaltgepresstes Öl.

Gesundheit
Die Reizblase und die Tonusschwäche bei gutartigen Prostataproblemen sind die Hauptanwendungsgebiete des Kürbis. Er kann aber auch bei anderen Blasenleiden positiv wirken, z. B. bei bettnässenden Kindern, wenn keine organische Ursache vorliegt, oder bei Beschwerden beim Wasserlassen. Auf jeden Fall muss bei Prostataerkrankungen regelmäßig ein Arzt aufgesucht werden. Auch bei Bandwurmbefall soll Kürbis in richtiger Dosierung Besserung bringen.

Für eine Kürbiskern-Kur sollten zwei- bis dreimal täglich 1–2 Esslöffel Kürbiskerne vor den Mahlzeiten eingenommen werden. Die Kur sollte mindestens 4 Monate dauern.

In der Küche
Dieser „Einwanderer" aus Amerika hat auch bei uns seine Anhänger und wird als Sommergemüse immer beliebter. Ob beispielsweise eingemacht, gedünstet, geschmort, als Kompott oder Marmelade, bietet das Kürbisfleisch eine schmackhafte und gesunde Abwechslung auf dem Speiseplan. Die Kerne können über Speisen und Salate gestreut oder in Brotteig gemischt werden. Sogar die jungen Blüten können, in Teig getaucht und frittiert, sehr lecker schmecken. Als herbstliche Dekoration sorgen ausgehöhlte Kürbisse für nette Stimmung.

Kürbisgemüse

Zutaten für 4 Personen
1 Kürbis (1 kg)
1 Zwiebel
1 Knoblauchzehe
5 El Butterschmalz
5 El Mehl
1/2 Tl Currypulver
500 ml Gemüsebrühe
Salz
1 Tl Essig
250 g Schmand

Zubereitung

1 Den Kürbis schälen, die weißen Innenfäden entfernen und das Fruchtfleisch in Würfel schneiden. Die Zwiebel und die Knoblauchzehe schälen und beides fein hacken.

2 Das Butterschmalz in einem Topf erhitzen, Mehl einrühren und eine Schwitze herstellen. Zwiebel und Knoblauch dazugeben. Das Currypulver unterrühren. Alles mit Gemüsebrühe auffüllen und unter Rühren aufkochen lassen.

3 Den Kürbis in die Brühe geben, salzen, mit Essig abschmecken und weitere 15 Minuten garen lassen, bis der Kürbis weich ist. Zuletzt Schmand einrühren und das Gemüse noch einmal 3 Minuten köcheln lassen.

4 Das Kürbisgemüse passt hervorragend als Beilage zu gebratenem Fleisch.

Zubereitungszeit: 1 Stunde 10 Minuten

Kreuzkümmel *Cuminum cyminum*

Der Kreuzkümmel wird schon in der Bibel erwähnt. Ägypter, Griechen, Römer – alle schätzten den Kreuzkümmel als Küchen- und Heilpflanze. Auch in alten indischen Schriften über Heilkräuter wurde er bereits beschrieben. Sein deutscher Name bezieht sich übrigens auf die kreuzständige Stellung seiner Blätter. Im alten Europa war er ein häufiges Gewürz, bis er wahrscheinlich durch den Pfeffer ersetzt wurde. Unter Karl dem Großen wurde Kreuzkümmel nämlich noch in den Klostergärten angepflanzt. Kreuzkümmel galt als Mittel bei blasser Haut, bei Magen- und Darmleiden, Appetitlosigkeit und vielem mehr. Heute wird Kreuzkümmel noch in der Tiermedizin angewendet.

Andere Namen
Römischer Kümmel, Mutterkümmel, Cumin

Familie
Apiaceae (Doldenblütler)

Herkunft/Vorkommen
Mittelmeerraum, Indien, Russland, früher auch in Mitteleuropa.

Blütezeit
Juli bis August

Merkmale
Einjähriges zartes Kraut, 15–30 cm hoch; fiedrig zerteilte, dunkelgrüne Blätter; kleine, feine weiße oder rosafarbene Blüten in Dolden, denen länglich-ovale, Samen folgen.

Inhaltsstoffe und Eigenschaften
Ätherisches Öl mit Hauptbestandteile Cuminalkohol und Cuminaldehyd. Adstringierend, verdauungsfördernd, appetitanregend, krampflösend, beruhigend, antibakteriell; scharf-aromatisch, fein-bitteres Aroma.

Verwendung
Kreuzkümmel ist nicht mit seinem Verwandtem, dem Kümmel, zu verwechseln, obwohl ihre Samen sich recht ähnlich sehen und ihre Heilkraft sich ebenfalls nicht sonderlich voneinander unterscheiden. Selbst in der Küche werden sie ähnlich gebraucht. Die Samen sind ganz oder gemahlen im Handel.

Gesundheit
Cumin fördert ähnlich wie Kümmel die Verdauung. Sowohl bei Koliken, Durchfall als auch Menstruationsbeschwerden–im gesamten Bauchbereich löst er Krämpfe und entspannt. Auch bei Atemwegerkrankungen soll er helfen, dazu einige Kreuzkümmelsamen 2 Minuten kauen und dann ausspucken. Er ist appetitanregend, blutreinigend und beruhigend. Gegen Appetitlosigkeit und Durchfall: 1 Teelöffel Kreuzkümmel kurz in der Pfanne anrösten und dann im Mörser zerdrücken. Das Pulver in eine Tasse heißes Wasser geben, eine Prise Salz und einen Spritzer Zitronensaft hinzufügen. Gut umrühren und zweimal täglich eine Tasse trinken.

Wellness
Durch das Kauen von getrockneten und gerösteten Kreuzkümmelsamen verschwindet lästiger Mundgeruch – sogar der nach einem kräftig mit Knoblauch gewürzten Essen.

In der Küche
Kein Currypulver ohne Cumin, und in Gewürzmischungen wie Garam Masala aus Indien, im orientalischen Couscous oder im mexikanischen Chili con Carne ist er ebenfalls einfach unverzichtbar. In der indischen, arabischen und mexikanischen Küche ist Cumin quasi Standardgewürz. Er passt zu Huhn, Fisch und Lamm, würzt jedoch ebenfalls Brot, Käse, Bitter- und Magenliköre. Das Öl aus den Samen wird in schweren, orientalischen Parfümen verwendet.

Buntes Fleischstew

Zutaten für 4 Personen
850 g frische Okraschoten
6 rote Zwiebeln
6 Schalotten
4 Knoblauchzehen
4 rote Chilischoten
3 El Erdnussöl
3 El Butterschmalz
750 g Lammschulter ohne Knochen
Je 1/2–1 El Korianderpulver
Kreuzkümmelpulver
Cayennepfeffer
Salz
400 g geschälte Tomaten
mit Saft (FP)
375–500 ml Lammfond

Zubereitung

1 Die Okraschoten kurz mit heißem Wasser abwaschen. Trocknen, die Stängel abschneiden und die Frucht in Stücke schneiden. Zwiebeln, Schalotten und Knoblauchzehen schälen und grob hacken. Die Chilischoten putzen, waschen und die Kerne entfernen. Die Schoten in grobe Stücke schneiden.

2 Das Erdnussöl zusammen mit dem Butterschmalz erhitzen und das Gemüse darin unter Rühren ca. 4–5 Minuten braten.

3 Das Fleisch waschen, trocknen und in mundgerechte Stücke schneiden. Zu dem Gemüse geben und unter Rühren weitere 8–12 Minuten braten. Mit Korianderpulver, Kreuzkümmelpulver, Cayennepfeffer und Salz würzen.

4 Die Tomaten mit dem Saft und dem Lammfond dazugeben. Bei milder Hitze ca. 30–40 Minuten schmoren lassen. Das Fleischstew anrichten und mit Reis servieren.

Zubereitungszeit: ca. 1 Stunde

Kurkuma *Curcuma longa*

Die seit dem Altertum in Europa gehandelte Wurzel wurde von den Menschen jener Zeit weniger als Würzpflanze denn als Färbe- und Heilmittel geschätzt. Der in ihr enthaltene Farbstoff diente nicht nur zum Gelbfärben von Textilien, sondern ebenso zum Färben von Lederwaren, Lack, Papier und als Farbstoff von Lebensmitteln wie Butter, Käse, Gebäck und Likören. Selbst in der Kosmetik findet man Kurkuma als Farbstoff in Puder, Cremes sowie als Duftstoff. Der griechische Arzt Dioskurides nannte die Wurzel daher treffenderweise „indischer Safran".

Andere Namen
Safranwurz, Gelbwurz

Familie
Zingiberaceae (Ingwergewächse)

Herkunft/Vorkommen
Ostindien, Südostasien, Australien

Merkmale
Mehrjährige Staude (Rosettenpflanze), 1–2 m hoch; spitz zu laufende lang-elliptisch geformte Blätter, etwa 50 cm lang; gelbe Blüten mit blassgrünen unteren Tragblättern und rosa überhauchten Hochblätter in zapfenähnlichem Blütenstand; langes, knollig verdicktes Hauptrhizom an dessen Enden Nebenrhizome entstehen können.

Inhaltsstoffe und Eigenschaften
Ätherisches Öl mit Tumerone, Curbon, Zingiberen; Bitterstoffe, Farbstoff Curcumin. Verdauungsfördernd, stimuliert Atmung und Kreislauf, lipidsenkend, entzündungshemmend, durchblutungsfördernd; würziger bis scharf bitterer Geschmack, ingwerähnlich.

Verwendung
Die Kurkumawurzel wird zur Ernte ausgegraben, weich gekocht und getrocknet. Dann wird die Rinde abgerieben und der Rest gemahlen. Im Handel sieht man lediglich das Pulver. Auch wenn Kurkuma – ähnlich wie Safran – die mit ihm gewürzten Speisen gelb färbt, sollte man ihn nicht zum Färben als Safranersatz einsetzen, dazu ist er einfach zu scharf.

Gesundheit
Innerlich wirkt Kurkuma regulierend und antibakteriell auf Probleme von Magen, Darm und Galle und hilft bei Menstruationsstörungen. Äußerlich lindern Breiumschläge von Kurkuma mit Honig vermischt die Schmerzen bei Verstauchungen und Blutergüssen. Zur Verbesserung der Haut gibt man den Absud in etwas Milch und erhält so ein beruhigendes Tonikum.

In der Küche
Kurkuma ist wichtiger Bestandteil des Currypulvers und der Worcestersauce. Als Einzelgewürz passt er zu Meeresfrüchten, Reisgerichten, Ragouts, Eierspeisen und pikanten Senfsaucen. Kurkuma soll übrigens die Schärfe von Paprika mildern.

Algerische Schrotsuppe

Zutaten für 4 Personen

300 g Lammschulter ohne Knochen
1 Zwiebel
1 Bund frischer Koriander
100 ml Olivenöl
1 Tl Salz
1/2 Tl schwarzer Pfeffer
1 Tl Kurkuma
1 Tl getrocknete Minze
150 g geschroteter Weizen
1 Tl Tomatenmark
1 unbehandelte Zitrone

Zubereitung

1 Das Fleisch in schmale Streifen schneiden. Die Zwiebel schälen und fein hacken. Koriander waschen, trockenschütteln und hacken.

2 Das Öl in einer Pfanne erhitzen und die Fleischstreifen darin anbraten. Die Zwiebel dazugeben und mitbraten, bis sie Farbe angenommen hat. Die Hälfte des Korianders und 1,5 l Wasser zugeben und alles verrühren. Gewürze, getrocknete Minze und Weizenschrot in die Suppe geben. Tomatenmark mit etwas Wasser verrühren und ebenfalls untermischen.

3 Die Suppe abgedeckt bei geringer Temperatur etwa 45 Minuten garen.

4 Zitrone heiß abwaschen und achteln. Die Suppe abschmecken, mit restlichem Koriander bestreuen und mit Zitronenspalten garniert servieren.

Zubereitungszeit: ca. 1 Stunde, 10 Minuten

Zitwer *Curcuma zedoaria*

Die eng mit der Kurkuma verwandte Pflanze wird in China und Japan seit langem medizinisch genutzt. Einige Quellen weisen daraufhin, dass auch in Europa im Mittelalter bis etwa zum 16. Jahrhundert die Zitwerwurzel bekannt und als Würz- und Heilpflanze verwendet wurde.

Andere Namen
Zitwerwurzel

Familie
Zingiberaceae (Ingwergewächse)

Herkunft/Vorkommen
Südostasien, Indien

Merkmale
Mehrjährige Staude (Rosettenpflanze) mit

fleischigem, länglich kegelförmigen Rhizom, graubraune Rinde, im Querschnitt blassrosa bis graubraun, an dessen Enden Nebenrhizome; aus der Wurzel wachsend spitz zulaufende, lang-elliptisch geformte Blätter; weiße Blüten mit gelblich grünen unteren Tragblättern und rosa überhauchten Hochblättern in zapfenähnlichem Blütenstand auf direkt aus der Wurzel wachsendem Stängel.

Inhaltsstoffe und Eigenschaften
Ätherisches Öl mit Sesquiterpenen, Curcumin. Verdauungsfördernd, regt Magensaft- und Gallesekretion an, blähungswidrig; kampferartiger, ingwerähnlicher Geruch, scharf, schwach bitterer Geschmack.

Verwendung
Vom Zitwer werden der Wurzelstock oder die Blätter genutzt. In der Ruhezeit gräbt man die Wurzeln aus, verarbeitet sie frisch oder kocht sie, trocknet sie dann und nutzt sie in Absuden oder zu Pulver vermahlen.

Gesundheit
Ähnlich wie der bekanntere Ingwer unterstützt auch die Zitwerwurzel das gesamte Verdauungssystem. Ein Tee oder ein auf Zitwerbasis hergestellter Magenbitter wärmt den Magen, aktiviert Magen- wie auch Gallesäfte und lindert bei Völlegefühl.

In der Küche
Zitwerwurzel wird in der indischen Küche für würzig eingelegtes Gemüse und Obst genommen. Sie ist außerdem Bestandteil von Currymischungen (im Bild unten Auberginen-Curry). Frische, junge Wurzel serviert man in Thailand als schmackhaftes Gemüse. In Europa wird sie in erster Linie zur Aromatisierung von Likören und Magenbittern eingesetzt. Blätter und junge Sprosse der Pflanze können roh oder gekocht als Gemüse gegessen werden.

Zitronengras *Cymbopogon citratus*

Lemongras stammt eigentlich aus Indien und verbreitete sich als schmackhaftes Gemüse bzw. aromatische Würze über den gesamten tropischen Raum Asiens. Asiatische Auswanderer hatten es mit im Reisegepäck und führten es später nach Afrika, Florida und Australien ein.

Andere Namen
Zitronellgras, Lemongras

Familie
Poaceae (Süßgrasgewächse)

Herkunft/Vorkommen
Südostasien, Anbau auch in anderen Tropenländern, auch in Florida.

Standort
Die Art wird in einigen tropischen Ländern kultiviert; in Mitteleuropa kann man die Pflanze eigentlich nur unter Glas ziehen (die Temperatur darf nicht unter 10 °C absinken), wobei besonders im Sommer reichlich und regelmäßig gegossen werden muss.

Blütezeit
Juni bis August

Merkmale
Mehrjähriges, schilfähnliches Gras, nicht winterhart, 1–1,80 m hoch; schlanke, zungenförmige, dunkelgrüne Blätter, im unteren Drittel weiß und fleischig; dichte Horste bildend; die ganze Pflanze verströmt Zitronenduft.

Liebhaber der asiatischen Küche können versuchen, das wärmeliebende Gras als Kübelpflanze zu ziehen. In milden, frostfreien Wintern kann das Zitronengras auch im Freien überwintern. Im Frühjahr sollten die Blätter kurz über der Erde abgeschnitten werden, um das Wachstum anzuregen.

Inhaltsstoffe und Eigenschaften
Das ätherische Öl enthält die Wirkstoffe Citral und Citronellal, die beide beruhigende Eigenschaften besitzen. Frisch erworbenes Gras kann im Frischhaltebeutel mehrere Tage im Kühlschrank aufbewahrt werden; gemahlenes Pulver muss man in gut verschließbaren Gefäßen kühl und dunkel lagern.

Verwendung
Die Blätter des Zitronengrases können fortlaufend nach Bedarf geschnitten werden. Zitronengras wird frisch oder getrocknet angeboten, meist allerdings nur in speziellen Asialäden oder in guten Naturkostgeschäften. Frisches Gras lässt sich zur Vorratshaltung gut einfrieren. Aus den kompletten Stielen gewinnt man

Lemongrasöl, in der Parfümindustrie häufig als Ersatz für das wertvollere Zitronenöl genommen, oder man verarbeitet es getrocknet zu Pulver und Pasten. Aus frischen oder getrockneten Blättern fertigt man Aufgüsse und Tinkturen.

Gesundheit
Ein Tee aus Zitronengras kann bei Verdauungsbeschwerden getrunken werden, weil er die Magen- und Darmmuskeln entkrampft und daher krampfartige Schmerzen und Blähungen lindert (Zitronengrastee ist auch für Kinder geeignet); außerdem verwendet man es zur Beruhigung angegriffener Nerven.

Wellness
Das ätherische Öl kann verwendet werden, um fettige Haut zu reinigen; außerdem eignet es sich als entspannender Badezusatz.

In der Küche
In der Küche wird nur der innere, helle Teil des Grases genutzt. Frisch in feine Streifen geschnitten würzt es Salate, Obstsalate oder auch Kompott. Zu Fischgerichten harmoniert es frisch oder als Gemüse gekocht. Für Suppen oder Currys wird Lemongras in Stücke gebrochen oder grob gehackt und dann mitgekocht. Lemongrastee ist ein exzellenter Durstlöscher an heißen Tagen.

Rind mit Zitronengras

Zutaten für 4 Personen
1 El Tamarindenmark
750 g Rindersteak
1/2 Bund Frühlingszwiebeln
2 Knoblauchzehen
1 Stück frischer Ingwer (ca. 4 cm)
2 Stängel frisches Zitronengras
1/2 Tl Garnelenpaste
2 El süße Sojasauce
3 El Kokosöl
1 Tl rote Currypaste
Salz

Zubereitung

1 Das Tamarindenmark in eine Schüssel geben und mit 150 ml heißem Wasser übergießen.

2 Das Fleisch in feine Streifen schneiden. Die Frühlingszwiebeln putzen, waschen und in dünne Ringe schneiden. Den Knoblauch schälen und fein hacken. Den Ingwer schälen und reiben. Das Zitronengras putzen, die äußeren Blätter entfernen, waschen und die unteren Teile fein hacken.

3 Das Tamarindenmark mit dem Wasser verrühren. Dann durch ein Sieb streichen und den Saft auffangen. Die Garnelenpaste mit einer Gabel zerdrücken.

4 Das Öl im Wok erhitzen. Die Zwiebelringe bis auf wenige, Knoblauch, Zitronengras und Ingwer darin unter Rühren etwa 3 Minuten schmoren. An den Rand schieben und die Fleischstreifen zufügen, von allen Seiten etwa 10 Minuten kräftig braten. Mit Tamarindensaft und Sojasauce ablöschen, restliche Zutaten einrühren und alles etwa 10 Minuten schmoren lassen.

5 Anschließend mit Salz würzen und mit Frühlingszwiebelringen garniert zusammen mit Duftreis servieren.

Zubereitungszeit: ca. 45 Minuten

Schmalblättriger Sonnenhut

Echinacea angustifolia

In ihrer Heimat hat diese Heilpflanze schon den indianischen Ureinwohnern gute Dienste geleistet, indem sie bei Zahn- und Halsschmerzen und angeblich sogar bei Tollwuterkrankungen eingesetzt wurde. Bei uns spielte der Sonnenhut bis in die Mitte des 20. Jahrhunderts kaum eine Rolle, dann lagen jedoch erste Forschungsergebnisse über die Wirkweise dieser Heilpflanze vor.

Andere Namen
Amerikanischer Sonnenhut, Kegelblume, Kleine Sonnenblume, Rudbeckie

Familie
Asteraceae (Korbblütler)

Herkunft/Vorkommen
Der aus Amerika stammende Sonnenhut ist bei uns eine beliebte Zierpflanze und hat sich dadurch auch gelegentlich verwildert.

Standort
Der Schmalblättrige Sonnenhut wird, ebenso wie der nah verwandte Rote Sonnenhut *(Echinacea purpurea)*, in größerem Maßstab für therapeutische Zwecke angebaut, beide lassen sich aber an einem sonnigen Platz mit gut durchlässigem Boden auch im Garten kultivieren.

Blütezeit
Mai bis September

Merkmale
Die starke Wurzel des Sonnenhuts verankert ihn fest im Boden. Die Staude kann bis zu 50 cm hoch werden. Aus den behaarten Stängeln entspringen die ebenfalls mit Borstenhaaren besetzten, lanzettförmigen Blätter. An den Stängelspitzen sitzt jeweils eine Korbblüte, deren auffallend purpurrot gefärbte Strahlenblüten den kegelförmigen Blütenboden umgeben.

Inhaltsstoffe und Eigenschaften
Unter anderem sind es die Wirkstoffe Inulin, Glucose, Betain, Harze, Echinacosid und ätherische Öle, die die bemerkenswerten Eigenschaften dieser Heilpflanze ausmachen und einen so positiven Einfluss auf das Immunsystem haben. Qualitativ hochwertige Wurzeln sollen auf der Zunge kribbeln, grundsätzlich schmeckt Sonnenhut bitter.

Verwendung
Meist wird die Wurzel verwendet, doch auch oberirdische Teile wie Blätter und Blüten kommen zum Einsatz in Form von Presssaft, Tinkturen, Umschlägen, Salbe, Fertigpräparaten und seltener als Tee.

Vorsicht
Sonnenhutpräparate sollten nicht länger als 3–6 Wochen angewendet werden, und keinesfalls während der Schwangerschaft. Bei Allergien gegen Korbblütler sollte man ebenfalls auf eine Anwendung verzichten.

Gesundheit
Sonnenhut ist heute ein beliebtes Mittel zur Stärkung der Abwehrkräfte und sehr wirksam zur unterstützenden Behandlung rezidivierender (in bestimmten Zeitabständen periodisch wiederkehrender) Infekte im Bereich der Atemwege und der ableitenden Harnwege sowie äußerlich angewandt bei oberflächlichen, schlecht heilenden Wunden. So wirkt diese Heilpflanze entzündungshemmend, antibiotisch, entgiftend und soll sogar schon bei der Behandlung von Allergien geholfen haben. Über ihre angebliche Wirksamkeit bei Pilzbefall konnten noch keine Nachweise erbracht werden, da die Wirkweise insgesamt noch nicht genau erforscht ist. Unbezweifelt ist jedoch ihre vorbeugende Wirkung zur Vermeidung und zur Behandlung von grippalen Infekten und Erkältungen. Gerade in der kalten und

ungemütlichen Jahreszeit gehören Sonnenhutpräparate deswegen unbedingt in die Hausapotheke.

Um beginnenden Erkältungen Paroli zu bieten, sollte man hochwertige Fertigprodukte aus der Apotheke nach Packungsanweisung verwenden.

Es ist nicht bekannt, dass Echinacea in irgendeiner Weise giftig ist. Die Fertigprodukte aus der Apotheke können bei einer beginnenden Erkältung auch unbedenklich von Schwangeren eingenommen werden.

Wellness
Sonnenhut soll auch bei Akne den Zustand der Haut verbessern. Dabei sollte täglich zweimal ein in dem Tee getränkter Umschlag auf die betroffenen Stellen gelegt werden. Dazu wird 1 Teelöffel der Wurzel mit 1 Tasse kochendem Wasser übergossen, muss 15–20 Minuten lang ziehen und wird dann abgeseiht.

Kardamom *Elettaria cardamomum*

Kardamom rechnet man zu den ältesten und wertvollsten Gewürzen der Welt, gleich nach Safran und Vanille. Seine Geschichte lässt sich 5000 Jahre zurückverfolgen. Das antike Griechenland und Rom verarbeitete die Kardamomessenz wegen des angenehmen Duftes zu Parfüm. In Indien gab man dem Gewürz auch den Namen „Königin der Gewürze", und in China wird 720 n. Chr. Kardamom das erste Mal als Heilpflanze erwähnt. Nach Europa kam er erst im späten Mittelalter. In den gesamten arabischen Ländern wird Kardamom als Kaffeezusatz verwendet, da sich die Herren aphrodisische Wirkung von ihm versprechen.

Familie
Zingiberaceae (Ingwergewächse)

Herkunft/Vorkommen
Stammt aus Südindien, heute auch in Sri Lanka, Guatemala, Tansania, Brasilien.

Merkmale
Schilfartige Staude, 2–3 m hoch; 70 cm lange langbreit-lanzettliche Blätter; niederliegende, an der Spitze sich aufrichtende Blütenähren mit 8–12 weißen Blüten; dreifächerige Samenkapseln mit je 4–8 Samen pro Fach.

Inhaltsstoffe und Eigenschaften
Ätherisches Öl mit Cineol, Terpineol, Limonen, Sabinen, Borneol. Stärkend, regt Magensaft- und Gallesekretion an, nervenstärkend, aphrodisierend; aromati-

scher Duft, süßlich, brennend scharfer, kampferartiger Geschmack.

Verwendung
Der beste Kardamom ist jener von der Malabarküste. Die Früchte werden kurz vor der Vollreife gesammelt und als Ganzes getrocknet. Hoch geschätzt sind die sattgrünen – Greens – genannten Früchte. Im Handel sind ganze wie auch bereits gemahlene Samen erhältlich. Samen guter Qualität sind leicht klebrig, braunschwarz, runzelig und besitzen ein kräftiges Aroma.

Gesundheit
Mit Kardamom gewürzte Speisen stärken das Allgemeinwohl. Mit Kardamom gewürzter Tee, vor dem Essen getrunken, regt das Verdauungssystem an. Angeblich soll er sogar Koffein entgiften. Kardamommilch harmonisiert den Hormonhaushalt: Auf ein Glas warme Milch den frisch zerstoßenen Inhalt einer Kardamomkapsel und einen Löffel Honig geben, alles gut umrühren und täglich ein Glas trinken.

In der Küche
Kardamom kennt man meist als Gewürz für leckere Kuchen und Backwaren, beispielsweise Lebkuchen oder Kardamombrot. Es passt aber ebenso zu Wurstwaren, Fleisch-, Geflügel- oder Fischgerichten wie als raffinierte Würze von Obstkompotten, Milchdesserts oder Puddings. In der orientalischen Küche verfeinert Kardamom Currys und Pilaws. Nicht zu vergessen, Kardamom ist Bestandteil vieler Magen- und Kräuterliköre und wird auch in der Tabakindustrie gebraucht. Selbst in Seifen, Kosmetika und Parfüms dient das Öl seiner Samen als Duftstoff.

Türkischer Kaffee

Zutaten für 4 Personen

10 Tl fein gemahlenes Mokkapulver
6 Tl brauner Rohrzucker
1–2 Tl Kardamompulver
6 Espressotassen Wasser
1–2 Tl Rosenwasser

Zubereitung

1 Normalerweise sollte dieser echte türkische Kaffee in einem Kupferkessel mit langem Stiel zubereitet und in kleinen passenden Tassen serviert werden. Wenn Sie solch ein türkisches oder arabisches Souvenir haben, können Sie es benutzen. Ansonsten tut es auch ein kleiner Saucentopf.

2 Das Kaffeepulver mit dem Zucker und dem Kardamompulver mischen. Zuerst 2 Tassen Wasser aufgießen und aufkochen. Das Ganze zwei Mal wiederholen, bis alle 6 Tassen Wasser aufgebraucht sind.

3 Mit dem Schaum in die Espressotassen füllen und mit Rosenwasser verfeinern. Richtig schön heiß servieren.

Zubereitungszeit: ca. 10 Minuten

Schmalblättriges Weidenröschen

Epilobium angustifolium

In Sibirien stellten die dort ansässigen Volksstämme früher aus Weidenröschen und Fliegenpilzen *(Amanita muscaria)* ein berauschendes Getränk her.

Familie
Onagraceae (Nachtkerzengewächse)

Herkunft/Vorkommen
Europa, Westasien

Standort
Die in Mitteleuropa häufige Art kommt auf Lichtungen, an Waldrändern sowie Brachflächen vor; oft findet man sie auch auf Brandstellen und Kahlschlägen.

Blütezeit
Juli bis August

Merkmale
Ausdauernde Pflanze mit bis 1,50 m hohem Stängel und einem kriechenden, stark verzweigten Wurzelstock. Die Blätter sind schmal-lanzettlich und die purpurrosa Blüten in einer pyramidenförmigen Traube angeordnet.

Inhaltsstoffe und Eigenschaften

Das Weidenröschen hat adstringierende, beruhigende und entzündungshemmende Eigenschaften. Nutzen kann man die jungen Triebe und Blätter, die Wurzeln, die während der Ruhezeit der Pflanze im Frühjahr oder Herbst geerntet werden, und die Blüten, die man gleich zu Beginn der Blütezeit sammelt.

Gesundheit

Wegen der beruhigenden und adstringierenden Eigenschaften lässt sich die Wurzel des Schmalblättrigen Weidenröschens zur Behandlung von Durchfall, Darmschleimhautentzündung und Reizdarm einsetzen. Die Blätter sollen auch bei gutartigen Prostatabeschwerden hilfreich sein, wobei das Kleinblütige Weidenröschen *(Epilobium parviflorum)* eine noch etwas bessere Wirkung haben soll.

Wellness

Bei besonders empfindlicher oder gespannter Haut kann man dem Badewasser einen Aufguss aus einer Hand voll Weidenröschenblättern hinzufügen, weil diese eine erweichende Wirkung auf die Haut haben.

In der Küche

Junge Triebe lassen sich wie Spargel zubereiten, können aber auch für Salat verwendet oder als Gemüse serviert werden; aus den getrockneten Blättern lässt sich ein Tee aufbrühen.

Ackerschachtelhalm

Equisetum arvense

Schon in der Antike wurde diese Heilpflanze wegen ihrer Blut stillenden Eigenschaften geschätzt. Ob diese Wirkung allerdings bereits eintrat, wenn man einen Zweig in der Hand hielt, wie alte Schriften dies berichten, darf der Legende zugeschrieben werden. Im Mittelalter machte sich dieser Schachtelhalm vor allem als ein wirksames Mittel unter anderem bei Husten und Gicht einen Namen und wurde z. B. auch gegen Magengeschwüre, Harntröpfeln, Nasen- und Ohrenbluten eingesetzt. Zwischenzeitlich geriet er etwas in Vergessenheit, heute hat er sogar wissenschaftliche Anerkennung gefunden.

Andere Namen

Fegekraut, Katzenschwanz, Katzenwedel, Pfannebutzer, Pferdeschwanz, Schaftelen, Schaftheu, Scheuergras, Zinnkraut

Familie
Equisetaceae (Schachtelhalmgewächse)

Herkunft/Vorkommen
Diese urtümliche Pflanze ist in Europa und den nördlichen Regionen Asiens, Afrikas und Amerikas Zuhause. Sie gedeiht auf feuchten und lehmigen Böden, an den Rändern von Wiesen und Gräben, an Böschungen und Ödland sowie auf Ackerland.

Blütezeit
Sporenbildung von März bis April

Merkmale
Aus den tief ins Erdreich wachsenden Wurzeln entspringen die Stängel, die bis zu 50 cm hoch werden können. Die unfruchtbaren grünen Stängel tragen in Quirlen angeordnete Seitenäste. Statt Blüten bilden sich Sporen, die für die Vermehrung sorgen.

Inhaltsstoffe und Eigenschaften
Es sind vor allem der hohe Gehalt an Kieselsäure, Kaliumsalzen, Flavonoiden und Saponinen als wichtigste Wirkstoffe zu nennen. Die Kieselsäure ist wichtig für Haut, Haare, Nägel, Bindegewebe und Schleimhäute und führt diesen wichtige Nährstoffe zu. Im Komplex mit anderen Inhaltsstoffen wirken vor allem die Flavonoide harntreibend.

Verwendung
Das junge Kraut wird für Tees, Umschläge, Spülungen und Bäder verwendet.

Vorsicht
Ackerschachtelhalm darf nicht über einen längere Zeitraum ohne die Betreuung eines Arztes eingenommen werden. Bei eingeschränkter Herz- und Nierentätigkeit wird gänzlich von der Einnahme abgeraten. Da diese Pflanze auch giftige Verwandte besitzt, können unerfahrene Sammler sie leicht verwechseln. Wer auf diesem Gebiet keine fundierten Kenntnisse besitzt, sollte lieber auf die getrocknete Droge aus der Apotheke zurückgreifen.

Gesundheit
Vor allem zur Durchspülungsbehandlung bei bakteriellen und entzündlichen Erkrankungen der Harnwege, bei Ödemen und zur Vorbeugung von Nierengrieß sowie Gicht und Rheuma kommt diese Heilpflanze zur Anwendung. Gurgeln wird bei Entzündungen im Mund- und Rachenraum empfohlen und Bäder oder Umschläge zur Therapie von Wunden. Ackerschachtelhalmtee kann auch die Haut verbessern.

Als Kur bei Blasen- oder Stoffwechselerkrankungen empfiehlt es sich, über mehrere Monate täglich 3 Tassen Tee zu trinken, anschließend sollte 1 Glas Wasser

nachgetrunken werden. 1 Esslöffel Kraut in einen Topf geben, mit 1 Tasse Wasser übergießen, 5 Minuten kochen und dann gut 10 Minuten ziehen lassen und abseihen. Zur Geschmacksverbesserung können andere Kräuter beigemischt werden

Ölrauke *Eruca sativa*

Die Ölrauke ist eine alte Heilpflanze, die schon im Altertum verwendet wurde, vor allem als verdauungsförderndes und harntreibendes Kraut. Im Mittelalter, als sehr deftig gekocht wurde, war die kräftig schmeckende Pflanze vor allem ein beliebtes Gewürz, und nachdem sie eine Zeit lang fast vergessen war, erlebt die Ölrauke heute eine Renaissance als Küchenkraut.

Andere Namen
Rucola

Familie
Brassicaceae (Kreuzblütler)

Herkunft/Vorkommen
Südeuropa

Standort
Die Art kommt in Mitteleuropa nur in Gärten vor. Für die Kultur ist ein halbschattiger, gut durchlässiger Platz erforderlich; man kann die Pflanze aber auch im Balkonkasten oder in Töpfen auf der Fensterbank ziehen.

Blütezeit
Mai bis Juni

Merkmale
Einjährige, bis 50 cm hohe Pflanze mit behaarten, kantigen Stängeln und fiederteiligen Blättern, die beim Zerreiben einen

würzigen bis strengen Geruch verbreiten. Die weißen bis hellgelben, violett geaderten Blüten sind in lockeren endständigen Trauben angeordnet.

Inhaltsstoffe und Eigenschaften
Die Pflanze hat tonische, appetitanregende, blutreinigende und stimulierende Eigenschaften; außerdem ist sie reich an Vitamin A und C sowie Mineralstoffen. Verwendet werden die frischen Blätter, wobei eine kurzzeitige Lagerung im Kühlschrank möglich ist.

Gesundheit
Die Rauke wird manchmal für reinigende Frühjahrskuren verwendet.

In der Küche
Die Blätter, die einen an Kresse erinnernden Geschmack haben, können in Salaten verwendet werden, aber auch als Brotaufstrich (mit Butter oder Käse). Außerdem kann man sie zum Würzen von Pasta und Risotto nehmen (Blätter nur kurz mitkochen).

Tomatensalat mit Rucola

Zutaten für 4 Personen
500 g reife Tomaten
2 Bund Rucola (Rauke)
1 Zwiebel
3 El Aceto Balsamico
6 El Olivenöl
Salz
Pfeffer
50 g Parmesan

Zubereitung

1 Die Tomaten waschen, von den Stielansätzen befreien und in Scheiben schneiden.

2 Den Rucola waschen, putzen, die dicken Stiele entfernen. Blätter in Streifen schneiden. Die Zwiebel schälen und fein hacken.

3 Tomaten, Rucola und Zwiebel auf Tellern anrichten. Aus Aceto, Olivenöl, Salz und Pfeffer eine Marinade rühren und über den Salat geben. Nach Belieben Parmesan darüber hobeln.

Zubereitungszeit: ca. 20 Minuten

Augentrost *Euphrasia officinalis*

Schon im Mittelalter wird über den Augentrost berichtet. Er ist ein hervorragendes Beispiel für die Signaturenlehre, nach der vom Aussehen einer Pflanze Rückschlüsse auf deren Verwendung gezogen werden.

Andere Namen
Augustinuskraut, Grummetblume, Herbstblümle, Wegleuchte

Familie
Scrophulariaceae (Braunwurzgewächse)

Herkunft/Vorkommen
Augentrost ist in Europa beheimatet und wächst bis in die Bergregionen. Bevorzugt siedelt er sich auf Magerwiesen, trockenen Hanglagen und lichten Wäldern an.

Blütezeit
Juni bis September

Merkmale
Augentrost ist ein einjähriger Halbschmarotzer, der bis zu 30 cm hoch werden kann. Im oberen Bereich ist er stark verästelt, hat kleine Blätter, und seine Blüten erinnern an Augen.

Inhaltsstoffe und Eigenschaften
Wichtigste Inhaltsstoffe sind Glykoside,

Flavonoide, Gerbstoffe, Ligane und Phenolsäuren. Diese wirken antibakteriell, entzündungshemmend und krampflösend.

Verwendung
Zu Beginn der Blüte wird das oberirdische Kraut geerntet und meist als Tee oder in Fertigpräparaten zubereitet.

Gesundheit
Dieses Heilmittel wird bei allen Erkrankungen rund ums Auge, besonders Bindehaut- und Lidrandentzündungen, eingesetzt. Neben seiner äußerlichen Anwendung kann der Tee dabei auch getrunken werden und nach der Volksheilkunde ebenso bei Erkältungen, Husten und zur Stärkung genutzt werden.

Bei einer Bindehautentzündung werden Kompressen im Tee getränkt und mehrmals täglich auf die Augen gelegt. 1 Teelöffel wird mit 1 Tasse kochendem Wasser übergossen, zieht 10 Minuten und wird dann abgeseiht.

Wasabi *Eutrema wasabi*

Die ersten Hinweise auf Wasabi als Kulturpflanze datieren aus dem 10. Jahrhundert, wo man ihn in Japan bereits medizinisch einsetzte. Heute nutzt man die gesamte Pflanze in der Küche, seine Wurzeln bzw. deren Extrakte für pharmazeutische Produkte.

Andere Namen
Japanischer Kren, Bergstockrose

Familie
Kreuzblütler

Herkunft/Vorkommen
Japan, Kultur auch an der Westküste der USA

Merkmale
Ausdauernde, winterharte Sumpfpflanze, 20–30 cm hoch; kräftiges kriechendes Rhizom; herzförmige 25 cm große Blätter auf bis zu 50 cm langen Blattstielen; kleine, weiße Blüten in Trauben.

Inhaltsstoffe und Eigenschaften
Senfölglykoside mit Sinigrin aus denen mit Hilfe des Enzyms Myrosinase Senföle freigesetzt werden, Isothiocyanate. Verdauungsfördernd, wärmend; beißend scharfer Geschmack, erinnert an Meerrettich.

Verwendung
Vom asiatischen Verwandten des Meerrettichs nutzt man ebenfalls in erster Linie die Wurzel. Etwa 2 Jahre nach der Pflanzung wird sie ausgegraben, gewaschen und entweder frisch oder getrocknet weiter verarbeitet. In Japan wird dieses Gewürz meist frisch verwendet, aber außerhalb

Japans ist Wasabi nur getrocknet (als blassgrünes Pulver) oder als grüne Paste erhältlich. Achtung – nicht selten wird grün gefärbte Meerrettichpaste als Wasabi angeboten! In Japan gebraucht man frische Wasabiblätter auch als aromatische Dekoration.

Gesundheit
Wasabi wirkt innerlich als Mittel bei einer Fischvergiftung.

In der Küche
In der japanischen Küche wird Wasabi üblicherweise frisch gerieben zu rohem Fisch (Sushi) und zu Nudelgerichten gereicht.

Der scharfe Geschmack des Wasabi-Pulvers entsteht erst bei Kontakt mit Wasser im Verlauf einiger Minuten. Kostet man das trockene Pulver, so schmeckt es nur unangenehm bitter.

Scharfe Zitronen-Tuna

Zutaten für 4 Personen

850 g Thunfischfilet
1 El Wasabipaste
Grobes Meersalz
200 ml Sake
Butter für die Form
4 Stücke Kombu
5 El Zitronensaft
5 El Dashi-Brühe
3 El Sojasauce
Zitronenschale zum Garnieren

Zubereitung

1 Das Thunfischfilet waschen, trocknen und schräg in dünne Scheiben schneiden. Die Wasabipaste in eine Schüssel geben und mit dem Meersalz und dem Sake verrühren.

2 Eine flache Auflaufform mit Butter ausstreichen. Die Kombus in Scheiben schneiden und die Form mit der Hälfte der Kombublätter auslegen. Dann den Fisch darauf verteilen und das Ganze mit der Marinade beträufeln. Den Fisch mit den restlichen Kombublättern belegen und alles mit Alufolie abdecken.

3 Das Ganze ca. 6 Stunden kühl stellen. Den Zitronensaft mit der Dashi-Brühe in einen Topf geben und erhitzen. Die Sojasauce dazugeben und alles ca. 4 Minuten ziehen lassen. Die Kombublätter entfernen, das Ganze aus der Form nehmen.

4 Den Fisch auf 4 Teller anrichten und mit der Sauce und der Zitronenschale servieren.

Zubereitungszeit: ca. 20 Minuten (plus Zeit zum Kühlen)

Echtes Mädesüß *Filipendula ulmaria*

Das Mädesüß war eine der geheiligten Pflanzen der keltischen Druiden, wobei man allerdings nicht weiß, ob sie von diesen auch medizinisch genutzt wurde. Ihren umgangssprachlichen Namen verdankt die Pflanze der Tatsache, dass man sie im Mittelalter zum Aromatisieren von Met (Honigwein) verwendete.

Familie
Rosaceae (Rosengewächse)

Herkunft/Vorkommen
Europa

Standort
Das auch in Mitteleuropa heimische Mädesüß kommt vorzugsweise an feuchten Standorten vor, beispielsweise an Gräben sowie Fluss- oder Bachufern. Im Garten benötigen die Pflanzen einen sonnigen oder halbschattigen Standort mit fruchtbarem und vor allem feuchtem Boden.

Blütezeit
Juni bis August

Merkmale
Ausdauernde, bis 1,50 m hohe Pflanze mit gefiederten Blättern und in Rispen angeordneten, cremefarbenen Blüten.

Inhaltsstoffe und Eigenschaften
Das Mädesüß besitzt entzündungshemmende, antirheumatische, adstringierende und harntreibende Eigenschaften. Die blühenden Sprossspitzen werden im Sommer gesammelt, wenn die Blüten vollständig geöffnet sind. Sollen sie getrocknet werden, hängt man sie bündelweise an einen luftigen Platz und bewahrt sie anschließend in Glas- oder Porzellangefäßen auf.

Gesundheit
Die Pflanze lässt sich gut bei Magenübersäuerung verwenden, denn sie kann helfen, die Magensäureproduktion zu verringern. Manchmal wird sie wegen ihrer harntreibenden Eigenschaften auch unterstützend zum Ausspülen kleiner Nieren- oder Blasensteine oder bei Blasenentzündung verwendet.

Wellness
Bei geschwollenen Füßen bringen Fußbäder oder auch feuchte Packungen aus blühenden Sprossen eine spürbare Linderung.

In der Küche
Die Blätter eignen sich zum Verfeinern von Marmelade und Kompott. Legt man die Blüten zwischen die Wäsche, bekommt diese einen angenehmen, frischen Duft.

Fenchel *Foeniculum vulgare*

Fenchel wird schon auf uralten Steintafeln als Bestandteil von Parfüms erwähnt und in Papyri aus der Pharaonenzeit als Gewürz. In der Antike glaubte man, Schlangen würden nach der Häutung Fenchel fressen, um ihre ursprünglich Sehkraft wiederzuerlangen. Auch der griechische Arzt Dioskurides (1. Jh. n. Chr.) beschrieb die im Mittelmeerraum sehr verbreitete wie gleichermaßen beliebte Pflanze ausführlich. Weitere namhafte Gelehrte nahmen sie in ihre Kräuterbücher auf. So verwundert es nicht, dass der Fenchel zur damaligen Zeit in keinem Kräutergarten fehlte. Man verwendete ihn vorzugsweise als Heilpflanze – als verdauungsförderndes Mittel, zur Beruhigung und vor allem als Augen- und Hustenmittel. Die römischen Damen wussten jedoch auch um seine hungerstillende Wirkung und setzten ihn zur Gewichtsabnahme ein. Sein griechischer Name Marathon soll eine Ableitung eines Verbs mit der Bedeutung „dünn werden" sein. In der Küche würzte man ebenfalls seit langem mit seinen Samen Salate, Käse und Backwaren. Doch auch in China, Ägypten und Asien wurden seine Inhaltsstoffe geschätzt, und so fand er z. B. Anwendung bei Blasen- und Nierenleiden, gegen Menstruationsbeschwerden und zur Förderung der Milchproduktion bei stillenden Müttern. Traditionell wird Fenchel auch bei Problemen des Magen-Darm-Traktes und der Atemwege eingesetzt. Doch nicht nur in der Medizin ist Fenchel ein beliebtes Kraut, sondern auch als Gemüse.

Andere Namen
Brotanis, Brotsamen, Femis, Fenikel, Finchel, Frauenfenchel, Kammfenchel, Kinderfenchel, Langer Anis

Familie
Apiaceae (Doldengewächse)

Herkunft/Vorkommen
Fenchel stammt ursprünglich aus den Regionen des Mittelmeeres, wird aber heute in vielen Ländern als Kultur- und Arzneipflanze angebaut. Dadurch ist er manchmal verwildert.

Standort
Wildwachsend kommt die Pflanze an trockenen Standorten vor, etwa auf Felshängen oder an alten Steinmauern; im Garten bevorzugt der Fenchel warme, sonnenüberflutete Plätze mit humusreicher Erde. Eine Kultur in Töpfen ist ebenfalls möglich.

Blütezeit
Juli bis September

Merkmale
Zwei- bis mehrjähriges Kraut; kräftiger, nach oben verzweigter Stängel, bis 2 m hoch; tief reichende, rübenförmige Wurzel; fein gefiederte Blätter; große Blütendolden mit zahlreichen gelben, süßlich

würzig duftenden Einzelblüten, oft erst im Jahr nach der Aussaat erscheinend; kleine, gerippte Spaltfrüchte, wie bei Anis meist als Samen benannt.

Inhaltsstoffe und Eigenschaften
Es ist neben Flavonoiden und Sterolen vor allem der hohe Anteil an ätherischem Öl, dem diese Heilpflanze ihre entzündungshemmende, krampflösende und harntreibende Wirkung verdankt. Ihm werden auch antibiotische und schleimlösende Eigenschaften zugeschrieben. In Geschmack und Geruch erinnert der Fenchel an seinen Verwandten, den Anis.

Verwendung
Für medizinische Zwecke werden die Früchte, das heißt, die Samen des Fenchel genutzt. Aus ihnen werden Tees, Fenchelmilch, Fenchelhonig und Fenchelsirup zubereitet. Sie dienen aufgegossen zur Inhalation, ebenso wie das aus den Samen gewonnene Öl.

Vorsicht
Fenchelsamen enthalten giftige Substanzen, sodass die empfohlene Dosis bei Arzneien niemals überschritten werden darf.

Gesundheit
Besonders bei leichten Magen-Darm-Krämpfen, Völlegefühl und vor allem Blähungen wird Fenchel eingesetzt. Dabei ist er so bekömmlich, dass auch Kinder häufig damit behandelt werden. Zusätzlich sind die Samen häufig wirksam bei Katarrhen der oberen Luftwege und wirken schleimlösend. Auch bei der äußerlichen Behandlung von Bindehautentzündung wird Fencheltee eingesetzt.

Eine Tasse Tee kann sowohl bei Atemwegsproblemen drei- bis fünfmal täglich mit Honig gesüßt oder bei krampfartigen Magen-Darm-Problemen und Blähungen mehrmals täglich ungesüßt verwendet werden. Dazu wird 1 Teelöffel Samen mit dem Mörser zerstoßen, mit 1 Tasse kochendem Wasser übergossen, muss 10 Minuten ziehen und wird dann abgeseiht.

Wellness
Samen und Blätter eignen sich als Dampfbäder für eine tiefe Reinigung fettiger oder unreiner Gesichtshaut.

In der Küche
Frische Fenchelblätter lassen sich zum Verfeinern von Salaten, Suppen und Soßen sowie Fischgerichten verwenden, außer-

dem benutzt man sie zum Würzen von Brot und anderen Backwaren. Eine Kulturform der Pflanze, der Gemüsefenchel *(Foeniculum vulgare var. azoricum)* besitzt über 10 cm lange „Knollen“, bei denen es sich um die Grundblätter handelt, die zu einer bis 400 g schweren Zwiebel verdickt sind. Verwenden lässt diese sich für Salate, man kann sie aber auch dünsten oder schmoren und dann beispielsweise als Beilage zu Fleisch- und Fischgerichten servieren. Das etwas harte Außenblatt der Zwiebel wird vor der Zubereitung entfernt. Es kann aber noch als Suppengrün verwendet werden, und verleiht der Suppe sogar eine ganz besondere Note. Die Früchte einer anderen Varietät, die Gewürz- oder Süßfenchel *(Foeniculum vulgare var. dulce)* genannt wird, benutzt man in erster Linie zum Würzen.

Kaninchenragout

Zutaten für 4 Personen

1 küchenfertiges Hauskaninchen
Salz, Pfeffer
1/2–1 El gerebelter Oregano
100 ml Olivenöl
1 Gemüsezwiebel
3 Knoblauchzehen
500 ml Petsina (griechischer Wein)
250 ml Pilzfond
600 g Fenchelknollen mit Grün
4–6 El Zitronensaft
4 Eigelb
100 g Naturjoghurt

Zubereitung

1 Das Kaninchen waschen, trocknen und in Portionsstücke teilen. Mit Salz, Pfeffer und Oregano einreiben.

2 Die Hälfte des Öls erhitzen und die Kaninchenteile darin rundherum scharf anbraten.

3 Die Gemüsezwiebel und die Knoblauchzehen schälen und grob hacken. Zum Fleisch geben und ca. 3 Minuten mitbraten. Das Ganze mit Wein und Pilzfond ablöschen und zugedeckt ca. 20–30 Minuten schmoren lassen.

4 Die Fenchelknollen putzen, waschen, trocknen und in dicke Scheiben schneiden. Das Grün fein hacken. Die Fenchelscheiben über das Fleisch geben und mit dem Grün bestreuen. Das Ganze mit Zitronensaft und dem restlichen Öl beträufeln und zugedeckt bei milder Hitze weitere 10–15 Minuten garen.

5 Das Fleisch und den Fenchel herausnehmen und auf Teller anrichten. Den Schmorfond mit dem Eigelb legieren, vom Herd nehmen und mit Joghurt verfeinern. Mit Salz und Pfeffer abschmecken und als Sauce dazu reichen. Dazu passen Nudeln oder Reis.

Zubereitungszeit: ca. 1 Stunde

Walderdbeere *Fragaria vesca*

Die Erdbeere wird zwar schon seit Urzeiten gegessen, aber als Heilkraut hat sie keine „große Vergangenheit". In der Antike gehörte sie ganz augenscheinlich überhaupt nicht zu den Arzneien der Kräuterärzte, und auch in mittelalterlichen Kräuterbüchern taucht sie nur sporadisch auf.

Familie
Rosaceae (Rosengewächse)

Herkunft/Vorkommen
Europa und gemäßigte Zonen Asiens

Standort
Die auch in Mitteleuropa heimische Walderdbeere findet man hauptsächlich in lichten Wäldern, auf Kahlschlägen sowie an Waldrändern. In Gärten wird gern die Monatserdbeere *(Fragaria vesca var. hortensis)* kultiviert.

Blütezeit
Mai bis Juni

Merkmale
Ausdauernde, bis 20 cm hohe Pflanze mit langen, kriechenden Ausläufern, gestielten, dreizähligen Blättern, deren Rand deutlich gekerbt ist, sowie weißen Blüten und kleinen roten Scheinfrüchten (die tatsächlichen Früchte sind die kleinen harten Nüsschen, die beim Essen das knackende Geräusch verursachen).

Inhaltsstoffe und Eigenschaften
Die Walderdbeere hat appetitanregende, reinigende, harntreibende, adstringierende und entzündungshemmende Eigenschaften. Die Scheinfrüchte enthalten viel Vitamin C.

Gesundheit
Die Blätter der Walderdbeere haben eine leicht adstringierende und harntreibende Wirkung, man kann sie aber auch zum Gurgeln bei Halsschmerzen und als Lotion für kleinere Verbrennungen und Verletzungen verwenden. Ein Tee aus den Blättern wird gegen Durchfall empfohlen, soll aber auch bei nervöser Anspannung helfen.

Wellness
Bei trockner Haut leistet eine Gesichtsmaske aus dem Fruchtfleisch von Erdbeeren gute Dienste.

In der Küche
Erdbeerblätter kann man unter Kräutertees mischen, um den Geschmack zu verbessern; die Scheinfrüchte sind eine schmackhafte Nachspeise, lassen sich aber auch zu Marmelade verarbeiten, als Kuchenbelag oder für eine Bowle verwenden. Blätter und „Früchte" werden im Frühsommer gesammelt.

Waldmeister *Galium odoratum*

Bekannt ist die kleine heimische Laubwaldstaude den meisten als die Maibowlenpflanze schlechthin. Den typischen Waldmeisterduft holte man sich früher allerdings auch gerne in Form von Girlanden ins Haus. Erst die getrockneten Blätter verströmen den leicht süßlichen Geruch nach frisch gemähtem Heu – beliebt für Kräuterkissenfüllungen.

Andere Namen
Herzfreund, Leberkraut, Maiblume, Waldmännchen

Familie
Rubiaceae (Rötegewächse)

Herkunft/Vorkommen
Waldmeister ist in Europa weit verbreitet und wächst bevorzugt in Buchenwäldern.

Standort
Der Waldmeister ist eine typische Waldpflanze (besonders häufig ist er in Buchenwäldern zu finden). Im Garten benötigt er einen schattigen, nicht zu trockenen Platz mit möglichst kalkhaltigem Boden.

Blütezeit
April bis Juni

Merkmale
Waldmeister wird etwa 20–30 cm hoch und besitzt aufrechte, glatte, vierkantige Stängel. Die schmalen langen und dunkelgrünen Blätter sind in Sechser- oder Achtergruppen als Quirl angeordnet. Die kleinen weißen Blüten sehen aus wie Sterne.

Inhaltsstoffe und Eigenschaften
Die Pflanze verströmt einen starken, frischen Duft. Wichtigste Inhaltsstoffe sind Cumarine, Glykoside, Bitter- und Gerbstoffe. Diese wirken z. B. krampflösend und beruhigend.

Verwendung
Vor und während der Blüte kann man das Waldmännchen nach Bedarf schneiden, dann das Kraut leicht anwelken lassen, da sich trocken sein Aroma noch weiter intensiviert.

Vorsicht
Genießen sollte man Waldmeister nur in kleinen Mengen, da er Kopfschmerzen und Übelkeit verursachen kann. Auch von Dauergebrauch ist abzuraten. Generell Vorsicht bei Herzkrankheiten und Leberschäden.

Gesundheit
Waldmeister wird traditionell beispielsweise genutzt als Einschlafhilfe, bei Krämpfen im Verdauungstrakt und Unterleib, bei stressbedingten Kopfschmerzen, Durchblutungsstörungen sowie als stärkendes Mittel und zur Blutreinigung. Er kann in hohen Dosierungen zu Kopfschmerzen führen.

Wellness
Für einen „Waldmeister-Gute-Nacht-Tee" wird 1 Teelöffel Kraut mit 1 Tasse kochendem Wasser übergossen und muss vor dem Abseihen 5 Minuten ziehen.

In der Küche
Traditionell gehört der Waldmeister als Grundzutat in jede Maibowle. Außer zur Bowle dienen Waldmeisterblätter zur Aromatisierung von Süßspeisen, Erfrischungsgetränken, Likören und sogar Parfümen.

Waldmeisterschaum

Zutaten für 4 Personen
2 Eier
50 g Zucker
250 ml Sahne
2 Blatt Gelatine
100 ml Waldmeistersirup (FP)
175 g Crème fraîche
1 Hand voll frische, gehackte Waldmeisterblätter
Für die Vanillesauce:
3/8 l Milch
1/8 l Sahne
1/2 Vanilleschote
3 Eigelb
60 g Zucker
3 El Sahne

Zubereitung

1 Die Eier trennen und das Eiweiß mit Zucker steif schlagen. Die Sahne mit dem Handrührgerät steif schlagen. Die Gelatine in etwas kaltem Wasser 10 Minuten einweichen und gut ausdrücken.

2 Den Waldmeistersirup erwärmen und die Gelatine darin unter Rühren auflösen. Die Crème fraîche unter den Sirup rühren, dann die Sahne, den Eischnee und die gehackten Waldmeisterblätter vorsichtig darunter heben.

3 Den Waldmeisterschaum in kalt ausgespülte Förmchen füllen und in den Eisschrank stellen, bis er fest geworden ist.

4 Den Waldmeisterschaum mit Vanillesauce servieren.

5 Zubereitung der Vanillesauce: Milch und Sahne mit der aufgeschlitzten Vanilleschote aufkochen lassen. In einem weiteren Topf Eigelb mit Zucker schaumig rühren und mit dem Schneebesen die Vanillemilch vorsichtig darunter rühren.

6 Die Vanillemilch auf dem Herd im Wasserbad unter ständigem Schlagen mit dem Schneebesen zu einer cremig gebundenen Sauce schlagen. Die so abgeschlagene Vanillesauce beliebig mit Sahne abschmecken.

Zubereitungszeit: 30 Minuten (plus Kühlzeit)

Gelber Enzian *Gentiana lutea*

Ihren Namen soll die Pflanze nach König Gentis von Illyren erhalten haben, wo die besten Gentianen (Enziane) wachsen sollten. Antike Ärzte empfahlen sie als Mittel gegen die Pest, Geschwüre, Krämpfe und Verletzungen. Im Mittelalter galt der Gelbe Enzian als beste Arznei bei Magenbeschwerden, und noch heute schätzt man in den Alpenländern den Enzian als Universalarznei bei Magen- und Darmproblemen, aber auch bei Gicht.

Andere Namen
Bitterwurz, Sauwurz

Familie
Gentianaceae (Enziangewächse)

Herkunft/Vorkommen
In den Gebirgsregionen Mittel- und Südeuropas beheimatet, wird auch als Kulturpflanze angebaut.

Standort
Der Gelbe Enzian ist eine typische Pflanze kalkhaltiger Bergwiesen Mittel- und Südeuropas.

Blütezeit
Juli bis August

Merkmale
Ausdauernde, bis zu 1 m hohe Pflanze mit aufrechtem, hohlem Stängel. Die gegenständigen, elliptischen Blätter können bis zu 30 cm lang werden; die großen, goldgelben, in Trugdolden angeordneten Blüten sitzen in den Achseln der oberen Blätter. Der ähnlich aussehende Weiße Germer *(Veratrum album)*, mit dem der Gelbe Enzian oft verwechselt wird, hat wechselständige Blätter.

Inhaltsstoffe und Eigenschaften
Enzianzubereitungen schmecken bitter, was am hohen Gehalt an Bitterstoffen liegt. Diese regen die Produktion von Speichel und Magensaft an, wirken positiv auf die Darmperistaltik (Darmbewegungen) und unterstützen so den Verdauungsprozess.

Verwendung
Da alle heimischen Enzianarten unter strengem Naturschutz stehen, dürfen sie auf gar keinen Fall ausgegraben werden. Für seine Verwendung in Likören, Schnäpsen und Arzneien wird der Gelbe Enzian mittlerweile im Feldanbau gewonnen. Getrocknet ist die im Herbst geerntete Wurzel in Apotheken erhältlich.

Vorsicht
Wildwachsende Enzianpflanzen sind streng geschützt; für medizinische Zwecke wird der Gelbe Enzian kultiviert. Bei einem Magen- oder Darmgeschwür dürfen Arzneien mit Bestandteilen des Gelben Enzians nicht angewandt werden.

Gesundheit
Die Bitterstoffe und andere Substanzen enthaltende Wurzel wird in Tees und Fertigarzneimitteln verarbeitet, die dann bei Blähungen, Völlegefühl, Magenbeschwerden und anderen Verdauungsstörungen verabreicht werden, um die Speichel- und Magensaftproduktion sowie die Pankreassaftsekretion anzuregen. Die Folge ist eine beschleunigte Magenentleerung, eine Aktivierung der Dünndarmbewegung und eine verbesserte Nahrungsaufnahme aus dem Darm in die Blutbahn; außerdem wird der Enzian manchmal auch fiebersenkenden oder beruhigendes Mittel eingesetzt.

In der Küche
Mit den Bitterstoffen des Enzians aromatisiert man bittere Aperitifs und Kräuterliköre.

Echte Nelkenwurz *Geum urbanum*

Im Mittelalter spielte die Nelkenwurz nicht nur in der Medizin eine Rolle, sondern auch im Volksglauben und in der Magie.

Andere Namen
Hasenwurz, Mannskraftwurzel, Märzwurz

Familie
Rosaceae (Rosengewächse)

Herkunft/Vorkommen
Die in Europa und Asien beheimatete Pflanze ist beispielsweise an Hecken und Waldrändern zu finden.

Blütezeit
Mai bis Oktober

Merkmale
Aus dem dicken Wurzelstock der Nelken-

wurz entwickeln sich die am Boden liegenden Rosettenblätter und behaarte Stängel. Je nach Standort kann sie eine Höhe von mehr als 1 m erreichen. Die höher wachsenden Blätter sind gefiedert, und aus den gelben Blüten entwickeln sich die Früchte mit ihren Widerhaken.

Inhaltsstoffe und Eigenschaften
Wichtigste Inhaltsstoffe sind Glykoside, Bitter- und Gerbstoffe sowie ätherisches Öl, die unter anderem zusammenziehend wirken.

Verwendung
Meist wird die Wurzel genutzt, kaum noch das Kraut, z. B. in Tee-Zubereitungen, für Umschläge oder Spülungen.

Gesundheit
In der Erfahrungsheilkunde ist Nelkenwurz ein gutes Mittel gegen Durchfall und andere Verdauungsbeschwerden. Das Gurgeln wird bei Entzündungen und Geschwüren im Mundraum, das Baden bei Hauterkrankungen und Hämorrhoiden empfohlen. Von alters her wird Nelkenwurz als Stärkungsmittel genutzt.

Bei Durchfall sollten 2–3 Tassen Tee täglich getrunken werden. 1 Teelöffel zerkleinerte Wurzel wird mit 1 Tasse kochendem Wasser übergossen, muss 15 Minuten ziehen und wird dann abgeseiht.

Gundermann *Glechoma hederacea*

Andere Namen
Erdefeu

Familie
Lamiaceae (Lippenblütler)

Herkunft/Vorkommen
Europa, Westasien

Standort
Die auch in Mitteleuropa heimischen Pflanze kommt an schattigen Stellen und auf feuchten Wiesen vor. Sie kann aber auch an einem schattigen Platz im Garten kultiviert werden und siedelt sich dort manchmal sogar selbst an.

Blütezeit
April bis Juni

Merkmale
Ausdauernde, bis 15 cm hohe Pflanze mit langen, Ausläufern, die sich an den Knoten bewurzeln. Die Blätter sind nieren- bis herzförmig und haben einen gekerbten Rand; die rosafarbenen bis violetten Blüten sind in Scheinquirlen angeordnet. Die Blätter verbreiten beim Zerreiben einen unangenehmen Geruch.

Inhaltsstoffe und Eigenschaften
Der Gundermann besitzt entzündungshemmende, auswurffördernde, leicht harntreibende, adstringierende, wundheilende und hustenstillende Eigenschaften Die Stängel und Blätter werden während der Blütezeit gesammelt und frisch verwendet oder an einem luftigen, schattigen Ort getrocknet. Die Aufbewahrung erfolgt am besten in Papiertüten.

Gesundheit
Der Gundermann kann bei Magenschleimhautentzündung und Sodbrennen angewendet werden, aber auch bei Hals- und Atemwegsbeschwerden. Kindern hilft die gut verträgliche Arzneipflanze bei anhaltendem Katarrh oder Mittelohr- und Nebenhöhlenentzündung. Früher wurde sie auch zur Vorbeugung gegen Skorbut und in Frühjahrskuren eingesetzt; außerdem soll sie bei Nierenbeschwerden helfen.

Wellness
Ein heißes Bad, dem ein Aufguss von Gundermannblättern hinzugefügt wurde, kann die Heilung von nässenden Wunden unterstützen, aber auch Linderung bei Ischias bringen.

In der Küche
Die jungen Blätter und Triebe können für Salate sowie zum Verfeinern von Quark, Suppen und Kartoffeln verwendet werden, aber auch als Brotbelag.

Süßholzwurzel *Glycyrrhiza glabra*

Süßholz ist eine seit Tausende von Jahren vor Christi Geburt verwendete Droge. Ägyptische Papyrusschriften belegen, dass sie bereits damals zur Behandlung von Atemwegerkrankungen verabreicht wurde. In Europa kennt man die süß schmeckende Wurzel ab Mitte des Mittelalters, und seit dem 16. Jahrhundert wird sie dann auch hier angebaut, speziell in Süditalien.

Andere Namen
Lakritzpflanze, Bärenwurzel, Lakritzenwurzel

Familie
Fabaceae (Schmetterlingsblütler)

Herkunft/Vorkommen
Mittelmeerraum, Russland, Westasien, auch Mitteleuropa

Standort
Die Pflanze wird heute in großem Maßstab für die wirtschaftliche Nutzung angebaut. Im Garten benötigt sie einen sonnigen Standort und ausreichend Platz.

Blütezeit
Juni bis Juli

Merkmale
Mehrjährige Staude, bis zu 2 m hoch; unterirdische Ausläufer mit kräftiger, holziger gelber Wurzel; holzige Stängel mit dunkelgrünen, unpaarig gefiederten, schmal-lanzettlichen Blättern; in den Blattachseln kopfige Trauben mit zahlreichen blauvioletten Schmetterlingsblüten.

Inhaltsstoffe und Eigenschaften
Saponine Glycyrrhizin mit Glycyrrhizinsäure, Flavonoide (u. a. Liquiritin), Cumarin, östrogene Substanzen, Asparagin. Entzündungshemmend, schleimlösend, auswurffördernd, kortisonartige Wirkung, beruhigt die Magenschleimhaut; süßes Aroma.

Verwendung
Die Wurzelstöcke werden im Frühherbst ausgegraben, zerkleinert, zu Brei gekocht und filtriert. Der eingedickte, klebrige Saft – als Lakritze bekannt – erstarrt zu schwarzbraunen Stücken. Der in ihnen enthaltene Süßstoff Glycyrrhizin ist 50-mal süßer als Saccharose (Rohrzucker), besitzt dagegen einen wesentlich geringeren Nährwert, wodurch sie für Diabetiker und Übergewichtige ein interessanter Zuckerersatzstoff ist.

Gesundheit
Glycyrrhizin süßt nicht nur, sondern regt die Hormonproduktion (Hydrokortison) an, womit sich die entzündungshemmende Wirkung der Wurzel erklärt. Lakritzstücke in Wasser gelöst ergeben einen starken Extrakt, den man als Absud, Tinktur oder Sirup z. B. bei Magenge-

schwüren, Erkältungskrankheiten, Husten oder Bronchitis nutzen kann. Gleiche Wirkung erzielt jedoch auch ein Tee klein geschnittener, getrockneter Wurzelstücke. Achtung: Ein Zuviel an Süßholzgenuss wirkt abführend und soll zudem den Blutdruck erhöhen.

Wellness
Süßholz kann etwa 2 Wochen vor der Menstruation eingenommen gegen typische prämenstruelle Beschwerden wirken. Durch die östrogenhaltigen Substanzen in der Wurzel werden außerdem Unannehmlichkeiten der Wechseljahre gelindert.

In der Küche
Das in der Süßholzwurzel enthaltenen Glycyrrhizin ist etwa 50-mal süßer als Zucker, sodass es vor allem zur Herstellung von Süßigkeiten, besonders Lakritze, benutzt wird.

Zaubernuss *Hamamelis virginiana*

Die Zaubernuss war ein bewährtes Heilmittel bei den amerikanischen Indianerstämmen. In Europa wurde sie erst im 18. Jahrhundert eingeführt und dann als natürliche Medizin entdeckt.

Andere Namen
Zauberhasel, Hexenhasel

Familie
Hamamelidaceae (Hamamelisgewächse)

Herkunft/Vorkommen
Die Zaubernuss ist im östlichen Amerika und in Ostasien beheimatet, als Zierstrauch ist sie in unseren Gärten zu finden.

Blütezeit
September bis Dezember

Merkmale
Der Strauch kann eine Höhe von mehreren Metern erreichen. Die wechselständig angesetzten Blätter erscheinen haselähnlich. Besonders auffällig sind die gelben Blüten mit ihren dünnen Blütenblättern.

Inhaltsstoffe und Eigenschaften
Die Blätter haben einen aromatischen Duft. Wichtigste Inhaltsstoffe sind Gerbstoffe, Flavonoide und ätherisches Öl. Diese wirken zusammenziehend, entzündungshemmend und blutstillend.

Verwendung
Genutzt werden die Rinde und die Blätter, z. B. als Tee, Tinktur, Salbe oder Fertigpräparat.

Gesundheit
Wissenschaftlich anerkannt ist die Wirkung bei leichten Hautverletzungen, partiell entzündeter Haut und Schleimhaut, Hämorrhoiden und Krampfadern. Bewährt hat sich die Pflanze in der Volksmedizin, aber auch bei der Behandlung von Durchfällen.

Wellness
Bei Krampfadern oder Gesichtsäderchen kann man täglich 2–3 Tassen Tee trinken oder Auflagen darin tränken. 1 Teelöffel Rinde wird mit 1 Tasse kochendem Wasser übergossen, muss 10 Minuten ziehen und wird dann abgeseiht.

Teufelskralle

Harpagophytum procumbens

Die Eingeborenenstämme Afrikas nutzen Abkochungen der Wurzel traditionell, um Verdauungsprobleme zu behandeln, auch bei Erkrankungen der Blase, Nieren, Galle und Leber kam sie dort zum Einsatz. Diabete mellitus, Rheuma und Arterienverkalkung wurden ebenfalls dort damit therapiert. In den alten Schriften und Büchern über Kräuter unserer Breiten wird die Teufelskralle nicht genannt.

Andere Namen
Afrikanische Teufelskralle

Familie
Pedaliaceae (Pedaliengewächse)

Herkunft/Vorkommen
Diese Heilpflanze wächst in den Steppen des südlichen und südwestlichen Afrikas.

Blütezeit
Winter/Frühjahr

Merkmale
Diese mehrjährige Kletterpflanze, die ihren Namen der Form ihrer Frucht mit ihren „Fingern" verdankt, kann bis zu 1,50 m lang werden, ihre Triebe liegen dann meist auf dem Boden. In den Blattachseln der fleischigen, gelappten Blätter stehen die trompetenförmigen Blüten mit ihrer leuchtend roten Farbe.

Inhaltsstoffe und Eigenschaften
Hauptsächlich sind es Glykoside und Bitterstoffe, die die entzündungshemmende, schmerzstillende und verdauungsanregende Wirkung dieser Heilpflanze ausmachen.

Verwendung
Für medizinische Zwecke wird nur die afrikanische Teufelskralle verwendet, gleichnamige heimische Pflanzen werden in der Pflanzenheilkunde nicht angewandt. Aus den getrockneten Speicherknollen der Wurzeln werden vorwiegend Tees, Tinkturen und Fertigpräparate hergestellt.

Gesundheit
Während sich im Ursprungsland der Pflanze die Anwendung auch auf Probleme im Magen-Darm-Bereich bezieht, ist sie bei uns ein häufig verwendetes Mittel bei Erkrankungen des Bewegungsapparates, beispielsweise rheumatischen Beschwerden, Gicht und Arthrose. Immer mehr Ärzte verordnen die Teufelskralle bei diesen Krankheiten und viele haben damit schon erstaunliche Erfolge erzielt, obwohl die Wirkweise noch immer nicht genau entschlüsselt ist. Wird die Teufelskrallenwurzel in einer Salbe verarbeitet, kann sie äußerlich auf schmerzende Partien aufgetragen werden, zusätzlich soll sie in dieser Form auch bei Wunden, Geschwüren und Furunkeln helfen. Doch auch als Mittel bei Verdauungsbeschwerden ist sie auch bei uns „im Kommen" und wird ebenfalls als Mittel gegen Appetitlosigkeit empfohlen.

Bei Gicht, rheumatischen und degenerativen Erkrankungen des Bewegungsapparates kann eine Kur mit Teufelskralle-Tee Linderung bringen. Dazu wird 1 Teelöffel der getrockneten Wurzel in einen Topf gegeben, mit 1 Tasse Wasser übergossen und muss etwa 15 Minuten lang bei geringer Hitze köcheln, bevor abgeseiht wird. Über mehrere Wochen lang sollten täglich 2–3 Tassen getrunken werden. Alternativ kann man auch auf Fertigpräparate aus der Apotheke zurückgreifen. Wer den Tee bei Verdauungsproblemen einnimmt, sollte ihn genauso zubereiten.

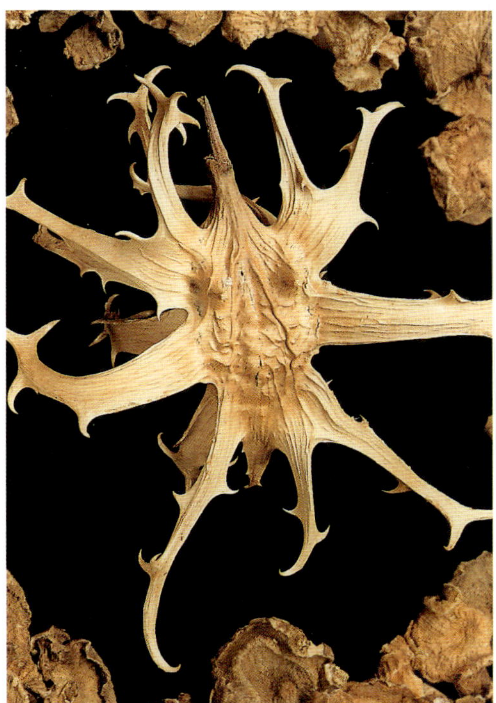

Sonnenblume *Helianthus annuus*

Familie
Asteraceae (Korbblütler)

Herkunft/Vorkommen
Nordamerika

Standort
Im Garten benötigt die Sonnenblume einen sonnigen Platz mit gut durchlässigem, möglichst lehmhaltigem Boden. Große Exemplare benötigen oft eine Stütze.

Blütezeit
August bis Oktober

Merkmale
Einjährige, bis 3 m hohe Pflanze mit einem dicken, behaarten Stängel und herzförmigen, unregelmäßig gesägten Blättern. Die großen, gelben Blütenköpfe können einen Durchmesser von bis zu 40 cm erreichen, wobei die äußeren Zungenblüten nicht selten 10 cm lang sind.

Inhaltsstoffe und Eigenschaften
Die Sonnenblume besitzt harntreibende, fiebersenkende, adstringierende und antineuralgische Eigenschaften. Verwendet werden hauptsächlich die Samen, man kann aber auch die Knospen verwerten. Zur Ernte der Samen schneidet man den gesamten Blütenstand im Oktober ab und hängt ihn zum Trocknen an einen luftigen Platz.

Gesundheit
Das Essen von Sonnenblumenkernen soll gegen Kopfschmerzen, aber auch bei Husten und Erkältung helfen. Das an ungesättigten Fettsäuren reiche Öl wird für Hautpflegemittel verwendet.

In der Küche

Die rohen oder gerösteten Kerne können wie Nüsse gegessen werden; die Knospen lassen sich wie Artischocken zubereiten, aber auch als Salat. Die Kerne werden industriell zu Speiseöl verarbeitet, das in der Küche für Salate und andere Zwecke verwendet wird, sie sind aber auch ein beliebtes Futter für die Winterfütterung unserer einheimischen Vögel.

Currykraut

Helichrysum italicum subsp. serotinum

Familie

Asteraceae (Korbblütler)

Herkunft/Vorkommen

Südeuropa

Standort

Die Pflanze kommt in Mitteleuropa nur in Gärten vor. Dort bevorzugt sie sonnige bis halbschattige Plätze mit gut durchlässigem Boden. In Regionen mit strengem Frost empfiehlt es sich, einen Winterschutz anzubringen.

Blütezeit

Juni bis September

Merkmale

Ausdauernde, immergrüne, bis etwa 45 cm hohe Pflanze mit anfangs weiß behaarten Stängeln, die in der zweiten Wachstumsperiode verholzen und dann grünlich aussehen. Die nadelähnlichen, silbrig-weißen Blätter enthalten viel ätherisches Öl und verströmen einen curryähnlichen Duft; die kleine, gelblichen Blütenköpfchen sind in Dolden angeordnet.

Inhaltsstoffe und Eigenschaften

Das Currykraut hat entzündungshemmende, hustenstillende, antirheumatische und auswurffördernde Eigenschaften. Verwendet werden die jungen Blätter (nur bis zur Blüte), die man auch trocknen und vor Licht geschützt in dunklen Glas- oder Porzellangefäßen lagern kann.

Gesundheit

Ein Tee aus den Blättern kann Bauchschmerzen lindern, aber auch zur Behandlung von Atemwegserkrankungen verwendet werden. Bei Verstauchungen wird die Stelle um das Gelenk mit dem Öl der Blätter eingerieben.

Wellness

Sollte Ihre Haut durch einen längeren Aufenthalt in der Sommersonne oder auch durch einen ausgedehnten Winterspaziergang an einem windigen Tag stark strapaziert oder gar gereizt sein, bringt ein Bad mit Currykraut-Blüten oft deutliche Linderung.

In der Küche

Die zerkleinerten Blätter lassen sich zum Verfeinern von Suppen, Eintopfgerichten sowie Gemüse- und Reisgerichten verwenden, denen sie ein mildes Curryaroma verleihen (mit der Orangenraute, *Murraya koinigii,* die ein wichtiger Bestandteil der herkömmlichen indischen Currygewürzmischung ist, hat das Currykraut allerdings nichts zu tun).

Hopfen *Humulus lupulus*

Seine Karriere als Nutzpflanze begann der Hopfen im ersten Jahrhundert nachchristlicher Zeit in Rom – als beliebtes Frühjahrsgemüse. Seine jungen Sprossen aß man wie Spargel. Hopfen wird in Europa mindestens seit dem 8. Jahrhundert zum Bierbrauen verwendet, aber wahrscheinlich benutzten ihn schon die alten Ägypter für diesen Zweck. Als Heilpflanze wird er erstmals im Mittelalter erwähnt. Da der Hopfen eine sehr schnell wachsende Pflanze ist, hieß es früher auch, man müsse bei einsetzender Kahlköpfigkeit nur einige seiner Haare mit einem Hopfensteckling vergraben, und die Haarpracht wäre bald wieder hergestellt.

Andere Namen

Bierhopfen, Hopf, Hopfenzapfen, Hoppen, Hupfen, Wilder Hopfen, Zaunhopfen

Familie

Cannabaceae (Hanfgewächse)

Herkunft/Vorkommen

Hopfen wächst in Europa und Nordamerika auch wild und wird zusätzlich in vielen Ländern als Kulturpflanze angebaut.

Standort

Die Art kommt wildwachsend in Auwäldern, zwischen Sträuchern sowie an Bach- und Flussufern vor; außerdem wird Hopfen überall im nördlichen Europa gewerbsmäßig angebaut. Für die Kultur im Garten benötigt man einen sonnigen, offenen Platz und eine Kletterhilfe für die langen Triebe. Denken Sie daran, rechtzeitig weiblichen Pflanzen durch Stecklinge zu vermehren, denn Pflanzen aus Samen zu ziehen ist sehr mühsam.

Blütezeit
Juli bis September

Merkmale
Die mit rauen Klimmhaaren bedeckten Stängel dieser Kletterpflanze sind rechtswindend und können bis zu 7 m hoch werden. Die rauen, gestielten und herzförmigen Blätter zeigen sich drei- bis fünflappig. Die Blüten sind klein und haben eine gelbgrünliche Farbe und wachsen nach Geschlechtern getrennt auf verschiedenen Pflanzen: die männlichen haben dabei die Form einer Rispe, die weiblichen befinden sich in einem Zapfen.

Inhaltsstoffe und Eigenschaften
Hopfen hat einen bitteren Geschmack. Verursacht wird dieser durch die in den Blüten und Schuppen der Zapfen enthaltenen Bitterstoffe. Zusammen mit Harzen, Humulon und Lupulon, aber auch ätherischen Ölen, Flavonoiden und Mineralstoffen sorgen sie für die positiven Wirkungen dieser Schlingpflanze.

Verwendung
Im Spätsommer werden die Zapfen geerntet, die die weiblichen Blüten beherbergen. Häufig werden nur die Blüten allein verwendet, manchmal aber auch die Schuppen oder beide zusammen. Selten wird Hopfen allein genutzt, sondern meist in Kombination mit anderen Heilpflanzen, wie z. B. mit Weißdorn oder Baldrian. Gern wird Tee aus Hopfen zubereitet, er wird aber beispielsweise auch für Bäder genutzt oder das getrocknete Pulver direkt eingenommen. Zudem gibt es zahlreiche Fertigpräparate, in denen Hopfen enthalten ist.

Vorsicht
Hopfen wirkt nicht nur beruhigend wie Baldrian, sondern wirklich einschläfernd. Deswegen sollte er nicht vor Tätigkeiten mit Maschinen, Autofahrten oder Aufgaben eingenommen werden, die eine hohe Konzentration erfordern.

Gesundheit
Hopfen wird hauptsächlich wegen seiner beruhigenden Wirkung geschätzt. So kann man ein „Hopfenkissen“ als Einschlafhilfe verwendet oder vor dem Schlafengehen einen Tee aus Hopfenblüten trinken; die Pflanze hilft aber auch gegen Reizbarkeit und nervöse Unruhe.

Dank seiner krampflösenden Wirkung kann Hopfen auch bei bestimmten Formen von Asthma und bei Menstruationsschmerzen angewendet werden, und er unterstützt die Verdauung, da er die Bitterstoffe das Verdauungssystems anregt, die Magen- und Darmsaftsekretion steigert sowie entspannend bei Krämpfen und Koliken wirkt. Außerdem wirkt ein Tee aus Hopfenblüten leicht abführend.

Wellness
Um einen „Gute-Nacht-Tee“ zuzubereiten, wird 1 Teelöffel Hopfen mit 1 Tasse kochendem Wasser übergossen, muss 10 Minuten ziehen und wird dann abgeseiht. Beliebt sind auch Hopfensäckchen aus Gaze oder Leinen, die ins Kopfkissen gesteckt werden – sie sollten alle 1–2 Wochen erneuert werden.

Ein Aufguss aus getrocknetem Hopfen wirkt als Waschlösung hautpflegend bei Entzündungen, kleineren Verletzungen und allgemein rauer Haut.

In der Küche
Die jungen Seitentriebe können wie Spargel zubereitet oder auch in Salaten verwendet werden. Und natürlich ist der Hopfen eine der wichtigsten Zutaten für das Bierbrauen, denn er verleiht dem Bier den typischen, leicht bitteren Geschmack (die landwirtschaftliche Gesamtproduktion an Hopfen für das Brauereiwesen liegt bei etwa 125 000 Tonnen, wobei Deutschland das größte Erzeugerland ist). Als dekorative Gartenpflanzen gibt es außerdem eine Reihe unterschiedlicher Zuchtformen, etwa solche mit goldgelben Blättern, die sich sehr gut in Trockenblumensträußen verwenden lassen.

Johanniskraut *Hypericum perforatum*

Das Johanniskraut verdankt seinem Namen dem Umstand, dass man es früher für besonders wirksam hielt, wenn es zu Sankt Johanni (24. Juni) gesammelt wurde. Eine noch ältere Bezeichnung ist Sonnenwendkraut, weil man zur Sommersonnenwende gern einen Kranz aus Johanniskrautblüten ins Fenster hängte, um Unheil aller Art abzuwenden.

Andere Namen
Blutkraut, Hexenkraut, Johannisblut, Wundkraut

Familie
Hypericaceae (Hartheugewächse)

Herkunft/Vorkommen
Europa, Westasien

Standort
Wildwachsend kommt das Johanniskraut in lichten Wäldern, an Wegrändern, zwischen Hecken und Gebüschen sowie auf Brachflächen vor. Im Garten bevorzugt es sonnige Standorte mit gut durchlässigem Boden.

Blütezeit
Juni bis August

Merkmale
Ausdauernde, bis zu 80 cm hohe, aufrecht wachsende Pflanze mit gegenständigen, elliptischen Blättern. Werden diese gegen das Licht gehalten, erkennt man zahlreiche durchsichtige Punkte (Tüpfel), denen die Pflanze auch ihren Namen verdankt (bei diesen Punkten handelt es sich um Drüsen, die ätherisches Öl produzieren). Die hellgelben Blüten sind in Trugdolden angeordnet; beim Zerdrücken der Blütenknospen tritt ein roter Saft aus.

Inhaltsstoffe und Eigenschaften

Das Johanniskraut hat aromatische, antidepressive, krampflösende, verdauungsfördernde, adstringierende, blutdrucksenkende, entzündungshemmende, beruhigende, schmerzlindernde und antivirale Eigenschaften, außerdem soll es die Gallensekretion anregen. Die Sprossspitzen werden im Hochsommer geerntet, im Schatten getrocknet und dann als Tee zubereitet. Es gibt eine Reihe weiterer Johanniskrautarten, die ähnliche Eigenschaften haben wie das Tüpfel-Johanniskraut, etwa das Mannsblut-Johanniskraut *(Hypericum androsaemum)* und das Großblütige Johanniskraut *(Hypericum calycinum),* wobei es allerdings heißt, dass bei ihnen die Wirkung nicht so effektiv sei, wie beim Tüpfel-Johanniskraut.

Verwendung

Bei voller Blüte werden die oberirdischen Teile geerntet. Zubereitet werden sie z. B. in Tee, Tinktur, als Öl oder Fertigpräparat.

Vorsicht

Die Pflanze kann bei längerer Anwendung eine Überempfindlichkeit gegenüber Sonnenlicht hervorrufen, sodass es beispielsweise leichter zu einem Sonnenbrand kommt. Besonders gilt das für blonde oder rothaarige Menschen.

Gesundheit

Medizinisch nutzt man das Johanniskraut schon lange zur Behandlung emotionaler und nervöser Beschwerden. Im 19. Jahrhundert kam das Kraut vorübergehend aus der Mode, aber heute gilt es wieder als wertvolles Mittel gegen nervlich bedingte Beschwerden, wird also bei Angstzuständen, Anspannung, Schlaflosigkeit und Depressionen eingesetzt, besonders wenn diese Beschwerden während der Menopause auftreten.

Das rote Öl aus den Blütenknospen des Johanniskrautes gilt als ausgezeichnetes Antiseptikum, das beispielsweise bei Verbrennungen verwendet werden kann, aber auch zur Linderung von Krämpfen und Nervenschmerzen, und die blühenden Sprossspitzen kann man in Form eines Kräutertees zur Förderung der Verdauung und bei hohem Blutdruck trinken. Das Johanniskraut besitzt aber auch kosmetische Eigenschaften. So schützt eine Salbe vor zu starker Sonnenstrahlung, wirkt aber auch tonisch auf besonders strapazierte Hautbereiche sowie adstringierend bei geröteter und empfindlicher Haut.

Wellness

Wer in Phasen von Niedergeschlagenheit seine Stimmung verbessern möchte, sollte mindestens 4 Wochen lang täglich 3–4 Tassen Tee trinken. 1 gehäufter Teelöffel Kraut wird mit 1 Tasse kochendem Wasser übergossen, muss 10 Minuten ziehen und wird dann abgeseiht.

Ysop *Hyssopus officinalis*

Im Alten Testament der Bibel findet sich wahrscheinlich die erste Erwähnung des hebräisch *ezob* „heiligen Krauts". „Entsündige mich mit Ysop, dass ich rein werde, wasche mich, dass ich weißer werde als Schnee!", so der reuige Sünder in Psalm 51,9. Die antiseptisch und antibakterielle Wirkung von Ysop war offensichtlich schon zu biblischen Zeiten bekannt. Roms Schriftsteller Plinius der Ältere notierte im 1. Jahrhundert n. Chr. einen aus Ysop hergestellten Wein, vielleicht der Vorläufer des ein oder anderen Klosterlikörs auf Basis des Ysops. Äbtissin Hildegard von Bingen berichtete ebenfalls über ihn in ihrem Kräuterbuch der „Physica". In Bauern- und Hausgärten war Ysop im 16. Jahrhundert weit verbreitet und wurde als Würz-, Heil- sowie dekorative Zierpflanze verwendet. Den Ysop nannte man übrigens auch Kirchenseppl – man nahm einige Zweige mit zum Gottesdienst, damit sie einen mit ihrem intensiven Geruch wach hielten.

Andere Namen
Ysop, Eisewig, Josefskraut, Ispenkraut, Klosterhyssop, Bienenkraut

Familie
Lamiaceae (Lippenblütler)

Herkunft/Vorkommen
Stammt aus dem Orient, heimisch im gesamten Mittelmeerraum, auch wild wachsend.

Standort
Der Ysop bevorzugt sonnige Standorte auf Kalkböden, etwa Trockenrasen, Felshänge oder warme Mauern. In Mitteleuropa findet man ihn hauptsächlich in Gärten (nur selten auch einmal verwildert), wo er einen sehr sonnigen Platz mit gut durchlässigem Boden benötigt.

Blütezeit
Juli bis September

Merkmale
Halbstrauch, dicht buschig, 30–60 cm hoch; Triebe am Grund niederliegend, dann straff aufsteigend und reich verzweigt; schmal-lanzettliche, dunkelgrüne quirlständige Blätter, beidseitig mit Drüsen; blauviolette, auch weiße oder rosafarbene Lippenblütchen in üppigen, kerzenförmigen Ähren.

Inhaltsstoffe und Eigenschaften
Kampferhaltiges ätherisches Öl mit Pinocamphon und Isopinocamphon, Bitterstoffe, Gerbstoffe, Flavonoide, Vitamin C. Schleimlösend, verdauungsfördernd, fiebersenkend, schweißtreibend, entzündungshemmend, nervenstärkend, adstringierend; würziges Aroma, schwach bitterer Geschmack.

Verwendung
Frische Blätter und Triebspitzen können fortlaufend über die gesamte Vegetationszeit nach Bedarf geerntet werden. Zur Blütezeit schneidet man blühende Zweige, nicht nur für Küche und Heilzwecke – sie sind außerdem äußerst dekorativ. Sollen sie getrocknet werden, werden die Zweige gebündelt und an einem luftigen Ort kopfüber aufgehängt.

Vorsicht
Übermäßiger Gebrauch von Ysop, speziell Ysopöl, kann zu Krämpfen und epileptischen Anfällen führen.

Gesundheit
Der kampferhaltige Ysoptee aus Sprossteilen und Blüten wird hauptsächlich zur Schleimlösung bei Bronchitis, Erkältungen der oberen Atemwege und selbst bei Asthma eingesetzt. Er hilft jedoch ebenso bei Magenverstimmungen, Blähungen oder Durchfall. Ein warmes Ysopöl-Bad stärkt und stabilisiert bei nervöser Erschöpfung.

In der Küche
Die etwas bitter, gleichwohl sehr aromatisch schmeckenden Blätter verleihen besonders deftigen Speisen wie Bohnen- oder Kartoffeleintöpfen (im Bild rechts oben ein Eintopf von schwarzen Bohnen mit Ysop), Hammel- oder Schweinefleischbraten eine delikate Note. Dazu streut man gegen Ende der Garzeit ein paar junge Triebspitzen über die Speisen und lässt sie einige Minuten mitziehen. Frisch und fein gehackt passt Ysop zu Salaten, Eier- und Quarkspeisen oder raffinierten Kräutersaucen. Wegen des Gehaltes an Bitterstoffen sollte er immer nur in geringen Mengen und mit Vorsicht dosiert verwendet werden. Ysop würzt nicht nur Deftiges, seine Bitterstoffe werden ebenso gerne für Kräuterliköre gebraucht, z. B. für den berühmten Chartreuse.

Sternanis *Illium verum*

China kennt und schätzt den Sternanis seit 5000 Jahren als Gewürz- und Arzneipflanze. Erst wesentlich später kam er – auch Badian genannt, von badius = braun–nach Europa. Der englische See- und Kaperfahrer Sir Thomas Cavendish soll Ende des 16. Jahrhunderts das tropische Gewürz von den Philippinen nach Plymouth mitgebracht haben. Am russischen Hof liebte man bald die fremdartige Frucht als Geschmackszutat für Tee. Ende des 18. Jahrhunderts setzte sich der Sternanis endlich in Deutschland als Gewürz durch, vorzugsweise in Gebäck und heißen Getränken zur Weihnachtszeit.

Andere Namen
Badian

Familie
Schisandraceae (Sternanisgewächse)

Herkunft/Vorkommen
Südchina, Vietnam, Laos, Philippinen, Karibik

Merkmale
Immergrüner Baum, 10–12 m hoch, birkenartig; spitz zulaufende elliptische Blätter; kleine gelblich- oder rötlich weiße, magnolienähnliche Blüten, gefolgt von rotbraunen, oberständigen in Sternform angeordneten Samenbälgen, nach 3–4 Monaten pro Fach 1 eiförmiger, rundlich, glänzender Samen.

Inhaltsstoffe und Eigenschaften
Ätherisches Öl, bis zu 90 % Anethol. Auswurffördernd, verdauungsfördernd, wärmend, entzündungshemmend, antiseptisch, insektenabwehrend; würzig-süßes, leicht brennendes Aroma, das an Anis erinnert, jedoch voller, feuriger.

Verwendung
Der Sternanisbaum kann bis zu 3-mal jährlich abgeerntet werden. Als Gewürz in der Küche dienen die charakteristisch achtzackig geformten Balgfrüchten in getrocknetem Zustand. Das ätherische Öl befindet sich allerdings in der Fruchtwand und nicht im Samen. Aus Früchten, Blättern und Zweigen wird das begehrte Anisöl Anethol für Anisliköre und Anisbonbons gewonnen.

Gesundheit
Mit Sternanis gewürzte Speisen wirken anregend und verdauungsfördernd. Ein Tee kann Unterleibsschmerzen bei Magen-Darmproblemen lindern, und das Öl steckt in vielen Hustensäften. Noch unreife Früchte werden im Orient gegen Mundgeruch gekaut.

In der Küche
In China und Vietnam sind die Kapseln beliebtes Gewürz für Geflügel und Fleischgerichte und wichtiger Bestandteil der Fünf-Gewürze-Mischung. In der westlichen Küche wird Sternanis ganz oder gemahlen vor allem in der Weihnachtsbäckerei – pur oder in Würzmischungen enthalten – verwendet.

Kein Glühwein oder Weihnachtspunsch ohne das feurige Anisaroma. Sternanis passt aber mindestens genauso gut zu Latwerge (Pflaumenmus), Apfelkompott oder Pudding. Grundsätzlich kann alles mit Sternanis gewürzt werden, was auch mit dem heimischen Anis schmeckt–allerdings eine Spur vorsichtiger dosiert.

Echter Alant *Inula helenium*

Die schöne Helena von Troja weinte, weil man sie entführt hatte. Wo ihre Tränen niederfielen, wuchs der Alant – so die Sage. Sein Name soll aus einer Verzerrung des Wortes „Helena" entstanden sein. Griechen und Römern galt der Alant als Universalheilmittel und kurierte von Magenverstimmung über Menstruationsbeschwerden selbst Ischiasprobleme. In Europa wird Alant schon seit dem Mittelalter als Heilpflanze angebaut und bei Erkrankungen der Atemwege verwendet.

Andere Namen
Altkraut, Brustalant, Darmkraut, Edelwurz, Helenenkraut

Familie
Asteraceae (Korbblütler)

Herkunft/Vorkommen
Ursprung Zentralasien, in Europa kultiviert, auch verwildert.

Standort
In Mitteleuropa kommt die Art teilweise verwildert an Hecken, Zäunen und Uferböschungen vor, aber hauptsächlich findet man sie in Gärten, wo ein sonniger, aber nicht zu trockener, nährstoffreicher Platz bevorzugt wird.

Blütezeit
Juni bis September

Merkmale
Ausdauernde, bis zu 3 m hohe Pflanze mit großem, fleischigem Wurzelstock, dessen Ausläufer sich oft meterweit durch den Boden ziehen. Der Stängel ist – vor allem im unteren Teil – borstig behaart, die Grundblätter sind elliptisch, die etwas kleineren Stängelblätter herzförmig. Die großen, goldgelben Blütenköpfchen fallen vor allem durch ihre langen Zungenblüten auf.

Inhaltsstoffe und Eigenschaften
Der Alant hat schleimlösende, schweißtreibende, antiseptische und harntreibende Eigenschaften. Die Wurzeln müssen zur Ernte bereits mehrere Jahre alt sein. Sie werden im Herbst ausgegraben, geschnitten und dann in der Sonne getrocknet (häufig wenden). Die Aufbewahrung erfolgt in Glas- oder Porzellangefäßen.

Verwendung
Im Frühjahr sowie im Spätherbst werden die außen grauschwarzen, innen gelblichweißen Wurzelstöcke mit den fleischigen Nebenwurzeln gesammelt und frisch oder getrocknet genutzt.

Gesundheit
Extrakte der rübenartigen Wurzelstöcke werden wegen ihres hohen Inulingehalts

in Diabetikernahrungsmitteln verwendet. Tee oder Sirup aus einem Alantabsud bekämpfen Husten, Bronchitis, Asthma und Katarrhe der oberen Atemwege.

In der Küche
Kandierter Alant galt früher als Leckerbissen und war beliebte Würze von Süßspeisen. Die Süßkraft rührt aus dem in den Wurzeln in hoher Konzentration enthaltene Inulin – einem Zuckeraustauschstoff. Die Bitterstoffe der Wurzel nutzt man zum Aromatisieren von Likören. Hoch geschätzt wird bis heute ein mit der Wurzel gewürzter Wein, der gleichzeitig ein hervorragendes herzstärkendes Mittel ist. Mit den fein gehackten Blättern der Pflanze kann man übrigens Salaten, Saucen oder Suppen ein fein aromatisches Aroma mit einem Hauch an Süße geben. Stücke der Alantwurzel mit Zucker überzogen geben vorzügliche Hustenbonbons.

Walnuss *Juglans regia*

Früher wurden eher die Nüsse und die Schalen genutzt, so bei den Mohammedanern und den Chinesen.

Andere Namen
Christnuss, Steinnuss, Welschnuss

Familie
Juglandaceae (Walnussgewächse)

Herkunft/Vorkommen
Ursprünglich aus Teilen Asiens und dem Nahen und Mittleren Osten stammend.

Blütezeit
Mai

Merkmale
Der stattliche Baum hat meist eine ausladende Krone. Die grünen Früchte beherbergen die Nüsse.

Inhaltsstoffe und Eigenschaften
Neben den Gerbstoffen sind ätherisches Öl, Juglon, Vitamin C und Flavonoide die wichtigsten Inhaltsstoffe. Sie wirken vor allem zusammenziehend.

Verwendung
Aus den Blättern werden Tee, Umschläge und Gurgellösungen zubereitet.

Gesundheit
Wissenschaftlich bestätigt ist die Wirkung bei äußerlicher Anwendung bei leichten oberflächlichen Entzündungen der Haut. Da sich die zusammenziehende Wirkung aber auch auf entzündete Schleimhäute auswirkt, kann das Gurgeln mit Aufguss bei Entzündungen und Reizungen im Mund- und Rachenraum sowie das Trinken bei Durchfällen Linderung bringen. Achtung bei einem empfindlichen Magen: Die Gerbstoffe können Übelkeit und Erbrechen verursachen. Teilbäder sollen bei Hämorrhoiden hilfreich sein.

Wellness
Wer unter übermäßigem Schwitzen leidet, kann eine Blätter-Tee-Kur versuchen. 1 Teelöffel Blätter wird mit kaltem Wasser übergossen, kurz aufgekocht und muss vor dem Abseihen etwa 4 Minuten ziehen. Davon 2–3 Tassen täglich trinken.

In der Küche
Die gesunden und an essenziellen Fettsäuren reichen Nüsse können in viele Speisen „eingebaut“ werden, z. B. in Brot, Kuchen oder Salat.

Grüne Joghurtsuppe mit Walnüssen

Zutaten für 4 Personen
2 Bund Frühlingszwiebeln
5 El Butterschmalz
1 kg Blattspinat
je 1 Bund Petersilie, Minze, Koriandergrün und frischer Bockshornklee
150 g gehackte Walnüsse
1 l Gemüsefond
Salz, Pfeffer
800 g Naturjoghurt
1–2 Tl frisch geriebene Muskatnuss

Zubereitung

1 Die Frühlingszwiebeln putzen, waschen, trocknen, in Ringe schneiden und im erhitzten Butterschmalz glasig anschwitzen.

2 Den Spinat und die Kräuter waschen und grob hacken. Mit den gehackten Nüssen zu den Zwiebeln geben und etwa 4 Minuten schmoren. Den Gemüsefond angießen und die Suppe mit Salz und Pfeffer abschmecken. Bei milder Hitze etwa 10 Minuten garen.

3 Die Suppe vom Herd nehmen und den Joghurt einrühren, auf Teller verteilen und mit Muskatnuss bestreuen.

Zubereitungszeit: ca. 15 Minuten (plus Garzeit)

Wacholder *Juniperus communis*

Um das Jahr 1550 v. Chr. beschrieb ein ägyptischer Arzt ein Rezept gegen Bandwürmer, und das enthielt bereits Wacholderbeeren. Kaum eine Schrift über Wacholder, die nicht seine harntreibende Kraft pries, und ob in der Antike oder im Mittelalter, der Gemeine Wacholder wurde als Heilpflanze sehr geschätzt. Nicht weniger beliebt war und ist er jedoch in seiner vergärten Form – dem Wacholderschnaps.

Andere Namen
Wegholder, Krone- oder Kranewitter, Stechbaum, Machandel

Familie
Cupressaceae (Zypressengewächse)

Herkunft/Vorkommen
Europa, Nordasien und Nordamerika

Blütezeit
Mai bis Juni

Merkmale
Immergrünes Nadelgehölz, variable Wuchsform strauchig oder baumförmig, breit ausladend oder schlank kegelig, auch kriechend bzw. zwergig, 3–5 m hoch, selten bis 10 m; rotbraune, längs gestreifte Borke, die sich in dünnen Fetzen ablöst; nadelförmige, sehr spitze blaugrüne Blätter; zweihäusig; kugelige, bei Vollreife schwarzblaue Beerenzapfen, benötigen 3 Jahre von der Bestäubung bis zur Reife.

Inhaltsstoffe und Eigenschaften
Ätherische Öle mit Pinen, Camphen und Cadinen; Terpene, Invertzucker, Flavonglykosid, Harz, Gerbstoffe, Bitterstoffe, Vitamin C, Farbstoff Juniperin. Beruhigend, antiseptisch bei Harnwegserkrankungen, harntreibend, verdauungsfördernd, antirheumatisch, stimuliert die Gebärmutter; würzig-bitterer, süßlicher Geschmack.

Verwendung
Von August bis September ist die Erntezeit der reifen Früchte. Auf Grund der langen Reifezeit kann man oft reife und unreife Früchte an ein und derselben Pflanze vorfinden. Die Wacholderbeeren werden im Schatten vorgetrocknet und zur Aufbewahrung gegebenenfalls nachgetrocknet.

Vorsicht
Alle Pflanzenteile des Wacholders, außer den Beeren, enthalten Giftstoffe, ihr Saft kann Haut und Schleimhäute reizen. Schwangere und Nierenkranke sollten Wacholderbeeren nicht verzehren.

Gesundheit
Die Inhaltsstoffe der Wacholderbeeren

wirken sich besonders gut auf den Magen- und Darmbereich aus und helfen dadurch bei Völlegefühl, Sodbrennen, Aufstoßen und Blähungen. Sogar rheumatische Beschwerden sollen die Beeren lindern. Harnwegsinfektionen und Blasenkatarrhen rückt man mit einer Tinktur aus reifen Beeren zu Leibe. Einige Tropfen Wacholderöl, welches aus den frischen Beeren gewonnen wird, ins Badewasser gegeben entspannt und hilft bei rheumatischen Entzündungen, Gicht und Muskelschmerzen. Auch Akne, fettige Haut und chronische Hauterkrankungen können mit Wacholdertinktur oder -öl behandelt werden. Wacholderbeerentee entschlackt und unterstützt die Frühjahrskur.

In der Küche

Wacholderbeeren werden meist getrocknet verarbeitet, besonders gern zu Fleischgerichten – speziell zu Wild- und Schaffleisch. Grundsätzlich passen die Scheinbeeren hervorragend zu kräftig-deftiger Kost. Einige wenige, zerdrückte Beeren reichen bereits, um Saucen, Sauerkraut, Kohlgerichte, Terrinen und Pasteten geschmacklich abzurunden. Der hohe Zuckergehalt in den Beeren lässt eine Vergärung zu. Die anschließende Destillation

beschert beste Wacholderschnäpse wie Genever, Gin, Steinhäger oder Machandel.

Lorbeer *Laurus nobilis*

Lorbeer – das Symbol des Sieges. Lorbeer war dem griechischem Gott Apollo geweiht und schmückte dessen Heiligtümer. Dichter und Sänger trugen ebenfalls Lorbeerkränze. Das Orakel von Delphi bediente sich seiner, die Römer glaubten, dass es Unglück bringt, wenn ein Lorbeerbaum plötzlich eingeht. In Rom galt der Lorbeerkranz später als Zeichen des Ruhmes und der Ehre. Hildegard von Bingen nannte ihn „Lungwurtz". Jahrhunderte später wurde er daher unter anderem immer noch gegen Lungenkrankheiten empfohlen. Seine Würzqualitäten und verdauungsfördernde Wirkungen erkannten die Menschen ähnlich früh. Im Mittelalter servierte man z. B. vor jedem ausschweifenden Festessen in Lorbeerblätter gebackene Feigen.

Andere Namen
Lorbeerbaum, Gewürzlorbeer

Familie
Lauraceae (Lorbeergewächse)

Herkunft/Vorkommen
Der im Mittelmeerraum heimische Baum bevorzugt feuchte und schattige Plätze. Er wird inzwischen in vielen Ländern als beliebte und edle Zierpflanze angebaut und schmückt zahlreiche Gärten, da er sich auch hervorragend für Formschnitte eignet.

Standort
In ihrer Heimat findet man die Pflanze häufig in Küstennähe; in Mitteleuropa wird der nicht winterharte Strauch normalerweise in Kübeln gezogen.

Blütezeit
April bis Juni

Merkmale
Lorbeer ist ein breiter, kegelförmiger Baum, dessen wild wachsende Exemplare eine stattliche Höhe von bis zu 12 m haben und dabei bis zu 9 m breit sein können. Diese Vertreter haben dann meist ein Alter von 100 Jahren. Die ledrigen Blätter mit ihrer satten, dunkelgrünen Farbe sind gestielt. Die weißlichen kleinen Blüten riechen intensiv. Reife Früchte sind eiförmig und schwarz.

Inhaltsstoffe und Eigenschaften
Ätherische Öle und Bitterstoffe sind hauptsächlich für die Wirkungen des Lorbeers verantwortlich, die von verdauungsanregend bis zu keimtötend reichen. Die Blätter fallen durch einen aromatischen und leicht bitteren Geschmack auf.

Verwendung
Für medizinische Zwecke werden die Früchte und das daraus gewonnene Öl verwendet, beim Kochen und Braten sind es aber die Blätter und die Früchte, die für die richtige Würze sorgen.

Vorsicht
Lorbeer kann Allergien auslösen. Das Öl wird nur äußerlich in starker Verdünnung angewandt.

Gesundheit
Am bekanntesten ist die Verwendung von Lorbeer-Tee bei Magenbeschwerden, da er auf diesen beruhigend wirkt und die Pro-

duktion von Verdauungssekreten anregt, ebenso den Appetit. Auch bei Gelenkbeschwerden soll er sich positiv auswirken. Äußerlich ist das aus den frischen Früchten gewonnene und verdünnte Öl ein beliebtes Mittel, um schmerzende Gelenke und Gliedmaßen damit einzureiben. Bei Gelenkbeschwerden kann auch ein Bad mit dem Zusatz von Lorbeer-Aufguss Linderung bringen. Zur Herstellung eines Tees wird 1 Teelöffel Blätter mit 1 Tasse kochendem Wasser übergossen und muss 10 Minuten ziehen, bevor er abgeseiht wird.

Wellness

Fügen Sie bei Gliederschmerzen dem heißen Badewasser eine Abkochung aus Lorbeerblättern hinzu, und Sie werden sich hinterher deutlich erholt fühlen.

In der Küche

Zum Würzen nutzt man die ganzen Lorbeerblätter. Lorbeer passt gut zu Fleisch, Fisch, Saucen, kräftigen Gemüseeintöpfen und in der klassischen Kombination mit Wacholderbeeren und Pfeffer speziell zu Wildgerichten. Auch im Sauerkraut sollte das Lorbeerblatt nicht fehlen. Nicht zu vergessen – die Blätter sind wichtiger Bestandteil des französischen Bouquet garni.

Eingelegten Gurken, Heringen oder Würzessigen verleiht das Lorbeerblatt seine delikate Note.

Gefüllte Putenrolle

Zutaten für 4 Personen

2 Gemüsezwiebeln
2–3 El Gewürznelken
Je 250 ml Olivenöl, Sherry-Essig und trockener Sherry
500 ml Geflügelfond
3 Lorbeerblätter
8 Knoblauchzehen
Je 1 El Pfeffer- und Pimentkörner
Salz
Je 1/2 Bund Petersilie und Thymian
1,5 kg Putenbrust
6 Schalotten
4 El Butterschmalz
300 g Geflügelleber
300 g Kalbsbrät
4 El Paprikapaste
1/2 Tl Zimtpulver
2 Tl getrockneter Oregano
4 El Geflügelfond
3 El Paniermehl
150 g gehackte Pistazienkerne
250 ml trockener Sherry
250 ml Gemüsefond
6 El Schmand

Zubereitung

1 Für die Marinade die Zwiebeln schälen, halbieren und mit den Nelken spicken. Mit Öl, Essig, Sherry, Geflügelfond und Lorbeerblättern in einen ausreichend großen Topf geben. Die Knoblauchzehen schälen, grob zerkleinern und die Hälfte mit Pfeffer-, Pimentkörnern und Salz zur Flüssigkeit geben.

2 Die Kräuter waschen, trocknen, grob zerkleinern und ebenfalls dazugeben. Alles zusammen ca. 3–5 Minuten kochen lassen.

3 Die Putenbrust waschen, trocknen und so einschneiden, dass man sie auseinander klappen kann. Das Fleisch mit der Marinade begießen. Ca. 3–4 Stunden durchziehen lassen.

4 Die Schalotten fein hacken. 2 El Butterschmalz erhitzen und Schalotten und restlichen Knoblauch darin ca. 3–4 Minuten braten. Die Geflügelleber waschen, trocknen und zusammen mit dem Brät und der Paprikapaste zu den Schalotten geben. Ca. 4–5 Minuten braten. Mit Zimt, Oregano, Salz und Pfeffer würzen. Geflügelfond, Paniermehl und Pistazienkerne dazugeben und alles zu einer einheitlichen Masse verkneten.

5 Die Putenbrust aus der Marinade nehmen und auf einer Arbeitsplatte auslegen. Die Füllung darauf streichen und die Brust aufrollen. Mit Küchengarn zusammenbinden.

6 Das restliche Butterschmalz erhitzen und die Putenrolle darin von allen Seiten gut anbraten. Sherry und Gemüsefond angießen und die Putenrolle bei milder Hitze ca. 25–35 Minuten schmoren lassen.

7 Das Fleisch herausnehmen, in Scheiben schneiden und auf vorgewärmte Teller anrichten. Den Schmand in den verbliebenen Fond einrühren, mit Salz und Pfeffer abschmecken, als Sauce über die Fleischscheiben geben und servieren. Dazu passt Safran-Reis.

Zubereitungszeit: ca. 1 1/2 Stunden (plus Zeit zum Marinieren)

Lavendel *Lavandula angustifolia*

Obwohl der Lavendel aus Südeuropa stammt, wird er in den Schriften aus der Antike überraschenderweise nicht einmal erwähnt. Es war hauptsächlich die Klostermedizin, die dem Lavendel Einzug ins Medizinschränkchen verschaffte. Während häufig seine äußerliche Anwendung gegen Läusebefall im Vordergrund stand, wurde er jedoch beispielsweise auch zur Behandlung von schmerzenden Gelenken, Zahnweh, Schlaganfall, Ohnmacht, Herzklopfen und Gelbsucht eingesetzt. Im Volksglauben sollte Lavendel sogar Dämonen abwehren. Nach Amerika kam er schon Anfang des 17. Jahrhunderts mit den ersten Siedlern und gehörte damit zu den ersten europäischen Pflanzen, die ihren Weg in die Neue Welt fanden.

Andere Namen
Lavendelkraut, Narden, Speik, Zöpfli

Familie
Lamiaceae (Lippenblütengewächse)

Herkunft/Vorkommen
Ursprünglich aus dem westlichen Mittelmeerraum stammend, erfreut sich der Lavendel heute fast weltweit als Garten- und Kulturpflanze großer Beliebtheit.

Standort
In seiner Heimat wächst der Lavendel an trockenen, warmen Hängen, außerdem wird er, besonders in Südfrankreich, großflächig für die Kosmetikindustrie angepflanzt. Im Garten sollte ein sonniger Platz mit gut durchlässigem, möglichst kalkhaltigem Boden zu Verfügung stehen.

Blütezeit
Juni bis August

Merkmale
Lavendel ist ein Halbstrauch, dessen stark verzweigte Äste eine Höhe bis zu 60 cm erreichen können. Diese stehen aufrecht und tragen gegenständig angeordnet die schmalen, länglichen graugrünen Blätter. Die Blüten haben eine auffallende violette Farbe, und jeweils 6–10 setzen sich zu einem Scheinquirl zusammen.

Inhaltsstoffe und Eigenschaften
Lavendel hat einen überaus aromatischen, den meisten Menschen sehr angenehmen Duft. Schon im Vorbeigehen an der Pflanze ist dieser wahrzunehmen, intensiviert sich jedoch erheblich, wenn man Blätter oder Blüten zwischen den Fingern zerreibt. Grund dieses intensiven Aromas ist der hohe Anteil an ätherischen Ölen, der auch die Hauptursache für die Wirkung des Lavendels ist. Hinzu kommen noch Inhaltsstoffe wie Gerbstoffe, Flavonoide, Phytosterole und Cumarine.

Verwendung
Für medizinische Zwecke kommen nur die Blüten zur Anwendung, die geerntet werden, kurz bevor sie sich ganz entfalten. Tees, ätherisches Öl zur Massage, Bäder und Spiritus sind die am häufigsten verwendeten Anwendungsformen. In den Sommermonaten kann Lavendel fortlaufend geschnitten werden. Das beste Aroma liefern die Blüten kurz bevor sie sich ganz entfaltet haben. Blätter sowie Blüten können frisch oder getrocknet verarbeitet werden. Aus frischen Blüten wird das begehrte Lavendelöl destilliert, das zu medizinischen Zwecken gebraucht wird, seine Hauptrolle jedoch in der Parfümindustrie hat.

Gesundheit
Unruhezustände, Einschlafstörungen, funktionelle Oberbauchbeschwerden wie der nervöse Reizmagen sowie das Roemheld-Syndrom, Blähungen und nervöse Darmbeschwerden sind die Hauptanwendungsgebiete des Lavendel. Auch bei funktionellen Kreislaufbeschwerden soll er helfen, empfohlen wird er für Menschen mit niedrigem Blutdruck.

Innerlich sollten bei der Selbstbehandlung nur Aufgüsse verwendet werden, das ätherische Öl kann dabei zu Nebenwirkungen führen. Gegen nervöse Magen-Darm-Beschwerden kann der Tee helfen. Übergießen Sie 1 Teelöffel Blüten mit 1 Tasse kochendem Wasser, lassen Sie dies 5–10 Minuten ziehen und seihen Sie dann ab.

Wellness
Bei Abgeschlagenheit oder nach einem stressigen Tag kann eine Aromatherapie mit Lavendel die Hektik vertreiben, da dies die Nerven stärkt, beruhigend und gegen Verspannungen wirkt. Geben Sie dazu 3–5 Tropfen des natürlichen ätherischen Öls in eine herkömmliche Duftlampe. Stattdessen kann auch ein Bad helfen. Aus 70 g Lavendelblüten und 1 Liter Wasser wird ein Aufguss zubereitet und ins Badewasser gegeben.

Kleine mit getrocknetem Lavendelkraut gefüllte Stoffsäckchen (Bild rechts) vertreiben Motten den Appetit auf Wollpullover und verströmen zudem ihren frischen Duft im ganzen Kleiderschrank.

In der Küche
Die Verwendung von Lavendel als Gewürz ist nicht sonderlich weit verbreitet. In der südfranzösischen Küche stellt er hingegen einen wesentlichen und typischen Bestandteil dar. Die jungen Triebspitzen und Blätter werden in kleineren Mengen zu Schmorgerichten, Salaten und Fisch verwendet. Lavendelblätter zu Gegrilltem geben dem Fleisch einen ganz besonderen Geschmack. Grundsätzlich sollte man mit Lavendel vorsichtig dosieren, da sein etwas aufdringlicher Geschmack leicht dominiert und die Speisen dann eventuell unangenehm parfümiert bzw. leicht bitter schmecken. Lavendel eignet sich ebenfalls als ungewöhnliches und extravagantes Gewürz für Süßes. So lassen sich Marmeladen, Gelees aber auch Kuchen und Gebäck mit den süßlichen Blüten, manchmal in kandierter Form, verfeinern.

Gartenkresse *Lepidium sativum*

Die Kresse stammt wahrscheinlich aus dem persischen Kulturkreis und wurde nachweislich bereits im alten Ägypten genutzt. Früh schätzte man ihre heilende Wirkung und Vorsorge bei Infektionskrankheiten. Nach Europa gelangte sie vermutlich über die Römer.

Andere Namen
Pfefferkraut

Familie
Brassicaceae (Kreuzblütler)

Herkunft/Vorkommen
Ursprünglich aus Vorderasien und Nordafrika, heute weltweit verbreitet.

Standort
Dank ihrer Anspruchslosigkeit lässt sich die Kresse sehr gut kultivieren – sowohl im Garten, als auch in Töpfen. Steht ein sonniges Fensterbrett zur Verfügung, kann man die Kresse bereits Ende Januar aussäen und schon etwa eine Woche später mit der Ernte beginnen. Setzt man drei Töpfe im Abstand von zwei bis drei Tagen an, steht ständig frische Kresse zur Verfügung. Im März kann mit der Aussaat im Garten begonnen werden, wobei sonnige bis halbschattige, nicht zu trockene Standorte bevorzugt werden. Man kann vorgezogene Kresse aber auch ganzjährig im Handel kaufen.

Blütezeit
Mai bis Juli

Merkmale
Einjähriges, bis 40 cm hohes Kraut mit verzweigten Stängeln und länglich-eiförmigen Blättern im unteren Bereich sowie gefiederten an der Spitze des Triebes. Die kleinen Blüten sind weißlich oder auch leicht rötlich; die bräunlichen Samen sitzen in Schoten.

Inhaltsstoffe und Eigenschaften
Kresse gilt als verdauungsfördernd, appetitanregend, harntreibend, blutreinigend und ist reich an Vitamin A und C. Das Kraut sollte möglichst frisch verwendet werden, lässt sich aber auch einige Tage im Gemüsefach des Kühlschranks aufbewahren.

Verwendung
Kresse – häufig auch auf der Fensterbank gezogen – ist in wenigen Tagen nach der Keimung bereits erntereif und kann, sobald die kleinen Pflänzchen 7–10 cm hoch sind, mit der Schere abgeschnitten und sofort verwendet werden.

Gesundheit
Kresse wirkt auf Grund ihrer Inhaltsstoffe blutreinigend, durch den hohen Vitamin-C-Gehalt und einem natürlichen Antibio-

tikum schützt sie vor grippalen Infekten. Daneben wird ihr stimulierende Wirkung auf den Gesamtstoffwechsel nachgesagt.

In der Küche
Besonders im Winter und im zeitigen Frühjahr wird Kresse gerne als Salat gegessen oder als Gewürz genutzt. Die frischen, aromatisch leicht scharf schmeckenden Blättchen harmonieren bestens mit Quark- und Eierspeisen und verfeinern Salate und Kartoffeln und peppen jedes Sandwich auf.

Liebstöckel *Levisticum officinale*

Bei den Römern war das Kraut wahrscheinlich mit der Heilpflanze „ligusticum" identisch, die sie als verdauungsförderndes und harntreibendes Mittel sowie gegen den Biss giftiger Tiere empfahlen. Seit dem Mittelalter war Liebstöckel in allen Kloster- oder Bauerngärten vertreten. Geheime Kräfte wurden dem Kraut zugeschrieben, denn bereits ein Zweiglein bei sich getragen versprach beim anderen Geschlecht erfolgreich zu sein. „Bauch-" sowie „Hauptwee" vertrieb ein Tee aus Kraut und Stängel oder aus der getrockneten Wurzel. Am bekanntesten dürfte heute jedoch der Liebstöckel als klassische Suppenwürze sein.

Andere Namen
Badekraut, Bärmutter, Gichtstock, Laubstecken, Leberstockwurzel, Liebstängel, Luststökel, Leberkraut, Maggikraut, Nervenkräutel, Sauerkrautwurz, Wasserkräutel

Familie
Apiaceae Doldenblütlere)

Herkunft/Vorkommen
Ursprünglich in Persien beheimatet, heute

europaweit und in Nordamerika, auch wild wachsend.

Standort
Die Art kommt in Mitteleuropa gelegentlich verwildert an nährstoffreichen Standorten vor. Im Garten benötigt der Liebstöckel einen sonnigen bis halbschattigen, nicht zu trockenen Platz; bei strengem Frost kann ein Winterschutz ratsam sein.

Blütezeit
Juli bis August

Merkmale
Ausdauernde, bis 2 m hohe Pflanze mit einem dicken, reich verzweigten Wurzelstock, der einen gelblichen Saft enthält. Der zylindrische Stängel ist hohl; die dunkelgrünen, glänzenden Blätter sind besonders im unteren Bereich stark zerschnitten. Aus den winzigen, grüngelblichen Blüten, die in Dolden angeordnet sind, entwickeln sich kleine, ovale Früchte.

Inhaltsstoffe und Eigenschaften
Hauptsächlich sind es ätherisches Öl und Cumarine, die die Wirkungen dieser Heilpflanze ausmachen, die vor allem krampflösend und wassertreibend sind. Liebstöckel besitzt ein starkes Aroma, das dem von Sellerie ähnlich ist.

Verwendung
Vom Liebstöckel lässt sich die gesamte Pflanze einschließlich der Wurzeln nutzen. Junge Blätter und Stängel kann man fortlaufend ernten und frisch oder getrocknet brauchen. Die Wurzel kann ab dem 3. Jahr ausgraben werden und wird meist getrocknet für medizinische Zwecke oder für Magen- und Kräuterschnäpse verwendet.

Vorsicht
Von der Anwendung von Liebstöckel wird abgeraten bei Entzündungen der Nieren sowie bei eingeschränkter Nierenfunktion und Ödemen infolge eingeschränkter Herz- oder Nierenfunktion. Schwangere sollten ebenfalls auf Zubereitungen dieser Pflanze verzichten. Lichtempfindlichkeit kann bei länger andauernder Anwendung auftreten.

Gesundheit
Da Liebstöckel harntreibend wirkt, ist er ein probates Mittel zur Durchspülungstherapie bei entzündlichen Erkrankungen der ableitenden Harnwege und zur Vorbeugung von Nierengrieß. In der Praxis wird meistens auf ein Teegemisch mit anderen Heilpflanzen zurückgegriffen. Als Hausmittel wird Liebstöckel noch traditionell gegen Sodbrennen, Verdauungsbeschwerden und Katarrhe der Atemwege eingesetzt.

2 Tassen täglich sollten getrunken werden, wenn man Liebstöckel-Tee zur Durchspülungstherapie anwenden will. Dazu wird 1 Teelöffel der Wurzel in einen Topf und 1 Tasse Wasser dazu gegeben. Nachdem alles kurz aufgekocht ist, wird direkt abgeseiht.

Wellness
Ein altes Hausmittel gegen Halsschmerzen: Ein Glas warme Milch durch den hohlen Stängel einer Liebstöckelpflanze, dem „Schluckwehrohr" oder „Heiserrehrlich" getrunken.

In der Küche
Liebstöckel ist eine schon fast klassisch verwendete Suppenwürze. Sein prägnanter Geschmack ist jedoch genauso in anderen Gerichten sehr willkommen. Die Wurzel eignet sich übrigens hervorragend als Eintopfgewürz. Das Kraut selbst schmeckt zu Gemüse, Bratenfleisch und Lamm, Geflügel, Saucen sowie Eierspeisen. Die feinen Blättchen sollten erst die letzten 10 Minuten mitgekocht werden, damit sie ihr Aroma voll entfalten können und nicht

verkochen. Frisch verfeinert gehackter Liebstöckel – alternativ sein getrockneter Samen – Quarkspeisen und Käsebrote. Und die jungen Triebe des Liebstöckels sind blanchiert ein schmackhaft ausgefallenes Frühjahrsgemüse.

Morchel-Kartoffel-Salat

Zutaten für 4 Personen

600–800 g Kartoffeln
1–2 Stängel Liebstöckel
Salz
250 g Morcheln
250 g Flusskrebsfleisch
1 El Zitronensaft
1 Gemüsezwiebel
Je 1 Bund Petersilie und Schnittlauch
1 Kästchen Kresse
3 El Butter
200 g Schmand
3–4 El Kräuteressig
1/2 Tl Zucker
1–2 Tl süßer Senf

Zubereitung

1 Die Kartoffeln waschen und mit dem Liebstöckel in Salzwasser ca. 20 Minuten kochen.

2 Die Morcheln gut waschen, trocknen und in Stücke schneiden. Das Krebsfleisch in Stücke schneiden und mit den Morcheln mischen. Beides mit Zitronensaft beträufeln. Die Zwiebel schälen und fein hacken. Die Kräuter waschen, trocknen und fein hacken.

3 Die Butter erhitzen und die Zwiebelwürfel mit den Morcheln und dem Krebsfleisch darin ca. 2–4 Minuten anschwitzen. Die Kräuter mit Schmand, Essig, Zucker und Senf dazugeben und erwärmen.

4 Die Kartoffeln abgießen, gut abtropfen lassen, schälen und in Scheiben schneiden. Vorsichtig mit den restlichen Zutaten mischen und den Salat lauwarm servieren.

Zubereitungszeit: ca. 35 Minuten

Echter Lein *Linum usitatissimum*

Flachs wird schon seit Jahrtausenden als Nahrungsmittel, zur Textilgewinnung und als Medizin verwendet. So ist der Lein eine der ältesten Kulturpflanzen, die schon von den Ägyptern angebaut wurde. Die Ärzte der Antike setzten ihn für allerlei Leiden ein, von der Behandlung von Husten sowie als Abführmittel bis hin zur Linderung von Sonnenbrand. Lein stand auch immer hoch im Kurs, wenn es um die Behandlung von Wunden und Geschwüren ging.

Andere Namen
Flachs, Flachshere, Flachslinsen, Flas, Glix, Haarlinsen, Leinwanzen

Familie
Linaceae (Leingewächse)

Herkunft/Vorkommen
Lein ist eine weltweit angebaute Kulturpflanze. Ursprünglich soll sie aus Europa und Asien stammen.

Standort
Lein kommt in Mitteleuropa manchmal auch verwildert vor; im Garten benötigt er einen sonnigen Platz mit fruchtbarem Boden.

Blütezeit
Juni bis August

Merkmale
Einjährige, bis 60 cm hohe Pflanze mit wechselständigen, lanzettlichen Blättern und hellblauen Blüten, aus denen sich rundliche Kapseln mit ovalen, rötlichen bis braunen Samen entwickeln. Es gibt verschiedene Unterarten und Sorten, die sich jeweils besonders gut für die Faser- bzw. Ölgewinnung eignen.

Inhaltsstoffe und Eigenschaften
Die Pflanze hat entzündungshemmende Eigenschaften, ist aber vor allem reich an Schleimstoffen. Die Samen werden erst dann geerntet, wenn sie vollkommen reif sind (in der geschüttelten Kapsel muss es gut hörbar rascheln). Anschließend lässt man sie kurz antrocknen und bewahrt sie dann in Glas- oder Porzellangefäßen auf.

Verwendung
Für medizinische Zwecke nimmt man lediglich die Samen. Diese werden geschrotet oder fein gemahlen mit Wasser oder Fruchtsaft eingenommen, können aber auch unter Speisen gemischt werden. Für die äußerliche Verwendung nimmt man einen Breiumschlag oder das aus den Samen gewonnene Öl. Tee kommt meist zum Gurgeln zur Anwendung.

Vorsicht
Bei einer therapeutischen Anwendung darf die empfohlene Dosis auf keinen Fall

überschritten werden, da Lein Spuren von Blausäure enthält. Aus dem gleichen Grund dürfen auch keine unreifen Samen verwendet werden.
Wird Leinsamen bei Darmentzündungen verwendet, sollte er in Wasser vorgequollen sein. Bei Darmverschluss muss ganz darauf verzichtet werden. Auch Säuglinge und Kleinkinder sollten nicht damit behandelt werden.

Gesundheit

Leinsamen haben ein breites Wirkungsspektrum und können bei vielen Beschwerden eingesetzt werden. Besonders wird immer wieder seine abführende Wirkung genannt. Dies hat seine Ursache im hohen Quellvermögen der Samen, die dadurch die Darmtätigkeit anregen. Die Schleime des Leinsamens legen sich schützend über die Schleimhäute, weshalb Aufgüsse gerne verwendet werden, um bei Entzündungen des Zahnfleischs und des Mund- und Rachenraums zu gurgeln. Bei der äußerlichen Anwendung von Zahnschmerzen, Hautausschlägen, Geschwüren, aber auch bei Koliken und Beschwerden an Nieren und Blase werden Breiumschläge gemacht, bei Schuppenflechte und Gürtelrose meist das Öl verwendet.

Leinsamen-Tee wird wie folgt zubereitet: 2 Teelöffel geschrotete Leinsamen werden mit 1 Tasse kaltem Wasser übergossen, müssen etwa 20 Minuten lang ziehen und werden dann abgeseiht. Vor dem Gurgeln sollte der Tee auf eine angenehme Temperatur erwärmt werden.

Bei Verstopfung sollten täglich morgens und abends 2–3 Esslöffel Leinsamen in Speisen, z. B. Fruchtkompott oder Joghurt, gemischt werden. Danach muss Wasser nachgetrunken werden.

Zur Herstellung von Breiumschlägen werden gequetschte Leinsamen in ein Mull- oder Leinsäckchen gegeben, mit heißem Wasser erhitzt und dann auf die betroffene Partie gelegt

In der Küche

Die Samen werden manchmal für Backwaren verwendet.

Malve *Malva sylvestris*

Die Malve wird schon seit der Antike als Heilpflanze genutzt und geschätzt und fand bei den Griechen und Römern häufig Verwendung – ob als Abführmittel, gegen Schwindsucht, bei Fieber, Augengeschwüren oder Epilepsie und zahlreichen anderen Leiden. Früher sollte den zahnenden Kindern das Kauen der Wurzel Linderung bringen.

Andere Namen

Feldmalve, Johannispappel, Käspappel, Kaskraut, Katzenkäse, Rosspappel, Wegmalve, Wilde Malve

Familie

Malvaceae (Malvengewächse)

Herkunft/Vorkommen

Die in Europa und Asien beheimatete Pflanze ist inzwischen fast weltweit verbreitet und gedeiht an Weg-, Feld- und Wiesenrändern, Äckern sowie sonnigen Böden und auch Mauern.

Standort
Die Pflanze findet man auf Brachflächen, an Feld- und Wiesenrainen sowie Wegrändern, aber auch an warmen Steinmauern. Im Garten wird ein sonniger, trockener Platz mit gut durchlässigem Boden benötigt.

Blütezeit
Mai bis September

Merkmale
Die Malve ist eine mehrjährige Pflanze, deren aufrechte Stängel bis zu 1 m hoch werden können. Die sattgrünen herzförmigen und behaarten Blätter sind gelappt. Blüten der Wildform haben eine rosarote Farbe, während die Kulturformen auch weiß, blau, oder violett sein können.

Inhaltsstoffe und Eigenschaften
Schleimstoffe sind die Inhaltsstoffe, die hauptsächlich die heilende Wirkung der Malve ausmachen, bei der vor allem die Reizlinderung zu nennen ist. Dazu kommen unter anderem noch ätherische Öle und Gerbstoffe, die ihren Teil beitragen.

Verwendung
Vor allem sind es die Blüten und Blätter, die als Arznei genutzt werden, doch auch Kraut und Wurzel werden gelegentlich verwendet.

Gesundheit
Besonders bei Schleimhautreizungen im Mund- und Rachenraum und Reizhusten zeigt die Wilde Malve, was in ihr steckt, wenn der Tee getrunken oder damit gegurgelt wird. Das wird durch die Schleimstoffe bewirkt, die die betroffenen Schleimhäute beruhigen, weil sie sich wie ein Film darüber legen. Die Gerbstoffe wirken zusätzlich keimreduzierend. Auch traditionell wird Malve rund um Atemwegserkrankungen eingesetzt, aber auch gerne bei leichten Durchfällen und Magenproblemen wie dem Reizmagen genutzt. Die äußerliche Anwendung bei Wunden spielt heute keine große Rolle mehr.

Zum Gurgeln oder Trinken werden 2 Teelöffel der Blüten mit 1 Tasse kochend heißem Wasser übergossen, müssen 15 Minuten lang ziehen und werden dann abgeseiht. Alternativ kann man die Blüten auch mit warmen Wasser übergießen und lässt sie gut 5 Stunden ziehen, bevor abgeseiht wird.

Wellness
In Kombination mit Hagebutten und getrockneten Apfelstückchen ergeben Malvenblüten einen erfrischenden Tee. 4–6 Teelöffel der Mischung werden mit 1 Kanne kochendem Wasser übergossen und müssen 15 Minuten lang ziehen, bevor abgeseiht wird. Auch kalt serviert schmeckt dieser Früchtetee sehr lecker. Wer experimentierfreudig ist, kann mit

anderen Kombinationen versuchen, seinen ganz persönlichen Sommertee zu kreieren, z. B. indem er Erdbeer-, Himbeer- oder Brombeerblätter hinzufügt.

In der Küche
Obwohl Malve beim Kochen keine Verwendung findet, können die hübschen Blüten eine sehr schöne Garnierung sein, z. B. für Suppen, Salate oder Eis.

Echte Kamille *Matricaria chamomilla*

Die Echte Kamille wurde schon im Ägypten der Pharaonenzeit als Heilkraut genutzt, ebenso wie von den alten Griechen und Römern, die sie unter anderem bei Gelbsucht und Wechselfieber anwendeten. Seit dem Mittelalter gilt die Kamille auch in Mitteleuropa als Allheilmittel. Zur Zeit der Hexenverfolgung hängte man einen Strauß aus Kamille an die Zimmerdecke, denn es hieß, er würde sich bewegen, wenn eine Hexe ins Haus käme.

Andere Namen
Die echte Kamille wird auch Feldkamille, Garmille, Hermel, Kummerblume und Mägdeblume genannt, die römische auch Gartenkamille oder Welsche Kamille.

Familie
Asteraceae (Korbblütengewächse)

Herkunft/Vorkommen
Die ursprünglich aus Europa und Asien stammende Pflanze hat sich heute auch in Nordamerika und Australien verbreitet und siedelt sich bevorzugt auf Feldern, Brachland und Wegrändern an.

Standort
Die Echte Kamille kommt in Mitteleuropa wildwachsend auf Brachflächen sowie an Weg- und Ackerrändern vor; im Garten wird ein sonniger Platz mit gut durchlässigem Boden bevorzugt.

Blütezeit
Mai bis Juli

Merkmale
Einjährige, bis zu 60 cm hohe, süßlich-aromatische duftende Pflanze mit aufrechtem, verzweigten Stängel und fein zerteilten, wechselständigen Blättern. Die Blütenköpfchen setzen sich aus kleinen gelben Röhrenblüten und langen weißen Zungenblüten zusammen; der Blütenboden ist – im Gegensatz zu anderen Kamillearten – stark gewölbt und hohl.

Inhaltsstoffe und Eigenschaften
Es ist vor allem das ätherische Öl, dass der Kamille ihre Heilwirkung beschert, ferner Flavonoide und Cumarine, die dabei ebenfalls eine wichtige Rolle spielen. So wirkt die Kamille z. B. wundheilungsfördernd, antibakteriell, krampflösend und beruhigend.

Verwendung
Als Zubereitung in Tees, für Dampfbäder, Spülungen, Bäder und Umschläge werden die Blütenköpfchen genutzt.

Vorsicht
Vorsicht! Kamille sollte nur in den empfohlenen Dosierungen und nicht über einen sehr langen Zeitraum verwendet werden, da dann Nebenwirkungen auftreten können. Kamille darf nicht, wie es traditionell empfohlen wird, bei entzündeten Augen verwendet werden, da ihre Inhaltsstoffe zu Augenreizungen führen und so die Grunderkrankung verschlimmern können.

Gesundheit
Kamille kann als Tee angewendet werden bei Magen-Darm-Beschwerden und zum Gurgeln bei Reizungen und Entzündungen der Mund- und Rachenschleimhaut sowie der oberen Atemwege. Bei schlecht heilenden Wunden und bakteriellen Hauterkrankungen haben sich Bäder oder Umschläge bewährt. Eine Besserung bei Erkrankungen des Anal- und Genitalbereichs tritt häufig durch Sitzbäder, Spülungen und Waschungen mit Kamillenaufguss ein.

Bei Erkältungen, Schnupfen und Entzündungen der Nasenneben- oder Stirnhöhlen bringen Inhalationsdampfbäder mit Kamille, zwei- bis dreimal täglich durchgeführt, meist schnell wieder Linderung. Dafür werden etwa 6 Esslöffel Blüten in eine Schüssel gegeben und mit 1–2 Litern kochendem Wasser aufgegossen. Nun hält man das Gesicht über die Schüssel, deckt den Kopf mit einem großen Handtuch ab und atmet den Dampf etwa 10 Minuten lang möglichst tief ein.

Wellness
Unreine Haut kann mit Dampfbädern wieder besser aussehen, da Kamille desinfizierende Wirkung besitzt. Zwei- bis dreimal wöchentlich sollte dies angewendet werden.

Haarspülung: Übergießen Sie 20 g Kamille mit 100 ml heißem Wasser; lassen Sie den Sud etwas ziehen und abkühlen, und geben Sie ihn dann für 5–10 Minuten auf die Haare. Anschließend in die Sonne gehen, so werden blonde Haare noch heller.

Steinklee *Melilotus officinalis*

Der Name setzt sich aus den griechischen Begriffen *meli* für Honig und *lotos* für Klee zusammen. Der Gelbe Steinklee wurde schon in der Antike als Heilmittel verwendet und hatte seinen festen Platz in den Kräutergärten der Klöster. Schon damals wurde er bei Venenleiden wie Krampfadern und Hämorrhoiden eingesetzt, wurde aber auch bei Geschwüren, Magenschmerzen, Leberleiden und Gebärmuttererkrankungen verwendet.

Andere Namen

Bärenklee, Gelber Steinklee, Honigklee, Melilotenklee, Mottenklee, Schotenklee, Traubenklee

Familie

Fabaceae (Schmetterlingsblütengewächse)

Herkunft/Vorkommen

Die in Europa und Asien beheimatete Pflanze mag kalkreiche Böden und findet sich an Weges- und Feldrändern, auf Brachland und in Kiesgruben.

Blütezeit

Juni bis August

Merkmale

Diese zweijährige Pflanze besitzt kantige, verästelte Stängel, die bis zu 1,50 m groß werden können. Die gestielten wechselständigen Blätter sind dreizählig und am Rand gezähnt. Die zahlreichen kleinen, leuchtend gelben Blüten sind in Trauben angeordnet und haben einen glockenförmigen Kelch. Die braunen Samen befinden sich in der runden Hülse.

Inhaltsstoffe und Eigenschaften

Melilotin und weitere Cumaringlykoside, Flavonoide, Gerbstoffe, Schleim. Entzündungshemmend, adstringierend, beugt Thrombose vor, krampflösend, schmerzlindernd, beruhigend und harntreibend; Blüten verströmen einen Honigduft, die getrockneten Blätter schmecken würzig-süßlich und duften nach Heu.

Verwendung

Blätter und blühende Zweigspitzen werden zur Blütezeit gesammelt und möglichst schonend getrocknet, da sich die Cumarine erst beim Trocknen entwickeln. Die Blüten werden gelegentlich Tabakmischungen zur Verbesserung des Aromas beigemengt.

Vorsicht

Vorsicht! Steinklee darf nicht eingenommen werden, wenn ebenfalls blutgerinnungshemmende Medikamente verordnet wurden. Selten können bei der innerlichen Anwendung vom gelben Steinklee Kopfschmerzen auftreten.

Gesundheit
An erster Stelle beim gesundheitlichen Nutzen des Steinklees ist vor allem seine positive Wirkung auf die Gefäßwände zu nennen. So wird er eingesetzt bei chronisch venöser Insuffizienz, zur Vorbeugung von Thrombosen, Schmerzen, Schwellungen und Schweregefühl in den Beinen, aber auch bei Wadenkrämpfen und Juckreiz. Empfohlen wird er auch bei Venenentzündung, Hämorrhoiden und Lymphstauchungen. Bei Blutergüssen, Prellungen und Verstauchungen soll er Linderung bringen. Zudem soll er hilfreich sein bei Menschen, die unter nervöser Unruhe leiden und Probleme beim Einschlafen haben sowie Schwellungen der Augen mindern. Da Steinklee ebenfalls beruhigend und krampflösend wirkt, wird er traditionell unter anderem bei Blähungen, Verdauungsstörungen und während der Wechseljahre gegeben.

Zur Venenstärkung oder Anregung des Lymphflusses sollten täglich 2–3 Tassen Tee getrunken werden. Auf 1 Teelöffel getrockneten Steinklee wird 1 Tasse kochendes Wasser gegossen. Den Aufguss vor dem Abseihen 10 Minuten ziehen lassen.

Bei schweren Beinen oder Hämorrhoiden empfehlen sich Teil- bzw. Sitzbäder, auf 1 Liter Wasser kommen dann 5 Esslöffel der Blüten oder des Krauts.

In der Küche
Als Gewürz eignet sich getrockneter Honigklee in geringen Mengen zum Verfeinern von Süßspeisen und Kompotten, aber auch als Zutat zu Wurst, Eintöpfen, Salatmarinaden und Braten. In der Schweiz wird mit dem blaublühenden Verwandten, dem Schabzigerklee, der berühmte Gruyère-Käse gewürzt.

Melisse *Melissa officinalis*

Seit alters her ist die Melisse ein hoch geschätztes Heil- und Würzkraut. Ein Kraut, das anmutige Träume mache und das schwache, verängstigte Herzen stärke. Benediktinermönche brachten sie im Mittelalter aus Italien über die Alpen in die mitteleuropäischen Klostergärten, wo sie schnell auch als Likörwürze ihre Liebhaber fand. Noch im 18. Jahrhundert war man davon überzeugt, dass eine tägliche Dosis Zitronenmelisse vor Alter, Krankheit und geistigem Verfall schütze. Hervorzuheben ist, wie einige Volksnamen bereits verraten, die Bedeutung der Melisse bei allerlei Frauenleiden und Frauenbeschwerden, wie der Förderung der Fruchtbarkeit, der Regulierung der Monatsblutung und dem Einsatz in den Wechseljahren.

Andere Namen
Bienenkraut, Frauenwohl, Herztrost, Mutterkraut, Zitronenkraut, Zitronenmelisse

Familie
Lamiaceae (Lippenblütengewächse)

Herkunft/Vorkommen
Melisse stammt ursprünglich aus dem Mittelmeerraum und Westasien. Obwohl sie eine beliebte Kultur- und Gartenpflanze ist, kommt sie nicht verwildert vor.

Standort
Die Art kommt in ihrer Heimat an Flussufern und Waldrändern, unter Hecken sowie an anderen geschützten Standorten vor; im Garten wird ein warmer, ebenfalls geschützter Platz mit gut durchlässigem Boden benötigt.

Blütezeit
Juni bis August

Merkmale
Sie ist eine ausdauernde Staude mit stark verästelten Stängeln, die eine Höhe bis zu 70 cm erreichen können. Die eiförmigen Blätter sind gegenständig angesetzt. An den Blattachsen sitzen die kleinen weißen oder weißlichgelben Lippenblüten als Scheinquirle angeordnet. Kann man der Pflanze humusreichen Boden bieten, lässt sie sich gut im Garten ziehen, kann aber auch als Topfpflanze im Gartenfachhandel erworben werden.

Inhaltsstoffe und Eigenschaften
Der wichtigste Inhaltsstoff ist ohne Zweifel das ätherische Öl, dazu lassen sich z. B. auch noch Flavonoide, Triterpene, Polyphenole und Gerbstoffe feststellen. Melisse wirkt entspannend, krampflösend, schweißtreibend, nervenberuhigend, entzündungshemmend und antibiotisch.

Verwendung
Die Heilkraft der Melisse steckt in deren Blättern, die vor der Blüte geerntet werden sollten. Besonders wichtig ist eine schonende Trocknung, damit die ätherischen Öle enthalten bleiben. Zum Einsatz kommt Melisse hauptsächlich in Tees und Melissengeist, bei Bädern und in der Aromatherapie.

Gesundheit
Heute schätzt man das süßlich schmeckende Kraut vor allem wegen seiner beruhigenden Eigenschaften, setzt es also beispielsweise als entspannendes Tonikum bei Angstgefühlen, Unruhe und Reizbarkeit ein. Es gilt aber auch als nützlich bei Verdauungsbeschwerden, die durch Überängstlichkeit hervorgerufen werden, darunter Magenverstimmung, Übelkeit, Blähungen und kolikartige Schmerzen, und man kann es zur Behandlung von Schnittwunden, Insektenstichen sowie Lippenherpes verwenden. Außerdem lässt sich durch eine Gesichtkompresse aus Melissenblättern ein übermäßiges Fetten der Haut verhindern. Ein Aufguss (5 g Blätter auf 100 ml heißes Wasser) ist aber auch ein gutes und vor allem angenehm schmeckendes Wundwasser zur Behandlung von Entzündungen im Mund- und Rachenraum, und kann außerdem bei Rheuma- und Gelenkschmerzen verwendet werden.

Wellness
Die Blätter der Zitronenmelisse eignen sich gut für Duftkissen und Potpourris,

also Duftmischungen aus aromatisch riechenden und farbenfrohen Blüten und Blättern, die ein wenig vom Flair des sommerlichen Kräutergartens in die Wohnung bringen.

Zur Entspannung wird ein Tee aus 8 Esslöffeln Blättern und 1 Liter Wasser zubereitet und dem Badewasser zugegeben.

In der Küche
Frische Blätter lassen sich in Salaten, Suppen und Soßen verwenden, aber auch zum Würzen von Fisch, Fleisch und Geflügel (nicht mitkochen) sowie zum Verfeinern von Quark. Melissenblätter eignen sich aber auch zum Aromatisieren von Kräuteressig, der so eine ganz besondere Note bekommt; außerdem kann man die Blätter zum Verfeinern von Joghurt, Quark und Dessert verwenden, vor allem wenn Äpfel die Grundlage für die Nachspeise sind. Am bekanntesten ist aber vielleicht das Aromatisieren von Likören. Ein Beispiel ist der bekannte Melissengeist, den die Karmeliter schon vor etwa 400 Jahren erfanden.

Panna Cotta mit Zitronen-Melisse

Zutaten für 4 Personen

4 Blatt weiße Gelatine
250 g Sahne
250 ml Milch
1 Vanilleschote
3 El Zucker
2 El fein gehackte Zitronen-Melisse
2 El Marsala
4 Zitronen-Melisseblättchen

Zubereitung

1 Die Gelatine in kaltem Wasser einweichen. Sahne und Milch in einen Topf füllen, die Vanilleschote aufschneiden und das Mark herauskratzen. Zu Sahne und Milch geben. Den Zucker unterrühren und die Mischung aufkochen lassen. Bei geringer Temperatur etwa 10 Minuten köcheln.

2 Die Gelatine gut ausdrücken und in die Sahne-Milch geben, unter Rühren darin auflösen. Nun die gehackte Zitronen-Melisse unterrühren, anschließend den Topf vom Herd nehmen.

3 Die Panna Cotta in kalt ausgespülte runde Förmchen füllen und mindestens 6 Stunden kühl stellen, bis sie fest geworden ist. Danach die Panna Cotta auf Teller stürzen, mit etwas Marsala beträufeln und mit Zitronen-Melisseblättchen dekorieren.

Zubereitungszeit: ca. 30 Minuten (plus 6 Stunden Kühlzeit)

Pfefferminze *Mentha x piperita*

Die Minze gehört zu den ältesten Heilkräutern, die wir kennen, denn man fand schon ungefähr 3000 Jahre alte, getrocknete Blätter in ägyptischen Pyramiden. Aber auch die Griechen und Römer der Antike schätzen diese Pflanze, während sie in Mitteleuropa erst im 18. Jahrhundert populär wurde. Den wissenschaftliche Gattungsname geht auf eine griechische Göttersage zurück, nach der Pluto seine Gattin mit der schönen Mentha betrog, woraufhin die verbitterte Ehefrau ihre Nebenbuhlerin in eine Minze verwandelte. Die heutige Kulturminze bzw. Echte Pfefferminze ging aus drei verschiedenen Wildformen hervor und ist seit Ende des 17. Jahrhunderts in England nachgewiesen, wo man wahrscheinlich auch die meisten Rezepte mit Pfefferminze kennt. Allen großen Kulturvölkern war die „wilde" Minze seit jeher mit ihren hoch geschätzten heilenden und aromatisierenden Eigenschaften bekannt. Zu biblischen Zeiten wurde sie sogar als Steuerzahlung akzeptiert, im Rom des Dichters Ovid schmückte man als Zeichen der Gastfreundschaft Tische und Räume mit ihr und spätestens ab dem 9. Jahrhundert war sie fester Bestandteil eines jeden Kräutergartens.

Andere Namen
Aderminze, Edelminze, Englische Minze, Gartenminze, Katzenkraut, Teeminze

Familie
Lamiaceae (Lippenblütengewächse)

Herkunft/Vorkommen
Die Echte Pfefferminze ist aller Wahrscheinlichkeit nach eine Kreuzung aus Grüner Minze *(Mentha spicata)* und Wasserminze *(Mentha aquatica)*, die beide ähnliche, wenn auch schwächere, therapeutische Eigenschaften haben.

Standort
Die Pfefferminze kommt bei uns teilweise verwildert vor, hauptsächlich findet man sie aber in Gärten, wo sie einen lichten, halbschattigen Platz mit nicht zu trockenem Boden benötigt.

Blütezeit
Mai bis September

Merkmale
Bis zu 80 cm hohe, stark aromatische, einjährige Pflanze mit einem vierkantigen

Stängel und gegenständigen, länglich-ovalen, dunkelgrünen Blättern mit einem unregelmäßig gezähnten Rand sowie hellvioletten Blüten, die in ährenartigen Blütenständen angeordnet sind. Stängel und Blätter duften stark aromatisch.

Inhaltsstoffe und Eigenschaften
Ätherisches Öl mit 50 % Menthol, Menthon, Jasmon und weiteren Komponenten; Gerbstoff Rosmarinsäure, Bitterstoffe, Flavonoide. Krampflösend, wirkt bei Übelkeit, Brechreiz, Magen- und Verdauungsbeschwerden, fördert die Gallesekretion, blähungswidrig, antiseptisch, schmerzstillend bis leicht betäubend, entspannend, schweißtreibend und stärkend bei Erkältungskrankheiten; stark aromatischer, mentholartiger Duft; frischer, pfeffrig-minziger Geschmack.

Verwendung
Die frischen Blätter der Pfefferminze können über die gesamte Wachstumsperiode fortlaufend gepflückt werden. Die beste Zeit, um sie für das Trocknen zu schneiden ist kurz vor der Blüte, da dann der Gehalt an ätherischen Ölen am höchsten ist. Pfefferminze wird seit jeher in der Heilkunde verwendet, als Tee zubereitet und dient als prägnantes Gewürz. Pfeffer-

minzöl aus Blättern und Sprossen der blühenden Pflanze gewonnen aromatisiert Bonbons, Liköre und wird zu medizinischen sowie kosmetischen Zwecken eingesetzt.

Vorsicht

Menschen mit empfindlichen Magen oder Magen-Darm-Geschwüren sollten auf die Einnahme von Pfefferminze verzichten, da dies zu Übersäuerung führen kann. Grundsätzlich ist von der dauerhaften Einnahme der Echten Minze abzuraten. Bei der äußerlichen Anwendung des Öls ist immer darauf zu achten, dass es nicht in die Augen gelangt. Kleinkinder- und Säuglinge sollten nicht damit behandelt werden.

Gesundheit

Die wirksamen Bestandteile der Pfefferminze befinden sich hauptsächlich in den ätherischen Ölen, die aus den Öldrüsen der Blätter stammen und aus etwa 130 verschiedenen Substanzen bestehen. Für eine gute Qualität spielt der Gehalt an Menthol und Menthon eine große Rolle, wobei Menthol den kühlenden Minzgeschmack bewirkt. Ihre Flavonoide und Gerbstoffe zeichnen für die heilenden Prozesse verantwortlich. Pfefferminztee schafft Abhilfe bei kolikartigen Verdauungsstörungen, bei Erkältungen, Grippe, Menstruationsbeschwerden und hilft Schwangeren über die Morgenübelkeit. Pfefferminzöl vertreibt Kopfschmerzen und wirkt als Einreibemittel entspannend, kühlend und antiseptisch bei Muskelschmerzen oder gereizter Haut. Achtung bei Allergien.

Wellness

Fein gehackte Pfefferminze erfrischt als aromatische Zugabe in Getränken. Bekanntestes Beispiel ist der durstlöschende Pfefferminztee, wie er so gerne in den Ländern des Orients getrunken wird. Pfefferminztee hilft übrigens auch bei Reisekrankheit. Pfefferminztee kann allerdings trotzdem nicht als tagtägliches Getränk empfohlen werden, da bei Dauergebrauch (maximal 3 Monate 1 l pro Tag) die Magensäure verändert und die Magenwand angegriffen wird.

In der Küche

Pfefferminze als Würze zu Salaten, Gemüsen, Fleischgerichten und Milchprodukten ist besonders in der angelsächsischen, südosteuropäischen und orientalischen Küche verbreitet. Sie passt gut zu Schaffleisch – wie z. B. in der englischen Mint Sauce – aber auch andere Fleischsorten sogar Fisch, z. B. Aal – vertragen ihr typisches Aroma. Die Minze verfeinert Gemüse, vor allem Auberginen, Aufläufe oder Eintöpfe aus Erbsen, Kohl oder Karotten. In Joghurt und Quarkspeisen sowie Obstsalaten lässt sich die Minze gut mit anderen Würzkräutern beispielsweise der Zitronenmelisse kombinieren. Schon mit einer kleinen Prise entfaltet sie ihre Wirkung.

Gebackene Auberginen

Zutaten für 4 Personen

2 mittelgroße Auberginen
300 g Hähnchenbrustfilet
300 g Geflügelleber
300 g Kichererbsen aus der Dose
4–5 El Tomatenpüree (FP)
4 El Olivenöl
Je 4 El gehackte Minze und Petersilie
Salz, Pfeffer
Zimtpulver
Fett für die Form, 4 Eier
6–8 El geriebener Pecorino
Cayennepfeffer
3–4 El Tomatensaft

Zubereitung

1 Die Auberginen waschen, trocknen und halbieren. Das Fruchtfleisch vorsichtig herauslösen, ohne die Haut zu verletzen. Ca. 1 cm Rand dabei stehen lassen. Das Fruchtfleisch fein hacken.

2 Das Hähnchenbrustfilet und die Geflügelleber waschen, häuten, putzen und fein hacken. Die Kichererbsen in ein Sieb geben und gut abtropfen lassen. Anschließend mit einer Gabel zerdrücken. Das Auberginenfleisch mit Fleisch, Kichererbsen und Tomatenpüree mischen.

3 Das Öl erhitzen und alles zusammen darin ca. 2–3 Minuten braten. Die Kräuter dazugeben und alles mit Salz, Pfeffer und Zimt abschmecken. Die Masse in die Auberginenhälften füllen.

4 Den Backofen auf 180 °C vorheizen. Die Auberginen in eine gefettete Form setzen. Die Eier mit Pecorino, Cayennepfeffer und Tomatensaft verquirlen und über die Auberginen gießen.

5 Auf der mittleren Einschubleiste ca. 25–35 Minuten backen. Herausnehmen, anrichten und servieren.

Zubereitungszeit: ca. 50 Minuten

Bärwurz *Meum athamanticum*

Andere Namen
Bärendill

Familie
Apiaceae (Doldenblütler)

Herkunft/Vorkommen
Europa

Standort
Die Pflanze kommt wildwachsend hauptsächlich auf Wiesen und Weiden einiger Mittelgebirge und der Alpen vor (nicht auf Kalk); im Garten wird ein sonniger bis halbschattiger Platz mit feuchtem, nährstoffreichen Boden benötigt.

Blütezeit
Mai bis August

Merkmale
Ausdauernde, bis 50 cm hohe Pflanze mit einem kräftigen Rhizom und vielfach fiederschnittigen, teilweise haarfeinen Blättern; die gelblich-weißen, manchmal auch rötlichen Blüten sind in Dolden angeordnet. Auffällig ist außerdem der intensive, würzige, etwas süßliche Duft, der ein wenig an Fenchel, Dill oder Liebstöckel erinnert.

Inhaltsstoffe und Eigenschaften
Die Bärwurz hat hauptsächlich appetitanregende und verdauungsfördernde Eigenschaften.

Verwendung
Die Blätter können den ganzen Sommer über geerntet werden; die Wurzel wird im Spätherbst ausgegraben. Im Gegensatz zum Dill, der beim Trocknen einen Teil seines Aromas verliert, kann getrockneter Bärendill problemlos in gut verschlossenen Glas- oder Porzellangefäßen aufbewahrt werden.

Gesundheit
Therapeutisch verwendet wird die Wurzel, die als Tee zubereitet den Appetit anregen, aber auch Menstruationsbeschwerden lindern soll.

In der Küche
Die süßlich schmeckenden Blätter können zum Würzen von Fisch- und Fleischgerichten sowie Eierspeisen, Soßen und Suppen verwendet werden, aber auch zum Verfeinern von Reis, Quark und Salaten. Die Wurzel wird manchmal für Kräuterschnäpse benutzt.

Versuchen Sie statt der üblichen Kerbelsuppe doch einmal eine Bärwurzsuppe (nur den Kerbel durch Bärwurzblätter ersetzen), und Sie werden mit einem deutlich veränderten Geschmackserlebnis belohnt.

Goldmelisse *Monarda didyma*

Ihren Gattungsnamen Monarda erhielt diese Pflanze zu Ehren des spanischen Arztes Nicolas Monardes, der bereits 1569 in einem Kräuterbuch die Eigenschaften zahlreicher Pflanzen aus der (damals wirklich noch) Neuen Welt beschrieb. In Amerika galt sie im 19. Jahrhundert als gutes Tonikum zur Regulation der Periodenblutung.

Andere Namen
Bergamotte

Familie
Lamiaceae (Lippenblütler)

Herkunft/Vorkommen
Nordamerika

Standort
Die Pflanze wächst in ihrer Heimat überwiegend an offenen, trockenen, sandigen Standorten, und auch im Garten wird ein sonniger Platz mit gut durchlässigem Boden benötigt.

Blütezeit
Juni bis September

Merkmale
Ausdauernde, bis 90 cm hohe Pflanze, mit einem behaarten, verzweigten Stängel und großen, scharlachroten, etwas struppig wirkenden Blütenköpfen sowie aromatischen, nach Zitrone duftenden Blättern. Letztere sind lanzettlich mit einem gesägten Rand und langen Stielen, die an der Basis oft rötlich gefärbt sind.

Inhaltsstoffe und Eigenschaften
Die Pflanze hat vor allem verdauungsfördernde Eigenschaften.

Verwendung
Die Ernte der Blätter, die getrocknet längere Zeit aufbewahrt werden können, erfolgt während der Blüte im Sommer und Frühherbst.

Gesundheit
Die getrockneten Blätter lassen sich zu einem Tee aufbrühen, der zur Linderung von Verdauungsstörungen beitragen kann; manchmal werden die Blätter aber auch zur Geschmacksverbesserung anderer Teemischungen verwendet.

Die nah verwandte Punktierte Indianernessel oder Pferdeminze *(Monarda punctata)* kann ebenfalls bei Beschwerden des Verdauungssystems, aber auch bei Erkrankungen der oberen Atemwege verwendet werden.

In der Küche
Frische Blätter kann man (sparsam) in Salaten und für Bratenfüllungen verwenden, aber auch zum Aromatisieren von Obstkonserven.

Tellerkraut *Montia perfoliata*

In Nordamerika war das anspruchslose, schnell wachsende Tellerkraut zur Goldgräberzeit eine beliebte Salatpflanze, sodass man es in den USA auch „miner's lettuce" nennt. Übernommen wurde die Nutzung von den Indianern, die diese Pflanze als Salat oder als spinatähnliches Gemüse verwendeten.

Andere Namen
Winterportulak, Kubaspinat

Familie
Portulaceae (Portulakgewächse)

Herkunft/Vorkommen
Nordamerika

Standort
Für die Kultur im Garten wird ein feuchter, nicht zu sonniger Platz mit lockerem Boden benötigt. Ausgesät wird im Herbst, weil zum Keimen Temperaturen unter 12°C notwendig sind. Die Ernte erfolgt dann im Frühjahr. Sobald die Pflanzen anfangen zu blühen, werden sie vollständig geerntet, damit sie auf keinen Fall Samen ausbilden, denn sonst wird diese Pflanze leicht zu einem unausrottbaren Unkraut.

Blütezeit
April bis Juni

Merkmale
Einjährige, bis 10 cm hohe Pflanze mit zwei, zu einer Hochblatthülle verwachsenen Blättern, die an eine Schüssel oder einen Teller erinnern (daher der Name Tellerkraut) und kleinen weißen Blüten.

Inhaltsstoffe und Eigenschaften
Das Tellerkraut ist sehr vitaminreich und enthält außerdem viel Magnesium, Calcium und Eisen.

Gesundheit

Therapeutisch wird das Tellerkraut weniger häufig eingesetzt. Vereinzelt nutzt man es im Rahmen einer Frühjahrskur und als harntreibendes Mittel.

In der Küche

Das Tellerkraut wird vor allem als vitaminreiches Salatgemüse genutzt, beispielsweise in Kombination mit Zwiebeln, Chicorée und Kresse, oder man dünstet es wie Spinat. Werden die zarten Blätter nicht zu tief abgeschnitten, sind mehrere Ernten möglich. Im Kühlschrank lassen sich die geernteten Pflanzenteile problemlos einige Tage aufbewahren.

Die attraktiven Blätter lassen sich gut als dekorative und gleichzeitig vitaminhaltige Dekoration von Cremesuppen verwenden.

Curryblatt *Murraya koenigii*

Andere Namen

Curryblattbaum

Familie

Rutaceae (Rautengewächse)

Herkunft/Vorkommen

Südwestasien, auch verwildert.

Blütezeit

April bisMai

Merkmale

Immergrüner Strauch bzw. kleiner Baum bis 3 m hoch; bis zu 30 cm lange Laubzweige mit wechselständigen, unpaar gefiederten, lanzettlich-breiten Blättern; in Trauben weiße, süßlich duftende kleine Blüten, gefolgt von spinatgrünen Beeren.

Inhaltsstoffe und Eigenschaften

Ätherisches Öl nach Curry duftend, Terpene, Alkaloid Murrayacinin. Appetitanregend, verdauungsfördernd, antibakteriell, antifungizid; stark aromatisch, würzig, scharfer Geschmack.

Verwendung

Die Blätter des Curryblattbaumes werden ganzjährig geerntet und sind in der Küche des Subkontinents Indien ein wichtiges Gewürz bzw. Gemüse. Rinde und Wurzel werden medizinisch genutzt.

Gesundheit

Currybaumblätter, die in Indien frisch, bei uns nur getrocknet angeboten werden, wirken roh gegessen, als Saft oder Aufguss beruhigend auf Magen, gegen Übelkeit und sind fiebersenkend. Ein Extrakt aus Rinde oder Wurzel hilft äußerlich angewendet bei Entzündungen oder bei Bissverletzungen durch giftige Tiere.

In der Küche

Curryblätter werden immer frisch, oft trocken geröstet oder in etwas Butterfett gebraten verwendet und den Gerichten meist erst kurz vor dem Servieren beigegeben. Typisch sind sie in reinen Gemüsegerichten. Auf Sri Lanka verwendet man Curryblätter auch zum Würzen von Hühner- und Rindfleischcurrys sowie für kurz gebratenes Gemüse. Da die Blätter ihren feinen Geruch beim Trocknen verlieren, sollte man sie immer frisch kaufen und sofort verwenden. Erhältlich sind sie in Asialäden.

Muskatnuss, Macis

Myristica fragrans

Bis ins hohe Mittelalter gelangten die beehrten Nüsse und ihre Blüten ausschließlich über arabische Händler nach Europa. Mit Muskatnuss würzte man viele Getränke–so auch Bier oder Met oder die beliebten Würzweine. Mit Entdeckung des Seewegs nach Indien und der Eroberung der Molukken 1512 durch die Portugiesen wurde die Muskatnuss – eigentlich ein Samen – eines der wichtigsten Handelsgüter der Portugiesen und später der Holländer. Sie besaßen das Monopol auf Handel und Anbau der Pflanze, welches sie streng überwachten. Man schätzte die Muskatnuss als Allheilmittel und stärkendes Tonikum. Ihre halluzinogene Wirkung erkannte man bald an Liebhabern der Muskatnuss, die der Nuss mehr zusprachen als ihnen gut tat.

Andere Namen

Echter Muskatnussbaum

Familie

Myristicaceae (Muskatnussgewächse)

Herkunft/Vorkommen

Ursprünglich Banda-Inseln und Molukken, heute Indonesien, Sri Lanka, Indien, Mittel- und Südamerika.

Merkmale

Immergrüner, zweihäusiger bis zu 30 m hoher Baum, in Kultur 15 m hoch; länglich-ovale Blätter; aprikosenartige Früchte nur aus den Fruchtknoten der kleinen weißen Blüten weiblicher Pflanzen; ein einziger, schwarzer, holziger als „Nuss" bezeichneter Samen von leuchtend rot zerschlitzten Samenmantel (Blüte) umhüllt.

Inhaltsstoffe und Eigenschaften

Fette Öle, ätherische Öle mit Pinen, Camphen, Borneol, Linalool; Alkaloid Myristicin, Phenole. Verdauungsfördernd, krampflösend, blähungswidrig, antiseptisch, entzündungshemmend, beruhigend, halluzinogen; holziger Geruch, feurig-würzig, leicht bitteres Aroma – die Blüte etwas feiner als die Nuss.

Verwendung

Nicht nur der Kern der Muskatnussfrucht, sondern auch die Muskatblüte – Macis – die faserige Schale der Nuss, wird als Gewürz genutzt. Den geernteten Früchten entnimmt man die Nuss samt ihres Samenmantels. Die Samenmäntel werden dabei vorsichtig abgestreift und getrocknet, als Macis oder Muskatblüte kommen sie in den Handel. Die Nüsse werden ebenfalls getrocknet, dann geknackt und die Kerne in Kalkmilch getaucht. Früher geschah dies, um die Muskatnüsse vor Insektenbefall zu schützen, heute gilt dies immer noch als Qualitätszeichen. Muskat gehörte stets zu den teuersten Gewürzen der Welt, wobei die „Blüte" den höheren Wert besitzt. Die fettigen Öle von Muskatnuss und Blüte werden außerdem zur Herstellung von Seifen und Parfümen genutzt; Mazisöl in der Kosmetik sowie bei der Likörherstellung zur Aromatisierung.

Vorsicht

In größeren Mengen (ab 5 g) verursacht Muskat starke Müdigkeit, Übelkeit, Herzrasen, Halluzinationen und Euphorie, es kann zu Fehl- und Frühgeburten kommen. Die Wirkung von Alkohol wird durch Muskat erhöht.

Gesundheit

Während in der westlichen Küche Muskat ein erster Linie als Gewürz genutzt wird, kennt Asien sie eher als Heil- und Arzneimittel – bevorzugt bei Magenbeschwerden eingesetzt. Ein Kräutertee mit Muskat gewürzt wärmt den Magen, löst Krämpfe im Magen-Darmbereich, lindert Durchfall und hilft bei Blähungen. Aus Macis werden Rheumasalben hergestellt und Muskatöl kann ähnlich wie Nelkenöl Zahnschmerzen lindern.

In der Küche

Muskatnuss, am besten frisch gerieben, verfeinert Kartoffel- und Gemüsegerichte–passt besonders gut zu allen Kohlarten – schmeckt zu Ragouts, Überbackenem mit Käse und auch zu Desserts, wie Apfel- oder Birnenkompott. Macis schmeckt feiner als die Nuss selbst und harmoniert zu Süßem und zu feinen Gemüsegerichten. Muskat ist außerdem ein klassisches Weihnachtsgewürz für Gebäck, Christstollen und Lebkuchen.

Grüne Joghurtsuppe

Zutaten für 4 Personen

2 Bund Frühlingszwiebeln
4–6 El Butterschmalz
1 kg Blattspinat
Je 1 Bund Petersilie, Minze, Koriandergrün und frischer Bockshornklee
150 g gehackte Walnüsse
1 l Gemüsefond
Salz
Pfeffer
800 g Naturjoghurt
1–2 Tl frisch geriebene Muskatnuss

Zubereitung

1 Die Zwiebeln putzen, waschen, trocknen und in feine Ringe schneiden. Das Butterschmalz erhitzen und die Zwiebelringe darin glasig anschwitzen.

2 Den Spinat und die Kräuter putzen, waschen und grob hacken. Zusammen mit den Walnüssen zu den Zwiebeln geben und ca. 3–4 Minuten schmoren. Den Gemüsefond dazugießen und alles mit Salz und Pfeffer würzen. Bei milder Hitze ca. 10–12 Minuten garen.

3 Die Suppe vom Herd nehmen und den Joghurt einrühren. Die Suppe auf Teller verteilen, Muskatnuss darüber streuen und servieren. Dazu passt Fladenbrot.

Zubereitungszeit: ca. 25 MInuten

Süßdolde *Myrrhis odorata*

Die Süßdolde ist seit dem Mittelalter ständiger Gast in Kloster- und Bauerngärten und wurde häufig als natürliches Süßungsmittel oder als Anisersatz gebraucht. In Alkohol eingelegte Wurzel oder Pflanzenteile aromatisierten so manchen Kräuter- und Magenbitter – und nicht nur solche der Mönche.

Andere Namen
Anisdolde, Myrrhenkerbel, Gartenmyrrhe, Spanischer Kerbel

Familie
Apiaceae (Doldenblütler)

Herkunft/Vorkommen
In den Pyrenäen beheimatet, heute nördliches Europa, auch verwildert

Standort
Die Pflanze findet man bei uns nur in

Gärten, wo sie einen halbschattigen, feuchten Platz benötigt, aber weiter keine besonderen Ansprüche stellt.

Blütezeit
Mai bis Juli

Merkmale
Ausdauernde, bis 1,20 m hohe Pflanze mit hohlen Stängeln, stark zerteilten Blättern, die ein wenig an Farne erinnern, und weißen, in großen Dolden angeordneten Blüten. Die gesamte Pflanze besitzt einen starken aromatischen Eigengeruch, der etwas an Anis erinnert; Blätter und Samen schmecken nach Lakritze.

Inhaltsstoffe und Eigenschaften
Ätherisches Öl mit Anethol (Aniskampfer), Vitamin C, Eisen, Zucker. Allgemein kräftigend, schleimlösend, verdauungsfördernd, harntreibend; süßliches Aroma, an Anis erinnernd; die unreifen, grünen Früchte besitzen ein Nussaroma.

Verwendung
Die gesamte Pflanze kann für Kulinarisches wie auch Medizinisches eingesetzt werden. Ihre Blätter erntet man von Frühjahr bis Spätherbst, die Samen werden unreif oder reif genutzt und die Wurzel im Herbst ausgegraben.

Gesundheit
Alle Pflanzenteile stärken innerlich eingenommen–beispielsweise als Aufguss oder ganz speziell die in Branntwein eingelegte Wurzel – den Organismus und wirken verdauungsfördernd. Selbst ein leichter Husten kann mit Süßdoldentee vertrieben werden.

In der Küche
Für die mitteleuropäische Küche hat die Süßdolde eine eher geringe Bedeutung, während die kältetolerante Pflanze in nördlicher Breiten durchaus geschätzt wird, weil mit ihr ein Küchenkraut zur Verfügung steht, das auch in kälteren Monaten verwendet werden kann. Die Blätter lassen sich vom Frühling bis in den Spätsommer frisch verwenden, etwa zur Verfeinerung von Gemüse. Man kann aber auch Suppen daraus zubereiten (wie Kerbelsuppe) oder sie als Zutat für eine Bowle benutzen; außerdem lassen sich Fruchtsäfte, Quark und Joghurt mit der Süßdolde aromatisieren, oder man verwendet die Samen im Müsli. Allerdings dürfte der starke Lakritzgeschmack für viele etwas gewöhnungsbedürftig sein.

Wenn Sie die Süßdolde zum (kalorienarmen) Süßen einer Bowle verwenden, können Sie nicht nur auf einen Teil des Zuckers verzichten, sondern erhalten gleichzeitig auch noch eine ganz ungewöhnliche Geschmacksnote.

Gemeine Myrte *Myrtus communis*

Im antiken Griechenland war die Myrte der Göttin der Liebe, Aphrodite, geweiht, und auch heute noch gilt ein Kranz aus Myrtenblättern als Hochzeitssymbol.

Familie
Myrtaceae (Myrtengewächse)

Herkunft/Vorkommen
Mittelmeerraum

Standort
In ihrer Heimat wächst die Myrte gern an feuchten Standorten, oft in enger Nachbarschaft mit anderen Sträuchern; im Garten wird ein geschützter, sonniger bis halbschattiger Platz mit neutralem bis basischem, gut durchlässigem Boden benötigt. Ein Winterschutz ist empfehlenswert; man kann die Pflanze aber auch in Kübeln kultivieren.

Blütezeit
Juni bis Oktober

Merkmale
Immergrüner, normalerweise bis 2 m hoher Strauch; die Pflanze kann aber auch zu einen 2–3 m hohen Baum mit rötlicher Rinde heranwachsen. Die glänzenden, mit zahlreichen Öldrüsen durchsetzten Blätter sind oval mit einer dunkelgrünen Ober- und etwas helleren Unterseite; aus den weißen Blüten, die einzeln in den Blattachseln sitzen, entwickeln sich blauschwarze Früchte.

Inhaltsstoffe und Eigenschaften
Die Myrte hat adstringierende, entzündungshemmende, wundheilende, leicht antiseptische, tonische und hustenlindernde Eigenschaften. Die Ernte der Blätter erfolgt während der Blüte, weil das Aroma dann am besten sein soll; die Wurzeln werden im Herbst ausgegraben. Blüten und Blätter lassen sich getrocknet aufbewahren oder in Essig einlegen.

Vorsicht
Das isolierte ätherische Öl darf innerlich nur unter ärztlicher Überwachung angewendet werden.

Gesundheit
Ein Aufguss aus Blätter wirkt adstringierend und antiseptisch, sodass man mit ihm Wunden behandeln kann; außerdem lässt sich die Myrte bei Verdauungsstörungen und Harnwegsbeschwerden einsetzen.

In der Küche
Die Blüten können unter Obstsalat gemischt werden, die fein gehackten Blätter dienen zur Verfeinerung von Salaten, und aus der Wurzel lässt sich ein Gemüse in Mehlsoße zubereiten.

Brunnenkresse *Nasturtium officinale*

Glaubt man der Überlieferung, dann bekamen im antiken Griechenland geistig zurückgebliebene Menschen Brunnenkresse zu essen, weil das Kraut angeblich in der Lage war, Störungen des Gehirns zu beseitigen. Dagegen war die Pflanze im alten Persien regelmäßiger Bestandteil von Kindermahlzeiten, weil es hieß, sie würde besonders stark machen. In einem Kräuterbuch aus dem 16. Jahrhundert wurde dagegen empfohlen, sie „faulen Zechbrüdern" zu verabreichen, damit diese wieder munter an die Arbeit gingen.

Familie
Brassicaceae (Kreuzblütler)

Herkunft/Vorkommen
Die Art hat eine fast weltweite Verbreitung (von Wüsten, den Polregionen und anderen Extremstandorten einmal abgesehen).

Standort
Es handelt sich um eine Pflanze, die in der Natur größtenteils unter Wasser wächst, sodass man normalerweise nur die schwimmenden Triebspitzen sieht. Voraussetzung sind allerdings saubere Gewässer, sodass die Pflanze heute nicht mehr überall zu finden ist. Unter geeigneten Voraussetzungen kann man die Brunnenkresse auch im Garten ziehen, etwa in einem Trogbeet, einem sauberen Gartenteich oder sogar in Töpfen, die aber in einer Schale mit Wasser stehen müssen, das täglich gewechselt wird.

Blütezeit
Mai bis August

Merkmale
Ausdauernde, bis 60 cm hohe Pflanze mit teilweise kriechenden, hohlen Stängeln, die an den Knoten neue Wurzeln bilden. Die unpaarig fiederteiligen Blätter sind oval, abgesehen von der Endfieder, die rundlich bis herzförmig und vor allem deutlich größer ist als die Seitenfiedern. Die unteren Blätter haben einen Stiel, während die oberen ungestielt sind; die kleinen, weißen Blüten sind in Trauben angeordnet, die Samen sitzen in einer Schote.

Inhaltsstoffe und Eigenschaften
Brunnenkresse besitzt harntreibende, reinigende, auswurffördernde und hustenstillende Eigenschaften; außerdem ist sie reich an Vitaminen und Mineralsalzen. Die Ernte der frischen Triebe kann von November bis in den Mai erfolgen; die Samen sammelt man im Herbst. Das Trocknen der krautigen Teile ist nicht empfehlenswert, da bei diesem Prozess

nicht nur das Aroma, sondern auch die meisten Wirkstoffe verloren gehen.

Gesundheit
Wegen der enthaltenen Vitamine und Mineralstoffe ist die Brunnenkresse vor allem ein gutes tonisches Kraut. Sie wirkt außerdem harntreibend und appetitanregend, lindernd Verdauungsbeschwerden und hilft dank der enthaltenen Senfölglykoside bei starker Verschleimung der Atemwege. Das Kraut hat aber auch eine anregende Wirkung auf den peripheren Blutkreislauf, sodass man es zum Einmassieren in die Kopfhaut benutzt, oder als Spülung nach dem Waschen der Haare sowie zum Einreiben des Zahnfleisches, das dadurch gestärkt werden soll. Außerdem lässt sich die Brunnenkresse als Hautreinigungsmittel bei Mitessern verwenden, und sie soll auch zum Bleichen von Sommersprossen geeignet sein.

Wellness
Zur Herstellung eines Haarwassers, das die Kopfhaut reinigt und kräftigt, mischt man zu gleichen Teilen den Saft der Brunnenkresse und Alkohol (95 %) und reibt damit einmal täglich die Kopfhaut ein.

In der Küche
Frische Triebe und Blätter können für Salate, als Brotbelag und zum Verfeinern von Quark oder auch Bratkartoffeln verwendet werden; die Samen eignen sich zum Würzen von Fleisch.

Echte Katzenminze *Nepeta cataria*

Der Name der Pflanze rührt daher, dass Katzen von dieser Pflanze wie magisch angezogen werden.

Familie
Lamiaceae (Lippenblütler)

Herkunft/Vorkommen
Südosteuropa, Westasien

Standort
Wildwachsend findet man die Katzenminze hauptsächlich auf Brachflächen, an Weg- und Straßenrändern oder auch an Felsenhängen; im Garten wird ein sonniger, trockener Standort mit gut durchlässigem Boden bevorzugt.

Blütezeit
Juni bis September

Merkmale
Ausdauernde, bis 1 m hohe, dicht behaarte Pflanze mit gestielten, herzförmigen Blättern. Die gelblich-weißen Blüten sind in Scheinquirlen angeordnet; die

gesamte Pflanze weist einen starken minzeartigen Geruch auf.

Inhaltsstoffe und Eigenschaften
Die Katzenminze besitzt aromatische, appetitanregende, krampflösende, schweißtreibende und sedative Eigenschaften. Die blühenden Sprossspitzen werden im Juni und Juli geerntet; sie können an einem geschützten Ort im Schatten getrocknet und dann in dunklen Gläsern aufbewahrt werden.

Gesundheit
Katzenminze hilft bei Blähungen und Koliken, lässt sich aber bei verdauungsbedingten Kopfschmerzen anwenden. Durch ihre schweißtreibenden Eigenschaften kann sie Fieber senken, und weil das Kraut einen angenehmen Geschmack und eine sanfte Wirkung besitzt, ist es auch für Kinder geeignet.
Eine Tinktur kann zum Einreiben bei Rheumatismus, Arthritis oder Beschwerden der Kopfhaut benutzt werden; eine Salbe aus Katzenminze ist hilfreich bei Hämorrhoiden.

In der Küche
Ganz junge Sprossteile können für Salate verwendet werden. Im Garten zieht die Katzenminze nicht nur Bienen an, sondern sie soll auch Erdflöhe fernhalten.

Jungfer im Grünen

Nigella damascena

Es gibt wenig Pflanzen, für die der Volksmund so viele merkwürdige Namen ersonnen hat, wie für dieses Kraut, das nicht nur Jungfer im Grünen heißt, sondern auch Braut im Haar oder Gretel im Busch; in England nennt man es „Jack im Knast" (Jack in Prison) „ Liebe im Nebel" (Love in a mist), in Frankreich „Venushaar" (Cheveux de Venus) oder „Blaubart" (Barbe bleu).

Familie
Ranunculaceae (Hahnenfußgewächse)

Herkunft/Vorkommen
Westasien, Mittelmeergebiet

Standort
In ihrer Heimat kommt die Art auf Brachflächen und an Feld- sowie Wegrändern vor. In Mitteleuropa wird sie gern im Garten kultiviert, wo sie sich oft selbst aus-

säht; man findet sie aber manchmal auch verwildert.

Blütezeit
Juni bis September

Merkmale
Einjährige Pflanze mit einer nicht allzu kräftigen Pfahlwurzel und einem bis 40 cm hohen, kahlen Stängel. Die Blätter sind sehr fein in unregelmäßige, linealische Abschnitte zerteilt; die samtschwarzen, dreieckigen Samen entwickeln sich aus den einzeln stehenden, blauen Blüten.

Inhaltsstoffe und Eigenschaften
Die Pflanze hat aromatische, harntreibende und auswurffördernde Eigenschaften. Die Samen werden im August geerntet, wobei die Kapseln zwar schon braun, aber noch geschlossen sein sollten.

Gesundheit
Therapeutisch werden die Samen vor allem als schleimlösendes und auswurfförderndes Mittel eingesetzt.

Wellness
Zwischen die Wäsche gelegt, sollen die Samen der Jungfer im Grünen Ungeziefer fernhalten.

In der Küche
Die Samen, die einen aromatischen, aber ziemlich ungewöhnlichen Geschmack haben, findet man manchmal auf türkischem oder griechischem Fladenbrot (es kann allerdings auch Echter Kümmel sein), sie können aber auch zum Verfeinern von Quark verwendet werden.

Schwarzkümmel *Nigella sativa*

Bevor der Pfeffer die europäischen Küchen eroberte war sein Vorgänger, der Schwarzkümmel, mit seinem würzig-scharfen Geschmack ein beliebtes Gewürz. Im Mittleren Osten und Vorderasien ist Schwarzkümmel zusätzlich auch seit langem in medizinischem Gebrauch.

Andere Namen
Römischer Kümmel, Schwarzer Koriander

Familie
Ranunculaceae (Hahnenfußgewächse)

Herkunft/Vorkommen
Mittlerer Orient, Indien, Mittelmeerraum

Blütezeit
Juni bis Juli

Merkmale
Einjähriges aufrechtes Kraut, 30–40 cm hoch; mehrfach fiederspaltige Blätter, aus denen endständig einzelne grünlich-weiße oder lichtblaue Blüten wachsen; Frucht-

blätter verwachsen unten zu einer aufgeblähten Sammelbalgfrucht, deren Bälge nach dem Reifen platzen; schwarze, dreieckig kantige Samen.

Inhaltsstoffe und Eigenschaften
Ätherisches Öl; Bitterstoff Nigellin. Abführend, entzündungshemmend, regt die Gebärmutter an, fördert den Milchfluss; herb, scharf-nussiger Geschmack, wie Oregano.

Schwarzkümmel ist übrigens weder botanisch noch geschmacklich mit dem bekannteren Kümmel verwandt. Verwandt ist er hingegen mit der beliebten Gartenzierpflanze „Jungfer im Grünen".

Verwendung
Die aparten Schwarzkümmelpflanzen werden sobald die Bälge aufreißen, geerntet und getrocknet. Danach schüttelt man die Samen heraus, sie werden entweder als Gewürz oder zur Extraktion von Öl genutzt.

Gesundheit
Schwarzkümmeltee ist seit alters her eine bewährte Arznei bei bronchialen Infekten wie auch bei träger Verdauung. In der Frauenheilkunde wird er innerlich bei Menstruationsbeschwerden, Nachgeburtskomplikationen und bei zu geringem Milchfluss verwendet. Seine antiseptische Wirkung nutzt man bei eitrigen Entzündungen und Hämorriden aus und bereitet hierzu Breiumschläge oder Tinkturen.

In der Küche
In der orientalischen Küche würzt Schwarzkümmel Brot, Gemüsegerichte, Curry- Fleisch- und Teigwaren. Er passt besonders gut zu Auberginen, Tomaten und Geflügel.

Basilikum *Ocimum basilicum*

Das vermutlich aus Vorderindien stammende Kraut kam schon vor der Jahrhundertwende ins Mittelmeergebiet und wurde dort schnell zu einer beliebten Heilpflanze. So verwendeten es die Römern bei Blähungen, aber auch als harntreibendes Mittel und als Kraut zur Förderung der Milchbildung; außerdem hieß es, Basilikum würde bei Vergiftungen helfen. Ähnliches lässt sich auch in der Materia Medica nachlesen, die der griechische Arzt Dioskurides im 1. Jahrhundert verfasste, denn darin heißt es, in Afrika esse man Basilikum, um die Schmerzen nach Skorpionstichen zu lindern. Etwa im 9. Jahrhundert fand das aromatisch duftende Kraut seinen Weg über die Alpen nach Mitteleuropa. Hier gedeiht es jedoch nur in warmen Lagen und warmen Sommern sicher. Der deutsche Name

Basilikum

Königskraut soll sich aus dem griechischen Wort *basileios* ableiten, was König bedeutet. Verwendete man zu früheren Zeiten Basilikum auch als Schnupf- und Kautabak, zieht man heute seine Würzeigenschaften vor.

Andere Namen
Basilienkraut, Braunsilge, Deutscher Pfeffer, Königskraut, Krampfkräutl, Nelkenbasilie, Suppenbasil

Familie
Lamiaceae (Lippenblütengewächse)

Herkunft/Vorkommen
Die im subtropischen Asien beheimatete Pflanze ist heute ein weltweit beliebtes Gewürz und wird häufig in Kulturen und Gärten im gemäßigten Klima angebaut. Es gibt sie in über 100 verschiedenen Variationen.

Standort
Basilikum kommt in Mitteleuropa nur in Gärten vor. Dort benötigt die Pflanze einen warmen Platz mit gut durchlässigem Boden; das Kraut lässt sich zudem gut in Töpfen auf der Fensterbank ziehen, was in kühlen und verregneten Sommern auch zu empfehlen ist.

Blütezeit
Juni bis September

Merkmale
Einjährige, bis 50 cm hohe, aromatische Pflanze mit vierkantigem Stängel und glänzenden, oval-lanzettlichen Blättern; die kleinen weißen Blüten sind in Scheinquirlen angeordnet. Es gibt eine große Zahl unterschiedlichster Basilikum-Sorten (insgesamt sollen es in über 150 sein), darunter solche mit rötlichen Blättern oder mit Zitronen- bzw. Zimtduft; andere haben einen besonders würzigen Geschmack, etwa das Mexikanische Gewürzbasilikum oder das Thai-Basilikum.

Inhaltsstoffe und Eigenschaften
Die Pflanze besitzt verdauungsfördernde, krampflösende, aromatische und entzündungshemmende Eigenschaften. Blätter und Blütensprosse werden bei Blütebeginn geerntet. Nicht frisch verwendete Pflanzen lassen sich einige Tage im Kühlschrank aufbewahren; man kann das Kraut aber auch einfrieren, trocknen (im Schatten) oder in Öl bzw. Essig einlegen.

Verwendung
Für die Anwendung in der Küche können die Blätter ganzjährig genutzt werden, für medizinische Zwecke werden sie während der Blüte geerntet. Zur Trocknung eignet sich Basilikum nicht, kann aber eingefroren oder in Öl konserviert werden. Da man es aber auch fast das ganze Jahr über im Handel als Topfpflanze kaufen kann, ist eine Konservierung im Grunde überflüssig. Als Arznei wird Basilikum vorwie-

gend genutzt als Teezubereitung, Presssaft oder Öl zur Einreibung oder Aromatherapie.

Gesundheit
Basilikum wirkt hauptsächlich auf das Verdauungs- und Nervensystem und wird daher zur Behandlung von Blähungen, Magenkrämpfen, Koliken und Verdauungsstörungen angewendet. Es verhindert oder lindert aber auch Übelkeit und Erbrechen und hilft dank seiner beruhigenden Eigenschaften bei Schlafsstörungen, übergroßer Nervosität und leichten Angstzuständen. Äußerlich angewendet können Basilikumblätter der Abwehr von Insekten dienen (Basilikumtöpfe im Zimmer sollen Fliegen fernhalten), und man kann den Saft zur Behandlung von Insektenstichen verwenden.

Wellness
Geben Sie für ein belebendes Bad eine Hand voll Basilikumblätter ins heiße Wasser (in einem Stoffbeutel, um den Abfluss nicht zu verstopfen), und genießen Sie die belebende und deodorierende Wirkung dieser aromatischen Pflanze.

In der Küche
Die innige Verbindung von Basilikum und Tomate kommt nicht von ungefähr – das pfeffrig aromatische Kraut passt einfach zu allem, was mit Tomate zu tun hat: Tomaten mit Mozzarella, Tomatensuppe, Tomatensauce, Tomatensalat ...

Vorzüglich entfaltet Basilikum sein Aroma in der berühmten Pesto alla Genovese. Ebenso gut verfeinert er Fleisch- und Fischgerichte, Nudeln, Rohkost, Salate und Quarkspeisen. Außer zur Pesto – dort wird er püriert – wird das Königskraut fein gehackt oder in ganzen Blättchen verwendet. Damit er seinen Geschmack nicht verliert, gibt man ihn stets frisch bzw. bei warmen Gerichten erst am Schluss der Garzeit dazu.

Mittlerweile werden eine Vielzahl verschiedener Basilikumarten mit unterschiedlichen Blattformen, - farben und Geschmacksnuancen angeboten. Zitronenbasilikum mit seinem leicht zitronigen Geschmack zaubert z. B. aus einer schlichten Quarkspeise eine kleine Köstlichkeit.

Bistecca – Rinderfilet mit Tomatenpüree und Nudeln

Zutaten für 4 Personen

6 Knoblauchzehen
10 Schalotten
250 ml Olivenöl
3–4 El Kräuteressig
1 El gerebelter Oregano
1/2 El zerdrückte Fenchelsaat
1,5 kg Rinderfilet
3 El Olivenöl
Salz
Pfeffer
3–4 El Olivenöl
850–950 g geschälte Tomaten (FP)
1–2 El brauner Rohrzucker
2–3 El frisch gehacktes Basilikum
2 cl Grappa
Frisch gemahlener Pfeffer
250 g grüne Bandnudeln

Zubereitung

1 Für die Marinade 4 Knoblauchzehen und 6 Schalotten schälen und fein hacken. Beides mit Olivenöl, Essig, Oregano und Fenchelsaat verrühren.

2 Das Rinderfilet waschen, trocknen und mit der Marinade begießen. Ca. 4–6 Stunden durchziehen lassen. Anschließend herausnehmen und abtropfen lassen.

3 Das Olivenöl erhitzen und das Rinderfilet darin von jeder Seite ca. 4–6 Minuten braten. Herausnehmen, in Alufolie einschlagen und 5–7 Minuten ruhen lassen. Anschließend in Scheiben schneiden und mit Salz und Pfeffer würzen.

4 Die restlichen Schalotten und Knoblauchzehen schälen und fein hacken. Das Öl erhitzen und beides darin kurz anbraten. Mit den Tomaten und dem Saft ablöschen und mit Zucker, Basilikum und Grappa würzen. Ca. 10 Minuten bei milder Hitze einkochen lassen. Anschließend mit Salz und frisch gemahlenem Pfeffer abschmecken.

5 Die Nudeln nach Packungsanweisung „al dente" kochen. Abgießen, gut abtropfen lassen und zusammen mit dem Rinderfilet und dem Tomatenpüree anrichten und servieren.

Zubereitungszeit: ca. 50 Minuten (plus Zeit zum Marinieren)

Nachtkerze *Oenothera biennis*

In der Geschichte unserer Medizin spielt die Nachtkerze keine große Rolle, die Wurzeln waren allerdings früher als wertvolles und gesundes Gemüse sehr beliebt. Allerdings wurde die Nachtkerze bei den Indianern angewendet und stand dort in dem Ruf, die Genesung von Kranken zu beschleunigen. Heute wird sie vor allem wegen ihrer essenziellen Fettsäuren sehr geschätzt, und es kommen immer mehr neue Anwendungsgebiete hinzu.

Andere Namen
Abendblume, Gemeine Nachtkerze, Gewöhnliche Nachtkerze, Nachtstern, Rapontika, Sommerstern

Familie
Oenotheraceae (Nachtkerzengewächse)

Herkunft/Vorkommen
Diese auffällige Pflanze stammt ursprünglich aus Amerika, ist inzwischen aber in vielen Ländern mit gemäßigtem Klima anzutreffen und wächst dort auch wild. Vorzugsweise sitzt sie in sandigen oder kiesigen Böden und ist an Bahndämmen, Böschungen, Kiesgruben und Ödland zu finden. Sie wird wegen ihres wertvollen Öls aber auch in großen Kulturen angebaut.

Standort
Die eigentlich aus Nordamerika stammende Pflanze hat sich durch eingeschleppte Exemplare seit dem 17. Jahrhundert auch in Europa immer weiter ausgebreitet, sodass man sie heute vielfach auch Brachflächen mit Sandboden, aber auch an Bahndämmen oder Wegerändern finden kann. Im Garten wird ein sonniger bis leicht schattiger Platz mit gut durchlässigem Boden benötigt.

Blütezeit
Juni bis August

Merkmale
Die Nachtkerze, eine zweijährige Pflanze, kann eine Höhe von mehr als 1 m erreichen. Aus dem aufrechten Stängel entspringen die länglichen Blätter, aus deren Blattachseln die hübschen gelben Blüten in großen Ähren wachsen. Am Abend öffnen sich diese und verwelken bereits wieder am kommenden Morgen. Die etwa 3 cm langen Früchte enthalten ungefähr 200 Samen, aus denen das Öl gewonnen wird.

Inhaltsstoffe und Eigenschaften
Die Blüten der Nachtkerze besitzen einen angenehmen und wohlriechenden Duft. Hervorzuheben ist der hohe Anteil an essenziellen Fettsäuren in den Samen, vor allem Gamma-Linolensäure, die wichtige

Funktionen des Körpers unterstützt. Die Blätter enthalten viel Gerbsäure, die sich unter anderem als positiv bei Durchfällen erweisen. In den Wurzeln sind neben Stärke und Eiweißkörpern auch viele wertvolle Mineralstoffe zu finden.

Verwendung
Für medizinische Zwecke werden das Kraut, die Samen und das daraus gewonnene Öl verwendet, es gibt auch zahlreiche Fertigpräparate.

Gesundheit
Als Tee zubereitet, können die Blätter bei Durchfall Linderung bringen. Mit dem Öl sollen bei unterschiedlichen Hautproblemen gute Erfolge erzielt worden sein, z. B. Schuppen, Rötungen und Juckreiz, aber auch bei Neurodermitis. Zugeschrieben wird diese Wirkung der Gamma-Linolensäure. Diese soll sich auch bei Rheuma, Asthma und Allergien positiv auswirken. Berichten zufolge sollen mit Nachtkerzenöl auch Linderung beim prämenstruellen Syndrom und bei Beschwerden in den Wechseljahren erzielt worden sein. Bei Neurodermitis sollten fertige Produkte nach Packungsangabe verwendet werden. Auch bei anderen Hautproblemen können Fertigprodukte helfen, ebenso wie die Einreibung mit Nachtkerzen-Öl Linderung bringen kann.

Wellness
Um dem Körper etwas Gutes zu tun, sollte bei der Zubereitung von Mahlzeiten häufiger auf Nachtkerzenöl zurückgegriffen. Alternativ können auch ganze oder zerkleinerte Samen über die Speisen gestreut werden.

Das Öl aus den Samen der Nachtkerze gilt als gutes Mittel zur Behandlung prämenstrualer Spannungszustände und Wechseljahrsbeschwerden.

In der Küche
Die Wurzeln der Nachtkerze werden wie Schwarzwurzeln zubereitet. Es lohnt sich, dieses gesunde Gemüse auf die Speisekarte zu setzen, ob gekocht oder in einem Salat.

Majoran *Origanum majorana*

Ägyptern, Griechen und Römern war die heilige Pflanze der Aphrodite ein hoch geschätztes Würz- und Heilkraut. Sie würzten mit Majoran ihren Wein und versprachen sich davon eine Steigerung der Liebeskraft. Der Name stammt möglicherweise von den Arabern (*marjamie* = unvergleichlich). Wann er seinen Weg aus dem Mittelmeerraum über die Alpen nahm, lässt sich heute nicht mehr nachvollziehen. Den Kräuterkundigen des Mittelalters war er jedenfalls wohl bekannt, denn sie empfahlen ihn als eine Art Wundermedizin gegen so manches Zipperlein, besonders aber bei Schnupfen, Kopfweh oder allgemeinen Verdauungsstörungen. Als beliebtes Kraut sah man ihn auch bald häufig in den Hausgärten. Da es schon damals einigen Wurstsorten (z. B. Leberwurst) einen guten Geschmack verlieh, wundert es nicht, dass man Majoran auch unter dem Namen Wurstkraut kennt.

Andere Namen
Bratenkräutel, Mairan, Wurstkraut

Familie
Lamiaceae (Lippenblütengewächse)

Herkunft/Vorkommen
Die Pflanze stammt vermutlich aus Südwest- oder Zentralasien, war aber schon in der Antike im Mittelmeerraum heimisch.

Standort
Die Art findet man in Mitteleuropa vor allem im Gärten, wo ein sonniger Platz mit nährstoffreichem, möglichst kalkhaltigem Boden benötigt wird. Da Majoran recht frostempfindlich ist, übersteht er den Winter oft nicht, sodass man ihn jedes Jahr neu aussäen muss. In einem größeren Topf lässt sich er sich aber auch auf der Fensterbank ziehen.

Blütezeit
Juli bis September

Merkmale
Ausdauernder, bis 50 cm hoher Halbstrauch mit stark verzweigten, vierkantigen Stängeln und länglich-ovalen, oberseits oft dicht behaarten Blättern sowie weißen oder rosa bis rötlichen, in Scheinähren angeordneten Blüten, die in den oberen Blattachseln sitzen.

Inhaltsstoffe und Eigenschaften
Der Majoran besitzt aromatische, verdauungsfördernde, krampflösende, antineuralgische und sedative Eigenschaften. Frische, junge Blätter können während der gesamten Vegetationsperiode zum Würzen geerntet werden. Das zum Trocknen vorgesehene Kraut wird kurz vor dem Öffnen der Blüte geerntet und bündelweise an einem luftigen Platz im Schatten aufgehängt (normalerweise treibt die Majoranpflanze nach dem Schnitt noch einmal aus). Die Aufbewahrung des trockenen, zerkleinerten Krautes sollte in gut verschließbaren Glas- oder Porzellangefäßen erfolgen, damit das reiche Aroma möglichst lange erhalten bleibt.

Verwendung
Die kleinen Blättchen können während des ganzen Sommers fortlaufend geerntet werden und haben in der Blütezeit das kräftigste Aroma. Soll Majoran getrocknet werden, schneidet man ihn daher in der Blüte. Majoran ist ein äußerst beliebtes Gewürz, kann frisch wie auch getrocknet verwendet werden, da er kaum an Würzkraft verliert. In Gewürzmischungen für Würste kommt er besonders häufig zusammen mit Thymian vor – klassisch beispielsweise in der Leberwurst. Majoranöl wird zum Aromatisieren von Kräuteressigen oder Likören und als Duftstoff in der Kosmetik genutzt.

Vorsicht

Schwangere sollten auf Majoran verzichten, und das ätherische Öl darf nicht innerlich angewandt werden. Tägliches oder regelmäßiges Trinken des Tees kann durch eine Überdosierung zu Kopfschmerzen führen.

Gesundheit

Vor allem wegen seiner stimulierenden und krampflösenden Eigenschaften ist Majoran nicht nur ein wertvolles Küchengewürz, sondern er lässt sich auch therapeutisch anwenden. So nimmt man ihn bei Verdauungsbeschwerden, etwa Blähungen und Koliken, bei Erkältungen und Husten, aber auch zur Stärkung des Nervensystems. Außerdem gilt die Pflanze als gutes Tonikum bei Angstzuständen, Kopfschmerzen und Schlaflosigkeit, und man kann Aufgüsse auch zum Einreiben bei rheumatischen Beschwerden nehmen.

Wellness

Wenn Sie kleine Säckchen aus grobem Leinen mit einer Mischung aus getrockneten Majoranblättern und Ringelblumenblüten füllen und in den Kleiderschrank hängen, riecht Ihre Kleidung nicht nur herrlich frisch, sondern Sie halten gleichzeitig Motten fern.

In der Küche

Aufgrund seiner verdauungsfördernden Wirkung passt Majoran besonders gut zu schwer verdaulichen, deftigen Speisen aus Hülsenfrüchten, Kohl, Bratkartoffeln sowie zu Kartoffelsuppe, Eintöpfen oder fetten Fleischgerichten. Ganz typisch ist Majoran an gekochter oder gebratener Leber. Mit Lorbeer und schwarzem Pfeffer kombiniert verleiht er Wildgerichten sein köstliches Aroma. Frisch darf Majoran in der südländischen Küche, beispielsweise zu Pizza, natürlich nicht fehlen. Zu Kartoffeln, Eierspeisen und Salaten bietet er eine geschmackliche Abwechslung und Gemüsegerichten wie Zucchini oder Paprika verleiht Majoran eine besondere Note.

Majoran kann man frisch als auch getrocknet verwenden. Er wird meist mitgekocht, wobei man frischen Majoran allerdings besser erst kurz vor dem Servieren zugibt. Majoran ist sehr dominant, daher sollte man generell, auch in Kombination mit anderen Kräutern, vorsichtig dosieren. Oregano ähnelt im Geschmack dem Majoran zu sehr, deshalb werden beide meist nicht gern zusammen zur Würze eingesetzt.

Pilsener Wurstpfanne

Zutaten für 4 Personen

Je 300 g Bierwurst und Blutwurst am Stück
150 g Bacon bits
1 El Butterschmalz
2 Gemüsezwiebeln
Salz, Pfeffer, 1 Tl Kümmelpulver
1–2 El gerebelter Majoran
125 ml Pilsener Bier
2–3 El Rinderfond
300–400 g Kartoffeln
3–4 El Butterschmalz
Etwas Mehl, Grober Pfeffer

Zubereitung

1 Von der Wurst die Haut abziehen und das Fleisch in Würfel schneiden. Die Bacon bits in einer Pfanne ohne Fett auslassen. Herausnehmen und beiseite stellen.

2 Die Zwiebeln schälen, fein würfeln und in dem ausgelassenen Fett goldgelb braten. Die Wurstwürfel dazugeben, mit Salz, Pfeffer, Kümmelpulver und Majoran würzen und unter Rühren ca. 2–3 Minuten braten. Mit dem Bier und dem Rinderfond ablöschen und ca. 3–4 Minuten schmoren lassen. Die Bacon bits dazugeben, erwärmen und alles warm stellen.

3 Die Kartoffeln schälen, waschen und in feine Scheiben schneiden. Das Butterschmalz erhitzen und die Kartoffelscheiben darin von allen Seiten knusprig braun braten. Dabei etwas Mehl darüber streuen und mit Pfeffer würzen.

4 Die Kartoffelscheiben auf Teller anrichten, die Wurstpfanne darüber verteilen und servieren. Dazu passt ein frisch gezapftes Pils.

Zubereitungszeit: ca. 40 Minuten

Oregano *Origanum vulgare*

Oregano liebt trockene, warme Lagen, wird jedoch seit langem ebenfalls in gemäßigteren Zonen angebaut. Schriften des Altertums beschrieben ihn, und auch die Kräuterbücher des Mittelalters nahmen ihn in den Reigen wertvoller Heil- und Würzmittel auf. Das Kraut sollte den Lebensmut zurückbringen, den Menschen fröhlich machen und wurde den Landarbeitern unters Essen gemischt, auf das sie frisch und munter ihre Arbeit verrichteten. Selbst Dämonen und Gespenstern machte die Wohlgemut genannte Pflanze den Garaus. Ein Saft aus Oreganoblättern half bei Halsschmerzen und Husten, fein gehackt eroberte der Dost speziell die italienische Küche.

Andere Namen
Dost, Staudenmajoran, Wohlgemut, Wilder Majoran, Zwergheidegünsel

Familie
Lamiaceae (Lippenblütengewächse)

Herkunft/Vorkommen
Vorderasien, Südeuropa, Mitteleuropa, auch wild wachsend, Nord- und Mittelamerika.

Blütezeit
Juni bis August

Merkmale
Ausdauernde, bis 80 cm hohe, aufrecht wachsende Pflanze mit rötlich überlaufenem Stängel sowie ovalen, behaarten Blättern und kleinen, rosafarbenen Blüten, die in trugdoldigen Rispen angeordnet sind. Typisch ist außerdem der aromatische Geruch beim Zerreiben der Blätter.

Inhaltsstoffe und Eigenschaften
Ätherische Öle mit den Hauptbestandteilen Thymol und Carvacrol, Flavonoide, Gerb- und Bitterstoffe. Antimikrobiell, anregend, krampflösend, auswurffördernd,

nervenstärkend; würzig aromatischer, leicht salziger Geschmack, typisch würziger Duft.

Verwendung

Ab dem späten Frühjahr bis zum Herbst kann man fortlaufend Blätter und Triebspitzen des Oregano pflücken. Zum Trocknen schneidet man ganze Zweige während der Blüte ab, zu dieser Zeit ist sein Aroma am stärksten. Italienischer Oregano ist der beste, angeboten wird im Handel meist nur getrocknete Ware. Luftdicht verschlossen behält er selbst nach einem Jahr sein Aroma.

Vorsicht

Oregano kann bei empfindlichen Menschen unangenehme Hautreizungen verursachen; während der Schwangerschaft darf er keinesfalls als Arznei angewendet werden.

Gesundheit

Wegen der ätherischen Öle wirkt Dost auswurffördernd, daneben schwach krampflösend. Deshalb wird er als Tee mit Erfolg gegen Krampf- und Keuchhusten verwendet. Die verdauungsfördernden und krampflösenden Eigenschaften der Bitterstoffe helfen bei Magenverstimmungen, Blähungen und allen krampfartigen Unterleibsbeschwerden. Ein Oreganotee desinfiziert die Verdauungsorgane und regt gleichzeitig die Verdauung an. Äußerlich angewendet lindert eine Einreibung mit dem aus Blättern und Blüten destillierten Öl Bronchitis, Asthma, Arthritis und Muskelschmerzen.

Wellness

Mit Oregano gewürzter Wein soll vor Erkältungen, Husten und Heiserkeit feihen.

In der Küche

Oregano hilft, fette Speisen zu verdauen. Deshalb gibt man ihn gern zu kräftigen Gerichten z. B. zu fetterem Schaf- oder Hammelfleisch oder mit viel Öl zubereiteten Auberginen. Sein Geschmack passt zu allen südländischen Gerichten, ob zu Nudeln oder Pizza. In der italienischen Küche liegt der kräftige Oregano unangefochten auf Rang eins der Beliebtheitsskala. Unschlagbar ist seine Kombination

mit Tomaten, ob frisch oder in gekochter Form. Er verfeinert jedoch ebenso Braten, Lamm, Hackfleisch, Geflügel, kräftige Gemüse als auch Kartoffel- und Fleischeintöpfe. Ganz wie sein milderer Verwandter sollte man Oregano vorsichtig dosieren, damit er nicht zu stark vorschmeckt. Sein typisches Aroma entfaltet Oregano am besten, wenn man ihn erst am Ende der Garzeit zur Speise gibt und nur noch kurz mitdurchziehen lässt.

Kalbsroulade

Zutaten für 4 Personen

6 Scheiben altbackenes Weißbrot
125–250 ml Weißwein
4 El Orangensaft
1–2 Tl gerebeltes Oregano
6 Schalotten
2 Knoblauchzehen
4 El Olivenöl
150 g gewürzter Rindersaftschinken
6–8 frische Salbeiblätter
150 g geschälte Tomaten (FP)
Salz, Pfeffer, 2 Eier
1,5–2 kg Kalbsbrust (vom Metzger die Knochen entfernen lassen)
4 El Butterschmalz
Je 150 g Zwiebeln, Möhren, Sellerieknolle
125–250 ml Rotwein
500 ml Kalbsfond
2 Lorbeerblätter
1/2 El Gewürznelken
150 g Schmand

Zubereitung

1 Das Weißbrot zerbröseln und mit dem Weißwein, dem Orangensaft und dem Oregano mischen. Die Schalotten und die Knoblauchzehen schälen und fein hacken. Das Öl erhitzen und beides darin ca. 4–5 Minuten braten.

2 Den Schinken in kleine Würfel schneiden. Den Salbei waschen, trocknen, fein hacken und zusammen mit dem Schinken zu den Schalotten geben. Die Tomaten mit Saft unterheben und alles ca. 2–3 Minuten einkochen lassen. Mit Salz und Pfeffer würzen.

3 Die Eier verquirlen. Brotmischung und Schinken-Tomaten-Mischung dazugeben und alles verkneten. Das Fleisch waschen und trocknen. Mit Salz und Pfeffer würzen und die Füllung darauf streichen. Das Fleisch aufrollen und mit Küchengarn umwickeln.

4 Butterschmalz in einem Bräter erhitzen und die Roulade darin von allen Seiten kräftig anbraten. Den Backofen auf 160 °C vorheizen.

5 Das Gemüse waschen, schälen und in Würfel schneiden. Als Röstgemüse zu der Roulade geben und kräftig anbraten. Die Roulade mit dem Rotwein und dem Kalbsfond ablöschen. Die Lorbeerblätter und die Nelken dazugeben und alles im geschlossenen Topf auf der mittleren Einschubleiste ca. 80–90 Minuten garen.

6 Anschließend das Fleisch herausnehmen und in Scheiben schneiden. Den Bratenfond durchsieben und mit dem Schmand verfeinern. Eventuell nachwürzen. Die Roulade auf Teller anrichten und mit der Sauce servieren. Dazu passt Reis.

Zubereitungszeit: ca. 2 Stunden

Sauerklee *Oxalis acetosella*

Das auf der Nordhalbkugel weit verbreitete Sauerkleegewächs trägt seinen Namen nach den kleeartigen, säuerlich schmeckenden Blättern. Im Schwarzwald dienten sie früher zur Herstellung technischer Oxalsäure. 1,5 Zentner Blättermasse ergaben etwa 500 g Oxalsäure. Der Sauerklee findet sich im Wappen von Irland wieder und wird am 17. März, dem St.-Patricks-Day, dem Tage des Schutzpatrons von Irland, am Hut getragen.

Andere Namen
Waldsauerklee, Hasenklee, Kuckucksklee

Familie
Oxalidaceae (Sauerkleegewächse)

Herkunft/Vorkommen
Europa, Asien, Nordamerika

Blütezeit
April bis Mai

Merkmale
Kleine mehrjährige Knollenpflanze mit buschigem Wuchs, vorzugsweise in Laubwäldern, Rasen bildend, 5–15 cm hoch; hellgrüne, dreiteilige Laubblätter; weiße, schwach geäderte Blüten.

Inhaltsstoffe und Eigenschaften
Hoher Oxalsäuregehalt, Vitamin C. Infektionshemmend; säuerlich, frischer Geschmack.

Verwendung
Die kleinen Blättchen schmecken jung im Frühjahr am besten. Sauerklee findet man an feuchten, schattigen Waldrändern.

Gesundheit
Der vergleichsweise hohe Vitamin-C-Gehalt ist besonders im zeitigen Frühjahr als Erkältungsvorsorge interessant. Ob man allerdings kein Fieber bekommt, wenn man die drei ersten „Kuckucksblätter“ verzehrt, die man findet, wie in alten Kräuterbücher beschrieben wird, mag bezweifelt werden.

In der Küche
Manche Köche schätzen die erfrischend sauren Blättchen als Würze und Salatbeigabe. Sie können in geringen Mengen Wildgemüsesalaten, -suppen, Saucen und – ganz pikant – Quarkspeisen zugegeben werden. Wegen des hohen Gehaltes an Oxalsäure, wie schon im Namen Oxalis zu erkennen, sollte man den Verzehr von Sauerklee jedoch nicht übertreiben. Bei großen Mengen bzw. Dauergenuss muss man die Oxalsäure als gesundheitsschädlich einstufen.

Mohn *Papaver somniferum*

Tontafeln der Sumerer aus dem 4. Jahrtausend v. Chr. beschrieben bereits medizinische Anwendungen mit Opium, dem Extrakt aus dem Milchsaft des Schlafmohns. Noch heute ist Papaver somniferum der wichtigste Schmerzmittellieferant. Auch die Germanen kannten den Mohn. Bei Ausgrabungen von Pfahlbauten fand man beispielsweise einen ganzen Mohnkuchen. Wegen seines großen Samenreichtums war der Mohn in der Antike ein Symbol der Fruchtbarkeit. Und wer zur Neujahrsnacht möglichst viel vom Mohnkuchen nascht, wird durch diese körnerreiche Speise das ganze Jahr über genügend Geld verfügen. In der Volksheilkunde spielt der Mohn heute keine große Rolle mehr.

Andere Namen
Gartenmohn, Magsamen

Familie
Papaveraceae (Mohngewächse)

Herkunft/Vorkommen
Stammt aus dem Mittleren Osten, heute Anbau in vielen Ländern Asiens, Südosteuropa, auch Südamerika

Blütezeit
Juni bis August

Merkmale
Einjähriges Kraut, 70–120 cm hohe Pflanze mit kräftiger Pfahlwurzel, von Milchsaftröhren durchzogen; blaugrüne

am Stängel anliegende, wellige Blätter; weiße oder rötlichviolette große Blüten, am Grund dunkle Flecken, gefolgt von walnussgroßen Samenkapseln, gefüllt mit vielen hunderten, blaugrauen, nierenförmigen Samen.

Inhaltsstoffe und Eigenschaften

Etwa 25 Opium-Alkaloide darunter Morphium, Codein, Papverin, Narcotin; Kautschuk. Stark schmerzstillend, betäubend, krampflösend, hustenstillend, als Rauschgift euphorisierend, bei Daueranwendung abhängig machend; Samen: nussartiger, würziger Geschmack.

Verwendung

Die Samen des Schlafmohns können bedenkenlos verzehrt werden. Ebenso bedenkenlos kann das aus ihnen gewonnene Mohnöl verwendet werden.

Vorsicht

Außer den reifen Samen sind alle Teile des Schlafmohns bei Verzehr giftig bzw. gehören ausschließlich in die Hände medizinischer Fachleute. Der Anbau unterliegt in den meisten Ländern strikten gesetzlichen Bestimmungen.

Gesundheit

Auf Grund des hohen Opium-Alkaloid-Gehaltes wird hier von einer Selbstmedikation mit Schlafmohn abgesehen. Ungefährlich ist jedoch die Verwendung des Klatschmohns *(Papaver rhoes),* der auf bzw. am Rand fast aller Getreidefeldern anzutreffen ist. Seine getrockneten Blütenblätter werden einem Brusttee beigemengt, um eine beruhigende Wirkung zu erzielen. Ein Sirup aus Klatschmohnblütenblättern lindert Husten.

In der Küche

Die reifen Samen kennt man am ehesten als auf Brötchen oder Brot gestreute Würze oder als leckere Füllung in Kuchen und Gebäck. Der nussartige Geschmack kommt jedoch ebenso gut in Fleischgerichten oder indischen Currys zur Geltung und verfeinert Salate oder Nudelspeisen.

Das kalt gepresste, hellgelbe nach Mandeln schmeckende Öl aus den Samen dient nicht nur zu Speisezwecken. Getrocknet werden aus diesem Öl allerbeste Malerfarben, Seifen und Salben hergestellt.

Mohnpielen

Zutaten für 4 Personen

100 g Rosinen
3 cl Orangenlikör
2 süße Brötchen
4 Scheiben Zwieback
3/4 l Milch
250 g Mohn
1/4 Stange Vanille
150 g Zucker
120 g gehobelte Mandeln
1/4 l Sahne

Zubereitung

1 Die Rosinen in Orangenlikör einweichen. Die Brötchen in Scheiben schneiden, mit dem Zwieback in der angewärmten Milch 10 Minuten einweichen und auf einem Sieb abtropfen lassen, Milch dabei auffangen. Anschließend die Masse ausdrücken.

2 Mohn, Vanille, Rosinen, Zucker und Mandeln vorsichtig in der Brötchenmilch 10 Minuten kochen und dann abkühlen lassen. Die Sahne steif schlagen, unter die Mohnmasse heben und schichtweise mit der ausgedrückten Brötchen- und Zwiebackmasse in eine Glasschüssel füllen. 3

Vor dem Servieren müssen die Mohnpielen 2 Tage im Kühlschrank durchziehen.

Zubereitungszeit: 40 Minuten

Pastinak *Pastinaca sativa*

Familie
Apiaceae (Doldenblütler)

Herkunft/Vorkommen
Europa, Westasien

Standort
Der Pastinak kommt wildwachsend auf Brachflächen und Wiesen sowie an Wegränder vor; im Garten benötigt die Pflanze einen sonnigen Platz mit nährstoffreichem Boden.

Blütezeit
Juli bis September

Merkmale
Zweijährige, bis 1,20 m hohe Pflanze mit einer fleischig verdickten Pfahlwurzel (nur die Gartenform) und lang gestielten Grundblättern sowie einem hohlen Stängel, der allerdings erst im zweiten Jahr gebildet wird, ebenso wie die gelben, in Dolden angeordneten Blüten.

Inhaltsstoffe und Eigenschaften
Die Pflanze besitzt harntreibende, gallentreibende und diätetische Eigenschaften.

Verwendung
Die Ernte der Wurzeln kann vom Herbst bis in den frühen Winter erfolgen; gelagert werden sie, in Sand gesteckt, in einem trockenen Keller. Die Blätter werden nur im Frühjahr und Frühsommer gesammelt und frisch verwendet oder im Schatten getrocknet.

Vorsicht
Empfindliche Personen sollten beim Ernten des Pastinaks etwas vorsichtig sein, weil der Saft der Pflanze bei gleichzeitiger Sonneneinstrahlung Rötungen oder Pusteln auf der Haut verursachen kann.

Gesundheit
Die Pastinakwurzel gilt vor allem als gutes Diätgemüse, sodass sie oft bei Magen- oder Darmbeschwerden empfohlen wird, man sagt ihr aber auch verdauungsfördernde und harntreibende Eigenschaften nach. Die Blätter werden therapeutisch hauptsächlich wegen ihrer galletreibenden Wirkung verwendet.

In der Küche
Die jungen Blätter lassen sich gut als Wildgemüse zubereiten, aber auch als Rohkostsalat, oder man nimmt sie zum Würzen, besonders von Geflügel. Die geschnittene, mit Salzwasser überbrühte Wurzel kann man zum Verfeinern von Eintöpfen oder Gemüse nehmen, aber auch zum Würzen von Rindfleisch.

Petersilie *Petroselinum crispum*

Die Petersilie scheint im mitteleuropäischen Raum bereits seit der Jungsteinzeit angebaut worden sein. Im antiken Griechenland und Rom war die Petersilie weniger als Küchenkraut, sondern eher als Heilpflanze mit harntreibenden sowie verdauungs- und menstruationsfördernden Eigenschaften bekannt, während sie bei den Ägyptern der Pharaonenzeit eine Rolle im Totenkult gespielt zu haben scheint, denn man bestattete Verstorbene häufig mit Kränzen aus Petersilie. Nach Mitteleuropa kam sie vermutlich mit römischen Legionären, aber für die einheimische Bevölkerung scheint sie anfangs kaum eine Rolle gespielt zu haben. Wiederentdeckt wurde sie dann erst von den Ärzten des Mittelalters, sodass sie von dieser Zeit an auch in Kräuterbüchern erwähnt wird. Karl der Große führte die Petersilie mittels seiner Küchenordnung auch bei uns als

Heil- und Gewürzpflanze ein. Doch wie auch immer verwendet, ihre bevorzugte Nutzung wechselte im Lauf der Jahrhunderte ab. Während Petersilie im Altertum noch eine gewichtige Rolle als harntreibendes und menstruationsförderndes Mittel besaß, galt sie ab dem 16. Jahrhundert mehr als das beliebte Küchenkraut, das sie bis heute geblieben ist.

Andere Namen
Bittersilche, Peterle

Familie
Apiaceae (Doldengewächse)

Herkunft/Vorkommen
Das im Mittelmeerraum beheimatete Kraut ist als Kultur- und Gartenpflanze weit verbreitet.

Standort
In Mitteleuropa ist die Petersilie manchmal verwildert an sonnigen Standorten anzutreffen (nicht zu verwechseln mit der ähnlich aussehenden Wilden Petersilie, Aethusa cynapium), aber normalerweise findet man sie in Gärten, wo ein sonniger bis halbschattiger Platz mit fruchtbarem Boden benötigt wird. Außerdem kann man die Pflanze auch in Töpfen auf der Fensterbank ziehen.

Blütezeit
Juni bis Juli

Merkmale
Zweijährige, bis 60 cm hohe Pflanze mit rübenförmiger Wurzel und niedrigen Blattbüscheln im ersten sowie längeren Blütenstängeln im zweiten Jahr. Typisch für die Petersilie sind der aromatische Geruch und die gefiederten, je nach Varietät glatten oder krausen Blätter; die kleinen, weißlichen Blüten sind in Dolden angeordnet, die winzigen Samen gerippt. Unterscheiden lassen sich die am häufigsten in unseren Gärten zu findende Krause oder Blattpetersilie *(Petroselinum crispum var. crispum),* die etwas kräftiger schmeckende Italienische oder Glatte Petersilie *(Petroselinum crispum var. neapolitanum)* und die Knollenpetersilie *(Petroselinum crispum var. tuberosum),* von der nicht die Blätter verwendet werden, sondern die fleischige Wurzel.

Inhaltsstoffe und Eigenschaften
Die Petersilie besitzt aromatische, appetitanregende und schweißtreibende Eigenschaften, und sie ist außerdem sehr vitaminreich. Die Blätter erntet man bis in den Spätsommer hinein, die Wurzel und die Samen im Herbst. Zur Aufbewahrung können die Blätter eingefroren werden; die Wurzel lässt sich trocknen.

Verwendung
Man unterscheidet zwischen der Blattpetersilie, die nur dünne Wurzeln treibt, und der Wurzel- oder Knollenpetersilie mit dicken, fleischigen Wurzeln, die sich ähnlich wie Sellerie nutzen lassen. Auch von der Wurzelpetersilie kann man die Blätter

verwenden. Bei der Blattpetersilie gibt es kraus- und glattblättrige Sorten, wobei letztere aromatischer sind. Frisch hat das Kraut das beste Aroma, trocknen oder mitkochen führt zu hohem Aroma- und Vitaminverlust. Frische Blätter können fortlaufend geerntet werden, die Wurzelpetersilie wird im Spätherbst ausgegraben.

Vorsicht
Die Behandlung mit Petersilie ist nicht geeignet für Schwangere und bei Nierenentzündungen. Selten treten allergische Reaktionen auf. Besonders lichtempfindliche Menschen sollten während einer Behandlung die direkte Sonne meiden. Überdosierungen vermeiden!

Gesundheit
Die Blätter und die (stärker wirkenden) Samen sind harntreibend und können daher bei Gicht, rheumatischen und arthritischen Erkrankungen genommen werden, weil sie für einen verbesserten Abtransport von Stoffwechselschlacken aus den entzündeten Gelenken sorgen; die Wurzel hilft bei Blähungen, Blasenentzündung und Periodenschmerzen. Die Petersilie lässt sich aber auch zur Kräftigung strapazierter Haare verwenden sowie zur Behandlung von Akne. Zur Linderung von Bienen- oder Wespenstichen kann man anstelle der stark riechenden Zwiebel auch die angenehm duftende Petersilie benutzen.

In der Küche
Die würzige Petersilie gehört zu den beliebtesten und am meisten gebrauchten Küchenkräuter. Klein gehackte Blattpetersilie würzt Eintöpfe, Kartoffelgerichte, Gemüse und Salate aller Art. Aber auch Hackfleisch, Fisch und Geflügel, Eierspeisen oder Kräuterquark gibt sie ihr würziges Aroma. Kurz vor dem Anrichten streut man sie über die Speisen. Oder einmal etwas ausgefallen – ein Petersiliensalat mit Kichererbsen, wie's die Araber mögen. Zum Garnieren ziehen viele die krause Petersilie vor. Die Wurzelpetersilie ist Bestandteil des Bouquet garni und wird in Suppen und Eintöpfen – in Scheibchen geschnitten – mitgekocht.

Während krause und glatte Petersilie roh verarbeitet werden, kocht man Wurzelpetersilie zur Kräftigung in Gemüsesuppen, Gemüsen und Saucen stets mit.

Gebackene Austern

Zutaten für 4 Personen
6 Scheiben Weißbrot
4 Knoblauchzehen
3–4 El Olivenöl
1 Bund glatte Petersilie
30–36 frische Austern
1–2 El Zitronensaft
Frisch gemahlener Pfeffer
4 El frisch geriebener Parmesan
2–3 El Butter

Zubereitung

1 Das Weißbrot in feine Würfel schneiden. Die Knoblauchzehen schälen und fein hacken. Das Öl erhitzen und beides darin knusprig braun braten. Die Petersilie waschen, trocknen, fein hacken und dazugeben. Ca. 1–2 Minuten mitbraten.

2 Den Backofen auf 250°C vorheizen. Eine große flache Form mit der Hälfte der Brotmischung auslegen. Die Austern aus der Schale lösen und das Fleisch auf der Brotmischung verteilen. Mit Zitronensaft beträufeln und mit Pfeffer würzen. Die restliche Brotmasse mit dem Parmesan mischen und darüber streuen. Die Butter in Flöckchen darüber legen. Auf der mittleren Einschubleiste ca. 14 Minuten überbacken.

3 Sofort anrichten. Mit einer klaren Eierbrühe und einem frischen Saft serviert wird ein elegantes, leichtes Gericht daraus.

Zubereitungszeit: ca. 40 Minuten

Meisterwurz *Peucedanum ostruthium*

Meisterwurz ist eine Heilpflanze mit langer Tradition, der früher umfassende Kräfte zugesprochen wurden. Sie sollte z. B. der Milchbildung dienen und die Wundheilung fördern.

Andere Namen
Durstwurz, Kaiserwurzel, Magisterwurz, Sirenenwurzel

Familie
Apiaceae (Doldengewächse)

Herkunft/Vorkommen
In Europa beheimatet, vor allem in Bergregionen zu finden.

Blütezeit
Juni bis August

Merkmale
Die Pflanze kann bis zu 1 m hoch werden, besitzt fiederschnittige Blätter und kleine weiße Blüten, die in großen Dolden stehen.

Inhaltsstoffe und Eigenschaften
Meisterwurz hat einen aromatischen Duft. Wichtigste Inhaltsstoffe sind ätherisches Öl, Gerb- und Bitterstoffe, die vor allem verdauungsanregend wirken.

Verwendung
Genutzt wird die Droge, z. B. in Teezubereitungen, als Umschlag, Tinktur, Pulver, Bad oder Öl.

Gesundheit
Traditionell wird diese Heilpflanze bei Verdauungsbeschwerden wie Blähungen und Völlegefühl angewandt, zur Bildung von Verdauungssäften sowie zur Appetitanregung. Bei Menstruationsbeschwerden soll sie ebenso wie bei Leber- und Galleleiden hilfreich sein. Überdosierungen vermeiden.

Als altes Hausmittel gilt Meisterwurz zur Beruhigung und soll bei Stressphasen die Nerven stärken. Ein- bis zweimal täglich kann dann 1 Tasse Tee getrunken werden. 1 Teelöffel Wurzel wird mit 1 Tasse kochendem Wasser übergossen, muss 10 Minuten ziehen und wird dann angeseiht.

Bohne *Phaseolus vulgaris*

Die Bohne war schon in präkolumbischer Zeit ein wichtiges Nahrungsmittel und kam im 16. Jahrhundert vermutlich über Südeuropa nach Deutschland.

Andere Namen
Buschbohne, Gartenbohne, Strauchbohne

Familie
Fabaceae (Schmetterlingsblütengewächse)

Herkunft/Vorkommen
Die ursprünglich in den tropischen Gebieten Amerikas beheimatete Bohne ist heute eine weltweit verbreitete Kulturpflanze.

Blütezeit
Juni bis September

Merkmale
Die Kletterpflanze kann bis zu 4 m lang werden, variiert in ihrem Aussehen aber stark je nach Sorte.

Inhaltsstoffe und Eigenschaften
Die Bohne muss lange gekocht werden, da Samen und noch nicht reife Hülsen giftig sind. Inhaltsstoffe sind z. B. Lectine, Saponine, Flavonoide, Aminosäuren und Mineralstoffe, die etwa entwässernd wirken.

Verwendung
Genutzt werden vollreife getrocknete Schalen ohne Samen, z. B. als Tee.

Gesundheit
Wissenschaftlich anerkannt ist die Wirkung zur unterstützenden Behandlung bei Problemen beim Wasserlassen. Traditionell wird der Tee auch bei rheumatischen Erkrankungen eingesetzt und soll in geringem Maße blutzuckersenkende Eigenschaften besitzen.
Zur Durchspülungstherapie werden kurmäßig 2–3 Tassen Bohnentee (auch in Kombination mit anderen Heilpflanzen) täglich getrunken. 1 gehäufter Teelöffel Schalen wird mit 1 Tasse kaltem Wasser übergossen, kurz aufgekocht und muss vor dem Abseihen etwa 4 Minuten ziehen. Nicht anwenden bei durch Herz- oder Nierenerkrankungen verursachten Ödemen!

In der Küche
Bohnen sind eine beliebte Gemüsebeilage zu deftigen Speisen.

Piment *Pimenta dioica syn. P. officinalis*

Im 16. Jahrhundert brachten die Spanier das Neugewürz erstmals nach Europa. Seinen Namen „Allgewürz" verdankt es dem englischen Botaniker John Ray (1627–1705), der seinen Geschmack als eine Kombination aus Nelke, Zimt und Muskat beschrieb. Große Liebhaber des Piments sind bis heute die Skandinavier.

Andere Namen
Nelkenpfeffer, Neugewürz, Jamaikapfeffer, Allgewürz

Familie
Myrtaceae (Myrtengewächse)

Herkunft/Vorkommen
Westindische Inseln, Anbau in Jamaika, Mexiko, Mittel- und Südamerika.

Blütezeit
Frühjahr und Sommer

Merkmale
Zweihäusiger, immergrüner bis zu 10 m hoher Baum; gegenständige, eiförmige, ledrige Laubblätter; blattachselständige Trugdolden mit kleinen weißen Blüten, gefolgt von meist zweisamigen braunroten Beeren .

Inhaltsstoffe und Eigenschaften
Ätherisches Öl mit Hauptbestandteil Eugenol sowie Eugenolmethyläther, Phellandren, Cineol und Caryophyllen. Anregend, antiseptisch, Nerventonikum, blähungswidrig; nelkenähnlicher Geruch, gemahlen nach Nelken, Zimt und Muskat duftend, pfeffriger, würzig-brennender, leicht süßlicher Geschmack.

Verwendung
Geerntet werden die Beeren kurz vor der Vollreife, denn dann besitzen sie den größten Anteil geschmacksgebender Öle. Danach werden sie getrocknet, wobei sie sich dunkelrot bis braun verfärben und die Schale schrumpft. Im Handel sind die Körner ganz oder zu Pulver gemahlen erhältlich.

Vorsicht
Pimentöl reizt Haut und Schleimhäute.

Gesundheit
Ein Aufguss pulverisierter Beeren lindert Verdauungsbeschwerden, Blähungen und Durchfall, stärkt aber auch das Nervenkostüm. Pimentöl wird äußerlich bei Muskelkater und -schmerzen und innerlich bei Blähungen angewendet. In der Kosmetik ist Pimentöl Bestandteil schwerer, orientalischer Düfte.

Wellness
Die ebenfalls das ätherische Öl enthaltenden Blätter können frisch oder getrocknet zu einem würzigen Tee aufgebrüht werden.

In der Küche
Pimentkörner eignen sich hervorragend als Einlegegewürz für Fisch, Rind- und Schweinefleisch, zu Marinaden, Saucen, Wurstwaren, Rotkohl aber auch zu Glühwein und Likören. Gemahlenes Piment schmeckt in Kuchen, Weihnachtsgebäck, Puddings sowie Chutneys besonders gut.

Anis *Pimpinella anisum*

Anis wird schon sehr lange als Heil- und Gewürzpflanze kultiviert, wahrscheinlich seit 4000 Jahren. Im alten Ägypten nutzte man Anis als Nahrungs- und Heilmittel und baute ihn bereits zur Getränkeherstellung an. Römische Köche erfanden einen speziellen Anis-kuchen, und Karl dem Großen verdanken wir die Ausbreitung des Krauts per Edikt in ganz Europa. Seit dem Mittelalter besitzt der Römische Fenchel große Bedeutung als Magenmittel und immer noch nutzt man seine schleimlösende Wirkung bei Husten und Atemwegserkrankungen in der Volksheilkunde. Schon lange bekannt ist die Schnapszubereitung mit Anis.

Andere Namen
Anis-Bibernelle, Änis, Arnis, Brotsame, Runder Fenchel, Süßer Fenchel, Taubenanis

Familie
Apiaceae (Doldengewächse)

Herkunft/Vorkommen
Die aus dem Orient stammende Pflanze wird heute in vielen Ländern in großen Kulturen und in Gärten angebaut. Obwohl sie gelegentlich bei uns verwildert, sollte man nur die Samen von Kulturpflanzen ernten.

Standort
Der Anis wird in Mitteleuropa zwar vielerorts als Arznei- und Gewürzpflanze angebaut, kommt aber dennoch nur selten verwildert vor. Im Garten benötigt er einen sonnigen Platz mit möglichst kalkhaltigem Boden.

Blütezeit
Juli bis August

Merkmale
Der runde, gerillte Stängel kann bis zu 60 cm hoch werden. Während die Blätter am Boden eher rund sind, werden sie nach oben hin immer schmaler und gelappter bis fiederschnittig. Ab Juli wachsen die Blütendolden mit den weißen oder gelbweißen Blüten, die kein oder nur ein

Hüllblatt besitzen. Dort reifen die rundlichen bis eiförmigen hellbraunen Samen.

Inhaltsstoffe und Eigenschaften
Die Samen haben einen aromatischen und starken Geruch. Der bedeutendste Inhaltsstoff ist das ätherische Öl, das unter anderem krampflösend wirkt.

Verwendung
Zur Ernte der Samen schneidet man die Pflanzen im Herbst, sobald die Früchte zu reifen beginnen. Sie werden anschließend kopfüber hängend getrocknet und die ausfallenden Samen eingesammelt. In kühlen, verregneten Jahren reifen die Früchte erst spät, oft sogar gar nicht richtig aus.

Blüten und Blättchen können auch frisch verwertet werden, selbst Stängel und Wurzeln bereichern Suppen und Eintöpfe. Aus den Samen wird zudem Öl für die Kosmetik-, Tabak- und pharmazeutische Industrie gewonnen. Samen und Öl sind Basis vieler anishaltiger Getränke, die typischerweise eine milchige Färbung annehmen, wenn sie mit Wasser verdünnt werden.

Vorsicht
Selten kommt es bei der Anwendung von Anis zu allergischen Reaktionen. Diese können die Haut, die Atemwege oder die Verdauung betreffen.

Gesundheit
Vor allem bei Beschwerden im Magen-Darm-Bereich, besonders Blähungen und Völlegefühl, findet Fenchel-Tee seine Anwendung, wird aber auch bei Katarrhen der Luftwege häufig genutzt, ob getrunken oder zum Gurgeln.

Das im ätherischen Öl enthaltene Anethol soll östrogene Wirkung besitzen, weshalb Anis wohl auch heute noch als Hausmittel zur Anregung der Milchbildung und zur Förderung der Monatsblutung sowie traditionell als Aphrodisiakum eingesetzt wird. Durch die krampflösenden Eigenschaften des Anis kann er auch bei Menstruationsbeschwerden Linderung bringen, wird deswegen aber auch noch gelegentlich bei Asthma, Reizhusten und Bronchitis verwendet. Anisschnaps kann die Verdauung von fetten und schweren Speisen erleichtern.

Bei Blähungen und Verdauungsschwäche hat sich eine Kombination von Anissamen mit Fenchel- und Kümmelsamen als besonders wirksam gezeigt. Die drei Zutaten sollten zu gleichen Teilen gemischt und vor der Zubereitung gequetscht oder in einem Mörser zerstoßen werden. 1 Teelöffel der Mischung wird mit 1 Tasse kochendem Wasser übergossen, muss 10 Minuten ziehen und wird dann abgeseiht. Die empfohlene Dosis sind 2–3 Tassen täglich – immer frisch zubereitet.

In der Küche
Aufgrund seines leicht süßlichen Geschmacks ist Anis häufige Zutat in Backwaren wie z. B. den Spekulatiusplätzchen, Lebkuchen und Brot. Anis verfeinert Süßspeisen, Obstsalate und Apfel- bzw. Pflaumenkompott.

Den eigenwilligen Geschmack des Krauts mag jedoch nicht jeder, deshalb ist es ratsam, vorsichtig zu dosieren. So verleiht bereits ein wenig Anissamen gemahlen oder zerstoßen Suppen, Fisch, Salate, Aufläufe und Saucen eine raffinierte Note. In der indischen Küche ist Anis gern gesehenes Gewürz in Currys und Gemüsegerichten.

Für kleine Mengen und auch in Kombination mit anderen Würzpflanzen eignen sich am besten gemahlene bzw. fein zerstoßene Anisfrüchte. Anis harmoniert gut mit Rosmarin, Koriander und frischem Kerbel. Andere Kräuter werden leicht von seinem intensiven Aroma überdeckt.

Gewürzfladen mit Salat

Zutaten für 4 Personen

850 g getrocknete Adzuki-, Augen- und Wachtelbohnen
250–500 ml Gemüsefond
6 Knoblauchzehen
1 Bund Lauchzwiebeln
6 Schalotten
1 Bund Petersilie
1 Bund Koriandergrün
1 Tl Harissa
Je 2–3 Tl gemahlener Koriander und Kümmel
1/2 Tl Anispulver
Salz
1–2 Tl Backpulver
Fett zum Frittieren
1 rote Paprikaschote
2 rote Chilischoten
1 Salatgurke
Je 2 Tl zerriebene Dill- und Fenchelsaat
2 El Zitronensaft
6–7 El Olivenöl
Cayennepfeffer
4 El gehacktes Fenchelgrün

Zubereitung

1 Die Bohnen über Nacht in ausreichend kaltem Wasser einweichen. Das Wasser anschließend abgießen und die Bohnen gut abspülen.

2 Den Fond erhitzen und die Bohnen darin ca. 3–5 Minuten kochen lassen. In ein Sieb geben und gut abtropfen lassen.

3 Die Knoblauchzehen schälen. Die Lauchzwiebeln putzen, waschen, trocknen und in grobe Stücke schneiden. Die Schalotten schälen und grob zerkleinern. Alles zusammen mit den Bohnen kurz pürieren.

4 Petersilie und Koriandergrün waschen, trocknen und fein hacken. Die Kräuter unter das Bohnenpüree geben und alles mit Harissa, Koriander, Kümmel, Anispulver und Salz würzen. Das Backpulver unterrühren. Die Masse ca. 15–25 Minuten ruhen lassen. Anschließend ausreichend Fett in einer Pfanne erhitzen und aus der Masse kleine Fladen goldbraun ausbacken.

5 Für den Salat die Paprika- und Chilischoten putzen, waschen und die Kerne entfernen. Die Schoten in Streifen schneiden. Die Gurke putzen, waschen, trocknen und in Scheiben schneiden. Aus Dill-, Fenchelsaat, Zitronensaft, Olivenöl, Cayennepfeffer und Salz ein Salatdressing rühren. Das Fenchelgrün unterheben. Die Salatzutaten mit dem Dressing mischen und alles zusammen mit den Gewürzfladen anrichten und servieren.

Zubereitungszeit: ca. 35 Minuten (plus Zeit zum Ruhen)

Große Bibernelle *Pimpinella major*

Die Bibernelle wird schon seit dem Mittelalter als vielseitige Heilpflanze genutzt.

Andere Namen
Bockwurz, Pimpernell, Steinwurz

Familie
Apiaceae (Doldengewächse)

Herkunft/Vorkommen
Pimpernell ist in Europa und Asien beheimatet und auf Wiesen, Schutthalden, auf Ödland, sonnigen Hängen und an Ufern zu finden.

Standort
Die auch in Mitteleuropa heimische Pflanze kommt auf leicht feuchten Wiesen mit lehmigem Boden oder auch Wegrändern vor. Im Garten wird ein sonniger Standort mit fruchtbarem, nicht zu trockenem Boden benötigt.

Blütezeit
Juli bis September

Merkmale
Ausdauernde, bis 80 cm hohe Pflanze mit kantigem, gefurchtem Stängel und kleinen, weißen Blüten, die in Dolden angeordnet sind. Die Wurzel hat einen scharfen, rettichartigen Geschmack und verbreitet einen unangenehmen Geruch, ebenso wie die dunkelgrünen, gefiederten Blätter, wenn sie zwischen den Fingern zerrieben werden.

Inhaltsstoffe und Eigenschaften
Die Bibernelle besitzt schleimlösende, entzündungshemmende, schweißtreibende, anregende und harntreibende Eigenschaften. Die Blätter können den ganzen Sommer über genutzt werden; die Wurzel wird im Herbst oder Frühjahr geerntet. Beides lässt sich trocknen und dann in gut schließenden Gläsern aufbewahren.

Verwendung
Als Arznei genutzt werden die getrockneten Wurzeln, z. B. als Teezubereitung und Gurgellösung.

Gesundheit
Wissenschaftlich bestätigt ist die Wirksamkeit des Tee bei Katarrhen der oberen Luftwege. Nach wie vor werden auch Lungenleiden mit Bibernelle behandelt, außerdem wird der Tee zur Förderung der Verdauung eingesetzt. Als Hausmittel wird er unter anderem noch bei Menstruationsproblemen und Sodbrennen genutzt.

Bei Erkrankungen der Atemwege werden über den Tag verteilt 3 Tassen Tee getrunken. Dazu wird 1 Teelöffel mit 1 Tasse kaltem Wasser übergossen, 1–3 Minuten lang zum Kochen gebracht und dann abgeseiht – auch als Gurgellösung bei Halsentzündung verwendbar.

In der Küche
Man kann die jungen Blätter der Bibernelle zum Würzen von Quark und Kräuterbutter verwenden. Ebenso verleihen sie Soßen einen pikanten Geschmack. Einen Kräuteressig mit ganz ungewöhnlichem Geschmack erhalten Sie, wenn Sie einige Blätter der Bibernelle in eine Flasche Essig geben und diesen etwa 14 Tage durchziehen lassen (anschließend filtrieren, damit er nicht zu streng schmeckt).

Kiefer *Pinus sylvestris*

Die Gemeine Kiefer sowie andere Nadelbäume wurden bereits im Altertum verwendet, besonders als Einreibungen bei Rheuma und Gicht, aber auch zur Behandlung von Frauenleiden.

Andere Namen
Föhre, Gemeine Kiefer

Familie
Piniaceae (Kieferngewächse)

Herkunft/Vorkommen
Die Kiefer ist in Europa, Nord- und Vorderasien heimisch, in Amerika wurde sie angesiedelt.

Merkmale
Charakteristisch für die Nadelbäume sind die Blätter in Nadelform. Die Gemeine Kiefer kann bis zu 30 m hoch werden, besitzt eine rotbraune Rinde und hängende Zapfen in Eiform.

Inhaltsstoffe und Eigenschaften
Wichtigste Inhaltsstoffe der Kiefer sind ätherische Öle, die z. B. durchblutungsfördernd wirken.

Verwendung
Für medizinische Zwecke werden vor allem die Nadeln, das Harz und die ätherischen Öle genutzt, meist als Fertigpräparate, z. B. in Salben oder im bekannten Fichtennadel-Franzbranntwein.

Vorsicht
Bei der Behandlung sollte man auf Fertigpräparate zurückgreifen, trotzdem kann es zu allergischen Hautreaktionen kommen. Das ätherische Öl sollte nicht ohne ärztliche Aufsicht eingenommen werden.

Gesundheit
Im Vordergrund steht die äußerliche Anwendung der Zubereitungen. Gerade bei Sportverletzungen kann der Zustand durch Einreibungen verbessert werden. Auch für bettlägerige Patienten ist die regelmäßige Einreibung wichtig, um die Auswirkungen von Druckstellen zu mindern. Ebenso kann die Anwendung bei Rheuma und Gicht Linderung bringen. Auch bei Erkältungen können Kiefernpräparate helfen.

Pfeffer *Piper nigrum*

Pfeffer ist ein sehr altes und wirtschaftlich bedeutendes Gewürz, das im Mittelalter noch häufiger als heute gebraucht wurde, wobei Pfeffer weltweit betrachtet immer noch das meistgenutzte Gewürz ist. In seiner indischen Heimat wurde Pfeffer bereits im 2. Jahrtausend v. Chr. erwähnt und indisch ist auch der Urname für Pfeffer: Pipali. Durch die Eroberungszüge Alexander des Großen und den damit entstandenen neuen Handelswegen kam der Pfeffer endlich nach Europa, wo er sich in kürzester Zeit größter Beliebtheit erfreute und sich zu einem äußerst wichtigen Handelsgut entpuppte. Arabische Händler hielten seit der Antike ein Pfeffermonopol aufrecht und ließen keine Information über das Herkunftsland des Pfeffers nach außen dringen. Venedig monopolisierte seinerseits den Handel mit den Arabern, und als Konsequenz dieses doppelten Monopols konnten sich in Europa nur wenige den Pfeffer überhaupt leisten. Noch im Mittelalter blieb Pfeffer ausschließlich den Reichen und Mächtigen vorbehalten, er hatte eben einen „gepfefferten" Preis. Pfeffer wurde überdies als Zahlungsmittel gehandelt: Man bezahlte zum Beispiel hohe Zölle und Kriegsabgaben mit Pfeffer. Erst mit der Entdeckung des Seeweges nach Indien durch Vasco da Gama sanken langsam die Preise. Gut 100 Jahre lang blieb der Pfefferhandel fest in portugiesischer Hand, bevor sie ihn nacheinander erst an die Holländer und dann an die Engländer verloren.

Andere Namen
Schwarzer Pfeffer, Echter Pfeffer

Familie
Piperaceae (Pfeffergewächse)

Herkunft/Vorkommen
Stammt aus dem indomalaysischen Raum, Indien und Indonesien führend in der Weltproduktion, weitere Anbaugebiete in Malaysia, Thailand, Vietnam, China, Sri Lanka, Madagaskar und Brasilien

Blütezeit
Mai bis Juni (in Indien)

Merkmale
Ausdauernder, tropischer Wurzelkletterer, in Kultur an Stützpfählen bis zu 6 m hoch rankend, wild wachsend bis zu 15 m; dunkelgrüne, ledrige, oval zugespitzte Blätter, denen erst aufrechte, später hängende Ähren kleiner weißer Blüten gegenüberstehen (wie Johannisbeeren): rote beerenartige Früchte (Steinfrüchte).

Inhaltsstoffe und Eigenschaften
Ätherisches Öl mit verschiedenen Terpenen; Alkaloide Piperin und Chavicin; Bisabolen, Proteine, Mineralien. Fiebersenkend, verdauungsfördernd, blähungs-

widrig, durchblutungsfördernd, erwärmend, allgemein stärkend, antiseptisch; beißend scharf, warm und aromatischer Geschmack.

Verwendung
Pfeffer ist unter den Gewürzen einmalig, da seine Früchte in vier verschiedenen Farben gehandelt werden: Je nach Behandlung ergeben sie schwarze, weiße, grüne und rote Pfefferkörner – entscheidend sind einzig Erntezeitpunkt und Verarbeitung. Für den schärferen schwarzen Pfeffer werden die Beeren kurz vor ihrer Reife geerntet einige Tage getrocknet, bis sie ihr typisch schwarzbraunes, runzeliges Aussehen erhalten. Der mildere, weiße Pfeffer wird später geerntet und aus den vollreifen orangeroten Früchten gewonnen. Diese werden in Wasser eingeweicht, durch die dann entstehende Gärung lässt sich die Fruchtschale vom hellen Kern ablösen. Der helle Kern wird in der Sonne getrocknet und als weißer Pfeffer verkauft. Grüner Pfeffer wird aus noch unreifen, frischen und nicht geschälten Früchten hergestellt, die man in salzige oder saure Laken einlegt. Grüner Pfeffer ist von sehr milder Schärfe und besitzt einen frischen, krautigen, „grünen“ Geschmack. Vollreife Früchte kann man nach dem gleichen Prinzip einlegen, in diesem Fall erhält man roten Pfeffer. Dieser Pfeffer ist sehr selten und kombiniert den würzig, reifen Geschmack des schwarzen Pfeffers mit der frischen Note des grünen. Schwarzer wie auch weißer Pfeffer sind in ganzen Körner oder gemahlen erhältlich. Gemahlener Pfeffer verliert hingegen schnell an Aroma und kann zudem verfälscht sein.

Gesundheit
Die Inhaltsstoffe des Pfeffers werden seit langem bei Magen-Darmstörungen aller Art, Verkühlung, Kreislauf und Durchblutungsproblemen genutzt. Einige Pfefferkörner heiß überbrüht erwärmen den gesamten Verdauungstrakt und lindern Übelkeit, Durchfall, Blähungen und bei verkühltem Magen. Öl aus den unreifen Früchten hilft bei Rheuma- und Muskelschmerzen sowie bei Erkältungen.

In der Küche
Herzhaft, deftig, raffiniert oder süß – Pfeffer ist das Universalgewürz einer jeden Küche und passt zu fast allem, ob Fleisch, Geflügel, Fisch, Gemüse oder Salat. Eine Küchenregel lautet: Weißer Pfeffer an

helle Speisen, schwarzer Pfeffer an dunkle Speisen. Weißer Pfeffer sollte immer dann die erste Wahl sein, wenn es auf Schärfe ankommt, ohne den Eigengeschmack der Speise zu sehr zu verändern und erst kurz vor Ende der Garzeit hinzugefügt werden. Schwarzer Pfeffer besitzt neben seiner Schärfe dagegen mehr Aroma, das erst beim langen Mitkochen verfliegt. Grüner Pfeffer verleiht eingelegtem Gemüse oder lang garenden Fleischgerichten eine besondere Note, wird gerne in der thailändischen Küche verwendet und ist ganz apart an einem Erdbeerdessert.

Die Schärfe ist am stärksten im weißen und am schwächsten im grünen Pfeffer, während grüner und schwarzer Pfeffer aromatischer als der weiße sind. Je später man den Pfeffer erntet, umso besser wird sein Aroma, während die Schärfe zuletzt nicht mehr zunimmt. Scharf, aromatisch und ein absoluter Magenanwärmer ist ein mit gehörig Pfeffer versetzter Schwarztee.

Spitzwegerich *Plantago lanceolata*

Spitzwegerich gilt als eine der ältesten Heilpflanzen und soll angeblich schon in der Steinzeit entsprechend genutzt worden sein. Auch die Assyrer und Griechen vertrauten vor allem seinen Wundheilungskräften: Zerkaute Blätter wurden dazu auf die Wunde gelegt und fixiert – teilweise wird dies auch heute noch mit zerdrückten Blättern empfohlen, wenn man kein anderes Mittel zur Erstversorgung einer Wunde oder eines Insektenstiches zur Hand hat. Verwendet wurde er unter anderem auch bei Schlangenbissen, genau wie beispielsweise bei Husten, Fieber, Durchfall, Zahnschmerzen und der Behandlung von Wurmbefall.

Andere Namen
Heufressa, Ripplichrut, Rossrippe, Spießkraut, Spitzfederich, Wegetritt

Familie
Plantaginaceae (Wegerichgewächse)

Herkunft/Vorkommen
Spitzwegerich hat eine weltweite Verbreitung und bevorzugt trockene Standorte, ist oft an Wegrändern, Wiesen, Äckern und Schuttplätzen zu finden.

Blütezeit
Die in Mitteleuropa sehr häufige Pflanze kommt auf Wiesen, Weiden, Brachflächen oder an Weg- und Straßenrändern vor. Im Garten stellt der Spitzwegerich wenig Ansprüche, denn er wächst sowohl in der

Sonne als auch im Halbschatten und kommt mit fast jedem Boden zurecht.

Merkmale

Die ausdauernde Pflanze treibt frühzeitig lange, lanzettförmige und oben zugespitzte Blätter in Anordnung einer Grundrosette aus. Besonderes Merkmal sind die auffälligen Blattnerven. Aus der Rosette wachsen die gefurchten Stängel, die eine Höhe bis zu 40 cm erreichen können. Die unauffälligen weißen Blüten zeigen sich in einer Blütenähre am Ende der Stängel. Aus dieser wächst die kapselige Frucht mit ihren zwei Samen.

Inhaltsstoffe und Eigenschaften

Vornehmlich sind es Schleim- und Gerbstoffe, Iridoidglykoside, Flavonoide und Kieselsäure, die für die Wirkung des Spitzwegerichs verantwortlich sind. So wurden diesem Kraut antibakterielle, reizmildernde und zusammenziehende Eigenschaften bestätigt.

Verwendung

Es werden lediglich die Blätter des Spitzwegerichs für medizinische Zubereitungen verwendet. Häufig werden diese zu Tee und Sirup zubereitet, seltener findet der Presssaft Anwendung. Es gibt auch zahlreiche Fertigpräparate, die hauptsächlich oder anteilig Spitzwegerich enthalten.

Gesundheit

Nachweislich wirkt sich Spitzwegerich positiv aus, wenn er bei Katarrhen der Luftwege getrunken und bei Entzündungen der Mund- und Rachenschleimhaut damit gegurgelt wird. Bestätigt ist ebenfalls seine Wirksamkeit bei der äußerlichen Anwendung zur Behandlung von Hautentzündungen.

Durch seinen hohen Gerbstoffgehalt empfiehlt sich der Spitzwegerich auch als Hausmittel bei leichten Durchfällen.

Bei Atemwegserkrankungen sollten täglich 2 mit Honig gesüßte Tassen Tee getrunken werden, die erste morgens noch nüchtern. 2 Teelöffel der Blätter werden mit 1 Tasse kochendem Wasser übergossen, müssen 15 Minuten lang ziehen und werden dann abgeseiht.

Wellness

Spitzwegerich-Tee wird auch gerne bei Durchspülungskuren im Frühjahr verwendet, sein Kieselsäuregehalt dürfte sich dabei positiv auf die Haut auswirken. Wer sich das Rauchen abgewöhnen will, kann täglich ebenfalls 2–3 Tassen Tee trinken, diese sollen dabei unterstützend wirken.

In der Küche

Die Blätter können für Salate oder Kräutersuppen benutzt werden, aber auch zum Verfeinern von Quark, oder man bereitet sie wie Spinat zu. Vor der Verwendung sollte man die zähen Fäden auf der Unterseite abziehen.

Vogelknöterich *Polygonum aviculare*

Seit der Antike ist Vogelknöterich als Heilpflanze bekannt und wurde sowohl von den Chinesen als auch den Römern verwandt.

Andere Namen
Hühnergras, Knotengras, Saugras, Wegtritt

Familie
Polygonaceae (Knöterichgewächse)

Herkunft/Vorkommen
Vogelknöterich ist in fast allen gemäßigten Zonen der Welt zu finden.

Blütezeit
Juni bis Oktober

Merkmale
Die Stängel können eine Länge bis zu 40 cm erreichen. Die Blätter haben meist eine elliptische Form. An den Blattachseln sitzen die kleinen Blüten von weißer bis roter Farbe.

Inhaltsstoffe und Eigenschaften
Die wichtigsten Inhaltsstoffe sind Gerbstoffe, Kieselsäure, Schleimstoffe und Flavonoide, die vor allem zusammenziehend wirken.

Verwendung
Verwendet wird das Kraut der Pflanze, z. B. als Teezubereitung oder Umschlag.

Gesundheit
Vogelknöterich-Zubereitungen werden bei leichten Katarrhen der Luftwege sowie bei entzündlichen Veränderungen der Mund- und Rachenschleimhaut empfohlen. Traditionell wird er auch im Rahmen von Teekuren gegen Gicht, Rheuma und Hautunreinheiten genutzt. Auch bei Durchfall, Hämorrhoiden wird er als Hausmittel verwendet. Vogelknöterich soll eine ACE-Hemmung besitzen und sich positiv bei Bluthochdruck auswirken.

Bei Katarrhen der Luftwege kann das Trinken von 2–3 Tassen Tee täglich Besserung bringen. Dazu werden 2 Teelöffel Kraut mit 1 Tasse kochendem Wasser übergossen, müssen 10 Minuten ziehen und werden dann abgeseiht. Auch als Gurgellösung im Mund- und Rachenraum verwendbar.

Portulak *Portulaca oleracea var. sativa*

Portulak wird erstmals 500 n. Chr. in China erwähnt. Wann er seinen Weg nach Europa fand, lässt sich nicht genau festlegen. Im 16. Jahrhundert kannte man jedoch nachweislich die wohltuenden Eigenschaften des Portulaks für den Magen. Sein hoher Vitamin-C-Gehalt machte ihn zudem zum wirksamen Mittel gegen Skorbut. Im elisabethanischen England war die Pflanze noch sehr beliebt, geriet alsbald allerdings in Vergessenheit.

Andere Namen
Bürzelkraut, Bürzelkohl, Kreusel, Postelein, Sauburtzel

Familie
Portulaceae (Portulakgewächse)

Herkunft/Vorkommen
Ursprünglich kommt Portulak aus Vorderasien, ist aber heute in Europa als Kulturpflanze verbreitet.

Standort
Wildwachsend findet man den Portulak in Mitteleuropa nur an sehr warmen Standorten mit sandigem Boden; im Garten benötigt er einen sonnigen Platz mit nicht zu schwerem Boden.

Blütezeit
Juni bis September

Merkmale
Einjährige, bis 50 cm hohe Pflanze mit fleischigen, ungestielten, eiförmigen Blättern und winzigen gelben Blüten. Es gibt mehrere Kulturformen, darunter den Gemüse-Portulak *(Portulaca oleracea var. sativa)*, der am häufigsten in Gärten angebaut wird.

Inhaltsstoffe und Eigenschaften
Der Portulak besitzt entzündungshemmende, harntreibende und reinigende Eigenschaften, außerdem enthält er größere Mengen der Vitamine A, B und C sowie Calcium und andere Mineralstoffe, und er soll auch eine antibiotische Wirkung haben.

Verwendung
Frische Blätter und junge Triebspitzen der Pflanze können den ganzen Sommer über nach Bedarf geschnitten werden. Ältere Blätter schmecken bitter.

Vorsicht
Portulak-Zubereitungen sollten nicht während der Schwangerschaft eingenommen werden.

Gesundheit
Der hohe Gehalt an Omega-3-Fettsäuren macht den Portulak für die Herzinfarktvorsorge äußerst interessant zumal er insgesamt das komplette Immunsystem zu stärken vermag. Ruhr, Darm- und Blinddarmentzündungen hilft er zu lindern, und äußerlich angewendet stillt er Blutungen. Als Mundwasser hat sich ein Aufguss

von Portulakblättern bei Zahnfleischentzündungen bewährt. Ein Tee aus frischem Portulak – anschließend filtriert – hilft gegen Entzündungen der Verdauungs- und Harnwege.

In der Küche
Das vitaminreiche Gemüse kann wie Blattspinat zubereitet werden, gut schmeckt er in Butter gedünstet. In Essig eingelegt nimmt man ihn zu Gurken, Tomaten oder Saucen. Frische junge Blätter verfeinern roh und klein geschnitten Salate, Brühe und Quarkspeisen, wo sein säuerlicher Geschmack hervorragend zur Geltung kommt. Wird Portulak zum Würzen verwandt, darf er nicht mitgekocht werden, sonst verliert er sein Aroma.

Schlüsselblume *Primula veris*

Familie
Primulacea (Primelgewächse)

Herkunft/Vorkommen
Europa

Standort
Die Art kommt in Mitteleuropa auf Wiesen und Böschungen, aber auch in Laubwäldern vor, allerdings fast nur auf kalkhaltigen Böden. Im Garten werden sonnige Standorte bevorzugt, wobei der Boden ebenfalls Kalk enthalten sollte. Auch eine Kultur in Töpfen ist möglich.

Blütezeit
März bis Mai

Merkmale
Ausdauernde, bis 20 cm hohe Frühlingsblume mit einer Grundrosette aus eiförmigen bis länglichen, leicht gekräuselten und weich behaarten Blättern. Die leuchtend gelben, in Dolden angeordneten Blüten sitzen jeweils am Ende eines langen Stängels.

Inhaltsstoffe und Eigenschaften
Die Schlüsselblume besitzt harntreibende, reinigende, hustenstillende, krampflösende, sedative und auswurffördernde Eigenschaften.

Verwendung
Die Blätter werden im Frühling vor der Blüte gesammelt, die Blüten im April oder Mai (zusammen mit den Kelchblättern) und die Wurzeln im Herbst. Blätter und Wurzeln können getrocknet und dann in Glas- oder Porzellangefäßen gelagert werden.

Vorsicht
Die Schlüsselblume steht in Deutschland, Österreich und der Schweiz unter Naturschutz und darf daher an Wildstandorten nicht gesammelt werden.

Gesundheit
Wurzeltee kann bei Husten und Bronchitis getrunken werden, weil durch eine Schleimverflüssigung ein leichteres Abhusten möglich wird; Blätter haben eine ähnliche, aber schwächere Wirkung. Die Blüten sollen beruhigend sein und werden bei Überaktivität und Schlaflosigkeit empfohlen, besonders auch für Kinder.

In der Küche
Die Blätter nimmt man für Salate und Fleischfüllungen, allerdings nur in kleinen Mengen; die Blüten lassen sich zum Verfeinern von Marmelade verwenden, aber auch zum Garnieren von Salaten.

Rettich *Raphanus sativus*

Bereits in vorchristlicher Zeit haben die Ägypter Rettich verwendet. In China wurde er zur Verdauungsanregung genutzt, und auch die Römer der Antike schätzten ihn. In den Klostergärten hatte er seinen festen Platz.

Andere Namen
Bierrettich, Radi, Schwarzer Rettich

Familie
Brassicaceae (Kreuzblütengewächse)

Herkunft/Vorkommen
Die in Vorderasien und dann im Mittelmeerraum beheimatete Pflanze wird heute häufig in Kulturen angebaut.

Blütezeit
Mai bis Juli

Merkmale
Rettich besitzt eine dicke Pfahlwurzel, das reichliche Kraut kann eine Höhe bis zu etwa 1 m erreichen. Die kleinen Blüten sind weiß oder hellviolett, aus ihnen wachsen die länglichen Schoten. Den Frischpflanzenpresssaft kann man im Entsafter herstellen.

Inhaltsstoffe und Eigenschaften
Die Wurzel hat einen scharfen Geschmack. Wichtigste Inhaltsstoffe sind Senfglycoside und ätherisches Öl. Diese wirken verdauungsanregend und bakterienhemmend.

Verwendung
Genutzt wird die rohe Wurzel oder zubereitet als Frischpflanzensaft oder Sirup.

Vorsicht
Als Gegenanzeigen für die Einnahme des Rettichs ist Cholelithiasis angegeben. Bei längerem Gebrauch oder Empfindlichkeit kann Rettich die Magenschleimhäute reizen.

Gesundheit
Wissenschaftlich bestätigt ist die Wirkung des Rettichs bei Verdauungsbeschwerden und Katarrhen der oberen Luftwege. Traditionell findet er auch Anwendung bei Gallenbeschwerden, Leberproblemen und Husten.

In der Küche
Beliebt ist Rettich zur Brotzeit, kann aber auch lecker als Gemüse, in Suppen oder Eintöpfen zubereitet werden.

Rhabarber *Rheum rhabarbarum*

Der Rhabarber wurde in China vermutlich schon vor 5000 Jahren als Heilpflanze verwendet. Später gelangte er über die Seidenstraße in den Mittelmeerraum, wo er in der Antike wegen seiner verdauungsfördernden und abführenden Eigenschaften bereits in Gärten kultiviert wurde. Sein Name soll darauf zurückzuführen sein, dass ihn „Barbaren" von der Wolga (die damals noch „Rha" genannt wurde) bei ihren Beutezügen ins römische Staatsgebiet mitbrachten.

Familie
Polygonaceae (Knöterichgewächse)

Herkunft/Vorkommen
China

Standort
Rhabarber wurde früher in Mitteleuropa in praktischen jedem Garten kultiviert. Die Pflanze benötigt nach Möglichkeit einen halbschattigen Platz mit gut gedüngtem, tiefgründigem Boden. Die Blüten müssen ausgebrochen werden.

Blütezeit
Juni

Merkmale
Ausdauernde, bis 3 m hohe Pflanze mit einem fleischigen Rhizom und sehr großen, handförmig gelappten Blättern sowie kleinen, weißlichen oder rötlichen Blüten, die in rispenartigen Blütenständen angeordnet sind. In der Küche wird normalerweise der Speiserhabarber *(Rheum rhabarbarum)* benutzt, während man für therapeutische Zwecke den Medizinalrha-

barber *(Rheum palmatum)* verwendet. Besonders vom Speiserhabarber gibt es verschiedene Sorten, die sich häufig durch die Farbe ihrer Stiele unterscheiden, wobei die Sorten mit roter Stielhaut oft weniger Säure enthalten und daher etwa milder im Geschmack sind.

Inhaltsstoffe und Eigenschaften
Der Medizinalrhabarber besitzt aromatische, appetitanregende, verdauungsfördernde, abführende und adstringierende Eigenschaften; der Speiserhabarber enthält viel Vitamin A, B und C sowie Mineralstoffe, darunter Kalium, Kalzium und Phosphor.

Verwendung
Die Ernte kann vom zweiten Jahr an ab Ende April Juli erfolgen.

Vorsicht
Paradoxerweise wirkt die Wurzel des Medizinalrhabarbers in höherer Dosierung abführend, in geringen Mengen dagegen stopfend, was bei der Anwendung unbedingt zu beachten ist.

Gesundheit
Für therapeutische Zwecke wird vor allem die Wurzel des Medizinalrhabarbers benutzt. Besonders häufig nimmt man sie als sehr sanftes Abführmittel, das sogar von Kindern gut vertragen wird. Äußerlich angewendet kann sie zur Behandlung von leichten Verbrennungen und Furunkeln genutzt werden oder als Mundwasser. Geerntet werden die Rhizome von 6–10-jährigen Pflanzen (im Herbst).

In der Küche
Die Stiele des Speiserhabarbers, die man nicht abschneidet, sondern vorsichtig ausbricht, lassen sich zu Kompott, Gelee oder Saft verarbeiten. Da die Blätter einen hohen Oxalsäuregehalt aufweisen, durch den es zu gesundheitlichen Schäden kommen kann, werden sie nicht mitverarbeitet, aber auch die Stängel erntet man nur bis etwa Ende Juli, weil bei ihnen der Säu-

regehalt später ebenfalls ansteigt. Vor dem Genuss werden die Stangen kurz gekocht und zumeist auch noch nachgesüßt; besonders bei älteren Stangen kann es ratsam sein, die Haut vorher abzuziehen. Vor allem Menschen mit Magen- und Nierenproblemen sollten Rhabarber nur in Maßen essen. Ein Aufguss aus den zum Verzehr ungeeigneten Blättern kann zur Bekämpfung von Pflanzenschädlingen, etwa Lauchmotte oder Bohnenlaus, eingesetzt werden.

Auch mit viel Zucker ist Rhabarber vielen Menschen noch zu sauer. Um die Säure abzumildern, dicken Sie Ihr Kompott doch einmal mit Grieß an. Dann mit reichlich gesüßtem Sahnequark servieren.

Sumach *Rhus coriaria*

Der Gerbersumach wurde in erster Linie zur Gerbmittel- und Farbstoffgewinnung kultiviert. Blätter und Triebe liefern ein sehr geschätztes Gerbmaterial für Leder. Blätter und Zweige dienen zum Schwarzfärben, die Rinde färbt Gelb, während Wurzel und Früchte zum Rotfärben genutzt werden. Bereits im alten Rom wusste man ebenfalls um seine würzenden Eigenschaften. Dazu wurden die Früchte mit wenig Wasser gekocht, wobei ein intensiv saurer, roter Sud entsteht, den man Fleisch- oder auch Gemüsegerichten hinzufügte.

Andere Namen
Gerbersumach, Sizilianischer Sumach

Familie
Anacardiaceae (Sumachgewächse)

Herkunft/Vorkommen
Mittelmeerraum, Kleinasien, wild in Sizilien und und den angrenzenden Gebieten Arabiens und Zentralasiens

Blütezeit
März bis September

Merkmale
Strauch bis zu 3 m hoch, fein und dicht behaarte Zweige; Blätter 9- bis 15-fach gefiedert; Fiederblättchen länglich eiförmig, grob gekerbt; Blüten in langen Rispenständen, gefolgt von kugeligen, roten Früchten.

Inhaltsstoffe und Eigenschaften
Hoher Gehalt an Tanninen, Fruchtsäuren, ätherisches Öl, Farbstoffe. Blähungswidrig, verdauungsfördernd; saurer, adstringierender Geschmack.

Verwendung
Angeboten werden die getrockneten Früchte, üblicherweise grob gemahlen in Form eines rotbraunen bis purpurnen Pulvers. Mit Wasser vermischt und aufgekocht kann Sumach dann als Gewürz oder Säuerungsmittel für Salate genommen werden.

Gesundheit
Die Gerbstoffe und Fruchtsäuren des Sumachs wirken als Sud genossen abführend und helfen bei Blähungen.

In der Küche

Sumach ist ein in der Türkei und auch im Iran beliebtes Tischgewürz und man gibt die gemahlenen Früchte großzügig über verschiedene Gerichte, vor allem zu Reis und Reiseintöpfen. Mit frisch in Scheiben geschnittenen Zwiebeln vermischt wird es auch als Vorspeise genossen. In der libanesischen Küche ist gemahlener Sumach wichtiger Bestandteil von Fleisch- und Fischgerichten und wird gerne zur Würze von Bohnen und Auberginen verwertet. Dem europäischen Gaumen wird Sumach am ehesten in der türkischen Fast-Food-Spezialität döner kebap vertraut sein.

Anatolischer Geflügel-Leber-Topf

Zutaten für 4 Personen

1 gegartes Suppenhuhn
6 Schalotten
6 Knoblauchzehen
100 ml Olivenöl
Salz, Pfeffer
1/2 El scharfes Paprikapulver
2–3 El edelsüßes Paprikapulver
200 g gehackte Walnüsse
500–750 ml Geflügelfond
1 Bund glatte Petersilie
3 rote Zwiebeln
450 g Geflügelleber, Mehl
1–2 Tl Sumachpulver

Zubereitung

1 Das Huhn von Knochen und Haut befreien und grob in Würfel schneiden. Die Schalotten und die Knoblauchzehen schälen und fein hacken.

2 Die Hälfte des Öls erhitzen und beides darin unter Rühren anbraten. Das Hühnerfleisch dazugeben und ca. 4–5 Minuten braten. Mit Salz, Pfeffer und beiden Paprikasorten kräftig abschmecken.

3 Die Walnüsse in einer Pfanne ohne Fett rösten, anschließend mit dem Geflügelfond zum Hühnerfleisch geben und erwärmen.

4 Die Petersilie waschen, trocknen und in feine Streifen schneiden. Die Zwiebeln schälen und fein hacken. Das restliche Olivenöl erhitzen und beides darin ca. 1–2 Minuten anbraten.

5 Die Geflügelleber waschen, trocknen, halbieren und in Mehl wenden. Zu den Zwiebeln geben und ca. 3–6 Minuten mitbraten. Mit Sumachpulver, Salz und Pfeffer würzen und auf tiefe Teller verteilen. Den Geflügeltopf darüber geben und servieren.

Zubereitungszeit: ca. 35 Minuten

Heckenrose *Rosa canina*

Früher lief die gepflanzte Apothekerrose der Hagebutte den „Rang“ ab, doch diese kann vor allem mit dem hohen Vitamingehalt des ungeliebten verwandten nicht mithalten. Hagebutten wurden früher nicht nur als Heilmittel verwendet, sondern galten auch als Lebensmittel, das den Speiseplan bereicherte, später als Süßigkeit. Trotz ihrer „Konkurrenz“ zur Apothekerrose wurde die Heckenrose schon im Altertum als heilende Pflanze geschätzt.

Andere Namen
Hagrose, Hagebutte, Hainrose, Heinzerlein, Hundsrose, Wilde Heiderose

Familie
Rosaceae (Heckenrose)

Herkunft/Vorkommen
Ursprünglich stammt die Hundsrose aus Europa, West- und Nordasien sowie Nordafrika, wurde aber schon früh als Gartenpflanze genutzt.

Blütezeit
Juni bis Juli

Merkmale
Der Strauch kann mehrere Meter hoch werden und besitzt überhängende Stämme und Äste mit gebogenen Stacheln. Die Blätter sind fünf- bis siebenzählig und gefiedert. Die Blüten zeigen sich rosa, aus ihnen entwickeln sich die leuchtend roten eiförmigen Hagebutten, die zu den Scheinfrüchten zählen. Sie enthalten die behaarten Nüsschen (Kerne).

Inhaltsstoffe und Eigenschaften
Die Blüten der Heckenrose haben einen leichten Duft, die Scheinfrüchte sind geruchlos. Die Borstenhaare der Kerne werden vielen noch aus ihrer Kindheit bekannt sein – im Kontakt mit der Haut sorgen sie für unangenehmen Juckreiz und sind deswegen als „Juckpulver“ bekannt. Als wichtigste Inhaltsstoffe sind Vitamine, vor allem Vitamin C, Mineralstoffe, Pektine, Flavonoide und Gerbstoffe zu nennen.

Verwendung
Es sind die reifen Hagebutten, die als Heilmittel oder Lebensmittel genutzt werden. Dabei können die Kerne oder das Fruchtfleisch einzeln oder zusammen angewendet werden, meist in Tees, Sirup, aber auch als Kompott.

Gesundheit
Die Hagebutte ist bekannt für ihren hohen Vitamin C-Gehalt und deswegen als vor allem in Erkältungszeiten eine

gefragte Pflanze, um die Abwehrkräfte zu stärken. Neuerdings wird deren Wirksamkeit jedoch in Frage gestellt, da Untersuchungen diese noch nicht bestätigen konnten und der Vitamin C-Gehalt schnell abnimmt. Trotzdem wird Hagebutten-Tee zum Gurgeln bei leichten Entzündungen im Bereich des Mund-und-Rachenraumes empfohlen. Bei Erkältungen sind Kombinationen mit anderen Heilmitteln, z. B. Lindenblüten und Kamille, sinnvoll.

Für eine Tee-Zubereitung werden 2 Teelöffel der klein geschnittenen Hagebutten samt Kernen mit 1 Tasse kochendem Wasser übergossen und müssen 10–15 Minuten ziehen, danach wird abgeseiht.

Wellness
Da die Hagebutte in vielen Zubereitungen sehr lecker schmeckt, kann man sie hervorragend als gesunden und wertvollen Geschmacksverbesserer betrachten und viele nicht besonders wohl schmeckende Tees damit aufpeppen. Man sollte Hagebutten dunkel und nicht allzu lange aufbewahren – je länger sie liegen, desto geringer ist der Vitamingehalt. Prima schmeckt die rote Frucht z. B. in einem Tee mit Apfel und Malve.

In der Küche
Aus der Hagebutte kann herrliches Kompott, Fruchtmus und sogar auch Suppe hergestellt werden.

Rosmarin *Rosmarinus officinalis*

Rosmarin gehört zweifelsohne zu den traditionsreichsten Heil- und Gewürzpflanzen. Schon im 1. Jahrhundert n. Chr. soll er über die Alpen zunächst als Heilpflanze in unsere Gärten gekommen sein. In Kränzen und Sträußchen gebunden wurde Rosmarin als Braut- und Hochzeitsschmuck verwendet, vertrieb böse Geister und versprach wirksamen Schutz vor der Pest. Rosmarin galt auch als Symbol des Lebens, und auf Grund seines würzigen Duftes war man überzeugt davon, dass er das Gedächtnis stärke und die Jugend erhalte. Für den Namen Rosmarin gibt es zwei Erklärungsmodelle: aus dem Lateinischen führt *ros* = Tau und *mare* = Meer zu Meertau, da die Pflanze im Gischtbereich der Meeresküsten besonders gut gedeiht; aus dem Griechischen *rhops* = Strauch und *myrinos* = balsamisch ergibt sich Balsamstrauch. Im Mittelalter war er wegen seiner gedächtnisfördernden Wirkung eine Art Symbol für die Treue zwischen Liebenden; außerdem hieß es, Rosmarin würde böse Geister vertreiben, sodass man Neugeborenen gern einen Zweig in die Wiege legte oder die Braut bei der Hochzeit damit schmückte.

Andere Namen
Anthoskraut, Brautkleid, Hochzeitsblume, Kid, Marienkraut, Meertau, Weihrauchkraut

Familie
Lamiaceae (Lippenblütengewächse)

Herkunft/Vorkommen
Der aus dem Mittelmeerraum stammende Strauch ist eine beliebte Heil- und Gewürzpflanze, die häufig in Kulturen angebaut wird, aber auch als Zierpflanze im Garten zu finden ist.

Standort
In Mitteleuropa kommt der nicht völlig winterharte Rosmarin nur kultiviert vor. Im Garten wird ein geschützter warmer Standort mit gut durchlässigem Boden benötigt. Für die kalte Jahreszeit pflanzt man den Rosmarin am besten in Kübel um und überwintert ihn bei etwa 5 °C; in Gegenden ohne allzu strengen Frost reicht oft auch ein Winterschutz. Man kann die Pflanze aber auch ganzjährig in der Wohnung kultivieren.

Blütezeit
März bis Juni

Merkmale
Immergrüner, buschiger Strauch, 30–150 cm hoch; kantige, stark verzweigte Triebe mit schmalen, nadelartigen, graugrünen Blättern; blassblaue bis violette, selten weiße Blüten in Scheinwirteln an den Triebspitzen; ganze Pflanze stark aromatisch duftend.

Inhaltsstoffe und Eigenschaften
Ätherisches Öl mit Pinen, Borneol,

Campher, Cineol u. a.; Bitterstoffe, Gerbstoff Rosmarinsäure; Flavonoide. Krampflösend, kreislaufanregend, durchblutungsfördernd, nervenstärkend, verdauungsfördernd, antiseptisch, entzündungshemmend, Herztonikum, schmerzstillend; stark würziges Aroma, an Kampfer erinnernd, herzhaft, bitterer Geschmack.

Verwendung

Frische Blätter oder auch Zweige lassen sich den ganzen Sommer über ernten. Den höchsten ätherischen Ölgehalt besitzen die Blätter in der Zeit zwischen Juni und August. Dann können sie getrocknet aufbewahrt werden, ohne viel von ihrem Aroma einzubüßen. Angeboten wird Rosmarin frisch, getrocknet und auch als Pulver, wobei Letzteres schnell an Aroma verliert. Aus Blättern und Blütenspitzen gewinnt man Extrakte und Öl, die zur Likörherstellung sowie als Bade- Seifen- und Parfümzusatz dienen.

Vorsicht

Während der Schwangerschaft sollte Rosmarin nicht in großen Mengen genommen werden, da es auf Grund seiner Inhaltsstoffe zur Auslösung von Gebärmutterblutungen kommen kann. Nicht vor dem Schlafengehen anwenden, da er wirklich sehr anregend wirkt.

Gesundheit

Wissenschaftlich ist die Wirkung von Rosmarin bei Verdauungs- und Gallebeschwerden, die sich vor allem krampfartig zeigen, sowie rheumatischen Beschwerden bestätigt. Doch traditionell wird ihm noch viel mehr zugetraut, man könnte ihn sogar als „Fitness-Mittel" bezeichnen. Besonders bei Erschöpfungszuständen nach einer Erkrankung oder starker Belastung und niedrigem Blutdruck soll er anregend und stärkend sein und die Konzentrationsfähigkeit steigern.

Da er sich auch bei Verspannungen positiv auswirken kann, wird er als Hausmittel bei Kopfschmerzen, Menstruationsbeschwerden und Problemen in den Wechseljahren gern verwendet. Bei leichten Depressionen kann er stimmungsaufhellend wirken.

Um nach einer Infektion wieder schneller auf die Beine zu kommen oder bei Verdauungsbeschwerden, können täglich 2–4 Tassen Tee getrunken werden. 1 Teelöffel der Blätter wird mit 1 Tasse kochendem Wasser übergossen, muss 10–15 Minuten ziehen und wird dann abgeseiht.

Für ein Bad werden 15 Tropfen ätherisches Öl mit 1 Becher Sahne gemischt ins Badewasser gegeben.

In der Küche

Rosmarin ist ein ausgesprochener Liebling der französischen wie auch italienischen Küche. Traditionell passt er wundervoll zu Lamm- und Hammelgerichten, zu Kurzgebratenem und Gegrilltem. Manchmal reicht ein einziger Zweig – mitgekocht oder ins Grillfeuer geworfen –, um für die gewünschte Würze zu sorgen. In Suppen, Eintöpfen oder geschmortem Gemüse wie z. B. dem Ratatouille wird Rosmarin mitgekocht. Auf Pilze, Teigwaren, Röstkartoffeln, Salaten und Saucen gestreut verleihen zerkleinerte Rosmarinnadeln ihr unvergleichlich südländisches Aroma.

Gekräuterte Meeräsche auf Bulgur

Zutaten für 4 Personen

4 küchenfertige Meeräschenfilets
Salz, Pfeffer
6 rote Zwiebeln
6 Knoblauchzehen
150 g schwarze Oliven ohne Stein
125–250 ml Olivenöl
1 Bund Petersilie
100 g Taramas (gesalzener Fischrogen)
Je 1 Tl gerebelter Majoran, Thymian und Rosmarin
1 Tl gerebeltes Basilikum
Je 1/2 El zerdrückte Pfeffer- und Kreuzkümmelkörner
200–300 g Bulgur
500 ml Hummerfond
4 Schalotten
200 g geschälte Tomaten (FP)
200 g Auberginen
6 El Zitronensaft, 4–5 El Olivenöl
1 Bund glatte Petersilie

Zubereitung

1 Die Fischfilets waschen, trocknen und die Haut mehrmals einschneiden. Mit Salz und Pfeffer leicht würzen. Den Backofen auf 180°C vorheizen.

2 Die Zwiebeln und die Knoblauchzehen schälen und grob zerkleinern. Zusammen mit den Oliven und dem Olivenöl in einen Mixer geben. Die Petersilie waschen, trocknen, grob zerkleinern und dazugeben. Den Fischrogen, die getrockneten Kräuter und die Pfeffer- und Kreuzkümmelkörner ebenfalls dazugeben und alles fein pürieren. Die Fischfilets auf der Innenseite damit bestreichen und aufrollen.

3 In eine Auflaufform setzen und auf der mittleren Einschubleiste des Backofens ca. 20–22 Minuten backen. Dabei zwischendurch wenden und mit der austretenden Flüssigkeit begießen.

4 In der Zwischenzeit den Bulgur nach Packungsanweisung im Hummerfond garen. Die Schalotten schälen und fein hacken. Die Tomaten in ein Sieb geben und gut abtropfen lassen. Die Auberginen putzen, waschen, trocknen und in Würfel schneiden.

5 Das Öl erhitzen und die Schalottenwürfel mit den Tomaten und den Auberginen darin ca. 4–6 Minuten braten. Die Petersilie waschen, fein hacken und unter das Tomatengemüse rühren. Den Bulgur unterheben und alles auf einer Platte anrichten. Die Meeräsche darauf anrichten und servieren.

Zubereitungszeit: ca. 45 Minuten

Brombeere *Rubus fruticosus*

Brombeeren sind eine schon sehr lange genutzte Heilpflanze, die in der Antike sowohl den Ägyptern, Griechen als auch den Römern bereits wohl bekannt war. Schon damals wurde mit dem Blättertee bei Halsschmerzen gegurgelt. Doch auch als Wundmittel und bei Blutungen wurden sie häufig verwendet.

Andere Namen
Bramel, Feldschwarzbeere, Frombeere, Hirschbollen, Hundsbeere, Moren, Rahmbeere, Schwarze Haubeere

Familie
Rosaceae (Rosengewächse)

Herkunft/Vorkommen
Der in Europa und Asien beheimatete Strauch hat auch in Amerika und Asien Fuß gefasst und ist häufig in Wäldern, deren Randbereichen und Lichtungen, Gebüschen, Hecken und Brachland zu finden.

Blütezeit
Mai bis November

Merkmale
Da es Hunderte von Kleinarten der Brombeere gibt, gilt Rubus fruticosus als eine Sammelart, die in zahlreichen Varianten vorkommt. Diese unterscheiden sich mehr oder weniger in Größe, Form der Blätter, Art der Stacheln sowie in Aussehen und Geschmack der Früchte. Meist tragen die Sträucher das ganze Jahr über Blätter und können bis zu 3 m hoch werden. Die Blüten sind weiß bis hellrosa und die Beeren von blauschwarzer Farbe.

Inhaltsstoffe und Eigenschaften
Die Beeren haben einen säuerlichen Geschmack und schmecken am besten, wenn sie ganz reif sind. Wichtigste Inhaltsstoffe der Blätter sind Gerbstoffe und Flavonoide. Die Gerbstoffe sind für die zusammenziehende Wirkung verantwortlich.

Verwendung
Für medizinische Zwecke werden nur die Blätter verwandt, doch auch die Früchte sind sehr wertvoll, da sie neben Vitamin C auch Pektin und Fruchtsäure enthalten. Genutzt werden die Blätter hauptsächlich als Tee und Aufguss zum Gurgeln.

Gesundheit
Besonders bei Durchfall, der nicht auf eine organische Erkrankung zurückgeht, hat sich das Trinken von Brombeerblättertee bewährt. Das Gurgeln wird empfohlen bei leichten Entzündungen im Mund- und Rachenraum. Als Hausmittel wird der Tee auch bei Husten und Bronchitis genutzt und zur Linderung bei Menstruationsbeschwerden eingesetzt. Als „Schlaftee" verwendet, soll er nächtliche Erregbarkeit lindern.

Brombeerblättertee zum Trinken oder Gurgeln wird wie folgt zubereitet: 1 Teelöffel mit 1 Tasse kochendem Wasser übergießen und 10 Minuten ziehen lassen, bevor er abgeseiht wird. Zusammen mit Huflattich oder Spitzwegerich ergeben die Brombeerblätter eine gute Mischung, die bei Husten verwendet werden kann.

Wellness
Besonders schmackhaft ist Brombeerblättertee, wenn er mit anderen Heilpflanzen gemischt wird, z. B. Himbeerblättern, Hagebutten, Pfefferminze oder Apfel. Jeder sollte selbst ausprobieren, welche Kombination ihm am besten schmeckt. Auch die Mischung sollte 10 Minuten lang ziehen.

In der Küche
Brombeeren eignen sich prima für die Zubereitung in Desserts, sei es in Joghurt, Quark oder Eis. Mit ihnen kann man auch herrlichen Kuchen backen oder einen erfrischenden Saft zubereiten. Die Früchte lassen sich gut einfrieren und können so bei Bedarf das ganze Jahr über verwendet werden.

Sauerampfer *Rumex acetosa*

Über den Wert des Sauerampfers gab es in der Vergangenheit unterschiedliche Ansichten. So empfahl ihn der griechische Arzt Dioskurides im 1. Jahrhundert als wertvolle Arznei bei Durchfallerkrankungen oder Ohren- und Zahnschmerzen, während die naturkundige Äbtissin Hildegard von Bingen im 12. Jahrhundert niederschrieb, er würde allein den Ochsen nützen, aber nicht den Menschen.

Andere Namen
Gartenampfer, Großer Sauerampfer, Sauergras, Sauerknöterich

Familie
Polygonaceae (Knöterichgewächse)

Herkunft/Vorkommen
Sauerampfer ist in Europa und Asien in feuchten Wiesen oder schattiger Lage häufig anzutreffen.

Standort
Der in Mitteleuropa sehr häufige Große Sauerampfer kommt auf feuchten Wiesen und Weiden sowie an Gräben oder Bach- und Flussufern vor; der Kleine Ampfer ist eher an trockneren Standorten zu finden. Der Garten-Sauerampfer und der ebenfalls oft kultivierte Englische Spinat *(Rumex patientia)* benötigen im Garten einen sonnigen bis halbschattigen Platz mit feuchtem, möglichst lehmigem Boden. Eine Kultur im Töpfen auf der Fensterbank ist ebenfalls möglich, wenn auch nicht sehr ergiebig.

Blütezeit
Mai bis Juni

Merkmale
Ausdauernde, bis 1 m hohe Pflanze mit kantigem, an der Basis rötlich überlaufendem Stängel und spießförmigen bis lanzettlichen Blättern. Die unscheinbaren, anfangs grünlichen, später rötlichen Blüten sind in einer Rispe angeordnet (weibliche und männliche Blüten sitzen auf ver-

schiedenen Pflanzen); die dreikantigen Früchte haben ebenfalls eine rötliche Färbung. Es gibt eine Reihe nah verwandter Arten, von denen viele ebenfalls als Küchen- oder Heilkraut verwendet werden. Dazu gehören der Krause Ampfer *(Rumex crispus)*, dessen Blätter einen wellig-krausen Blattrand haben, der nur bis 30 cm hohe Kleine Ampfer *(Rumex acetosella)* und der gern in Gärten kultivierte Garten-Sauerampfer *(Rumex rugosus)*.

Inhaltsstoffe und Eigenschaften
Hoher Vitamin-C-Gehalt, Eisen, Gerbstoffe, Oxalsäure. Stärkend, appetitanregend, blutreinigend, verdauungsfördernd, harntreibend; herb-würzig säuerliches Aroma.

Verwendung
Die sanft abführende Wirkung macht den Ampfer zu einem guten Mittel bei leichter Verstopfung, wobei die Wirkung durch einen hohen Ballaststoffgehalt noch verstärkt wird; er wird wegen seiner reinigenden Wirkung aber auch zur Behandlung von Hautproblemen, etwa Akne, Furunkel, Ekzeme und Schuppenflechte geschätzt. Außerdem gilt der Ampfer als blutreinigend und er regt den Appetit an. Aus den getrockneten Blättern lässt sich aber auch ein Mundwasser (5 g mit 100 ml Wasser aufbrühen) für entzündetes Zahnfleisch herstellen.

Vorsicht
Die in den Blättern enthaltene Oxalsäure, die den säuerlichen Geschmack bedingt, ist nicht unbedenklich, da sie sich im Körper mit Kalzium zu Kalziumoxalat verbindet – der Stoff aus dem Nierensteine sind. Dies kann bei extrem häufigem Genuss zu Nierenschäden oder Krämpfen führen. Gekocht oder blanchiert, verlieren die Blätter aber den größten Teil der Säure. Auch die Zubereitung mit Milchprodukten macht Sauerampfer verträglicher.

Gesundheit
Traditionell wird Sauerampfer zur Appetitsteigerung und Blutreinigung gegeben. Auch bei Harnwegsproblemen kann er sich als hilfreich erweisen. Um Tee zuzubereiten, wird 1 Teelöffel Kraut mit 1 Tasse kochendem Wasser übergossen, muss 10 Minuten ziehen und wird dann abgeseiht.

In der Küche
Besonders im Frühjahr sind die frischen, saftig grünen Blätter des Sauerampfers eine willkommene Zutat und Würze zu Salaten und Saucen. Als Bestandteil der „Grünen Sauce" passt er gut zu Quark- und Eierspeisen wie z. B. Omelettes. Suppen verfeinert er mit seiner herben Säure, oder man bereitet gleich eine Sauerampfersuppe zu. Außerdem kann man ihn ähnlich wie Spinat zu einem nicht alltäglichen Gemüse verarbeiten.

Saibling im Grünen

Zutaten für 4 Personen

4 Schalotten
2 Salatgurken
5–7 El Butter
300–400 g junger, frischer Sauerampfer
125 ml Weißwein
125 ml Fischfond
Salz, Pfeffer
Je 1/2 Bund Petersilie, Zitronenmelisse und Borretsch
1–2 El Schmand
8 Saiblingfilets
1–2 El Zitronensaft
1 El Kräuterbutter

Zubereitung

1 Die Schalotten schälen und fein hacken. Die Gurken putzen, waschen, trocknen und halbieren. Die Kerne entfernen und die Gurken in kleine Würfel schneiden. 2–3 El Butter erhitzen und beides darin unter Rühren ca. 3–4 Minuten schmoren.

2 Den Sauerampfer putzen, waschen, trocknen und dazugeben. Ca. 2–3 Minuten mitschmoren und Wein und Fond dazugeben. Mit Salz und Pfeffer würzen und ca. 4–5 Minuten garen.

3 Die Kräuter waschen, trocknen und fein hacken. Zu der Sauce geben und erwärmen. Das Ganze vom Herd nehmen und den Schmand einrühren. Die Sauce warm stellen.

4 Die Fischfilets waschen, trocknen, aufrollen und mit Salz, Pfeffer und Zitronensaft würzen. Die restliche Butter mit der Kräuterbutter erhitzen und die Fischfilets darin von beiden Seiten je ca. 3–5 Minuten braten.

5 Die grüne Sauce auf vorgewärmte Teller verteilen. Je 2 Fischfilets darauf legen und das Ganze servieren. Dazu passen Kartoffelkroketten.

Zubereitungszeit: ca. 25 Minuten

Weinraute *Ruta graveolens*

Seit der Antike wird das Kraut als Heil- und Gewürzpflanze geschätzt. Mönche brachten sie über die Alpen und bald stand sie in jedem Kloster- und Bauerngarten. Raute war schon immer ein traditionelles Heilmittel bei nachlassender Sehkraft und wurde deshalb bei Malern, Schreibern und Studenten in hohen Ehren gehalten. Berühmt wurde sie als Bestandteil des Vierräuberessigs mit der sich eine berüchtigte Räuberbande während der Pest in Marseille vor Ansteckung schützte, wenn sie Pestkranken und Toten ihrer Habseligkeiten beraubten. Den bitteren Geschmack der kleinen Blättchen nutzten bereits die Römer als Gewürz und noch heute werden sie in Italien zum Aromatisieren des Tresterschnaps Grappa della Ruta verwendet.

Andere Namen
Wegraute, Gemeine Gartenraute

Familie
Rutaceae (Rautengewächse)

Herkunft/Vorkommen
Mittelmeerraum, in Kultur auch in gemäßigten Zonen Mitteleuropas

Standort
Die Raute findet man manchmal verwildert in der Nähe von Burgen und Klöstern. Im Garten wird sonniger, windgeschützter, nicht zu trockener Platz benötigt; in rauen Gegenden ist außerdem ein Winterschutz erforderlich. Eine Kultur in Töpfen ist ebenfalls möglich.

Blütezeit
Juni bis August

Merkmale
Teils wintergrüner, locker buschiger Halbstrauch, 50–100 cm hoch; etwas dickliche, blaugrün gefiederte Blätter, übersät mit Öldrüsen; kleine gelbe Blüten in Dolden; kleine Kapselfrüchte.

Inhaltsstoffe und Eigenschaften
Ätherisches Öl mit Hauptbestandteil Methyl-n-Nonylketon, Flavonoid Rutin, Harze, Bitter- und Gerbstoffe. Regt die Gebärmutter an, krampflösend, beruhigend, kräftigt die Kapillargefäße, verdauungsfördernd, schweißtreibend, photosensibilisierend; stark würziger Duft, leicht bitterer und scharfer Geschmack.

Verwendung
Frische Blätter werden bis kurz vor der Blüte nach Bedarf geerntet, zum Trocknen für Aufgüsse, Extrakte oder Pulver wählt man ganze Zweige aus.

Vorsicht
Genießen sollte man die Weinraute nur in kleinen Mengen, hoch dosiert wirkt sie giftig, Schwangeren ist der Genuss von Raute ebenfalls nicht anzuraten. Manche Menschen reagieren allergisch auf die ätherischen Öle, der Pflanzensaft kann insbesondere bei Lichteinwirkung die Haut stark reizen.

Gesundheit
Als Hausmittel verwendet man getrocknete Raute als Tee oder frisch auch als Saft, das gesamte Kraut eignet sich für Breiumschläge. Rautetee hilft bei Verdauungsstörungen, Appetitlosigkeit, Koliken, Schwindel, allen Unterleibsbeschwerden und rheumatischen Schmerzen. Gegen entzündete Augen, schwachem Augenlicht aber auch bei Hautkrankheiten wird sie äußerlich als Kompresse angewendet empfohlen. Hierzu bereitet man einen filtrierten Aufguss.

In der Küche
Die Blätter schmecken kräftig, leicht bitter und scharf. Sparsam verwendet passen sie zu Fleischgerichten, vor allem Lamm oder Wild, zu Käsegerichten oder in geringen Mengen auch zu Fisch und manch herzhafter Sauce. Eine Hamburger Aalsuppe ist übrigens nur mit Weinraute authentisch.

Weide *Salix*

Die Weide war schon in der Antike ein häufig verwendetes Heilmittel. Im Mittelalter galt sie als ein probates Mittel zur Fiebersenkung und Schmerzlinderung. Sie sollte sogar „die Lust zur Unkeuschheit" vertreiben und wurde demzufolge als Anaphrodisiakum genutzt. Äußerlich angewandt, sollte sie bei der Wundbehandlung und gegen Warzen und Hühneraugen helfen.

Andere Namen
Felbern, Katzenstrauch, Korbweide, Maiholz, Weidenkätzchen, Weihbuschen

Familie
Salicaceae (Weidengewächse)

Herkunft/Vorkommen
Die Salix-Arten kommen hauptsächlich in den kälteren und gemäßigten Regionen der nördlichen Halbkugel vor. Sie fühlen sich an feuchten Standorten wohl und sind dementsprechend häufig an Bachläufen, Waldrändern und feuchten Wiesen zu finden.

Blütezeit
März bis April

Merkmale
Die unterschiedlichen Arten zeigen sich als Baum oder Strauch. Kennzeichen sind die wohl bekannten Weidenkätzchen, das sind die Blüten, die bereits vor den Blättern zu sehen sind. Die Zweige sind äußerst flexibel und biegsam – sie wurden früher häufig zum Flechten von Körben genutzt – und besitzen längliche, lanzettförmige Blätter.

Inhaltsstoffe und Eigenschaften
Die Rinde lässt sich sehr leicht entfernen und enthält als wichtigste Inhaltsstoffe Salicin, Flavonoide und Gerbstoffe. Diese wirken entzündungshemmend, antirheumatisch, fiebersenkend, schmerzstillend und zusammenziehend.

Verwendung
Medizinisch genutzt wird die Rinde der Weide, die im Frühjahr abgeschält wird. Genutzt wird die Weide hautsächlich als Tee, es gibt aber auch die Tinktur und fertige Präparate, die Weidenrindenextrakte enthalten.

Vorsicht
Da Weidenrinden-Zubereitungen Blutungen hervorrufen können, dürfen Schwangere ihn nicht trinken.

Gesundheit
Wissenschaftlich bestätigt wurde die Wirkung der Weide bei fieberhaften Erkran-

kungen, rheumatischen Beschwerden und Kopfschmerzen. Auch bei Gicht soll sie sich als hilfreich erwiesen haben. Als Hausmittel wird Weidenrinde auch bei Magen- und Darm-Beschwerden genutzt. Das in der Weide enthaltene Salicin ist quasi der „Urahn“ der synthetisch hergestellten Acetylsalicylsäure, die in bekannten Schmerzmitteln enthalten ist. Dieses wandelt sich im Körper zu Salicylsäure um, die die fiebersenkende, schmerzstillende und entzündungshemmende Wirkung ausmacht. Allerdings sind bei der Verwendung von Weidenrinden-Tee weder die magenreizenden noch die blutverdünnenden Begleiterscheinungen der in fertigen Medikamenten enthaltenen Acetylsalicylsäure zu erwarten.

Bei rheumatischen Beschwerden können täglich 2 Tassen Weidenrinden-Tee getrunken werden. Für die Zubereitung wird 1 Teelöffel klein geschnittener Rinde in einen Topf gegeben und mit 1 Tasse kaltem Wasser übergossen und kurz zum Kochen gebracht. Nun muss der Aufguss noch 5 Minuten ziehen, bevor abgeseiht wird. Alternativ kann man auch 1 Teelöffel Rinde mit 1 Tasse kochendem Wasser übergießen, der dann 20 Minuten ziehen sollte.

Salbei *Salvia officinalis*

Der immer wieder gern zitierte Lehrsatz der alten Medizinschule zu Salerno: „Der, welcher Salbei hat, mich wundert, dass er stirbt.“, lässt die äußerst hohe Wertschätzung des Krautes, dem man von jeher lebensverlängernde Eigenschaften nachsagt, mehr als deutlich werden. Bekannt seit dem Altertum fand der Salbei mit den Römern den Weg über die Alpen in die Gärten Mitteleuropas. Kein Heilkundiger des Mittelalters, der nicht das hohe Lied auf das heilende Kraut (*salvere* lat. = gesund werden, heilen) anstimmte. Hieronymus Bock empfiehlt die Pflanze in seinem Kräuterbuch von 1539 den ärmeren Leuten, die sich keinen Arzt leisten können, und einem verschmähten Jüngling riet man früher, einige seiner eigenen Haare mit denen seiner Angebeteten durch ein Salbeiblatt zu ziehen und dies dann unter der Türschwelle der Frau zu vergraben, um auf diese Weise doch noch zum Ziel zu kommen.Ob Probleme mit Magen oder Darm, entzündetem Zahnfleisch, ob Halsentzündungen, Nieren- oder Leberleiden, auch als Frauenkraut bekannt, kuriert Salbei einfach alles. Daneben war die Pflanze stets gleichfalls als starkes Gewürz beliebt – in kleinen Mengen zu fetten Speisen (Gans), auch zu Aal gereicht und in manchen Regionen gab es sogar Salbeikuchen.

Andere Namen
Echter Salbei, Edelsalbei, Gartensalbei, Griechischer Tee, Müsliblatt, Salver, Selwe

Familie
Lamiaceae (Lippenblütengewächse)

Herkunft/Vorkommen
Der Echte Salbei stammt ursprünglich aus dem Mittelmeerraum, wird inzwischen aber in vielen Ländern mit gemäßigtem Klima angebaut.

Standort
Der bei uns nur in Kultur vorkommende Echte Salbei benötigt einen sonnigen Standort mit gut durchlässigem, möglichst kalkhaltigem Boden. In Regionen mit

strengem Frost ist ein guter Winterschutz notwenig; man kann die Pflanzen aber auch in Töpfen auf der Fensterbank ziehen.

Blütezeit
Juni bis August

Merkmale
Ausdauernder, bis 80 cm hoher, immergrüner, an der Basis verholzter Halbstrauch mit vierkantigen Stängeln und länglich-elliptischen, filzig behaarten graugrünen oder (bei bestimmten Sorten auch) purpurroten Blättern; die blauen bis violetten Blüten sind in Form einer Ähre quirlartig um den Stängel angeordnet. Insgesamt gibt es mehrere Hundert Salvia-Arten, von denen sich viele als Küchenkräuter oder in der Naturheilkunde verwenden lassen.

Inhaltsstoffe und Eigenschaften
Ätherisches Öl mit Thujon, Borneol, Campher, Cineol; Bitterstoffe, Gerbstoff Rosmarinsäure, Flavonoide, östrogenhaltige Substanzen, Saponine. Krampflösend, antibakteriell, antiseptisch, adstringierend, schweiß- und milchflusshemmend, verdauungsfördernd, blähungswidrig, antidepressiv, reguliert den Hormonhaushalt; kräftiger, aromatischer Duft leicht nach Kampfer, etwas bitter balsamisch schmeckend.

Verwendung
Die zarten, jungen Blätter können während des ganzen Jahres geerntet werden. Triebe zum Trocknen sollte man kurz vor der Blüte schneiden. Die Blüten sind ebenfalls essbar.

Vorsicht
Auf Salbei-Zubereitungen sollte während der Schwangerschaft verzichtet werden, besonders vor der regelmäßigen Einnahme ist zu warnen. Salbei sollte nicht regelmäßig über einen längeren Zeitraum eingenommen werden, da es dann zu Magenreizungen kommen kann, das reine ätherische Öl kann dann sogar zu Krämpfen führen.

Wellness
Salbeiblätter reinigen und stärken das Zahnfleisch – einfach mit den Blättern Zähne und Zahnfleisch abreiben bzw. die Blätter kauen.

Gesundheit
Salbei erfreut sich in der Volksheilkunde großer Wertschätzung. Wegen seiner krampflösenden, bakterien- und entzündungshemmenden Eigenschaften hilft er innerlich hervorragend bei Verdauungsstörungen, Blähungen und Magenbeschwerden, wird aber auch bei zu starkem Schweiß und nach langwierigem Fieber eingesetzt. Salbeitee hilft bei Entzündungen im Mund- und Rachenraum und bei Halsschmerzen. Seine östrogenhaltigen Substanzen beeinflussen den Hormonhaushalt und lindern die typischen Beschwerden in den Wechseljahren, ebenso reduzieren sie den Milchfluss abstillender Mütter. Salbeiextrakt oder Breiumschläge kurieren kleinere Schnitt- und Schürfwunden, eitrige Wunden und helfen bei unreiner Haut.

In der Küche
Salbei besitzt ein sehr intensives Aroma, das schnell vorschmecken kann, daher sollte man sparsam mit ihm umgehen. Am besten kommt Salbei als Sologewürz zur Geltung, andere Kräuter wollen nicht so recht zu ihm passen. Mit frischen oder auch getrockneten Blättern würzt man traditionell fette Speisen, die Salbei verdauen hilft. Geradezu klassisch ist seine Kombination mit Leber, Aal, Hering, Lamm, Wild und Geflügel oder dem italienischen Saltimbocca – ein mit Schinken und Salbeiblättern belegtes Kalbsschnitzel. In kleinen Portionen passt Salbei auch zu Salaten, Saucen, Quark, Röstkartoffeln, Nudeln oder Omelettes.

Fasanterrine

Zutaten für 4 Personen

Je 200 g Fasanenbrust, Perlhuhnbrust, Schweinefleisch und frischer Schweinespeck
Salz, Pfeffer
Je 1/2 El zerdrückte Wacholderbeeren, Pimentkörner und Nelken
1 Bund Frühlingszwiebeln
4 Knoblauchzehen, 3 El Butter, 350 g Geflügelleber
350 g Pfifferlinge aus dem Glas
Je 3 El Quittengelee und Preiselbeerkonfitüre
250 ml Rotwein
1/2 El getrockneter Salbei
5 El Dijon-Senf, 5 El süße Sahne
3 El Zitronensaft
Evtl. Paniermehl
250 g fetter Speck
Salbeiblätter zum Garnieren

Zubereitung

1 Das Fleisch waschen und grob zerkleinern. Zusammen durch die feine Scheibe des Fleischwolfes drehen und mit Salz, Pfeffer, Wacholderbeeren, Pimentkörnern und Nelken kräftig abschmecken. Die Frühlingszwiebeln putzen, waschen, trocknen und in Ringe schneiden. Die Knoblauchzehen schälen und fein hacken.

2 Die Butter erhitzen und beides darin ca. 3–4 Minuten anschwitzen. Herausnehmen und zu der Fleischfarce geben. Die Leber waschen, trocknen und im verbliebenen Bratfett ca. 3 Minuten braten. Mit Pfeffer würzen.

3 Die Pfifferlinge in ein Sieb geben und gut abtropfen lassen. Quittengelee, Preiselbeerkonfitüre, Rotwein, Salbei, Dijon-Senf, Sahne und Zitronensaft unter die Fleischfarce rühren. Wenn nötig, die Farce mit etwas Paniermehl binden.

4 Eine rechteckige Terrinenform mit Speckstreifen so auslegen, dass die Speckstreifen über den Rand herausragen. Den Backofen auf 180°C vorheizen. Ein Drittel der Fleischfarce in die Terrine füllen. Die Geflügelleber darauf verteilen und mit einem weiteren Drittel der Fleischfarce abdecken. Die Pfifferlinge darüber verteilen und den Rest der Fleischfarce darauf geben. Glatt streichen und mit den überlappenden Speckstreifen zudecken. Die Oberfläche mit Salbeiblättchen garnieren und alles mit Alufolie verschließen. Die Terrinenform in die mit Wasser gefüllte Fettpfanne des Backofens setzen. Auf der mittleren Einschubleiste ca. 2 Stunden garen.

5 Herausnehmen und beschwert im Kühlschrank vollständig auskühlen lassen. Die Terrine wird nicht gestürzt, sondern in der Form in Scheiben geschnitten. Dazu passt Baguette, grüner Salat und Preiselbeerkonfitüre.

Zubereitungszeit: ca. 2 Stunden, 40 Minuten (plus Zeit zum Auskühlen)

Muskatellersalbei *Salvia sclarea*

In der Antike wurde Muskatellersalbei zur Stimmungsaufhellung und Erheiterung verräuchert. Später verwendete man die Pflanze gerne, um die berauschende Wirkung von Wein und Bier zu verstärken. Per Wasserdampfdestillation gewinnt man aus den Sprossspitzen und oberen Blättern das herb-süße, nussartig duftende Muskatelleröl, das vielen Winzer in Deutschland, Italien und Frankreich nutzten, um ihrem Wein den extravaganten Muskatellertrauben-Geschmack zu verleihen.

Andere Namen
Römischer Salbei

Familie
Lamiaceae (Lippenblütler)

Herkunft/Vorkommen
Mittelmeerraum, Weinanbaugebiete Mitteleuropas, dort auch verwildert.

Standort
Die Art kommt in Weinbergen manchmal verwildert vor; im Garten wird ein sonniger Standort mit gut durchlässigem Boden benötigt. In Regionen mit strengerem Klima ist eventuell ein Winterschutz erforderlich, man kann die Pflanze aber auch in Töpfen auf der Fensterbank ziehen.

Blütezeit
Juni bis September

Merkmale
Zweijährige, bis 1,20 m hohe, aromatische Pflanze, die im ersten Jahr nur eine grundständige Rosette aus großen, ovalen, auffällig faltigen, graugrünen Blättern bildet. Im zweiten Jahr erscheint der lange vierkantige Stängel mit sehr viel kleineren, eiförmig-ovalen Blättern sowie rötlich-violetten, in Rispen angeordneten Lippenblüten.

Inhaltsstoffe und Eigenschaften
Ätherisches Öl mit Linalylacetat, Linalool und Sclareol. Adstringierend, krampflösend, belebend, regt die Gebärmutter an, nervenstärkend, lindert den Brechreiz, aphrodisierend; bitterer Geschmack mit Vanille-Balsam-Aroma.

Verwendung
Frische Blätter werden am besten bis kurz vor der Blütezeit gesammelt. Auch die Blüten selbst werden gesammelt. Kosmetik- und Parfümindustrie verarbeiten die leicht nach Lavendel duftenden Blüten.

Vorsicht
Da er die Gebärmutter anregt, sollten Schwangere Muskateller- wie auch Gewürzsalbei meiden.

Gesundheit
Aus Muskatellersalbei lässt sich ein angenehm schmeckendes Mundwasser gegen Zahnfleischentzündungen herstellen. Dazu übergießt man einige Blätter (frisch oder getrocknet) mit heißem Wasser und lässt den Sud dann 5–10 Minuten ziehen. Nach dem Abseihen kann die Flüssigkeit etwa 3–5 Tage verwendet werden (im Kühlschrank aufbewahren).

In der Küche
Ähnlich wie der Gewürzsalbei lässt sich der Muskatellersalbei als intensiv nach Muskateller duftendes Gewürz zur Aromatisierung von Weinen, Desserts oder Marmeladen nutzen. Frische, junge Blätter werden in Pfannkuchenteig getaucht und als Salbeimäuschen oder Beignets in Fett ausgebacken. Die kleinen Blüten gibt man als duftende Zutat zu Salaten oder Süßspeisen.

Holunder *Sambucus nigra*

Schwarzer Holunder wird schon seit Jahrtausenden als Heilpflanze genutzt und ist eine der sagenumwobensten Pflanzen, die es gibt. In Überlieferungen ist vom Holundergeist die Rede, und man musste die in der Pflanze wohnenden Geister erst besänftigen, bevor man etwas von ihm erntete. Holunder wurde wohl schon in der Steinzeit angewandt, was die sich um ihn rankenden Mythen erklären könnte.

Andere Namen
Elderbaum, Holler, Holder, Keilken, Schwarzholder, Schwitztee

Familie
Caprifoliaceae (Geißblattgewächse)

Herkunft/Vorkommen
Der Holunder kommt aus Europa und findet sich häufig in Hecken, Gebüschen, in Wäldern und an Bachufern, er wird aber auch kultiviert und in Gärten angepflanzt.

Blütezeit
Mai bis Juni

Merkmale
Holunder wächst als Baum oder Strauch und kann bis zu 7 m hoch werden. Die Blätter sind unpaarig gefiedert, und die gelbweißen Blüten zeigen sich in flachen Trugdolden. Die reifen Beeren haben eine tiefe schwarzviolette Farbe und glänzen.

Inhaltsstoffe und Eigenschaften

Diese alte Heilpflanze hat einen süßlich-schweren, für viele Menschen unangenehmen Geruch und büßt deswegen immer mehr von ihrer einstigen Beliebtheit als Gartenpflanze ein. Wichtigste Inhaltsstoffe sind ätherisches Öl, Glykoside, Flavonoide, Gerb- und Schleimstoffe, die vorwiegend schweiß- und harntreibend, schleimlösend und entzündungshemmend wirken.

Verwendung

Während früher auch Blätter, Rinde und Wurzeln für Heilzwecke eingesetzt wurden, sind es heute hauptsächlich die Blüten und seltener die Beeren, die in der Heilkunde ihren Platz haben. Zubereitet werden vor allem Tee aus den Blüten und Saft aus den Beeren. Wichtig: Es dürfen nur vollreife Beeren Verwendung finden!

Gesundheit

Gerade bei grippalen Infekten und Erkältungen mit Fieber kann Holunderblüten-Tee durch seine schweißtreibenden Eigenschaften die Genesung positiv beeinflussen. Ebenso soll der Tee bei Husten und Schnupfen hilfreich sein, da er durch seine schleimlösende Wirkung die Atemwege frei macht und die Schleimhäute stärkt. Als Hausmittel schwören einige Allergiker auf die kurmäßige Anwendung des Tees, da Allergiesymptome dann angeblich gemildert auftreten sollen. Waschungen mit Holunderblüten-Tee sollen sich genauso wie Vollbäder positiv bei Hautunreinheiten auswirken. Bei fiebrigen Erkältungen als Schwitzkur muss der Tee möglichst heiß getrunken werden, 3 Tassen täglich werden dann mindestens empfohlen. 1 Teelöffel der getrockneten Blüten wird mit 1 Tasse kochendem Wasser übergossen und muss vor dem Abseihen 10 Minuten lang ziehen – gern wird dabei mit Lindenblüten kombiniert.

Wellness

Um seine Abwehrkräfte in der kalten Jahreszeit auf Trab zu bringen, empfiehlt es sich, täglich 1 Glas Holunderbeerensaft über den Tag verteilt zu trinken, da die Beeren viel Vitamin C enthalten. Diesen kann man im Fachhandel fertig zubereitet kaufen. Holunderblüten-Tee stärkt ebenfalls das Immunsystem.

In der Küche

Aus Holundersaft kann man leckeres Gelee herstellen. Beliebt ist auch die Holundersuppe mit Grießklößchen. Die Blüten kann man mit Pfannkuchenteig ausbacken. Mit Puderzucker bestäubt ergibt das einen leckeren Nachtisch.

Kleiner Wiesenknopf

Sanguisorba minor

Einst wichtiges Küchengewürz, wird sie heute in der Hauptsache in Italien und Frankreich verwendet. Als Heilkraut ist sie im Gegensatz zu ihrem größeren Verwandtem dem Großen Wiesenknopf *(Sanguisorba officinalis)* kaum noch bekannt.

Andere Namen
Bibernelle, Pimpinelle

Familie
Rosaceae (Rosengewächse)

Herkunft/Vorkommen
Ursprünglich Mittelmeerraum, Süd- und Mitteleuropa, selten Nordeuropa.

Standort
Der Kleine Wiesenknopf kommt in Mitteleuropa in lichten Wäldern, zwischen Hecken und an Wegrändern vor, allerdings nur auf trockeneren Böden. Den etwas größeren und häufigeren Großen Wiesenknopf *(Sanguisorba officinalis)*, der ähnliche Eigenschaften besitzt, findet man an feuchteren Standorten vor, etwa auf nassen Wiesen und in Mooren. Im Garten benötigt der Kleine Wiesenknopf einen sonnigen, aber geschützten Platz mit gut durchlässigem, möglichst sandigem Boden. Eine Kultur im Topf ist ebenfalls möglich.

Blütezeit
Juni bis September

Merkmale
Ausdauernde, bis 60 cm hohe Pflanze mit kantig gefurchten Stängeln und gefiederten Blättern sowie grünlichen bis rötlichen Blüten, die in kurzen Ähren angeordnet sind.

Inhaltsstoffe und Eigenschaften
Der Wiesenknopf besitzt aromatische, appetitanregende, verdauungsfördernde und adstringierende Eigenschaften.

Verwendung
Die jungen Blätter erntet man bis in den Herbst hinein. Verwendet wird das frische und getrocknete Kraut sowie die Wurzeln. Das Kraut wird am besten während der Blütezeit gesammelt, gleich frisch verwendet oder kann auch getrocknet werden. Die Wurzeln gräbt man im Frühjahr oder Spätherbst während der Ruhephase der Pflanze aus.

Gesundheit
Die Art wird hauptsächlich bei Beschwerden mit der Verdauung eingesetzt, etwa Appetitlosigkeit oder Magenbeschwerden;

äußerlich lässt sich das Kraut bei leichten Verbrennungen und Dermatitis oder zur Linderung von Hämorrhoidenschmerzen verwenden.

Wie sich am Gattungsnamen erkennen lässt, wurde die Pflanze früher als blutstillendes Kraut benutzt (*sanguis* heißt übersetzt „Blut", *sorbere* soviel wie „einsaugen"), eine Anwendung, die heute aber nicht mehr üblich ist.

Wellness
Ein Tee aus Blättern und Blüten des Kleinen Wiesenknopfs verabreicht man Frauen mit zu starker Regelblutung.

In der Küche
Pimpinelle ist mindestens so vielseitig wie Petersilie: Ihre fein gehackten aromatischen Blätter passen gut zu Eierspeisen, Fisch, Kräuterquark, Kräuterbutter, Kartoffeln, Salaten, Suppen und natürlich zur Hamburger Aalsuppe wie sie auch auf jeden Fall immer zur Frankfurter Sauce gehört. Wichtig – nie mitkochen, sie verliert sonst ihr Aroma.

In Zitronensaft oder Essig eingelegt entfalten die Blätter der Pimpinelle ein ganz apartes Aroma und verfeinern auf raffinierte Weise Quarkspeisen oder Salate.

Zander auf flämische Art

Zutaten für 4 Personen
250 g Rosenkohl
125–250 ml Gemüsefond
250 g Maronen aus der Dose
100 g gekochte Kartoffeln
Salz, Pfeffer, 375 ml Roséwein
Je 1/2 Bund Petersilie und Pimpinelle
1 küchenfertiger Zander
(ca. 1,2–1,5 kg)
3 El Zitronensaft
12 Scheiben Bacon
Öl zum Einfetten
Zitronenscheiben, Pimpinelle und Petersilie zum Garnieren

Zubereitung

1 Rosenkohl putzen und waschen. Gemüsefond aufkochen lassen und die Röschen darin ca. 3–4 Minuten blanchieren. Herausheben und gut abtropfen lassen. Fond beiseite stellen. Rosenkohlröschen halbieren.

2 Maronen und Kartoffeln in Würfel schneiden. Mit Rosenkohl mischen und alles mit Salz und Pfeffer würzen. 125 ml Roséwein dazu-

geben. Kräuter waschen, trocknen und fein hacken. Ebenfalls dazugeben und gut mischen. Fisch waschen, trocknen und von innen und außen mit Zitronensaft beträufeln. Mit Salz und Pfeffer würzen.

3 Füllung hineingeben und den Fisch mit Holzstäbchen zustecken. Den Backofen auf 180 °C vorheizen. Die Baconscheiben um den Fisch wickeln. Fettpfanne des Backofens einfetten. Zander mit der Bauchseite nach unten darauf setzen. Auf der mittleren Einschubleiste ca. 60 Minuten garen. Dabei mehrmals mit dem restlichen Wein beträufeln.

4 Den Fisch herausnehmen, anrichten und mit Zitronenscheiben, Pimpinelle und Petersilie garniert servieren. Dazu passen Kartoffelkroketten.

Zubereitungszeit: ca. 1 Stunde

Großer Wiesenknopf

Sanguisorba officinalis

Der Große Wiesenknopf ist bei uns schon lange als Heil- und Futterpflanze bekannt. Besondere Bedeutung kam ihr dabei als blutstillendes Mittel zu. Bei uns hat diese Heilpflanze heute an Bedeutung verloren, wird aber z. B. in China hoch geschätzt.

Andere Namen
Herrgottbart

Familie
Rosaceae (Rosengewächse)

Herkunft/Vorkommen
Beheimatet ist die Pflanze in Europa, Asien und Teilen Afrikas, bevorzugt auf feuchten Wiesen und Weiden, häufiger in Bergregionen.

Blütezeit
Juli bis August

Merkmale
Er kann eine Höhe von etwa 1 m erreichen und besitzt eine Grundrosette mit Fiederblättern. Die dunkelroten Blüten haben die Form eines Eies oder einer Walze.

Inhaltsstoffe und Eigenschaften
Wichtigste Inhaltsstoffe sind Gerbstoffe und Saponine, unter anderem wirken sie antiseptisch, blutstillend, entzündungshemmend und zusammenziehend.

Verwendung
Für medizinische Zwecke werden das Kraut und die Wurzel verwendet, z. B. als Tee oder Salbe.

Gesundheit
Traditionell wird diese Heilpflanze bei entzündeten Schleimhäuten verwandt, ob nun im Mund- und Rachenraum oder im Darm sowie bei Durchfall. Als Salbenzubereitung soll Wiesenknopf bei Hämorrhoiden, Verbrennungen und Wunden helfen.
In der Volksmedizin werden 2 Tassen Tee bei starken Blutungen während der Menstruation empfohlen. Dazu wird 1 Teelöffel Kraut oder Wurzel mit 1 Tasse kaltem Wasser übergossen, kurz aufgekocht und muss vor dem Abseihen noch 10 Minuten ziehen.

In der Küche
Wiesenknopf kann man für die bekannte Frankfurter Grüne Soße verwenden. Er verfeinert aber auch Quark und Kräuterbutter.

Bohnenkraut *Satureja hortensis*

Würz- und Heilkraft des Bohnenkrauts kannte man bereits sehr früh. Die Römer verfeinerten Essig und Saucen mit dem scharf-pfeffrigen Kraut, Karl der Große veranlasste über seine „Capitulare de villis" Verordnungen, die den Anbau der verdauungsfördernden Pflanze empfahlen. Das Bohnenkraut gelangte über Italien ins nördliche Europa, Mönche kultivierten es in den Klostergärten und später zog es von dort in die Hausgärten ein. Wahrscheinlich erhielt das Gartenbohnenkraut daher seinen Namen, denn das lateinische Wort hortensis bedeutet Garten.

Andere Namen
Sommerbohnenkraut, Gartenbohnenkraut, Kölle, Pfefferkraut, Wurstkraut

Familie
Lamiaceae (Lippenblütengewächse)

Herkunft/Vorkommen
Südöstlicher Mittelmeerraum, Vorderasien, kultiviert in Mittel- und Nordeuropa, Asien, Nordamerika.

Standort
Bohnenkraut benötigt im Garten einen sonnigen oder halbschattigen Platz, sie können aber auch in Töpfen auf der Fensterbank kultiviert werden.

Blütezeit
Juli bis September

Merkmale
Einjährige, bis 40 cm hohe Pflanze mit einem an der Basis verholzenden Stängel, schmal-lanzettlichen Blättern und weißlichen bis rosafarbenen oder auch violetten Blüten, die in Scheinähren angeordnet sind. Das nah verwandte Berg- oder Winterbohnenkraut *(Satureja montana)* ist ein ausdauernder, bis 40 cm hoher Halbstrauch mit ähnlichen Eigenschaften.

Inhaltsstoffe und Eigenschaften
Ätherisches Öl mit Carvacrol, p-Cymol, Thymol; Gerbstoffe. Verdauungsfördernd,

adstringierend, antiseptisch, schweißtreibend, schleimlösend, Nerventonikum, regt die Gebärmutter an, aphrodisierend; pfeffrig-würziger Geschmack, erinnert an Thymian, Majoran und Oregano.

Verwendung
Junge Blätter bzw. Triebe können fortlaufend gepflückt werden, wobei das Aroma am intensivsten kurz vor und während der Blüte ist. Dann ist der beste Zeitpunkt für die Ernte des ganzen Krauts zum Trocknen. Angeboten wird Bohnenkraut im Sommer frisch, ansonsten ist es in getrockneter Form erhältlich. Für medizinische Zwecke werden die Blütenspitzen gesammelt und getrocknet.

Gesundheit
Bohnenkraut wirkt sich erfahrungsgemäß sehr positiv bei Magen- und Darmbeschwerden aus, beispielsweise Blähungen und Durchfall und kann zur Appetitanregung genutzt werden. Auch bei Husten soll es Besserung bringen, sowohl als Tee oder Badezusatz.

Bei Blähungen wird empfohlen, eine Tee zu trinken. Dafür wird 1 Teelöffel des Krauts mit 1 Tasse kochendem Wasser übergossen, muss 10 Minuten ziehen und wird dann abgeseiht.

Wellness
Ein Fußbad aus Bohnenkraut wirkt sich sehr wohltuend auf müde Füße aus und hat zusätzlich eine reinigende und deodorierende Wirkung.

In der Küche
Sommerbohnenkraut wird in der Regel unzerkleinert mitgekocht und passt mit dem pfeffrigen Geschmack vorzüglich zu allen Bohnengerichten und anderen Hülsenfrüchten, zu fettem Fleisch wie zu deftigen Eintöpfen. Es schmeckt ebenfalls gut zu Weiß- und Rotkohl, Ragouts sowie zu Pilzgerichten. Frische Blätter werden an Salate oder zu Rohkost gegeben.

Bohnenkraut ist Bestandteil der Herbes de Provençe.

Bergbohnenkraut *Satureja montana*

Auch der winterfeste Verwandte des Sommerbohnenkrauts zog mit den Römern über die Alpen Richtung Norden. Seine vergleichsweise hohe Winterhärte machte ihn im nördlichen Europa als Gewürz- und Heilpflanze schnell interessant.

Andere Namen
Winterbohnenkraut

Familie
Lamiaceae (Lippenblütengewächse)

Herkunft/Vorkommen
Ursprünglich aus dem Apennin, Kultur in Mitteleuropa.

Blütezeit
Juli bis Oktober

Merkmale
Halbstrauch, auch im Winter grün, buschig, 20–50 cm hoch; linealische, glänzend grüne, am Rand rau behaarte Blätter; Blüten weiß, rosa oder violett.

Inhaltsstoffe und Eigenschaften
Ätherisches Öl mit Carvacrol, p-Cymol, Thymol (weniger als im Bohnenkraut); Gerbstoffe. Verdauungsfördernd, adstringierend, antiseptisch, schweißtreibend, schleimlösend, Nerventonikum, regt die Gebärmutter an, aphrodisierend; pfeffrig-würziger, etwas strengerer Geschmack als Bohnenkraut.

Verwendung
Junge Blätter bzw. Triebe können fortlaufend gepflückt werden, wobei das Aroma am intensivsten kurz vor und während der Blüte ist. Die von Haus aus etwas härteren Blättchen des Bergbohnenkrauts sind allerdings vor der Blüte am zartesten. Selbst im Winter können Blätter geerntet werden, jedoch mit ein wenig an Aromaverlust.

Gesundheit
Auf Grund der fast identischen Inhaltsstoffe lässt sich das Winterbohnenkraut natürlich ebenfalls wie das Bohnenkraut bei Störungen des Verdauungstraktes und Bronchialerkrankungen einsetzen. Ein Tee aus den Blüten wirkt appetitanregend und hilft bei Blähungen. Bergbohnenkrautöl nimmt man zum Aromatisieren von magenfreundlichen Kräuterlikören.

Wellness
Ein Gesichtsdampfbad aus den Blütenspitzen wirkt antiseptisch und adstringierend – zu empfehlen bei fettiger Haut.

In der Küche
Auch das Bergbohnenkraut besitzt in Bohnengerichten und deftigen Speisen seine Paraderolle. Im Gegensatz zum Sommerbohnenkraut wird es nur etwa 10 Minuten am Ende der Garzeit mitgekocht und vor dem Servieren wieder herausgenommen. Bergbohnenkraut besitzt eine noch höhere Würzkraft und sollte deshalb sparsam dosiert werden.

Peruanischer Pfefferbaum

Schinus molle

Die korallenroten pfefferkorngroßen Früchte haben mit dem bekannten Pfeffer absolut nichts zu tun. In Peru dienen sie zur Herstellung von Essig, und die Inkas verwendeten sie zu einem stark berauschenden Getränk. Das in den Blättern enthaltene Öl wie auch der aus dem Stamm gewonnene milchige Saft diente medizinischen Zwecken. Blätter, Rinde und Wurzeln enthalten einen gelben Farbstoff, den man lange Zeit zur Färbung von Wolle einsetzte.

Andere Namen
Brasilianischer Pfefferbaum, Rosa Pfeffer, Mollesaat, Schinusfrucht

Familie
Anacardiaceae (Sumachgewächse)

Herkunft/Vorkommen
Mittel- und Südamerika

Blütezeit
April bis Mai

Merkmale
Immergrüner bis zu 20 m hoher Tropenbaum, würzig riechende, gefiederte Blätter an locker verteilten Zweigen; gelblichweiße, bis zu 20 cm langen Blütentrauben, gefolgt von roten Beeren.

Inhaltsstoffe und Eigenschaften
Ätherisches Öl mit Hauptbestandteil Phellandren; Gerbstoffe, Zucker. Anregend, antiseptisch; süßlich, aromatisch, Geruch und Geschmack erinnern an Wacholder.

Verwendung
Die nicht ganz reifen, daher noch rosafarbenen Beeren werden genauso verarbeitet wie die andere Pfeffersorten. Der Geschmack ist eher süßlich, aromatischwürzig und von nur leichter Schärfe. Die

dekorativen Früchte dienen eher der Optik, ganz gewiss in „bunten“ Pfeffermischungen.

Vorsicht
Den rosa Pfeffer sollte man sparsam verwenden und den mit Beeren gefüllten Behälter von kleinen Kindern fern halten, da sie in großen Mengen gegessen giftig sind. Außerdem wird den Beeren schleimhautreizende Wirkung nachgesagt.

In der Küche
Mit der Würzkraft von echtem Pfeffer können die attraktiv anzuschauenden rosaroten Beeren nicht mithalten. Geruch und Geschmack ähneln dem von Wacholder und so ähnlich lassen sich die Früchte in der Küche auch nutzen. Empfohlen werden kann das milde Aroma des rosa Pfeffer zu Fisch oder auch Gemüsen wie z. B. Spargel. Seinen besten Auftritt hat der rosa Pfeffer jedoch in Kombination mit Schokolade – ein mit ihm gewürzter Kakao ist ein extrem köstliches Getränk.

Tripmadam *Sedum reflexum*

Ein Kraut, das bereits Hildegard von Bingen erwähnte, mit missverstandenem französischem Namen – eigentlich heißt es „Trique-madame“. Es handelt sich um ein Fettblattgewächs, das oft an Mauern wächst, daher auch die häufige Bezeichnung Felsenmauerpfeffer. Es passt gut in den Steingarten, kann aber auch auf dem Balkon gezogen werden.

Andere Namen
Felsenfetthenne, Felsenmauerpfeffer

Familie
Crassulaceae (Dickblattgewächse)

Herkunft/Vorkommen
West- und Mitteleuropa

Standort
Die Art wächst in Mitteleuropa zwischen Felsen, auf alten Mauern, beispielsweise in Burgruinen, aber auch in lichten Wäldern und auf Trockenhängen; in Norddeutschland ist sie eher selten. Im Garten wird ein sonniger Platz mit möglichst sandigem Boden benötigt; man kann die Art aber auch im Steingarten anpflanzen.

Blütezeit
Juni bis August

Merkmale
Ausdauernde, bis 30 cm hohe Pflanze mit zumeist niederliegenden Sprossen und rundlichen, aber spitz zulaufenden, fleischigen Blättern, die an der Basis einen Sporn besitzen, sowie hübschen, gelben Blüten.

Inhaltsstoffe und Eigenschaften
Gerbstoffe, Isocitronensäure, Vitamin C, Mineralien. Antiseptisch; säuerlicher Geschmack.

Verwendung
Als Würze nimmt man die bläulich grünen fleischigen Blättchen und zarten Triebe ohne Knospenansatz. Trocknen lassen sich die fleischigen Blätter nicht.

Vorsicht
Die Tripmadam darf nicht mit dem Scharfen Mauerpfeffer *(Sedum acre)* verwechselt werden, dessen Verzehr oft starke Übelkeit verursacht. Erkennen lässt sich Tripmadam vor allem an den Spornen, die an der Basis der Blätter vorhanden sind und die dem Scharfen Mauerpfeffer fehlen. Dafür besitzt dieser einen sehr scharfen Geschmack (vorsichtshalber nur kleines Stück probieren), während die Tripmadam süßlich schmeckt.

Gesundheit
In der Naturheilkunde verwendete man früher zumeist den nah verwandten Scharfen Mauerpfeffer *(Sedum acre),* während die Tripmadam eher als Küchenkraut verwendet wurde. Die zerquetschten Blätter beruhigen und lindern bei Verbrennungen.

In der Küche
Tripmadam ist mit dem Portulak verwandt, doch ihr Geschmack ist anders, unverwechselbar, leicht säuerlich. Mit ihr kann man den Eigengeschmack der Speisen abrunden. Tripmadam passt, fein gehackt, zu Salaten, Kräutersuppen und -saucen, zu zartem Gemüse und neuen Kartoffeln aber auch zu Fleischgerichten. Die vitaminhaltigen, fleischigen und zarten Blätter können selbst im Winter gepflückt und als geschmacklich neutrale, mineralstoffreiche Salatzugabe gegessen werden.

Hauswurz *Sempervivum tectorum*

Schon Karl der Große wies seine Untertanen im *Capitulare de villis* an, Hauswurz auf die Dächer zu pflanzen, um die Häuser vor Blitzschlag zu schützen – ein Aberglaube, der sich lange gehalten hat.

Andere Namen
Dachwurz

Familie
Crassulaceae (Dickblattgewächse)

Herkunft/Vorkommen
Europa

Standort
Die Hauswurz kommt wildwachsend von den Alpen bis zu den Pyrenäen auf felsigen Standorten vor. In Mitteleuropa wurde die Pflanze dadurch eingebürgert,

dass man sie vielerorts zum Schutz vor Blitzeinschlag auf die Hausdächer pflanzte; heute ist sie eine beliebte Zierpflanze für Steingärten.

Blütezeit
Juli bis September

Merkmale
Ausdauernde, bis 10 cm hohe Pflanze mit einer großen Rosette aus fleischigen Blättern und beblätterten Blütenstängeln, an deren Spitze die rosaroten Blüten sitzen.

Inhaltsstoffe und Eigenschaften
Die Pflanze besitzt adstringierende, entzündungshemmende, erweichende und erfrischende Eigenschaften.

Verwendung
Verwendet werden nur frische Blätter, die man im Sommer erntet, wobei man hauptsächlich auf die äußeren Rosettenblätter zurückgreift.

Gesundheit
Der kühlende und adstringierende Presssaft der Blätter kann äußerlich bei kleinen Verletzungen angewendet werden, denn da die Pflanze sowohl adstringierende als auch erweichende Eigenschaften besitzt, wird die Haut nicht nur zusammengezogen, sondern außerdem weich gemacht.
Die Hauswurz lässt sich aber auch gut zur Behandlung juckender oder schmerzender Insektenstiche verwenden oder bei leichten Verbrennungen.
Legen Sie ein aufgeschnittenes Blatt mit der Schnittfläche auf ein Hühnerauge und lassen Sie die austretende Flüssigkeit einige Zeit einwirken. Wenn Sie den betroffenen Fuß dann einige Stunden später in ein heißes Fußbad stellen, lässt sich das weich gewordene Hühnerauge anschließend gut entfernen.

Sesam *Sesamum indicum*

Der sicherlich älteste Nachweis dieser uralten Kulturpflanze findet sich im ägyptischen Papyrus Eber (1500 v. Chr.). Zu Beginn der christlichen Zeitrechnung baute man Sesam auch in Italien an, von den Sizilianern stammt übrigens der Brauch, Sesamkörner auf Brot zu streuen. In Asien, Afrika und im Mittelmeerraum werden die nahrhaften Körner als Ganzes gekocht, zu Mehl vermahlen, geröstet oder man gewinnt das wertvolle Öl aus ihnen. Die indische und auch die chinesische Medizin schworen auf die kräftigende und entgiftende Wirkung der Pflanze.

Andere Namen
Echter Sesam

Familie
Faboideae (Schmetterlingsblütler)

Herkunft/Vorkommen
Ursprung Indien oder Afrika; heutige Kultur in Südasien, Afrika, auch Mexiko

Merkmale
Halbwinterhartes, meist unverzweigtes Kraut, bis 2 m hoch; gegenständig, eiförmige große Blätter; in den Blattachseln 1–3 weiße bis weinrote glockenförmige, fünfzählige Blüten (an Fingerhut erinnernd); gefolgt von behaarten, klebrigen Kapseln, gefüllt mit kleinen, eiförmigen, flachen, gelblichen Samen.

Inhaltsstoffe und Eigenschaften
Hoher Gehalt (bis 60 %) an ungesättigten Fettsäuren; Sesamin und Sesamolin (Antioxidantien, absorbieren UV-Strahlen); Furane, Vitamine E, A, B-Gruppe; Kalzium. Nahrhaft, stärkend, beruhigt die Schleimhäute, abführend, Antioxidans, gegen Blutarmut; süßlich, nussartiger Geschmack, der durch Rösten verstärkt wird, Öl nussig.

Verwendung
Blätter und Samen der Sesampflanze können genutzt werden, wobei man die Blätter in erster Linie für medizinische Aufgüsse nutzt, während die reifen Samen ganz, zu Mehl vermahlen, geröstet oder zu hochwertigen Ölen verarbeitet werden. Angeboten werden im Handel die ganzen Samen sowie verschiedene Pressungen aus ihnen als hochwertiges Öl.

Gesundheit
Ein Absud der Blätter oder der Samen oder aber auch das Sesamöl selbst helfen bei Verbrennungen und entzündeten Wunden. Sesamöl gemischt mit etwas Kampferöl lindert, sanft einmassiert, Kopfschmerzen, Migräne oder Schwindel. Der Kalziumreichtum der Samen kräftigt Knochen und Zähne, beugt somit Karies und Osteoporose vor. Als Massage- bzw. Wellnessöl wird Sesamöl gern und häufig bei Ayurveda-Behandlungen eingesetzt.

In der Küche
Sesamsamen werden vor allem im Mittleren und Fernen Osten verwendet. Geröstet wie auch ungeröstet wird Sesam als Gewürz gebraucht und ist Bestandteil vieler exotischer Würzmischungen, die Rindfleisch- und Geflügelgerichte verfeinern. Im ganzen Nahen Osten liebt man tahini, eine aus gemahlenen Sesamsamen hergestellte Paste, mit der man Saucen andickt und verfeinert. So besteht beispielsweise das als Brotaufstrich sehr beliebte hummus aus pürierten Kichererbsen, tahini, Olivenöl, etwas Zitronensaft und frischer Petersilie. Ähnlich beliebt ist halva, eine süße Schleckerei aus gemahlener Sesamsaat mit Honig vermischt. In der Küche Mexikos finden sich die Samen in mole rojo oder mole poblano wieder, eine raffinierte Sauce, die zu Truthahnbraten serviert wird. Im Westen streut man die Samen gerne über Brote, Brötchen und andere Backwaren und nicht nur die Top-Köche schätzen vor allem das qualitätvolle Sesamöl.

Eine besondere Spezialität ist das dunkle orientalische Sesamöl, das aus gerösteten Sesamsamen gewonnen wird. Es dient in Korea sowie in der chinesischen Provinz Szechuan als Tischgewürz und darf Speisen nur tropfenweise zugegeben werden.

Pikante Wildtaschen

Zutaten für 4 Personen

150–200 g Weizenmehl, Salz
2 El Sesamsaat
125–250 ml Reiswein
1/2 Bund Brunnenkresse
150–200 g Geflügelleber
250–350 g Wildgulasch
4 Schalotten, 2 Knoblauchzehen
2 El Sesamöl, 1 El Sojasauce
Je 1 Tl Piment-, Senf- und Nelkenpulver, 2 El frisch geriebener Ingwer, 1–2 Eiweiß,
4 El Erdnussöl, 125 ml Wildfond
Pflaumensauce (FP)

Zubereitung

1 Mehl, Salz, Sesamsaat und Reiswein zu einem glatten Teig verkneten und abgedeckt so lange ruhen lassen, bis die Füllung fertig ist.

2 Für die Füllung die Brunnenkresse waschen, die Blättchen abzupfen und grob hacken. Die Leber sorgfältig enthäuten, putzen, waschen, gut abtropfen lassen und grob hacken. Den Gulasch durch die mittelfeine Reibe des Fleischwolfs drehen. Schalotten und Knoblauchzehen schälen und fein hacken.

3 Alle Zutaten gut miteinander mischen und in dem Öl unter Rühren ca. 4–5 Minuten braten. Sojasauce, Gewürze und Ingwer dazugeben und weitere 1–2 Minuten braten.

4 Den Teig zu einer Rolle formen und diese in ca. 16 Scheiben schneiden. Die Scheiben flach klopfen und die Füllung darauf verteilen. Die Teigränder mit Eiweiß bestreichen und halbkreisförmig zusammenklappen. Die Ränder mit einer Gabel leicht andrücken. 5

Das Öl in einer Pfanne erhitzen und die Täschchen darin von beiden Seiten ca. 5 Minuten braun braten. Den Wildfond angießen und die Täschchen darin ca. 1–2 Minuten garen. Mit Pflaumensauce servieren.

Weißer Senf

Sinapis alba syn. Brassica alba

In seinem Ursprungsgebiet, den Mittelmeerländern, nutzten ihn bereits im Altertum Ägypter, Griechen und Römer als Würz- und Heilkraut. Die Römer würzten ihre Speisen z. B. mit einer Art Tafelsenf, unserem Mostrich ähnlich. Mit ihnen gelangten der Senf oder besser die Senfsaat über Frankreich bis ins nördliche Europa. Heute baut man Senf vor allem in den gemäßigten Zonen an. Die größte Bedeutung hat die Senfpflanze neben ihrer Eigenschaft als Gewürzpflanze mittlerweile als Gründüngungs- und Futterpflanze. Früher wurde sie außerdem als Salat oder Gemüse verzehrt.

Andere Namen
Gelbsenf

Familie
Brassicaceae (Kreuzblütler)

Herkunft/Vorkommen
Diese Art stammt vermutlich aus Westasien, war aber schon in der Antike im Mittelmeergebiet heimisch.

Standort
Der Weiße Senf kommt bei uns gelegentlich verwildert an Flussufern, Wegrändern und auf Brachflächen vor. Im Garten wird ein sonniger bis halbschattiger Standort mit möglichst kalkhaltigem Boden bevorzugt. Eine Kultur in Töpfen ist ebenfalls möglich.

Blütezeit
Juni bis September

Merkmale
60–80 cm hohes Kraut, leierförmig-fiederspaltige, rau behaarte Blätter an kantigen Stängeln; schwefelgelbe Blüten in Doldentrauben, gefolgt von kleinen geschnäbelten Schotenfrüchten mit 2–4 gelben bis hellbraunen, scharf schmeckenden Samenkörnern.

Inhaltsstoffe und Eigenschaften
Fette Öle, Protein Sinalbin (spaltet sich in Glucose und Senföl), Enzym Myrosinase, Schleimstoffe. Appetit-, verdauungs- und kreislaufanregend, antibiotisch, schleimlösend, antirheumatisch, hautreizend, durchblutungsanregend; erst leicht süßlich, dann scharfes Aroma.

Ein wilder Verwandter des Weißen Senfs, der Ackersenf *(S. arvensis)*, gilt als Unkraut, das durch reichliche Samenproduktion lästig werden kann. Er ist dem Weißen Senf sehr ähnlich, hat etwas derbere Blätter und blüht je nach Samenaufgang von Mai bis Oktober. Den Ackersenf kann man als Wildgemüse bzw. -gewürz ebenso nutzen wie den Weißen Senf.

Verwendung
Sobald die Schoten reif sind werden sie gepflückt, getrocknet, dann klopft man die Samen heraus. Die Blätter können ganzjährige geschnitten werden, am zartesten sind sie jung. Senf wird vom Handel als ganze Körner oder bereits vermahlen und verarbeitet angeboten.

Gesundheit
Senf wirkt innerlich vorzugsweise verdauungsfördernd. Äußerlich angewendet fördert er die Durchblutung und hilft dadurch bei rheumatischen und arthritischen Beschwerden. Muskelzerrungen behandelt man beispielsweise mit Senfmehlwickel. Bekannt sind auch die Senfpflaster. Ein Senffuß- oder -armbad wird als Ableitungsmittel bei Schwindel empfohlen.

In der Küche
Ganze Senfkörner nimmt man für Eingelegtes z. B. Gurken, Mixed Pickles, zu Fischmarinaden und auch als Wurstgewürz. Gemahlen dienen sie als Grundlage für Speisesenf oder Mostrich. Je nach Zutaten ist Senf in den verschiedensten Geschmacksabstufungen erhältlich. Von süß über mild, leicht sauer nach mittelscharf und scharf. Dazu wird er häufig mit Schwarzem Senf gemischt und dann mit Weinessig, Most, Zitronen, Zucker und Kräutern – z. B. Estragon – zu einem Brei verrührt. Kombiniert mit Meerrettich ist er besonders scharf. Senf hilft durch seine Inhaltsstoffe, fette und schwere Speisen leichter zu verdauen. Daher reicht man ihn gerne zu fetterem Fleisch, schwer verdaulichen Kohlarten oder auch zu deftigen Eintöpfen bzw. verwendet ihn als Fleischbeize. An Saucen und Dressings vergibt er ebenfalls seine pikante Note, man denke an die Sauce Vinaigrette. Auch die jungen Blätter, fein gehackt, kann man als Würze verwenden z. B. an frischen Salaten. Die Samen lassen sich außerdem ähnlich wie Kresse als Keimsprossen ziehen, ihr dezent-scharfer Geschmack passt gut zu Salaten, Rohkost und sehr gut zu Kräuterquark.

Wenn Sie ihren eigenen Senf herstellen, können Sie auch dessen Schärfe selbst bestimmen. Stellen Sie aus dem Pulver des Weißen und des etwas schärferen Schwarzen Senfes *(Brassica nigra)* die gewünschte Mischung zusammen, und verrühren Sie diese mit Wasser, Essig oder Apfelwein. Nach etwa 20 Minuten ist der Senf servierfertig.

Wegrauke *Sisymbrium officinale*

Andere Namen
Wilde Rauke

Familie
Brassicaceae (Kreuzblütler)

Herkunft/Vorkommen
Europa, Asien

Standort
Die auch in Mitteleuropa häufige Pflanze kommt vorzugsweise an Wegrändern und auf Brachflächen vor. Soll sie im Garten angepflanzt werden, benötigt sie einen sonnigen bis halbschattigen Platz, stellt aber weiter keine besonderen Ansprüche.

Blütezeit
Mai bis September

Merkmale
Einjährige, bis 70 cm hohe Pflanze mit behaarten, im oberen Bereich verzweigten Stängeln und fiederteiligen Blättern. Die hellgelben Blüten sind traubenartig angeordnet; die braunen Samen sitzen in einer spitz zulaufenden Schote.

Inhaltsstoffe und Eigenschaften
Die Pflanze besitzt entzündungshemmende, adstringierende, erweichende und krampflösende Eigenschaften.

Verwendung
Verwendet werden die krautigen Teile und die Samen; gesammelt wird die Pflanze von April bis Juni, wobei die Wurzel und die unteren 20 cm verworfen werden. Die Samen erntet man, wenn sich die Schoten gelb verfärben. Alle krautigen Teile werden frisch verwendet, die Samen lässt man kurz antrocknen und bewahrt sie dann in Glas- oder Porzellangefäßen auf.

Vorsicht
Die Wegrauke enthält herzwirksame Glykoside, sodass man sie doiert anwenden sollte.

Gesundheit
Die Pflanze wird vor allem wegen ihrer entzündungshemmenden Eigenschaften geschätzt. So kann man die Blätter und Stängel bei allgemeinen Entzündungen der Atemwege anwenden, also bei Husten, Erkältung und grippalen Infekten, aber beispielsweise auch bei Rachenentzündung nach starkem Tabakgenuss. Die Samen lassen sich äußerlich bei Entzündungen im Mund und Rachenraum nutzen.

Goldrute *Solidago virgaurea*

Die frühesten Aufzeichnungen über die Goldrute finden sich im Mittelalter, wo sie zur Behandlung von Harnwegsbeschwerden verwendet wurde und später auch zur Wundbehandlung, wobei es sogar hieß, sie sei allen anderen Kräutern zur Stillung blutender Wunden überlegen.

Andere Namen
Heidnisches Wundkraut, Heilwundkraut, Schlosskraut, Waldkraut

Familie
Asteraceae (Korbblütengewächse)

Herkunft/Vorkommen
Ursprünglich in Europa, Nordafrika und Nord- und Westasien beheimatet, ist die Goldrute heute auch in Amerika zu finden, meist auf Waldwiesen, Kahlschlägen und Ödland.

Standort
Die Goldrute wächst an Waldrändern, in lichten Wäldern und auf Kahlschlägen, man findet sie aber auch auf Magerrasen. Im Garten stellt die Pflanze wenig Ansprüche, eher muss man aufpassen, dass sich die Goldrute, die sich durch Ausläufer und Selbstaussaat verbreitet, nicht zu sehr wuchert.

Blütezeit
August bis Oktober

Merkmale
Die Staude kann bis zu 1 m hoch werden, besitzt teils braun bis violett gefärbte Stängel und kleine elliptische Blätter. Die gelben Blüten stehen in Trauben oder Rispentrauben.

Inhaltsstoffe und Eigenschaften
Die Pflanze besitzt harntreibende, adstringierende und entzündungshemmende Eigenschaften. Die 10–20 cm langen blühenden Sprossspitzen werden im Juli oder August geerntet und im Schatten getrocknet. Die Kanadische Goldrute *(Solidago canadensis)* hat ähnliche Eigenschaften.

Verwendung
Während der Blüte wird das Kraut geerntet und getrocknet und z. B. als Tee, Gurgellösung und Mundwasser zubereitet.

Vorsicht
Durchspülungstherapien dürfen nicht durchgeführt werden bei Patienten, die unter Ödemen infolge eingeschränkter Herz- und Nierentätigkeit leiden.

Gesundheit
Die Goldrute gilt als gutes Mittel zur Behandlung von Harnwegserkrankungen, etwa Blasen- oder auch Nierenentzündung, und soll sogar die Ausscheidung von Nieren- und Blasensteinen fördern. Außerdem kann man sie bei Magen-Darm-Infekten einsetzen oder als appetitanregendes Mittel und äußerlich zum Spülen bei Entzündungen im Mund- und Halsbereich.

Vogelmiere *Stellaria media*

Andere Namen
Vogel-Sternmiere, Hühnerdarm

Familie
Caryophyllaceae (Nelkengewächse)

Herkunft/Vorkommen
Fast weltweit verbreitet

Standort
Die auch in Mitteleuropa sehr häufige Vogelmiere wächst in Gärten, auf Feldern sowie an Wegrändern und auf Brachflächen. Bei Gartenbesitzern gilt sie als Unkraut, das bis zu fünf Generationen pro Jahr bilden kann und sich daher nur schwer ausrotten lässt.

Blütezeit
Nahezu ganzjährig

Merkmale
Einjährige, manchmal auch ausdauernde, stark verzweigte, bis etwa 15 cm hohe Pflanze mit niederliegenden, behaarten Stängeln, ovalen bis eiförmigen, fleischigen Blättern und sternförmigen weißen Blüten in den Achseln der Blätter.

Inhaltsstoffe und Eigenschaften
Die Pflanze besitzt schweißtreibende, adstringierende, harntreibende und wundheilende Eigenschaften, ist aber auch reich an Vitaminen und Mineralstoffen.

Verwendung
Die Ernte ist fast ganzjährig möglich, man kann die Vogelmiere aber auch trocknen und in Glas- oder Tongefäßen aufbewahren.

Vorsicht
In übermäßiger Dosierung kann die Vogelmiere bei manchen Menschen Durchfall und Erbrechen hervorrufen. Während der Schwangerschaft sollte man ganz auf dieses Kraut verzichten.

Gesundheit
Die Pflanze gilt als harn- und schweißtreibend, kann aber auch bei Husten und Katarrh eingesetzt werden. Äußerlich lässt sie sich bei juckender Haut oder Ekzemen anwenden, und ein Aufguss der frischen oder getrockneten Pflanze kann als Badezusatz bei rheumatischen Gelenken hilfreich sein, aber auch die Gewebsheilung fördern.

In der Küche
Die nahr- und schmackhafte Vogelmiere lässt sich als Suppe oder Gemüse zubereiten, kann aber auch als Salat angerichtet werden. Wegen ihres hohen Vitamingehaltes ist sie vor allem ein gutes Kraut für die kältere Jahreszeit.

Beinwell *Symphytum officinale*

Nomen est omen – bei kaum einer anderen Pflanze gilt dieser Spruch wie beim „Knochenkitter" bzw. Beinwell. Die Liste seiner medizinisch wirksamen Inhaltsstoffe ist beispiellos, und seit alters her werden aus Wurzeln, Blättern und Sprosstrieben Breis oder Salben gewonnen, die bei Knochenbrüchen, Prellungen und schlecht heilenden Wunden helfen. Blätter und Stängel des auf feuchten Wiesen, an Bachufern und in Auwäldern heimischen Beinwell lassen sich zudem in der Küche als Würze, Salat oder Gemüse verwenden – ein wahrer Tausendsassa. Kein Wunder, dass Karl der Große in seiner Landgüterverordnung den Anbau dieser Pflanze ausdrücklich empfahl.

Andere Namen
Beinwurz, Bienenkraut, Honigblume, Schwarzwurz, Speckwurz, Wallwurz

Familie
Boraginaceae (Raublattgewächse)

Herkunft/Vorkommen
Der in Europa beheimatete Beinwell ist in vielen Ländern in den gemäßigten Klimazonen anzutreffen und bevorzugt feuchte Böden.

Standort
Der auch in Mitteleuropa heimische Beinwell kommt vorzugsweise an feuchten Standorten vor, also beispielsweise auf Sumpfwiesen oder an Gräben und Bachufern. Im Garten wird ein sonniger bis halbschattiger Platz mit feuchtem Boden benötigt.

Blütezeit
Mai bis August

Merkmale
Ausdauernde, bis 1 m hohe Pflanze mit aufrechtem, hohlem Stängel und kräftigem Wurzelstock. Die lanzettlichen Blätter sind mit zahlreichen Drüsen besetzt; die weißen, rosa- oder malvenfarbenen Blüten sitzen in den Achseln der oberen Blätter.

Inhaltsstoffe und Eigenschaften
Allantoin, Gerbstoffe, Schleim, Kieselsäure, Stärke, Inulin, Vitamin B; in Spuren ätherisches Öl. Fördert die Wundheilung, entzündungshemmend, adstingierend, hautberuhigend; frischer Geschmack.

Verwendung
Die Wurzel wird vor dem Austreiben im April oder im September nach der Blüte ausgegraben, dann ist der Allantoingehalt am höchsten, danach wird sie halbiert und getrocknet. Junge Blätter und die Stängel

werden bis zur Blüte geerntet, die Blätter können getrocknet werden. Für Heilzwecke werden Sprosstriebe während der Blüte gesammelt.

Vorsicht
Vor einer regelmäßigen innerlichen Selbstmedikamention muss abgeraten werden, da alle Pflanzenteile Alkaloide enthalten, die in größerer Menge gesundheitsschädlich sind. Für Schwangere gilt ebenfalls eine Kontraindikation.

Gesundheit
Blätter, blühende Sprosstriebe und Wurzel sind reich an Allantoin, einem Protein, das das Wachstum von Knochen-, Knorpel-, Haut- und Muskelzellen animiert. Das zerdrückte Kraut oder ein Brei aus den zu Pulver gemahlenen Wurzeln werden als Umschläge auf kleinere Knochenbrüche, die man nicht eingipst, schlecht heilenden Wunden, Schuppenflechte, Ekzemen oder Hämorrhoiden gelegt. Beinwell bessert gleichermaßen Sehnenscheiden-, Knochenhaut- und Schleimbeutelentzündungen. Ein Aufgussöl aus den Blütentrieben lindert Verstauchung, Prellung und arthritische Beschwerden. Ein Blätter- oder Wurzeltee hilft bei Erkältungen und gereiztem Magen. Wissenschaftlich bestätigt ist äußerliche Behandlung von Prellungen, Zerrungen und Verstauchungen sowie erfahrungsgemäß auch bei Muskelkater und Blutergüssen. Dabei wirkt es

auch schwellungs- und schmerzmindernd. Für einen Umschlag werden 50 g Beinwell mit einem 1/2 Liter kaltem Wasser übergossen, müssen 10 Minuten kochen und werden dann abgeseiht.

In der Küche
Beinwell als Gewürz oder Gemüse ist vergleichsweise unbekannt. Vorneweg – zu viel sollte man auch nicht davon verzehren, da man sie in Verbindung mit Leberschäden und Tumoren gebracht hat. In Maßen ergeben die Stängel gekocht allerdings ein schmackhaftes, spargelähnliches Gemüse. Die jungen Blätter lassen sich wie Spinat kochen, oder man würzt mit ihnen frische Salate.

Gewürznelke *Syzygium aromaticum*

Die Gewürznelke ist ein uraltes Gewürz und gehört zu einem der ältesten Handelsgüter. Zuerst erwähnen sie indische und chinesische Schriften, in Ägypten scheint sie in vorchristlicher Zeit noch unbekannt. Etwa 300 n. Chr. gelangte das kostbare Würz- und Heilmittel – wahrscheinlich über die Seidenstraße – über Ägypten und die Türkei nach Europa. Es war nicht zuletzt die Nelke, und vor allem die mit ihr verbundenen Handelsspannen, die in den vergangenen Jahrhunderten erbitterte Kriege um die Heimat der Gewürznelke verursachte. Erst Mitte des 18. Jahrhunderts gelang es, die Ausfuhrbeschränkungen von Samen bzw. Jungpflanzen zu durchbrechen und sie auf die ehemals französischen Inseln im Indischen Ozean zu schmuggeln und dort anzusiedeln. Von dort gelangten die Nelkenbäume unter anderem auf die Insel Sansibar, dem heutigen Hauptanbaugebiet.

Andere Namen
Nelke, Nägelchen

Familie
Myrtaceae (Myrtengewächse)

Herkunft/Vorkommen
Ursprünglich Molukken, Hauptexporteure heute Sansibar und Pemba, Madagaskar, Sri Lanka, Malaysia, Indonesien.

Merkmale
Tropischer, immergrüner Baum wild wachsend bis zu 12 m hoch, in Kulturen 5–6 m; Äste mit gegenständigen, ledrigen, oval zugespitzten, glänzend dunkelgrünen Blätter, an der Astspitze Trugdolden mit vielen kleinen roten Blüten, gefolgt von dunkelroten Beeren.

Inhaltsstoffe und Eigenschaften
Ätherisches Öl vornehmlich Eugenol (16–21 %) dazu Aceteugenol, Methylsalicylat; Terpen Caryophyllen. Schmerzlindernd, wärmend, verdauungsfördernd, gegen Übelkeit, verursacht Gebärmutterkontraktionen, antiseptisch; stark aromatischer Geruch, brennend scharfer Geschmack.

Verwendung
Die Gewürznelke ist die noch geschlossene Blütenknospe des Nelkenbaumes. Kurz vor dem Aufblühen werden die Knospen gepflückt und getrocknet. Während der Trocknung erhalten sie ihre charakteristisch dunkle Farbe. Gewürznelken sind so reich an ätherischem Öl, dass beim Eindrücken des Köpfchens mit dem Fingernagel meist bereits ein Tröpfchen austritt. Das aus ihnen destillierte Nelkenöl wird in der Medizin, der Likörindustrie und der Parfümherstellung genutzt. Im Handel findet man die getrockneten Nelken ganz oder zu Pulver vermahlen.

Gesundheit
Das in den Nelken enthaltene ätherische Öl (Eugenol), wirkt antiseptisch, schmerzlindernd sowie leicht betäubend und wird vor allem in der Zahnheilkunde eingesetzt. Eine Nelke oder ein bis zwei Tropfen Nelkenöl auf den schmerzenden Zahn gelegt bzw. getupft helfen den Besuch beim Zahnarzt zu überbrücken. Bereits die Chinesen wandten die Nelken bei Zahnschmerzen an, sie kauten sie aber auch, um einen guten Atem zu bekommen. In vielen Zahnpasten steckt übrigens Nelkenöl. Ein Nelkentee vertreibt Darmparasiten und hilft bei Übelkeit und Erbre-

chen, aber auch bei Magenverstimmungen.

Wellness
Eine immer wieder beschriebene Wirkung der Gewürznelke: 3 Gramm Nelken mit gesüßter Milch soll müde Ehemänner wieder munter machen.

In der Küche
Gewürznelken werden in allen Küchen der Erde geliebt. Ihr feurig-brennender Geschmack passt zu Obstkompotten, Süßspeisen, Kuchen, Bratäpfeln oder Glühwein genau so wie zu deftigen Speisen mit Rotkohl oder Grünkohl, zu Aal, Schinken und auch Wild. Zusammen mit einem Lorbeerblatt auf eine Zwiebel gespickt aromatisieren sie Marinaden oder Fleischbrühen. Speziell gemahlen verleihen sie Weihnachtsgebäck (Lebkuchen), Wurst und als Bestandteil des Curry ihr einmaliges Aroma. Nelkenpulver würzt ziemlich stark – daher sparsam dosieren.

Tamarinde *Tamarindus indica*

Noch heute sind die Hülsenfrüchte des Tamarindenbaumes wichtiges Nahrungsmittel für die Bewohner der trockenen afrikanischen Savannengebiete. Sanskritaufzeichnungen weisen die Existenz der Tamarinde schon sehr früh in Indien nach, von dort aus die Mittelmeerländer und dann im 16. Jahrhundert auch Amerika erreichte. Der Mus der Tamarinde wurde schon immer roh oder gedörrt, manchmal auch gesüßt und mit Butter vermischt gegessen und als vielseitiges Gewürz eingesetzt. Von Seefahrern wurde es jahrhundertelang auf Grund seiner Vitamin-C-haltigen Fruchtsäuren gegen die gefürchtete Mangelerkrankung Skorbut verwendet.

Andere Namen
Sauerdattel, Indische Dattel, Samballan

Familie
Fabaceae (Hülsenfrüchtler)

Herkunft/Vorkommen
Stammt vermutlich aus der nordostafrikanischen Savanne, von dort sehr früh nach Indien, Kultur heute fast weltweit in den Tropen.

Blütezeit
Oktober bis November

Merkmale
Immergrüner Tropenbaum, 20–25 m hoch; paarig gefiederte Blätter, deren schmal-elliptische Blättchen sich am Abend einklappen; weißlich, rot-geaderte Blüten an den Triebspitzen in hängenden Trauben; 15 cm lange Schoten mit 4–12 harten, rotbraunen, oval-eckigen Samen,

umhüllt von braunem, breiartigem, süßsaurem Fruchtmus.

Inhaltsstoffe und Eigenschaften
Fruchtsäuren mit Weinsäure, Apfelsäure, Zitronensäure, Milchsäure; Zucker, Pektin, ätherisches Öl. Abführend, verdauungsfördernd, fiebersenkend, blähungswidrig, Vitaminlieferant; erfrischend aromatisch, süß-säuerlicher Geschmack.

Verwendung
Das Fruchtmus wird entweder roh zu Chutneys, zu Tamarindensaft, -wein, Saucen oder Zuckerbier verarbeitet oder zu Blöcken getrocknet.

Gesundheit
Der Reichtum an Fruchtsäuren ist einerseits verantwortlich für den hohen Vitamin-C-Gehalt der Tamarinde, andererseits für ihre abführende Wirkung. Etwas Mus mit Wasser verdünnt ist ein natürliches Abführmittel, ohne den Darm auszutrocknen.

In der Küche
Das fruchtige Mus wird in der asiatischen, indischen und karibischen Küche zum Würzen von Chutneys, Currys, Eintöpfen, Suppen und Süßspeisen gebraucht. Sehr gut passt sein süßsaurer Geschmack zu Geflügelgerichten oder zu Fisch. Sein erfrischendes Aroma wird außerdem in Tee oder Getränken geschätzt.

Getrocknete Tamarinde weicht man in kochendem Wasser ein und zerreibt die erkaltete Masse zu Mus. Danach das Mus noch durch ein feines Sieb streichen.

Balsamkraut *Tanacetum balsamita*

Diese Art wird auch Gebetbuchpflanze genannt, weil Kirchgängerinnen früher gern ein Sträußchen davon in den Gottesdienst mitnahmen, um durch häufigeres Schnuppern an den anregend duftenden Pflanzen zu verhindern, dass sie während der Predigt einschliefen.

Andere Namen
Marienblatt, Frauenminze

Familie
Asteraceae (Korbblütengewächse)

Herkunft/Vorkommen
Asien

Standort
Das Balsamkraut kommt bei uns nur in Gärten vor, wo es einen sonnigen Platz mit nährstoffreichem Boden vorfindet. Da die stattliche, winterharte Staude leicht wuchert, muss man sie gut unter Kontrolle halten.

Blütezeit
Juli bis August

Merkmale
Ausdauernde, bis 1,50 m hohe, aromatische Pflanze mit flaumig behaarten Stängeln und länglichen bis eiförmigen, unterseits dicht behaarten Blättern; die Blütenstände setzen sich aus kleinen, gelben Röhren- und weißen Zungenblüten zusammen.

Inhaltsstoffe und Eigenschaften
Die Pflanze besitzt vor allem verdauungsfördernde und entzündungshemmende Eigenschaften.

Verwendung
Die Ernte der Blätter, die auch getrocknet werden können, erfolgt zur Blütezeit.

Gesundheit
Ein Tee aus den Blättern kann bei Erkältungen eingesetzt werden, soll aber auch gegen Verdauungsstörungen helfen. Früher setzte man das Marienblatt außerdem bei Leber-, Gallen- und Menstruationsbeschwerden ein; heute spielt es als Heilkraut keine große Rolle mehr.

Wellness
Ein gesiebter Aufguss der trockenen Blätter liefert eine wohlriechende Spülung für beanspruchtes Haar, wirkt aber auch wohltuend für strapazierte Gesichtshaut.

In der Küche
Die Blätter eignen sich in geringen Mengen zum Würzen von Fleisch, vor allem von Hammelfleisch, aber auch zum Verfeinern von Salaten, Geflügelfüllungen und Suppen sowie zum Aromatisieren von Likören. Außerdem kann man sie als wohlriechende Duftpflanze in bunten Blumensträußen verwenden.

Löwenzahn *Taraxacum officinale*

Löwenzahn wird schon in den Aufzeichnungen arabischer Ärzte aus dem 11. Jahrhundert genannt. Auch bei uns wurde er schon früh bei Blasenbeschwerden, Magenerkrankungen, gegen Fieber, bei Schlafstörungen und zur Förderung der Monatsblutung eingesetzt.

Andere Namen
Kuhblume, Milchblume, Pfaffenkraut, Pusteblume

Familie
Asteraceae (Korbblütengewächse)

Herkunft/Vorkommen
Die aus Europa stammende Pflanze ist heute fast auf der ganzen Welt angesiedelt und findet überall ein Plätzchen, sei es auf Wiesen, Weiden, an Wegrändern und Feldrändern oder in einem Spalt im Asphalt.

Standort
Der in Mitteleuropa sehr häufige Löwenzahn wächst auf gedüngten Wiesen und Weiden, aber auch in Parks und Gärten sowie an Weg- und Straßenrändern oder Feldrainen.

Blütezeit
Hauptblüte April bis Mai, meist aber von Frühjahr bis Herbst.

Merkmale
Eine starke Pfahlwurzel verankert die Pflanze fest im Boden. Die Blätter wach-

sen rosettenförmig, zeigen sich lanzettförmig und sind tief gesägt. Aus der Mitte der Rosette entspringen die hohlen Blütenstängel, die bis zu 40 cm lang werden können und beim Anschneiden Milchsaft abgeben. Am Ende der aufrechten Stängel finden sich die Blütenstände, besonders auffällig ist die leuchtend gelbe und satte Farbe der Blüten. Ihren Volksnamen Pusteblume verdankt diese Pflanze ihren Früchten, die an einem weißen Pappus, einer Art Fallschirm, durch den Wind verbreitet werden.

Inhaltsstoffe und Eigenschaften

Wenn der Milchsaft mit der Haut in Kontakt kommt, färbt er diese braun. Wichtigste Inhaltsstoffe des Löwenzahns sind verschiedene Vitamine, Bitterstoffe, Flavonoide, Triterpene, wichtige Mineralstoffe und Sterole. Die Blätter enthalten zusätzlich Cumarine und Sarotinoide und die Wurzel unter anderem Taraxin. Vor allem sind die entwässernde, entgiftende und appetitanregende Wirkung dieser Heilpflanze zu nennen.

Verwendung

Für die Anwendung als Heilpflanze werden heute nur noch die jungen Blätter und die Wurzel genutzt, meist als Tee, seltener als Presssaft oder Tinktur. Auch in Form von Fertigpräparaten erhältlich.

Vorsicht

Wegen des heute fast überall üblichen Einsatzes von Düngemitteln und Insektiziden kann es durchaus empfehlenswert sein, sich den Löwenzahn für den Hausgebrauch in den Garten zu holen. Dazu reicht es in ländlichen Gegenden normalerweise aus, die sich selbst ansiedelnden Jungpflanzen an die gewünschte Stelle zu verpflanzen, oder man sät die im Vorjahr gesammelten Samen im Frühling aus. Werden Pflanzen aus der Natur verwendet, sollte man sie auf jeden Fall gründlich abwaschen.

Löwenzahn sollte nicht angewendet werden bei Erkrankungen der Galle sowie Gallen- und Darmverschlüssen. Zudem kann Löwenzahn bei einigen Menschen zu

Magenbeschwerden führen, und der Kontakt mit dem Milchsaft kann allergische Reaktionen hervorrufen. Vom Essen der Stängel wird abgeraten, da der Milchsaft in höheren Dosen zu Vergiftungserscheinungen führen kann.

Gesundheit
Löwenzahn wird vor allem bei Störungen des Galleflusses, zur Entwässerung, bei Appetitlosigkeit und Verdauungsbeschwerden, wie Blähungen und Völlegefühl, empfohlen. Besonders beliebt ist der Löwenzahn auch im Rahmen einer Entschlackungskur und zur Entgiftung und wird deswegen vor allem von Menschen geschätzt, die unter Rheuma und Gicht leiden. Die kurmäßige Anwendung wirkt sich nebenbei meist positiv auf Haut, Haare, Nägel und Bindegewebe aus.

Zur Entgiftungstherapie oder Entwässerung sollten über 2 Monate lang täglich 2–3 Tassen Blätter-Tee vor den Mahlzeiten getrunken, zusätzlich sollte 1 Glas Wasser nachgetrunken werden. 2 Teelöffel Blätter werden mit 1 Tasse kalten Wasser übergossen, kurz aufgekocht, müssen dann 10–15 Minuten ziehen und werden abgeseiht.

In der Küche
Die jungen Blätter können als Salat zubereitet werden, der allerdings einen leicht bitteren Geschmack besitzt, oder man kocht sie wie Spinat; die ungeöffneten, noch festen Blütenknospen kann man in Essig einlegen und wie Kapern verwenden. Aus den gerösteten Wurzeln lässt sich ein Kaffeeersatz herstellen.

Quendel *Thymus serpyllum*

Der Feldthymian ist seit dem Altertum in Küche wie auch Heilkunde fest verankert. Er galt als Abwehrzauber gegen Geister und Dämonen. Noch heute weiht man ihn in Kränzen oder Bündeln an Maria Himmelfahrt in der Kirche und hängt ihn anschließend im Haus auf. Kranken wurde er unters Kopfkissen gelegt, und unter der Stallschwelle vergraben sollte er gute Milchqualität garantieren. Man verwendete ihn zum Waschen der Milchkuh-Euter, und er gehörte – sicherlich auch wegen seiner stark antiseptischen Eigenschaften – zu den Kräutern, auf die Frauen nach der Entbindung gebettet wurden. Daher kommt auch sein Beiname „Maria Bettstroh".

Andere Namen
Feldthymian, Feldpolei, Karwendel, Kudelkraut, Quandl, Wilder Thymian, Sandthymian

Familie
Lamiaceae (Lippenblütengewächse)

Herkunft/Vorkommen
Der aus Vorderasien stammende Quendel wurde über den Mittelmeerraum in vielen Ländern eingebürgert und bevorzugt trockene Standorte.

Blütezeit
Mai bis September

Merkmale
Ausdauernder, immergrüner Halbstrauch, bis 30 cm hoch, kriechender Wuchs; Stängel oft wurzelnd mit schmalen, länglich-eiförmigen, grünen Blättchen; endständig zahlreiche karmesinrote, duftende Blüten in Scheinquirlen.

Inhaltsstoffe und Eigenschaften
Die Blüten haben einen aromatischen, an Thymian erinnernden Duft. Wichtigste Inhaltsstoffe sind ätherisches Öl, Gerbstoffe und Flavonoide, die vor allem antibakteriell und desinfizierend wirken.

Verwendung
Genutzt wird das Kraut, z. B. als Teezubereitung, Tinktur oder Umschlag.

Gesundheit
Quendel wirkt grundsätzlich ähnlich wie Thymian, vielleicht eine Spur schwächer. Unbestritten sind seine heilenden Eigenschaften bei allen Erkrankungen der oberen Atemwegen – speziell als Tee in Kombination mit dem echten Thymian bei hartnäckigem Husten, auch bei Keuchhusten. Seine krampflösende Wirkung beweist er bei kolikartigen Verdauungsstörungen oder Periodenschmerzen. Selbst den „Kater“ nach durchzechter Nacht macht ein Quendeltee erträglicher. Die blühenden Zweige verwendet man zu aromatischen, stärkenden Bädern oder für Kräuterkissen.

In der Küche
Der meist wild wachsende Quendel ist feiner und aromatischer als der Gartenthymian, kann aber in gleicher Weise in der Küche genutzt werden. Gut harmoniert er mit eher deftigen Gerichten und kräftigen Fleisch- bzw. Fischsorten. Er passt zu Kohl, Bratkartoffeln, Tomaten und auch zu frischen Salaten. Zum Würzen von Kräuterquark eignen sich die jungen Triebe. Quendel entfaltet sein volles Aroma am besten durch Hitze. Darum sollten man ihn immer eine gewisse Zeit mitkochen lassen.

Eine große Rolle spielt Quendel in der Likörzubereitung, so steckt er beispielsweise in vielen Alpenkräuterlikören, im Stonsdorfer Bitter und im Chartreuse.

Echter Thymian *Thymus vulgaris*

Im gesamten Mittelmeerraum ist der Echte oder auch Römische Thymian seit nun mehr Jahrtausenden bekannt. Im alten Ägypten benutzte man den Thymian zum Einbalsamieren der Verstorbenen, aber auch zur Herstellung von Parfüm, während er als Gewürz oder Heilpflanze augenscheinlich keine Rolle spielte. Das änderte sich im antiken Griechenland, wo die Pflanze zumindest als Gewürz verwendet wurde, und in den mittelalterlichen Kräuterbüchern taucht sie dann auch als begehrtes Heilkraut zur Behandlung von Keuchhusten und Asthma sowie als Wurmmittel auf. Griechen und Römer verbanden mit dem Thymian Kraft, Mut und Stärke, würzten aber ebenso ihre Speisen mit ihm. Benediktiner brachten die Pflanze im frühen Mittelalter nach Mitteleuropa, wo sie schnell den ihr gebührenden Platz als vielseitige Heil- und Gewürzpflanze in den Kloster- und Bauerngärten einnahm.

Andere Namen
Demut, Gartenthymian, Römischer Quendel, Feldkümmel, Demut, Welscher Quendel

Familie
Lamiaceae (Lippenblütengewächse)

Herkunft/Vorkommen
Der im Mittelmeerraum beheimatete Thymian wird heute in vielen Ländern angebaut, auch in unseren Gärten ist er zu finden.

Standort
In ihrer Heimat kommt die Pflanze an trockenen Standorten vor, beispielsweise auf Schotterhalden. Nördlich der Alpen findet man den nicht winterharten Thymian dagegen nur in Gärten, wo er einen sonnigen Platz mit sehr gut durchlässigem Boden und Winterschutz benötigt. Aber auch eine Kultur im Topf auf der Fensterbank ist möglich.

Blütezeit
Mai bis September

Merkmale
Ausdauernder, bis 40 cm hoher, teilweise niederliegender, sehr aromatischer Kleinstrauch mit verholzender Basis und kleinen länglichen Blättern, deren Rand nach unten eingerollt ist. Die kleinen Blüten sind wie eine Ähre angeordnet und hellrosa gefärbt.

Inhaltsstoffe und Eigenschaften
Thymian besitzt aromatische, antiseptische, verdauungsfördernde, tonische, reinigende, hustenlindernde, schleimlösende und anregende Eigenschaften. Junge Triebe, die frisch verwendet werden sollen, können den ganzen Sommer über gepflückt werden, bei Zimmerpflanzen auch im Winter, allerdings in Maßen. Zum Trocknen vorgesehene Teile werden kurz vor Blüte geerntet, wobei um die Mittagszeit geschnittene Sprossspitzen die

beste Qualität haben sollen. Verwendet werden nur die unverholzten Teile (die letzten 10 cm unter den Blüten), die an einem schattigen, luftigen Platz auf Papier getrocknet und dann ausgeklopft werden. Die abfallenden Blätter und Blüten kann man in Glas- oder Porzellangefäßen aufbewahren.

Verwendung
Von Frühjahr bis Herbst können einzelne Zweige oder Büschel geerntet werden. Thymian eignet sich hervorragend zum Trocknen – er ist eines der Gewürze, deren Aroma sich durch das Trocknen sogar noch intensiviert – dazu einfach ganze Stängel kurz vor der Blüte schneiden. Das Aroma der Triebspitzen ist kurz vor Blühbeginn ab Mai am intensivsten. Aus der gesamten Pflanze und den Blütenspitzen gewinnt man das wertvolle Thymianöl.

Vorsicht
Schwangere sollten auf die Verwendung des ätherischen Öls verzichten. Auch von dessen langfristigem Gebrauch ist abzuraten.

Gesundheit
Die Heilpflanze wird empfohlen bei der Behandlung von Bronchitis, Keuchhusten und Katarrhen der oberen Luftwege. Besonders die entkrampfenden und schleimlösenden Eigenschaften können eine Genesung erheblich beschleunigen. Die desinfizierende Wirkung wirkt zusätzlich unterstützend bei Infektionen. Auch bei Blähungen und Völlegefühl sowie anderen Magen- und Darm-Beschwerden soll Thymian positiv wirken. Das Gurgeln mit dem Tee soll Linderung bei Entzündungen im Mund- und Rachenraum bringen. Einreibungen, Umschläge und Bäder sollen bei Rheuma, Schwellungen und Verrenkungen ebenso wie bei Hautleiden angebracht sein.

Bei Bronchitis oder anderen Atemwegserkrankungen sollte mehrmals täglich 1 Tasse Tee getrunken werden. Dazu werden 2 Teelöffel des Krauts mit 1 Tasse kochendem Wasser übergossen, müssen 10 Minuten ziehen und werden dann abgeseiht. Für die Zubereitung eines Vollbads werden 8–10 Esslöffel mit 1 Liter Wasser wie ein Tee zubereitet, der 20 Minuten lang zieht, und dann ins Badewasser gegossen

In der Küche
Thymian eignet sich zum Würzen von Suppen, Soßen, Hackfleischgerichten, Pasteten, Wild, Lamm, Rinderbraten, Geflügel, Eintopfgerichten und natürlich Pizza. Dabei kann das appetitanregende Kraut mitgekocht oder vor dem Servieren roh über das Gericht gestreut werden. Der Thymian ist aber auch eine gute Bienenfutterpflanze, die dem Honig einen sehr charakteristischen Geschmack verleiht.

Der nah mit unserem Gartenthymian verwandte, etwas dezentere Zitronenthymian *(Thymus x citrodorus)*, der im Sommer oft auf Wochenmärkten angeboten wird, kann zum Würzen von Fisch, Eierspeisen, Sahnesoßen und sogar Obstsalaten verwendet werden.

Cassoulet – Fleisch-Bohnen-Kasserolle

Zutaten für 4 Personen

400 g weiße Bohnen
500 ml Geflügelfond
500 ml Gemüsefond
Je 1/2 El Nelken, Piment- und Pfefferkörner
2 Lorbeerblätter
Salz
4–5 Zweige Thymian
8 rote Zwiebeln
4 Knoblauchzehen
200 g Gänsebrust
2 Entenbrüste (à 200 g)
300 g Lammschulter ohne Knochen
200 g Schweineschulter ohne Knochen
250 g geräuchertes Dörrfleisch
4 Möhren
3 Stangen Lauch
200 g Sellerieknolle
2 Petersilienwurzeln
6 El Butterschmalz
250–375 g Rotwein
4–6 El Tomatenpüree
1 El gerebelter Thymian
2–3 El frisch gehackte Petersilie
Pfeffer
Paprikapulver
1–2 El Gänseschmalz
4–5 El Paniermehl

Zubereitung

1 Die Bohnen über Nacht in einem ausreichend großen Topf im kalten Geflügel- und Gemüsefond einweichen. Anschließend die Nelken, Piment- und Pfefferkörner zerdrücken und zusammen mit den zerbröselten Lorbeerblättern dazugeben. Salz und gewaschene Thymianzweige ebenfalls dazugeben.

2 Die Zwiebeln und Knoblauchzehen schälen und grob zerkleinern. Beides dazugeben und das Ganze ca. 40 Minuten bei milder Hitze kochen lassen.

3 In der Zwischenzeit die Fleischsorten waschen, trocknen und in mittelgroße Würfel schneiden. Das Dörrfleisch ebenfalls in Würfel schneiden. Möhren, Lauch, Sellerie und Petersilienwurzeln putzen, waschen bzw. schälen und alles in grobe Würfel schneiden.

4 Das Butterschmalz erhitzen und die Fleischwürfel zusammen mit dem Gemüse darin unter Rühren ca. 6–8 Minuten braten. Rotwein, Tomatenpüree, Thymian und Petersilie dazugeben. Alles weitere 10 Minuten schmoren lassen. Mit Salz, Pfeffer und Paprikapulver kräftig abschmecken.

5 Den Backofen auf 180°C vorheizen. Die Bohnen abgießen, mit Fleisch und Gemüse mischen und in eine gefettete Auflaufform geben. Das Gänseschmalz leicht schmelzen lassen und mit dem Paniermehl mischen. Beides über der Kasserolle verteilen und auf der mittleren Einschubleiste ca. 40–50 Minuten garen. Mit Baguette und Rotwein anrichten und servieren.

Zubereitungszeit: ca. 2 1/2 Stunden (plus Zeit zum Einweichen)

Linde *Tilia*

Im früheren Dorfleben spielte die Linde häufig eine große Rolle, sie galt als Mittel- und Treffpunkt, unter ihrem Blätterdach wurde gefeiert und sogar Gericht gehalten. Obwohl Blüten, Zweige, Blätter und Rinde schon recht früh bei Gicht und Verdauungsbeschwerden verwendet wurden, gibt es jedoch nur relativ wenige Aufzeichnungen über die Heilwirkungen dieser Pflanze.

Andere Namen
Bastbaum

Familie
Tiliaceae (Lindengewächse)

Herkunft/Vorkommen
Die Linde ist in Europa beheimatet, findet sich dort in Mischlaubwäldern, an Straßen und Alleen sowie in Parks.

Blütezeit
Juni und Juli

Merkmale
Zwei Arten werden unterschieden, die für medizinische Zwecke genutzt werden, die Sommerlinde *(Tilia platyphyllos)* und die Winterlinde *(Tilia cordata)*. Sie können bis zu 30 m groß werden und haben ausgebreitete Äste. Die herzförmigen gestielten Blätter sind spitz und gesägt. Die Blüten zeigen sich als hängende Trugdolden und besitzen viele Staubgefäße. Die häufiger anzutreffende Winterlinde blüht zwei Wochen später als ihre verwandte Art, hat etwas kleinere Blätter und ihre Blütenstände sind voller: Die Trugdolden setzen sich bei ihr aus bis zu elf Blüten zusammen, während es bei der Sommerlinde nur bis zu fünf sind.

Inhaltsstoffe und Eigenschaften
Die wichtigsten Inhaltsstoffe sind ätherisches Öl, Flavonoide, Schleim- und Gerbstoffe, die zusammen schweißtreibend und reizlindernd wirken.

Verwendung
In der heutigen Heilkunde werden die jungen Blüten sowohl von der Sommer- als auch der Winterlinde genutzt. Meist sind es Teezubereitungen, die angewandt werden, seltener Bäder oder Umschläge.

Gesundheit
Lindenblüten-Tee ist ein beliebtes Mittel für Schwitzkuren bei fiebrigen Erkältungen, wird aber besonders bei Erkältungen und Husten empfohlen. Besonders wird auch auf die vorbeugenden Eigenschaften des Tees hingewiesen, wenn sich die allerersten Anzeichen einer Erkältung ankündigen, da die Abwehrkräfte gestärkt werden. Dem Tee aus den Lindenblüten wird auch eine beruhigende Wirkung zugesprochen, sei es bei Stress, Einschlafstörungen oder durch Nervosität verursachten Bluthochdruck. In diesen Fällen soll auch das Bad seinen Zweck nicht verfehlen.

Um das Immunsystem bei den ersten Anzeichen eines grippalen Infekts zu stärken, können täglich 2–3 Tassen Tee getrunken werden. 2 Teelöffel Blüten werden mit 1 Tasse kochendem Wasser übergossen und müssen vor dem Abseihen 10 Minuten ziehen. Für eine Schwitzkur werden 2 Tassen getrunken und Wärme zugeführt (dies sollte vorher mit dem Arzt abgeklärt werden). Um in Lindenblüten zu baden, wird aus 8 Esslöffeln Blüten und 1 Liter Wasser ein Tee zubereitet und dem Badewasser zugegeben

Wellness
Gesichtskuren mit Lindenblüten-Tee-Auflagen sollen die Haut gleichzeitig beruhigen und erfrischen – es heißt sogar, diese

könnten die ersten Fältchen etwas im Zaum halten. Mit 3 Teelöffeln Blüten und 1 Tasse Wasser wird dieser zubereitet, darin wird ein dünnes Leintuch getränkt und sollte zweimal täglich für 10–15 Minuten auf das Gesicht gelegt werden. Wenn man sich während dieser Zeit entspannt auf das Sofa legt und ruhige Musik dazu hört, tut man auch seiner Seele einen Gefallen.

Ajowan *Trachyspermum ammi*

Andere Namen
Adjowan, Maaei, Ajwain

Familie
Apiaceae (Doldenblütler)

Herkunft/Vorkommen
Mittelasien, Nordafrika

Blütezeit
Sommer

Merkmale
Einjähriges Kraut, bis 90 cm hoch; fiederteilige Blätter; weiße Blüten, leicht behaart in dichten Dolden; gefolgt von kleinen, eiförmigen Früchten.

Inhaltsstoffe und Eigenschaften
Ätherisches Öl in den Früchten vor allem Thymol. Schleimlösend, fiebersenkend, harntreibend, antiseptisch, schweißtreibend, verdauungsfördernd; scharf-gewürzhaft, thymianähnliches Aroma.

Verwendung
Die reifen, kleinen, kümmelähnlichen Früchte werden geerntet, destilliert oder getrocknet.

Gesundheit
In der indischen Heilkunde schätzt man Adjowan wegen seiner verdauungsfördernden und fiebersenkenden Eigenschaften. Im Westen nutzt man einen Aufguss bei Erkältungskrankheiten.

Der hohe Gehalt an Thymol ist dafür verantwortlich, dass Ajowanöl stark antiseptisch ist und daher u. a. zur Herstellung von Zahnpasta und Mundwasser benutzt wird.

In der Küche
Das starke Aroma der Samen wird durch Rösten oder Braten verstärkt und wird in der indischen Küche zum Würzen von Fleisch- und Gemüsegerichten, insbesondere von Linsencurrys (im Bild unten Linsen-Raita), Suppen und kleineren Teiggerichten verwendet.

Bockshornklee

Trigonella foenum graecum

Schon im altägyptischen Papyrus Ebers (um 1600 v. Chr.) ist eine Rezeptur zur Behandlung von Brandwunden überliefert, die auch Bockshornklee enthält; aber auch die Griechen und Römer der Antike schätzten ihn als Heilkraut, etwa als Mittel zur Beruhigung oder zur Behandlung der unterschiedlichsten Frauenleiden. Früher wurde der Bockshornklee manchmal auch als Futterpflanze für Rinder eingesetzt, wobei darauf zu achten war, ihn einige Zeit vor dem Schlachten abzusetzen, weil das Fleisch sonst einen unangenehmem Geruch hatte. Eine wichtige Rolle übernimmt der Bockshornklee in der Küche Indiens, wo er unter anderem Bestandteil des Currypulvers sowie in Garam-Masala-Mischungen ist.

Andere Namen
Griechisches Heu, Kuhhornklee, Schöne Grete

Familie
Fabaceae (Schmetterlingsblütler)

Herkunft/Vorkommen
Südosteuropäisches Mittelmeergebiet, Südwestasien, Indien, auch Mitteleuropa

Blütezeit
April bis Juli

Merkmale
Einjähriges Kraut, 20–60 cm hoch, Stängel aufrecht oder liegend; dreizählige, der Luzerne ähnliche Blätter, aus ihren Achseln 1–2 gelbe Schmetterlingsblüten, gefolgt von bis 12 cm langen, sichelförmigen Hülsen mit bis zu 20 hellbraunen, rhombischen Samen.

Inhaltsstoffe und Eigenschaften
Die Pflanze hat appetitanregende, milchtreibende, fiebersenkende, lindernde, nahrhafte und diätetische Eigenschaften. Verwendet werden die reifen Samen, die man im Herbst (etwa vier Monate nach der Blüte) ernten kann. Dazu schneidet man die gesamte Pflanze ab und hängt sie zum Trocknen an einen sonnigen Platz. Später werden die Samen ausgeschüttelt und durch Sieben von unerwünschten Blättern und Fruchtschalenstücken gereinigt, um sie dann in gut schließenden Glas- oder Porzellangefäßen aufzubewahren. Mahlen sollte man den Samen erst kurz vor der Benutzung, weil bei längerer Lagerung des Pulvers viel Aroma verloren geht.

Verwendung
Die Pflanze kann während der gesamten Wachstumsphase geschnitten werden. Ihre reifen Samen erntet man im September.

Gesundheit
Die nahrhaften Samen werden oft zur Kräftigung während des Genesungsprozesses geschwächter Patienten verordnet, etwa nach einer langwierigen, infektiösen Krankheit; sie wirken auch fiebersenkend, und ihre lindernden Eigenschaften helfen bei Magenschleimhautentzündung und Magengeschwüren. Bei stillenden Müttern soll sich die Milchsekretion verbessern, aber ein Tee aus den Samen soll auch bei Mandelentzündung und verschleimter Lunge hilfreich sein. Äußerlich kann man die Samen als Paste bei Abszessen, Furunkeln und Geschwüren auftragen, die dadurch schneller ausreifen, aufplatzen und verheilen, aber auch bei Verbrennungen; die Samen sollen außerdem Mundgeruch beseitigen.

Zur Behandlung von Furunkeln und Fingergeschwüren kocht man einige Teelöffel gemahlene Samen in ein wenig Wasser auf und bestreicht die betroffene Stelle mehrmals täglich mit dem warmen Brei.

In der Küche

Bockshornklee lässt sich in der Küche vielseitig nutzen. Traditionell würzt Indien mit seinen Samen Curry- und Chutneygerichte, und mit den Blättern werden Fisch oder eingelegtes Gemüse aromatisiert. Gekeimte Samen sind eine willkommene würzige Abwechslung in Salaten, und außerdem kann die Pflanze zu einem besonderen Gemüse verarbeitet werden.

In Brot und manchen Käsesorten aus der Alpenregion findet man die Samen des Bockshornklees als Gewürz wieder.

Gefüllte Weinblätter

Zutaten für 4 Personen

350–400 g Weinblätter (FP)
100 g Bulgur, 1 l Rinderfond
4 Knoblauchzehen
Salz, 4 rote Zwiebeln
350–400 g Rinderhackfleisch
200 g Tomatenpüree (FP)
Je 1–2 Tl Bockshornklee und Selleriesaat
1–2 Tl Cayennepfeffer, Zimt
Fett für die Form
3 El Zitronensaft, 3 El Olivenöl

Zubereitung

1 Die Weinblätter aus der Salzlake nehmen und gut abspülen. Abtropfen lassen und gut trocknen. Anschließend auf einer Arbeitsplatte auslegen, dabei die Blutadern nach oben legen. Ca. 6–8 Blätter zurückhalten.

2 Den Bulgur nach Packungsanweisung in der Hälfte des Rinderfonds garen. Knoblauch schälen und mit Salz zerdrücken. Zwiebeln schälen und fein hacken. Beides mit Hackfleisch und Tomatenpüree mischen. Bockshornklee und Selleriesaat fein zerreiben. Zu der Hackfleischmasse geben und alles mit Cayennepfeffer, Zimt und Salz abschmecken.

3 Die Füllung portionsweise auf die Blätter verteilen. Ein Blattteil darüber schlagen und die Seiten darüber legen. Das Ganze mit sanftem Druck aufrollen.

4 Den Backofen auf 180 °C vorheizen. Eine große, flache Form leicht einfetten und die beiseite gelegten Blätter auf dem Boden verteilen. Die Weinblattröllchen hineinlegen und mit Zitronensaft beträufeln. Den restlichen Rinderfond angießen und das Olivenöl darüber träufeln. Die Form mit Alufolie verschließen und alles auf der mittleren Einschubleiste ca. 45 Minuten garen. Warm oder kalt servieren.

Zubereitungszeit: ca. 1 1/2 Stunden

Kapuzinerkresse *Tropaeolum majus*

Die Kapuzinerkresse wird in den Anden schon sehr lange als desinfizierendes, wundheilendes und auswurfförderndes Mittel bei Atemwegserkrankungen verwendet. Nach Europa gelangte sie erst Ende des 17. Jahrhunderts durch holländische Seefahrer.

Andere Namen
Salatblume

Familie
Tropaeolaceae (Kapuzinerkressengewächse)

Herkunft/Vorkommen
Ursprünglich in Peru beheimatet, wird die Kapuzinerkresse heute weltweit angebaut.

Standort
Die Pflanze kommt bei uns nur in Gärten vor. Dort benötigt sie einen sonnigen bis halbschattigen Standort mit nicht zu trockenem Boden. Die Aussaat der frostempfindlichen Pflanze im Freien sollte erst nach den „Eisheiligen" erfolgen; eine Kultur in Töpfen auf der Fensterbank ist ebenfalls möglich.

Blütezeit
Mai bis Oktober

Merkmale
Einjährige Pflanze mit bis zu 3 m langen, kriechenden oder kletternden, fleischigen Trieben und rundlichen, bis 5 cm großen Blättern. Es gibt zahlreiche verschiedene Sorten mit roten, orangefarbenen oder gelben, trompetenförmigen Blüten, die jeweils einen langen Sporn besitzen.

Inhaltsstoffe und Eigenschaften
Die Kapuzinerkresse besitzt antibiotische, appetitanregende, verdauungsfördernde und stimulierende Eigenschaften; außerdem enthält sie sehr viel Vitamin C. Verwendet werden die frischen Blüten, Blätter und Früchte, die den ganzen Sommer über geerntet werden können.

Verwendung
Meist werden die Blüten und Blätter roh genutzt, seltener als Saft oder Tee oder Fertigpräparat.

Gesundheit
Traditionell werden Blüten und Blätter als Salat zubereitet und im Rahmen einer Frühjahrskur zu Blutreinigung gegessen. Nicht zu viel essen, da dies zu Magen-Darm-Reizungen führen kann. In der Volksheilkunde benutzt man Umschläge oder Spülungen zur äußeren desinfizierenden Anwendung.

In der Küche
Die scharf schmeckenden, sehr vitaminreichen Blätter lassen sich zum Verfeinern von Salaten, Soßen, Quark, Eierspeisen und Frischkäse verwenden; die Blüten nimmt man zum Garnieren.
Aus den unreifen, also noch grünen Früchten, lassen sich „falsche Kapern" herstellen. Dazu salzt man die Früchte über Nacht ein und bewahrt sie anschließend in Essig auf.

Huflattich *Tussilago farfara*

Der Huflattich wird seit mindestens 2500 Jahren als Hustenmittel angewendet, was auch an seinem umgangssprachlichen Namen erkennbar ist, den *tussis* bedeutet Husten und *agere* vertreiben.

Familie
Asteraceae (Korbblütler)

Herkunft/Vorkommen
Europa, Asien

Standort
Der Huflattich kommt hauptsächlich auf Brachflächen und an steinigen Wegrändern vor, wobei feuchte, lehmige Böden bevorzugt werden.

Blütezeit
März bis April

Merkmale
Ausdauernde, bis 20 cm hohe Pflanze mit filzig behaarten Blütenstängeln, die dicht von violett überlaufenen Schuppenblättern bedeckt sind und schon vor den Blättern erscheinen. Die gelben Blüten bestehen aus kleinen Röhren- und langen gelben Zungenblüten; die großen, herzförmigen Blätter sind oberseits dunkelgrün und unterseits weißfilzig behaart.

Inhaltsstoffe und Eigenschaften
Die Pflanze besitzt hustenlindernde, auswurffördernde, adstringierende, erweichende und schmerzstillende Eigenschaften.

Vorsicht
Da der Huflattich gefährliche Substanzen (Pyrrolizidinalkaloide) enthält, die bei längerer Einnahme schwere Leberschäden hervorrufen können, sollte man ihn heute weder in der Küche noch für therapeutische Zwecke benutzen.

Gesundheit
Bis zur Entdeckung der Pyrrolizidinalkaloide war der schleimhautschützende und auswurffördernde Huflattich ein sehr beliebtes Mittel bei Atemwegserkrankungen. Heute wird er therapeutisch nur noch selten und dann auch nur kurzfristig eingesetzt.

In der Küche
Der Huflattich wurde früher gern für Salate und Suppen benutzt oder auch feingehackt als Brotbelag verwendet. Allerdings entdeckte man dann, dass die Pflanze Pyrrolizidinalkaloide enthält, die gesundheitliche Schäden verursachen können. Daher wird von einer Verwendung als Küchenkraut abgeraten.

Brennnessel *Urtica dioica, Urtica urens*

Schon der griechische Arzt Dioskurides benutzte die frischen, gehackten Blätter der Brennnessel zur Behandlung von Wunden und den Saft gegen Nasenbluten, außerdem verschrieb er die Pflanze bei Lungenentzündung und Geschwüren oder Furunkeln. Aber auch zur Steigerung der Liebeskraft sollte die Pflanze nach Ansicht unserer Vorfahren beitragen können, und an Rheuma leidenden Menschen empfahl man früher, sich mit Brennnesseln zu peitschen.

Familie
Urticaceae (Brennnesselgewächse)

Herkunft/Vorkommen
Fast weltweit verbreitet

Standort
Die in Mitteleuropa überall weit verbreitete Brennnessel kommt häufig an stickstoffreichen Standorten in Dörfern und Städten vor, aber auch an Feldrainen und Wegrändern sowie auf Brachflächen und an Gräben. Sollen Brennnesseln für einen regelmäßigen Gebrauch im Garten kultiviert werden, ist ein sonniger Platz mit nährstoffreichem Boden erforderlich.

Blütezeit
Juni bis September

Merkmale
Ausdauernde, bis 1,50 m hohe Pflanze mit aufrechten, kantigen Stängeln und gestielten, länglich-ovalen Blättern sowie grünen Blüten mit auffälligen, gelben Staubgefäßen. Sowohl Stängel als auch Blätter sind dicht mit kleinen Brennhaaren besetzt, die Ameisensäure enthalten. An der Spitze dieser Haare befindet sich eine kleine, kugelförmige Verdickung, die bei der leichtesten Berührung schräg abbricht. Dadurch wird der harte Restteil zu einer winzigen Injektionsnadel, die mühelos durch die menschliche Haut dringt und die ungefährlichen, aber unangenehm brennenden Quaddeln hervorruft.

Inhaltsstoffe und Eigenschaften
Die Pflanze besitzt harntreibende, tonische, adstringierende, blutstillende, antiallergene und milchbildende Eigenschaften, außerdem enthalten die Blätter reichlich Vitamin A und C sowie zahlreiche Mineralstoffe, darunter viel Eisen.

Verwendung
Frische Sprossteile und Blätter können bis zur Blüte fortwährend geerntet werden; will man größere Mengen trocknen, schneidet man die Pflanzen etwa 10 cm über dem Boden ab und hängt sie in

Büscheln an einem luftigen Platz auf (Handschuhe tragen). Später werden die Pflanzenteile zerkleinert und in Papiertüten aufbewahrt. Die Wurzel wird nur von Pflanzen genommen, die mindestens drei Jahre alt sind.

Gesundheit
In erster Linie verwendet man die Brennnessel wegen ihrer reinigenden und entgiftenden Wirkung, sie ist aber auch harntreibend, hilft bei verschiedenen Hautbeschwerden und stillt Blutungen, etwa bei Schnittwunden, aber auch Nasenbluten. Außerdem sagt man ihr eine antiallergene Wirkung nach, sodass man sie bei Heuschnupfen und Asthma einsetzt. Die Kleine Brennnessel *(Urtica urens)* wird ähnlich genutzt, findet aber auch in der Homöopathie Verwendung.

Brennnesselsaft kann zur Behandlung von juckenden Hautbeschwerden und Insektenstichen verwendet werden, man kann ihn aber auch benutzen, um „Verbrennungen" durch die Brennnessel zu behandeln.

Wellness
Brennnesseltee: Überbrühen Sie 1 gehäuften Teelöffel Brennnessel mit 250 ml kochendem Wasser. 5 Minuten ziehen lassen, dann abseihen. Bis zu 8 Tassen über den Tag verteilt trinken. Kurmäßig maximal 8 Wochen durchführen.

In der Küche
Die Brennnessel kann als Gemüse gekocht werden und schmeckt dann ähnlich wie Spinat; sehr beliebt ist aber auch eine Suppe aus Brennnesselblättern, Karotten und Zwiebeln, die – ebenso wie das Gemüse – viel Eisen enthält. Außerdem kann man junge Blätter für Salate, Eintöpfe und zum Verfeinern von Essig, Majonäse und Salatsoße benutzen.

Heidelbeere *Vaccinium myrtillus*

Die Heidelbeere ist eine schon seit Jahrhunderten beliebte Heilpflanze, die im Mittelalter beispielsweise bei Husten genutzt wurde. Beliebte Anwendungsgebiete waren auch Magenbeschwerden.

Andere Namen
Bickbeere, Blaubeere, Griffelbeere, Schwarzbeere, Taubeere

Familie
Ericaceae (Heidekrautgewächse)

Herkunft/Vorkommen
Dieser aus Europa und Nordasien stammende Strauch findet sich auch in Amerika und wird heuet in vielen Länden angebaut.

Blütezeit
Mai bis Juni

Merkmale
Der Heidelbeerstrauch wird bis zu 50 cm hoch und besitzt reich verästelte Stängel. Seine Blätter sind klein und oval und am Rand fein gezähnt. In den Blattachseln sitzen die kleinen Blüten von rotgrüner Farbe und Glockenform. Aus ihnen reifen die blauschwarzen Beeren.

Inhaltsstoffe und Eigenschaften
Die Beeren sind sehr schmackhaft. Unter anderem enthalten Sie Gerbstoffe, Fruchtsäuren, Flavonoide, Pektin, Mineralstoffe, Vitamine und Carontinoide. Diese wirken vor allem entzündungshemmend und zusammenziehend.

Verwendung
Früher wurden sowohl die Beeren als auch die Blätter für die Heilpflanzentherapie genutzt. Da es bei Einnahme der Blätterzubereitungen in falscher Dosierung oder bei länger andauernder Verwendung zu Vergiftungen kommen kann, wird davon dringend abgeraten. Die Beeren werden gesammelt, wenn sie ganz reif sind, und dann roh oder getrocknet in Tee, Saft, Tinktur oder Wein zubereitet oder gut gekaut direkt gegessen.

Gesundheit
Heidelbeeren sind ein gutes Mittel bei Durchfällen, die ihre Ursache nicht in einer Organerkrankung haben. Allerdings sollten sie dann nur getrocknet verwendet werden, da sie roh eher leicht abführend wirken. Besonders Kinder trinken den aus den getrockneten Beeren zubereiteten Tee gerne, da er wirklich gut schmeckt. Gerade, wenn die Durchfälle mit starken Blähungen einhergehen, zeigt die Heidelbeere, was in ihr steckt. Empfohlen wird das Gurgeln mit dem Auszug bei leichten Entzündungen im Mund- und Rachenraum. Der Beeren-Tee soll sich auch zur Unterstützung von Gefäßen und Kreislauf positiv gezeigt haben und kann, regelmäßig angewendet, wohl Beschwerden lindern, die durch mangelhafte Durchblutung verursacht wurden, wie Kribbeln oder Krämpfe. Auch auf die Augen haben Heidelbeeren Berichten zufolge einen wünschenswerten Effekt: Sso sollen sie z. B. bei Kurzsichtigkeit das Sehvermögen bessern – auch bei Augenbeschwerden infolge von Diabetes soll dies der Fall sein. Zudem wird den Heidelbeeren-Zubereitungen nachgesagt, die Heilung des Gewebes bei Darm- und Gelenkerkrankungen zu unterstützen und bei Menstruationsbeschwerden und Erkrankungen der Harnwege und der Blase Linderung zu bringen.

Bei Durchfällen sollten täglich 2–3 Tassen Tee aus den getrockneten Beeren getrunken werden. 1–2 Teelöffel werden mit 1 Tasse kaltem Wasser übergossen, müssen 10 Minuten schwach köcheln und werden dann abgeseiht.

In der Küche
Die schmackhafte Heilbeere lässt sich auf vielfältige Weise nutzen und eignet sich besonders für Desserts. So bereichert sie z. B. Joghurt, Eis, Pfannkuchen, Torten und Kuchen. Auch ihr Saft ist sehr lecker und versorgt den Körper mit wichtigen Nährstoffen.

Baldrian *Valeriana officinalis*

Baldrian wird bereits seit der Antike als Mittel zur Beruhigung und Entspannung verwendet. Im Mittelalter galt er dann sogar als eine Art Allheilmittel, dem man unzählige Fähigkeiten nachsagte. So sollte er gegen die Pest und andere Seuchen helfen oder Epilepsie heilen, man nahm ihn aber auch zur Behandlung von Gelbsucht, Asthma, Menstruationsbeschwerden und Augenleiden; außerdem hieß es, er würde Hexen, Teufel und böse Geister vertreiben. Sein wissenschaftlicher Name geht vermutlich auf das lateinische valere zurück, was soviel wie „gesund sein" bedeutet.

Andere Namen
Augenwurzel, Dreifuß, Katzenkraut, Mondwurzel, Stinkwurz

Familie
Valerianaceae (Baldriangewächse)

Herkunft/Vorkommen
Baldrian ist in Europa und Asien wild zu finden, wird aber auch als Kulturpflanze angebaut.

Standort
Der auch in Mitteleuropa heimische Baldrian wächst vorzugsweise an feuchten Standorten, etwa Gräben und Bachufern oder auf feuchten Wiesen; man findet ihn aber manchmal auch an trockeneren Hängen. Im Garten wird ein sonniger bis halbschattiger Platz mit nährstoffreichem Boden benötigt; man kann die Pflanze aber auch in Töpfen auf der Fensterbank ziehen.

Blütezeit
Juni bis August

Merkmale
Aufrechte, bis 1,20 m hohe, sehr aromatische Pflanze mit einem kurzen, walzenförmigen, gelbbraunen Wurzelstock und gefurchtem, teilweise oder völlig hohlem Stängel. Die Blätter sind gefiedert, wobei die grundständigen eine Rosette bilden, während die Stängelblätter gegenständig angeordnet sind; die zahlreichen kleinen, weißen bis rosafarbenen, angenehm duftenden Blüten sind in einer Trugdolde angeordnet.

Inhaltsstoffe und Eigenschaften
Der Baldrian hat vor allem beruhigende, aber auch entspannende, krampflösende und blutdrucksenkende Eigenschaften. Die Wurzel wird vor allem im Herbst geerntet, weil dann die Konzentration der Wirkstoffe am höchsten sein soll, wobei die Pflanzen zwei Jahre oder älter sein sollten. Anschließend wird die Wurzel gewaschen, zerschnitten, in der Sonne oder bei nicht zu hohen Temperaturen langsam im Backofen getrocknet und dann lichtgeschützt in Glas- oder Porzellangefäßen

aufbewahrt. Die beim Trocknen einen sehr starken Geruch verströmende Wurzel zieht häufig Katzen an, die nicht selten ein ziemliches Chaos unter den ausgelegten Wurzelstücken anrichten.

Verwendung

Genutzt wird nur die Wurzel, die z. B. als Tee, Tinktur, Extrakt oder in zahlreichen Fertigpräparaten.

Gesundheit

Es ist wissenschaftlich bestätigt, das Baldrianzubereitungen gegen Unruhezustände und nervös bedingte Einschlafstörungen helfen. So wird nicht nur die Phase des Einschlafens verkürzt, sondern auch die Schlafqualität gesteigert und das zwischenzeitliche Aufstehen reduziert. Hervorzuheben ist dabei, dass diese Heilpflanze im Gegensatz zu anderen synthetisch hergestellten Medikamenten weder abhängig macht noch die Leistungs- oder Konzentrationsfähigkeit am Tag beeinträchtigt, sondern bedenkenlos auch beim Autofahren oder Bedienen von Maschinen genutzt werden kann. Besonders vor „aufregenden" Terminen kann Baldrian nützlich sein, um die nötige Gelassenheit zu finden. Grundsätzlich kann er in allen Situationen Anwendung finden, in denen der Mensch gerne ausgeglichener wäre. Er soll Berichten zufolge auch den Blutdruck senken.

Wellness

Eine Abkochung aus der Wurzel gilt als erfrischendes Gesichtswasser und entspannender Badezusatz, kann aber auch zur Behandlung von Hautausschlägen und Akne verwendet werden.

Einschlafbad: 100 g Baldrianwurzel in 1 l Wasser 10 Stunden ziehen lassen. Dann abseihen und zum Badewasser geben. 10 Minuten darin baden, dann sofort schlafen legen.

Bei Einschlafstörungen sollten täglich etwa 3 Tassen Tee über den Tag verteilt getrunken werden. Dazu wird 1 Teelöffel zerkleinerte Wurzel mit 1 Tasse kochendem Wasser übergossen, muss 10 Minuten ziehen und wird dann abgeseiht. Stattdessen kann man auch einen Auszug machen, indem die Wurzel mit kaltem Wasser übergossen 12 Stunden ziehen und vor dem Trinken etwas erwärmt werden sollte.

Baldrianzubereitungen haben einen bitteren und unangenehmen Geschmack, sind also nicht jedermanns Sache. Stattdessen kann man aber auch auf geruchsneutralere Fertigpräparate zurückgreifen.

Auch in Zeiten, in denen Sie Ihr Job sehr fordert und Sie schlecht abschalten können, kann die regelmäßige Einnahme von Tee die Ruhe zurückbringen. Eine 1/2 Stunde vor wichtigen Ereignissen eingenommen, kann Baldrian das Lampenfieber reduzieren.

In der Küche

Die getrocknete Wurzel wird manchmal zum Würzen von Eintöpfen oder Füllungen verwendet.

Vanille *Vanilla planifolia*

Vanille ist ein Gewürz der Neuen Welt, das die Spanier im 16. Jahrhundert nach Europa brachten, nachdem sie ihren köstlichen Geschmack bei den Azteken kennen gelernt hatten, die ihre Schokolade damit verfeinerten. Bis 1846 besaßen die Mexikaner das Monopol, bis aus einigen Stecklingen, die für botanische Gärten bestimmt waren, Ableger nach Java und auf die Insel Réunion (früher Bourbon) gelangten. Vanilleblüten sind sehr kurzlebig und besitzen besondere Bestäubungsorgane, die in ihrer Heimat Mexiko nur von Kolibris oder speziellen Insekten bedient werden können. Auf Java und Réunion, wo diese natürlichen Bestäuber fehlten, entwickelte man die manuelle, d.h. künstliche Befruchtung, die heute auch in Mexiko praktiziert wird, da sich so mehr Früchte entwickeln.

Familie
Orchidaceae (Orchideengewächse)

Herkunft/Vorkommen
Heimisch in Mexiko, heute Anbau vor allem Madagaskar, Réunion, Mexiko, Comoren

Blütezeit
November bis Dezember

Merkmale
Kletternde Orchideenart, im Boden wurzelnd, klettert an Bäumen oder Trägern bis zu 10 m hoch; fleischige, länglich-eiförmige Blätter aus deren Achseln Trauben kurzgestielter, gelbgrünlicher Blüten entstehen, gelb behaarte Lippe, gefolgt von hängenden Kapseln (fälschlich Schoten genannt) mit winzigen Samen gefüllt.

Inhaltsstoffe und Eigenschaften
Vanillin sowie 35 weitere Bestandteile ätherischen Öls wie Vanilyllalkohol, Zimtsäureestern, Anissäurederivaten. Verdauungsfördernd, beruhigend, gemütsaufhellend,leicht antiseptisch; aromatisch, etwas parfümierter Geruch, weich, warmer, süßer Geschmack.

Verwendung
Geerntet werden die ausgewachsenen aber noch unreifen Früchte. Das charakteristische Aroma und die dunkelbraune Färbung entwickeln sich erst bei der anschließenden Behandlung. Die Kapseln werden wiederholt in heißes Wasser getaucht, über mehrere Wochen fermentiert und dann getrocknet.

Gesundheit
Alte Schriften sagen der Vanille eine gewisse Heilwirkung nach, gesichert ist einzig, dass ihr Genuss beruhigt, die Stimmung hebt und die Verdauung anregt. Ob sie außerdem gegen chronische Bronchitis oder Luftröhrenkatarrhe helfen kann, darf bezweifelt werden.

In der Küche

Vanille darf in keinem Haushalt fehlen und erfreut sich weltweit größter Beliebtheit. Sie ist wichtiger Bestandteil von Backwaren, Desserts, Saucen, Getränken, Puddings und Schokolade. Mit Vanilleextrakt aromatisiert man beispielsweise Liköre, Sirup, Speiseeis sowie Tabak.

Vanille-Schoko-Soufflé mit Tangerinencreme

Zutaten für 4 Personen

125 m Zitronensaft
500 ml frisch gepresster Tangerinensaft
Schalen von 1 unbehandelten Tangerine
250 g Frischkäse
6–8 El Sahne
3–4 El brauner Rohrzucker
4–6 El Curaçao
Zimt- und Nelkenpulver
3–4 Vanilleschoten
500–750 ml Milch
6–7 Eier
250 g Zucker
50 g Stärkemehl
80–100 g Mehl
100–150 g Kakaopulver
Butter und Zucker für die Form

Zubereitung

1 Den Zitronensaft mit Tangerinensaft, Tangerinenschalen, Frischkäse, Sahne, Zucker, Curaçao, Zimt- und Nelkenpulver in einen Mixer geben und fein pürieren.

2 Die Vanilleschoten der Länge nach aufschneiden und das Mark herauskratzen. Mit der Milch zum Kochen bringen.

3 Die Eier trennen. Das Eigelb mit dem Zucker verquirlen. Zusammen mit dem Stärkemehl, dem Mehl und dem Kakaopulver zu der Milch geben und unter Rühren langsam zum Kochen bringen.

4 Den Backofen auf 180°C vorheizen. Das Eiweiß steif schlagen. Die Masse vom Herd nehmen und abkühlen lassen. Das Eiweiß unterheben.

5 4 Souffléförmchen mit Butter einfetten und mit Zucker ausstreuen. Die Masse in die Förmchen füllen und das Ganze im Ofen auf der mittleren Einschubleiste ca. 12–16 Minuten backen.

6 Das Soufflé zusammen mit der Tangerinencreme anrichten und servieren.

Zubereitungszeit: ca. 30 Minuten

Königskerze *Verbascum densiflorum*

Die Königskerze hat eine jahrhundertealte Tradition als Heilpflanze und wurde während ihrer „Karriere" durchaus unterschiedlich eingesetzt. So fand sie z. B. Anwendung bei Husten, Bauchschmerzen, Fieber und Herzbeschwerden. Äußerlich wurde sie unter anderem genutzt bei Zahnschmerzen, als Sitzbad bei Hämorrhoiden sowie als Wund- und Haarfärbemittel. Neben ihrer medizinischen Verwendung wurden die Stängel, wie die Volksnamen der Königskerze schon verraten, auch als Docht oder in Wachs getränkt als Fackel benutzt.

Andere Namen
Fackelkraut, Goldblume, Marienkerze, Wollblume

Familie
Scrophulariaceae (Rachenblütler)

Herkunft/Vorkommen
Stammt aus Europa und Asien und bevorzugt sandigen Boden, häufig an Wegrändern, Hängen und auf Lichtungen zu finden.

Blütezeit
Juni bis September

Merkmale
Die Stauden sind zweijährig und ihre Stängel können eine Höhe von 2 m erreichen. Die länglichen Blätter sind behaart und die zahlreichen Blüten haben eine satte gelbe Farbe und sind ähnlich einer Ähre angeordnet.

Inhaltsstoffe und Eigenschaften
Schleimstoffe, Saponine, Flavonoide und Iridoide sind die wichtigsten Inhaltsstoffe, die vor allem reizlindernde, schleimlösende und entzündungshemmende Eigenschaften besitzen.

Verwendung
Es sind die Blüten, die in der Heilkunde Verwendung finden. Sie werden beispielsweise in Tee, Öl sowie als Teil- oder Vollbad zubereitet.

Gesundheit
Der Königskerze hat eine wissenschaftliche Bestätigung bei der Anwendung von Katarrhen der oberen Luftwege. Die Schleimstoffe wirken dabei reizmindernd und die Saponine erleichtern das Abhusten von fest sitzendem Schleim. Bei Hustentees wird meist eine Mischung mit Königskerzenblüten empfohlen, beispielsweise mit Eibisch und Huflattich. Sitzbäder kommen nach wie vor immer wieder als Hausmittel bei Hämorrhoiden zum

Einsatz, und der Tee wird gern bei Durchfall getrunken. Empfohlen wird nach wie vor die Behandlung von Ohrenbeschwerden mit dem aus der Pflanze gefertigten Öl.

Bei Husten und als schleimlösendes Mittel sollten täglich etwa 3 Tassen Blütentee getrunken werden. 2 Teelöffel Blüten werden mit 1 Tasse kochendem Wasser übergossen, müssen 10 Minuten ziehen und werden dann abgeseiht.

Bei einer Ohrenerkrankung wird eine Blüten-Ölzubereitung empfohlen, davon werden täglich etwa viermal einige Tropfen mit jeweils einem frischen Wattestäbchen in den Gehörgang gegeben. Dazu werden 5–6 Esslöffel Blüten in einer Glasflasche mit 100 Milliliter hochwertigem Olivenöl übergossen. Die Flasche wird verschlossen und an einen sonnigen Platz gestellt, möglichst im Freien. 3–4 Wochen bleibt die Flasche nun stehen, gelegentlich sollte sie geschüttelt werden, bevor die Blüten abgeseiht und das Öl in eine saubere Flasche umgefüllt wird.

Wellness
Bei Hautjucken können regelmäßige Bäder Linderung bringen. Dazu wird aus 10–12 Esslöffeln Blüten und 1 Liter Wasser ein Tee zubereitet, der dann ins Badewasser gegeben wird

Echtes Eisenkraut

Verbena officinalis

Familie
Verbenaceae (Eisenkrautgewächse)

Herkunft/Vorkommen
Europa, Asien, Nordafrika

Standort
Die auch in Mitteleuropa heimische Pflanze wächst auf Feldern, an Weg- und Straßenrändern sowie auf Brachflächen, siedelt sich aber manchmal auch selbst in Gärten an. Soll sie kultiviert werden, ist ein Platz mit viel Sonne und durchlässigem Boden empfehlenswert; außerdem lässt sich das Eisenkraut auch in Töpfen auf der Fensterbank ziehen.

Blütezeit
Juni bis September

Merkmale
Ausdauernde, bis 1 m hohe Pflanze mit schlanken, vierkantigen Stängeln und ungeteilten bis fiederteiligen Blättern sowie kleinen, rosa bis hellvioletten Blüten, die in langen Ähren angeordnet sind.

Inhaltsstoffe und Eigenschaften
Das Eisenkraut besitzt verdauungsfördernde, appetitanregende, tonische, harntreibende, antirheumatische, reinigende und entzündungshemmende Eigenschaften.

Verwendung
Die Pflanzen werden kurz vor oder während der Blüte geerntet und in Büscheln zum Trocknen an einen schattigen und luftigen Platz aufgehängt. Die Aufbewahrung erfolgt in Stoffbeuteln oder Papiertüten.

Vorsicht
Das bittere Eisenkraut regt zwar die Verdauung an, führt jedoch in hohen Dosen zu Erbrechen, sodass man es nur sparsam verwenden darf. Während der Schwangerschaft sollte man völlig darauf verzichten.

Gesundheit
Das Eisenkraut besitzt tonische und aufbauende Eigenschaften und wird daher manchmal bei Stress und Angstzuständen oder zur Stärkung der Verdauung verwendet. Außerdem gilt es als sanftes Beruhigungsmittel, und es soll die Gallensekretion anregen sowie Kopfschmerzen lindern. Ein Aufguss der Blätter eignet sich zur Behandlung von entzündeten Augenlidern und zur Mundspülung.

In der Küche
Da der Pflanze aphrodisierende Eigenschaften nachgesagt werden, setzte man sie früher manchmal Likören zu.

Duftveilchen *Viola odorata*

Veilchen gelten als Inbegriff der Bescheidenheit und Demut, blühen sie doch sprichwörtlich im Verborgenen. Im Mittelalter galt das Veilchen als Liebesgruß und bis heute erfüllt ein kleiner Veilchenstrauß als Mitbringsel eines heimlichen Verehrers, der sich nicht „unverblümt" zu erkennen geben will, seinen Zweck. Doch seit langem war das Veilchen auch Heil- und Würzpflanze. Schon Hippokrates empfahl das zarte Blümchen bei Kopfschmerzen, Husten und Sehstörungen, den Römern galt das Veilchen als ein beliebtes Katermittel und Hildegard von Bingen verordnete den Saft in Kombination mit anderen Heilkräutern gegen Augenkrankheiten, den Saft allein mit Fett zur Salbe verrührt bei schlecht heilenden Wunden und Geschwüren. Seinen Höhepunkt in der Küche erlebte das Veilchen wahrscheinlich im 15. und 16. Jahrhundert. Die Blumen wurden in Honig gekocht, in Öl eingeweicht, mit Mandeln und Rosenwasser zu einer Art Marzipan verarbeitet oder in Essig eingelegt. Zur Zeit von Königin Viktoria war es in England „in", kandierte Veilchen zu naschen.

Andere Namen
Frühlingsveilchen, Märzveilchen, Marienstängel, Schwalbenblume, Österchen, Wohlriechendes Veilchen

Familie
Violaceae (Veilchengewächse)

Herkunft/Vorkommen
Das Duftveilchen ist in Europa und Asien weit verbreitet, ob im Garten oder verwildert.

Standort
Das Duftveilchen stammt vermutlich

ursprünglich aus Südeuropa, hat sich aber schon vor längerer Zeit auch in Mitteleuropa ausgebreitet, sodass man es heute auch bei uns nicht selten unter Hecken, an Wegrändern oder in lichten Wäldern finden kann. Im Garten wird ein sonniger bis halbschattiger Platz mit gut durchlässigem Boden benötigt.

Blütezeit
März bis April

Merkmale
Ausdauernde, bis 15 cm hohe Pflanze mit kurzem Wurzelstock und oberirdischen Ausläufern, die sich alle 10–15 cm neu bewurzeln, sowie herzförmigen Blättern und grundständigen, wohlriechenden blauvioletten, manchmal auch weißen Blüten.

Inhaltsstoffe und Eigenschaften
Saponine, Bitterstoffe, Glycoside, Salicylsäuremethylester, Odoratin, Alkaloid Violoin. Auswurffördernd, schleimlösend, entzündungshemmend, fiebersenkend, beruhigend, blutverdünnend, blutdrucksenkend, leicht abführend; lieblich, angenehmer Duft, leicht „parfümierter“, süßlich- bitterer Geschmack.

Verwendung
Die gesamte Pflanze kann genutzt werden. Blüten und Blätter sammelt man in der Blütezeit, verwendet sie frisch oder lässt sie an einem luftigen Ort trocknen. Die Wurzel wird im Spätherbst ausgegraben. Aus den Blüten gewinnt man Farb- und Aromastoffe für Süßwaren und Mundwasser, die Duftstoffe des Veilchen nutzt die Parfümindustrie.

Gesundheit
Die Blüten und Blätter des Duftveilchens wirken schwach auswurffördernd, aber auch schleimhautschützend, und sie sind leicht schweißtreibend, sodass man sie in Form von Kräutertee bei Beschwerden der Atemwege einsetzt, also vor allem bei Husten, Asthma sowie Katarrhen. Außerdem wirken sie leicht abführend und beruhigend, sodass man sie bei Verdauungsbeschwerden und Schlaflosigkeit benutzt. Äußerlich lassen sich die krautigen Teile als Aufguss bei Entzündungen im Mund- und Rachenbereich oder als oder Breiumschlag bei Hautausschlägen und Verbrennungen verwenden. Die Wurzel ist ein sehr viel stärker auswurfförderndes Mittel und löst daher in höherer Dosierung sogar Brechreiz aus.
Bei Quetschungen oder leichten Verbrennungen bringt ein Breiumschlag aus den Blüten schnelle Linderung. Kochen Sie dazu einige Blüten in etwas Wasser, und lassen Sie dabei den größten Teil der Flüssigkeit verdampfen, bis ein Brei entstanden ist, der dann mit einer Kompresse auf die schmerzende Stelle aufgebracht wird.

In der Küche
Veilchen sind in der Küche seltene Gäste – zu Unrecht. Kandierte Veilchen sind wichtiger Bestandteil klassischer Gebäcksorten. Ebenso gehören sie zwingend in die Gründonnerstagssuppe, und frische Blüten sind eine appetitanregende Dekoration für jeden Frühlingssalat.

Stiefmütterchen *Viola tricolor*

Veilchen spielten in der Heilkunde des Mittelalters eine große Rolle und wurden gegen allerlei Beschwerden eingesetzt. So wurden beispielsweise auch damals schon Hautleiden damit behandelt sowie Fieber und Bauchschmerzen, Wunden und sogar Brüche.

Andere Namen
Wildes Stiefmütterchen, Ackerstiefmütterchen, Dreifaltigkeitsblümchen, Feldveilchen, Schöngesicht

Familie
Violaceae (Veilchengewächse)

Herkunft/Vorkommen
Das Wilde Stiefmütterchen ist in den gemäßigten Klimazonen Europas und Asiens beheimatet und wird auch als Kulturpflanze angebaut. Es wächst auf Feldern und deren Rändern, Wiesen und in Gärten.

Blütezeit
Mai bis August

Merkmale
Das hübsche kleine Feldstiefmütterchen ist eine einjährige Pflanze, sät sich selbst aus und wird etwa 30 cm hoch. Die Blätter sind gelappt und von ovaler oder lanzettartiger Form, hinzu kommen die gekerbten Nebenblätter. Die Blüten können rein in Gelb, Blau, Violett oder einer Mischung dieser Farben vorkommen.

Inhaltsstoffe und Eigenschaften
Leider wird das Wilde Stiefmütterchen in vielen Gärten immer noch als Unkraut angesehen. Die im Gartenfachhandel größere Kulturform besitzt aber nicht die für die Heilkunde wichtigen Inhaltsstoffe. Dies sind unter anderem Flavonoide, Schleimstoffe, Saponine, Salicylsäureverbindungen und Vitamin C. Diese wirken entzündungshemmend, fiebersenkend, schmerzlindernd und immunstärkend.

Verwendung
Für die Heilkunde wird das blühende Kraut gesammelt und möglichst schnell und schonend getrocknet und dann zum Beispiel in Tee, Auflagen, Umschlägen oder für Bäder zubereitet.

Gesundheit
Durch die Wissenschaft bestätigt ist die äußere Anwendung von Stiefmütterchen-Tee bei leichten schuppigen Hauterkrankungen und Milchschorf bei Kindern. Als Hausmittel hat sich der Tee bei diesen Leiden auch innerlich angewandt als nützlich erwiesen. Ebenso hilfreich soll er bei Hautekzemen, Windeldermatitis und Akne sein. Auch zur Prophylaxe in der Erkältungszeit, bei grippalen Infekten oder trockenem Husten wird der Tee gern genutzt, entweder allein oder in Kombination mit anderen Heilpflanzen. Bei Kopfschmerzen, die durch Verspannungen verursacht werden, kann er Linderung bringen und soll

auch bei Fieber, Rheuma und Gicht für Besserung sorgen. In einer Mischung mit Brennnessel, Löwenzahn oder Ackerschachtelhalm während einer Frühjahrskur verstärkt es den positiven Effekt auf die Haut. In seltenen Ausnahmefällen treten allergische Hautreaktionen auf, wenn der Tee länger andauernd verwendet wird. Die Symptome klingen aber rasch wieder ab, wenn kein Tee mehr getrunken wird.

Bei schorfigen Hauterkrankungen sollten täglich 2–3 Tassen Tee getrunken werden. 1 Teelöffel Kraut wird mit 1 Tasse kochendem Wasser übergossen und muss vor dem Abseihen 10 Minuten lang ziehen.

Wellness
Auch bei unreiner Haut kann das Trinken des Tees Besserung bringen, dann sollten es täglich 2 Tassen sein. Alternativ kann man auch ein Leintuch in dem Tee tränken und es auf die Haut legen oder ein Bad oder Teilbad nehmen, dem ein Aufguss aus 6 Esslöffeln Kraut und 1 Liter Wasser beigefügt wird.

In der Küche
Hier wird das Stiefmütterchen kaum verwendet, schmeckt aber z. B. hervorragend, wenn es kandiert als Dessert-Garnierung gereicht wird.

Szechuanpfeffer

Zanthoxylum piperitum

Lange Zeit war der Szechuanpfeffer für die Asiaten eine der wenigen Möglichkeiten, ihren Speisen etwas Schärfe zu verleihen, denn der von ihnen so geliebte Chili kam erst mit Kolumbus aus Südamerika.

Andere Namen
Anispfeffer, Zitronenpfeffer

Familie
Rutaceae (Rautengewächse)

Herkunft/Vorkommen
Ostasien, Japan, China.

Blütezeit
April bis Juni

Merkmale
Winterharter, strauchiger Baum, 3–7 m hoch, scharf riechende Borke, fiedergeteilte, zitronig duftende Blätter; blassgrüne Blüten, gefolgt von purpurroten Früchten mit einem schwarzen Samen.

Inhaltsstoffe und Eigenschaften
Ätherisches Öl mit Limonen, Alkaloide, Säureamide. Wirkt auf Milz und Magen, blutdrucksenkend, harntreibend, betäubend, bakterizid, fungizid; scharf pfeffriger Geruch, aromatisch prickelnder Geschmack, leicht nach Zimt.

Verwendung
Die Blätter können während der gesamten Wachstumsperiode abgenommen und frisch verwertet werden. Die Rinde wird im Frühjahr geschält, getrocknet und für Absude genutzt. Die unreifen Früchte erntet man im Sommer und verwertet sie frisch. In reifem, getrockneten Zustand sind sie außen rotbraun und innen gelblich.

Gesundheit
Szechuanpfeffer wird in der ayurvedischen und chinesischen Heilkunde vielfältig genutzt. Innerlich hilft er bei Verdauungsstörungen in Verbindung mit Erkältung.

In der Küche
Der wenig scharfe, dafür prickelnd, leicht säuerliche Szechuanpfeffer ist ein sehr wichtiges und kennzeichnendes Gewürz für die asiatische und indische Küche. Mit den frischen Blättern würzt man Suppen und Fleischgerichte oder kocht sie mit Zucker und Sojasauce zu einer Würzsauce. Fisch und Meerestiere, Süßspeisen und Backwaren verfeinert man mit den gemahlenen Früchten. Die trocken gerösteten Früchte sind Bestandteil der aromatischen Fünf-Gewürz-Mischung.

Filetstreifen Szechuan-Art

Zutaten für 4 Personen
Je 1 El Szechuanpfeffer-, gelbe Senf-, Korianderkörnchen und Sesamsaat
2 getrocknete rote Chilischoten
3 El helle Sojasauce
4 El Reiswein, 3 El Sesamöl
850 g Schweinefilet
150 g Stockschwämmchen (aus dem Glas)
1 Bund Frühlingszwiebeln
3 Knoblauchzehen
3 Stangen Staudensellerie
8 El Öl, 3 El geriebener Ingwer
200 ml Gemüsefond
3 El Orangenschale
1/2 Bund Koriandergrün

Zubereitung
1 Die Gewürze in einer Pfanne anrösten, etwas abkühlen lassen und mit dem Mörser zerstoßen. Die zerbröselten Chilischoten dazugeben und mit der Sojasauce und dem Reiswein verrühren. Das Sesamöl unterrühren.

2 Das Schweinefilet quer zur Faser in dünne Scheiben und anschließend in Streifen schneiden. Das Fleisch mit der Marinade mischen und ca. 30 Minuten ziehen lassen.

3 Die Pilze abtropfen lassen. Frühlingszwiebeln putzen, waschen und in Ringe schneiden. Knoblauchzehen schälen und fein hacken. Staudensellerie putzen, waschen und in Stücke schneiden.

4 Das Öl in einer Pfanne erhitzen und das Fleisch darin ca. 4 Minuten braten. Das Gemüse mit dem Ingwer dazugeben und ca. 3 Minuten ziehen lassen. Mit dem Gemüsefond angießen. Die Orangenschale unterrühren.

5 Koriander waschen, trocknen und die Blättchen abzupfen. Alles in Schälchen anrichten und mit Koriander garnieren.

Zubereitungszeit: ca. 30 Minuten (plus Zeit zum Marinieren)

Ingwer *Zingiber officinale*

In seiner indischen Heimat ist Ingwer seit Tausenden von Jahren Universalmedizin und hoch geschätztes Gewürz in einem. Sogar magische Kräfte wurden ihm zugesprochen – so sollte er Tiger fern halten. Vermutlich brachten arabische Gewürzhändler die Wurzel im frühen Altertum nach Europa. 200 n. Chr. war Ingwer so begehrt, dass Rom ihn mit einer hohen Steuer belegte, und noch lange Zeit zahlte man für das prickelnd-scharfe Gewürz aus Südasien regelrechte Fantasiepreise.

Andere Namen
Ingber, Immerwurzel

Familie
Zingiberaceae (Ingwergewächse)

Herkunft/Vorkommen
Indien, China, heute in allen tropischen Ländern

Merkmale
Knolliger, kriechender Wurzelstock, aus dem weitere knollige Rhizomabschnitte entstehen; sterile Laubtriebe, 1–1,5 m hoch, schmal-lanzettliche etwa 20 cm lange Blätter, 15–20 cm hohe Blütenstängel, in gedrängter Ähre gelbe Blüten mit rotvioletter Lippe.

Inhaltsstoffe und Eigenschaften
Ätherisches Öl mit Zingiberen, Zingiberol, Phellandren, Borneol, Cineol, Citral; Scharfstoffe Gingerole, Shogaole; Stärke. Verhindert Erbrechen, fördert Speichel- und Magensaftsekretion, blähungswidrig, verdauungsfördernd, stärkt das Immunsystem, kreislaufanregend, schleimlösend, schweißtreibend, antibakteriell; fruchtig-würziger, aromatischer Geruch leicht zitronig, scharfer Geschmack.

Verwendung
Will man die Wurzel frisch verwenden, wird sie noch während der Wachstumsphase ausgegraben. Zum Trocknen oder Konservieren gräbt man sie nach dem Absterben der Blätter aus. Gründlich gewaschen, wird sie geschält und dann getrocknet. Interessanterweise entstehen die für die Schärfe verantwortlichen Stoffe erst während des Trocknens, daher ist getrockneter Ingwer immer schärfer als frischer.

Vorsicht
Bei Schwangerschaftserbrechen besteht eine Kontraindikation.

Gesundheit
Ein Tee aus frischer Ingwerwurzel wärmt und kräftigt, hilft bei Erkältungen und Grippe, wobei er außerdem als Mittel bei Blähungen, trägem Darm und Übelkeit geeignet ist. Die getrocknete Wurzel empfiehlt sich bei Morgenübelkeit, Brechreiz und Reisekrankheit. Ein paar Tropfen Ingweröl auf einen Würfelzucker gegeben, vertreiben Blähungen, Magenverstimmungen und Periodenschmerz. Das gleiche Öl in Mandelöl verdünnt macht Schluss mit Hexenschuss und Rheumatismus.

Wellness
Ingwer-Tinktur hat sich als Mittel gegen Reisekrankheit bewährt. Die Dosierung sollte entsprechend der Packungsbeilage erfolgen.

In der Küche
Ingwer ist eines der vielseitigsten Gewürze, obwohl man die scharfe Wurzel in Europa meist „nur“ für Süßspeisen, Desserts, Eingemachtem, als Zutat zu Backwaren, Konfekt und zur Herstellung des Ingwerbiers, dem Ginger Ale, verwendet, und das vorwiegend in der getrockneten Form. Doch Ingwer kann mehr, wie die asiatische Küche beweist: Frischer Ingwer verleiht gebratenem Gemüse, Fleisch-, Fisch- und Geflügelgerichten, Chutneys, Currys, Suppen und Reisgerichten sein einmaliges Aroma. Die frische Wurzel wird häufig auch kandiert oder in Sirup eingelegt. Durch Destillation gewonnenes Ingweröl steckt in zahlreichen Magenlikören. Immer wieder köstlich und ein echter Magenwärmer ist ein Ingwer-Ansatzschnaps.

Würzige Hühnersuppe

Zutaten für 4 Personen
300 g chinesische Eiernudeln
3–4 Stängel Zitronengras
6 Knoblauchzehen
8–10 Schalotten
150 g Cashewkerne
4–6 El Asiafond
1–2 El Sesamöl
4 Hühnerschenkel
250 ml Asiafond
125 ml Reiswein, 3 El Erdnussöl
1 El Ingwerpulver
Je 1/2 El Kurkuma- und Korianderpulver
1–2 El Chilisauce

4 El helle Sojasauce
250 g Sojasprossen
4 hart gekochte Eier
4 El Chilischoten
Koriandergrün zum Garnieren

Zubereitung

1 Die Nudeln nach Packungsanweisung garen. Abtropfen lassen und bereitstellen.

2 In der Zwischenzeit Zitronengras, Knoblauch und Schalotten putzen und klein schneiden. Knoblauch, Schalotten, Cashewkerne, Zitronengras, Asiafond und Öl im Mixer pürieren.

3 Die Hühnerschenkel putzen, waschen, trocknen und in dem Asiafond, dem Reiswein und 750 ml Wasser ca. 35 Minuten kochen. Herausnehmen, Haut und Knochen entfernen und das Fleisch in Stücke schneiden. Die Brühe durchsieben.

4 Das Öl erhitzen und das Fleisch darin mit der Würzpaste unter Rühren ca. 2–3 Minuten braten. Die Brühe mit Ingwer, Kurkuma- und Korianderpulver sowie Chili- und Sojasauce ca. 3 Minuten kochen lassen.

5 Die Nudeln, das Fleisch und die Sprossen auf tiefe Teller verteilen. Die Brühe darüber gießen. Je mit 2 Eihälften, Chilistreifen und Koriandergrün garniert servieren.

Zubereitungszeit: ca. 55 Minuten

Gewürzmischungen

Ein Teil der in der Küche eingesetzten Gewürze besteht nicht aus Blättern, Früchten, Samen oder Wurzeln einer einzigen Pflanze, sondern sind vielmehr eine virtuose Komposition zahlreicher einzelner Gewürze bzw. Kräuter. Die wichtigsten werden hier vorgestellt.

Bouquet garni

Der garnierende (Blumen)-Strauß ist nichts anderes als ein Bündel verschiedener Kräuter oder ein Kräutersäckchen, das während der Zubereitung mitgekocht und vor dem Servieren wieder entfernt wird. Gewünscht wird der Geschmack der Würzkräuter, aber nicht das Gewürz selbst.

Herkunft/Vorkommen
Frankreich

Zusammensetzung
Ein Bouquet garni kann immer wieder verschieden aussehen, je nachdem für welche Speisen man es einsetzen möchte. Für Fleischgerichte nimmt man gerne eine Kombination aus Bohnenkraut, Basilikum, Majoran oder Oregano, Rosmarin und Salbei. Für Eintöpfe oder Suppen wählt man: Bohnenkraut, Estragon, Majoran und Thymian. Klassisch wäre ein Bündel aus Petersilie, Thymian und Lorbeerblatt z. B. für Suppen oder Saucen.

In der Küche
Bouquet garni nimmt man in der französischen Küche gerne für Gerichte, die eine längere Garzeit benötigen bzw. wenn die betreffenden Pflanzenteile – Stängel, Blättchen etc. – in dem Gericht selbst als störend empfunden werden. Beispiel: Thymianstängel in einer Bohnensuppe.

Chilipulver

Angeblich wurde diese Mischung von englischen Siedlern in Amerika schon im 19. Jahrhundert ins Leben gerufen, um Fleischgerichte im mexikanischen Stil zu würzen. Die Mischung bestand damals jedoch aus wesentlich weniger Einzelgewürzen. Auch heute gibt es unterschiedliche Interpretationen, was nun eigentlich wirklich in ein „richtiges" Chilipowder gehört – insofern gibt es nirgends „das" Chilipulver, sondern immer wieder interessante Variationen.

Andere Namen
Chilipowder

Herkunft/Vorkommen
USA, Mittelamerika

Zusammensetzung
Grundbestandteile des roten, scharfen Pulvers sind vermahlene milde rote Chilis, Cayennepfeffer, Oregano, Kreuzkümmel, Nelken und Piment. Manches Mal findet man noch Schwarzen Pfeffer, Paprika und Zucker als weitere Zutaten.

In der Küche
Chilipulver ist sehr scharf, jedoch trotzdem milder als reiner Cayennepfeffer. Beliebt ist es vor allem in der spanischen und in der mexikanischen Küche. Durch die Vielfalt der enthaltenen Gewürze passt Chilipulver zu fast allen Speisen, ob zu Eierspeisen, kräftigen Fleischgerichten, geschmort, gebraten oder gegrillt, als Würze in Marinaden oder kräftigen Gemüsen. Zwingende Zutat ist es auf jeden Fall für den feurig scharfen Bohnenfleischeintopf „Chili con Carne“ aus Mexiko.

Gesundheit
Die Inhaltsstoffe der Einzelgewürze sind natürlich auch in der Mischung vorhanden. Chilipulver wirkt verdauungsfördernd, regt die Magensaft- und Gallesekretion an, und der hohe Anteil an Cayennepfeffer desinfiziert den Magen-Darmbereich.

Currypulver

Curry gelangte im 18. Jahrhundert mit Kolonialbeamten und Soldaten des britischen Empire nach Europa. Während ihres Aufenthalts in Indien lernten sie die dortige Küche mit den hoch aromatischen Würzmischungen für Reisgerichte zu lieben und zu schätzen. Sie übertrugen das indische Wort „Kari podi“, mit dem man in Indien diese Reisspeisen bezeichnet, auf die Gewürzmischung selbst und tauften sie Curry. Die europäische Version des Currypulvers hat allerdings nur wenig mit den vielen Currymischungen, die man in der indischen Küche verwendet gemeinsam. Denn dort wird seit jeher für jedes Gericht individuell und frisch eine spezielle Currypulver-Mischung hergestellt. Sie kann sich aus 12 bis 40 Einzelgewürzen zusammensetzen, schwankt daher und bleibt Geheimnis des jeweiligen Curry-„Mixers“.

Andere Namen
Currypowder

Herkunft/Vorkommen
Indien, Sri Lanka

Zusammensetzung
Die Grundzutaten für indischen Curry bestehen meist aus Kurkuma – verantwortlich für die gelbe Farbe –, Ingwer, Koriander, Schwarzer Pfeffer, Kreuzkümmel und Senfkörner. Dazu kommen je nach Tradition oder Familienrezept Cayennepfeffer, Chilis, Macis oder Muskatnuss, Nelken, Piment, Zimt, Bockshornkleesamen, eventuell Curryblatt, jedoch kein Salz und auch kein Kardamom. Beide können hingegen in europäischen z. B. britischen Currymischungen durchaus enthalten sein.

In der Küche
In der europäischen Küche wird das Currypulver zum Würzen exotischer Reisge-

richte und diversen Fleischspeisen – und das nicht nur zu Schaschlik-Spießen oder der berühmten Currywurst verwendet. Außerdem passt es sehr gut zu Geflügel, verschiedenen Gemüsesorten, aber auch zur Verfeinerung von Suppen und Saucen. Dunkel, trocken und möglichst vor Luft geschützt gelagert hält sich Currypulver gut 2 Jahre. Damit Currypulver sein Aroma voll entfalten kann, sollte es nie in zu heißes Fett gegeben werden, da es sonst bitter zu werden droht, es braucht allerdings das Fett, um sich zu entfalten.

Mulligatawny-Suppe

Zutaten für 4 Personen

1 gegartes Huhn
1,5 l Geflügelfond
4 El Currypulver
3 El Cumberlandsauce
2 Gemüsezwiebeln
4 Knoblauchzehen
1 Apfel
4 El Butterschmalz
2 El frisch geriebener Ingwer
1–2 El Ingwergelee
Salz
Pfeffer
Korianderpulver
4–6 El Sahne
4 Eigelb
1/2 Bund Koriandergrün

Zubereitung

1 Das Huhn von Haut und Knochen befreien und in Würfel schneiden. 300 ml Geflügelfond kurz erwärmen. Currypulver und Cumberlandsauce hineinrühren und das Ganze über das Geflügelfleisch gießen. Ca. 10–12 Minuten durchziehen lassen.

2 Die Zwiebeln und die Knoblauchzehen schälen und fein hacken. Den Apfel schälen, entkernen und in feine Würfel schneiden. Das Butterschmalz erhitzen und die Zwiebel-, Knoblauch- und Apfelwürfel darin ca. 3–4 Minuten braten. Den Ingwer und das Gelee dazugeben und unterrühren. Das Fleisch mit dem Fond dazugeben und alles mit Salz, Pfeffer und Korianderpulver abschmecken. Den restlichen Geflügelfond angießen und aufkochen lassen.

3 Die Sahne mit dem Eigelb verrühren. Die Suppe vom Herd nehmen und mit der Eiersahne legieren.

4 Das Koriandergrün waschen, trocknen und fein hacken. Die Suppe anrichten und mit Koriandergrün bestreut servieren.

Zubereitungszeit: ca. 25 Minuten

Gesundheit
Die Inhaltsstoffe der Einzelgewürze kommen selbstverständlich auch in ihrer Mischung zum Zuge, ganz vorne an die Anregung der Magensaft- und Gallesekretion und der damit verbundenen Verdauungsförderung. Ein Großteil der Schärfe gebenden Gewürze besitzt obendrein antiseptische Wirkung, so dass der in tropischen Ländern herrschenden Gefahr durch infizierte Lebensmitteln zu erkranken herabgesetzt werden kann.

Fines herbes

Fines herbes ist eine feine Kräutermischung der französischen Küche und kann frisch oder auch in getrockneter Form, gerebelt verwendet werden.

Herkunft/Vorkommen
Frankreich

Zusammensetzung
Klassische Kombinationen bestehen aus 3 bis 9 Kräutern wie Kerbel, Estragon, Schnittlauch und Petersilie, dazu können sich noch Bohnenkraut, Basilikum, Thymian, Salbei oder Rosmarin gesellen. Wer es noch würziger mag, kann die Mischung erweitern.

In der Küche
Fines herbes können frisch und fein zerkleinert über bereits fertig zubereitete Speisen gestreut oder unter Quarkspeisen, Salatsaucen und Dips gemischt werden. Bei kurzen Kochzeiten kann man die Kräutermischung auch mitgaren. Sehr gut eignen sich dazu alle Arten von Omelett, Rührei, Geflügel sowie Fisch oder Meerestiere. Der Geschmack der Kräuter verliert zwar ein wenig an Frische, gewinnt aber an Intensität.

Fünf-Gewürz-Mischung

Die Fünf-Gewürz-Mischung ist ein aromatisches, chinesisches Gewürzpulver, das nach einem alten Rezept aus den drei Basiszutaten Sternanis, Kassiarinde und Szechuanpfeffer mit wilden Fenchelsamen und Nelken von den benachbarten Gewürzinseln zubereitet wird. In manchen Regionen werden den fünf Standardgewürzen noch Ingwer, Kardamom oder Süßholzwurzel zugefügt.

Herkunft/Vorkommen
China, Vietnam

Zusammensetzung
Die klassische Kombination besteht aus Szechuanpfeffer, Sternanis, Zimt, Nelke und Fenchel

In der Küche
Die süß-scharfe Mischung dient in erster Linie zum Würzen von Fleisch- und Geflügelgerichten, eignet sich aber ebenso hervorragend für Saucen, Marinaden und Beizen. Die nicht gemahlenen Gewürze können wie ein orientalisches Bouquet garni verwendet werden. Man steckt sie in ein Mullsäckchen und lässt sie in Eintöpfen und ähnlichen Gerichten mitkochen. Vor dem Servieren entfernt man das Säckchen wieder.

Das Pulver kann man auch selbst herstellen: Szechuanpfefferkörner, Zimtstangen, Fenchelsamen, Nelken und Anissterne in einen Mörser oder eine Gewürzmühle geben und alles zu einem feinen Pulver mahlen.

Herbes de Provençe

Andere Namen
Kräuter der Provençe

Herkunft/Vorkommen
Frankreich

Zusammensetzung
Rosmarin, Thymian, Basilikum, Majoran oder Oregano, Bohnenkraut, Kerbel, Liebstöckel oder auch Estragon. Es gibt aber auch Abwandlungen, die Ysop oder Lavendel enthalten.

In der Küche
Die Kräuter der sonnenverwöhnten Provençe haben ein breites Einsatzgebiet. Sie passen zu Nudel- und Reisgerichten, Suppen oder zu Salaten. In Ölivenöl gedünstet verfeinern sie auf delikate Weise Fleisch, Fisch oder Aufläufe.

Quatre-Epices

Herkunft/Vorkommen
Frankreich

Zusammensetzung
Schwarzer Pfeffer, Muskatnuss, Gewürznelken, Ingwer. Diese vier Grundgewürze werden manchmal durch Zimt oder Piment ergänzt.

In der Küche
Diese speziell in Frankreich beliebte Würzmischung wird zum Wursten oder in Gerichten mit längeren Garzeiten wie z. B. Eintöpfen verwendet.

Garam masala

Garam masala ist die wichtigste Gewürzmischung der nordindischen Küche und besitzt auf dem Subkontinent einen ähnlichen Stellenwert wie die Currymischungen. Auch hier gibt nicht nur eine Komposition verschiedenster Ingredienzien, die Zusammensetzung variiert je nach Region und Gericht. Ein Masala kann aus nur zwei oder drei Gewürzen bestehen oder aber auch weit aus mehr beinhalten und ist grundsätzlich nicht ganz so scharf wie Currymischungen.

Herkunft/Vorkommen
Indien

Zusammensetzung
Eine Grundmischung besteht beispielsweise aus schwarzem Pfeffer, Kreuzkümmel, Koriander, Nelken, Muskat, Zimt und Lorbeer. Milder und zarter wäre das Moghul masala aus grünen und schwarzen Pfefferkörnern, Nelken, Zimt und Karda-

mom. Werden der Basismischung noch Sesam, Fenchel, Chilis und Adjowan zugefügt, erhält man ein richtig scharfes Masala.

In der Küche
Masala wird stets sparsam verwendet und kann im Gegensatz zum Curry entweder mitgekocht oder auch erst am Ende der Garzeit der Speise zugefügt werden. Mit Masala werden z. B. ganz typisch eine Art Kartoffelklöße gewürzt.

Gesundheit
Die wärmenden Bestandteile der Masala-Mischungenregen den Appetit an, helfen bei der Verdauung und verhindern Blähungen oder Völlegefühl.

Sambal Oelek

In Indonesien wie in Malaysia bereitet man eine Vielzahl von auf Chili basierenden Würzpasten zu, dort Sambals genannt. Sie stehen in kleinen Schalen auf dem Tisch. Manche sind mindestens für den europäischen Gaumen extrem scharf, weil die Chilisamen darin belassen wurden. Alle sind sie jedoch hocharomatisch.

Herkunft/Vorkommen
Indonesien, Malaysia

Zusammensetzung
Rote Chilis, Salz, brauner Zucker, Essig.

In der Küche
Sambal Oelek kann an alle Speisen gegeben werden, denen man eine aromatische Schärfe verleihen möchte. Man verwendet sie direkt beim Kochen oder am Tisch zum Nachwürzen – aber immer nur in wirklich kleinen Mengen. Die scharfe Paste schmeckt besonders gut zu Gegrilltem, zu feurig-scharfen Eintöpfen, Suppen oder man gibt sie wie in ihrem Heimatland zu süß-sauren Gerichten.

Lateinisch – Deutsch

Deutsch

Bildquellenverzeichnis

Archiv des Verlages: 6, 7 (2), 8, 11, 13, 15, 29, 33, 35, 37, 42, 44, 50, 54, 61, 63, 64, 68, 72, 74, 76 (2), 77, 79 (2), 82 (2), 84, 85, 90, 99, 105 (2), 106, 109 (r.), 110 (o.), 113, 114 (u.), 115, 118, 124 (r. u.), 125, 131, 132, 136, 139, 147, 148, 152, 155, 158, 161, 163, 166, 170, 175, 183, 189, 190, 200, 203 (o.), 204, 207, 211, 212 (r.), 215, 221, 234, 235, 237, 238 (u.), 241, 242 (r.), 245, 249 (u.), 250, 251, 254, 256, 265 (u.), 266, 268, 273, 279, 282, 283, 286, 288, 292, 295, 297, 304, 307, 308, 309, 311 (2), 312, 313, 315 (2)

Deutsches Teebüro: 66 (r.), 98 (o.), 142 (u.)

Frank Hecker Naturfotografie/Panten-Hammer: 16, 18, 19, 23, 26, 32, 38, 40, 51, 58, 60, 62, 78, 80, 83, 86, 89, 91, 95, 96, 107, 127, 138, 143, 150, 160, 162, 167, 168, 173, 174, 192, 201, 206, 209, 210, 222, 230, 238 (o.), 247, 272, 278, 280, 284, 290, 291, 293

Dr. Rudolf König: 22 (o.), 28, 34, 39 (u.), 43, 45, 49, 66 (l.), 71, 73, 98, 100, 102, 104, 116, 119, 129 (o.), 133, 142 (o.), 154, 185, 186, 187, 197, 225 (2), 233, 261, 265 (o.), 267, 274, 275, 296

Hans E. Laux: 20, 57, 81, 109 (l.), 114 (o.), 124 (l.), 124 (r. o.), 145, 149, 156, 188, 212 (l.), 218, 219, 255, 263, 276, 287, 299, 303, 305

Marianne Lenz/Frank Hecker: 195

MEV: 17, 22 (u.), 39 (o.), 52, 87, 89 (o.), 92, 97, 103 (r.), 123, 126, 128, 135 (2), 146, 151, 153, 179, 194, 199, 227, 285

Annette Timmermann: 25, 27, 30, 36, 53, 75, 88, 112, 122, 171, 181 (r.), 214, 217, 223, 231, 236, 239, 242 (l.), 253, 259, 270, 289, 294, 302

TLC Fotostudio: 31, 65, 110 (u.), 117, 120, 129 (u.), 159, 180

Dr. Frieder Sauer/Franz Hecker: 47, 56, 67, 70, 93, 103 (l.), 130, 134, 137, 140, 144, 157, 165, 176, 178, 181 (l.), 184, 191, 193, 196, 198, 203 (u.), 208, 213, 216, 226, 228, 229, 243, 246, 249 (o.), 252, 257, 260, 262, 269, 270, 271, 281, 298, 301